新编高职旅游大类精品教材

LÜXINGSHE JIDIAO YEWU

旅行社计调业务

（第5版）

王煜琴　主　编

韩国华　詹兆宗　赵恩兰　韩恩元　副主编

旅游教育出版社
·北京·

图书在版编目（CIP）数据

旅行社计调业务 / 王煜琴主编. -- 5版. -- 北京：旅游教育出版社，2024.8.（2025.8重印）--（新编高职旅游大类精品教材）. -- ISBN 978-7-5637-4752-8

Ⅰ．F590.63

中国国家版本馆CIP数据核字第2024PU7909号

新编高职旅游大类精品教材

旅行社计调业务

（第5版）

王煜琴　主编

责任编辑	郭珍宏
出版单位	旅游教育出版社
地　　址	北京市朝阳区定福庄南里1号
邮　　编	100024
发行电话	（010）65778403　65728372　65767462（传真）
本社网址	www.tepcb.com
E - mail	tepfx@163.com
排版单位	北京旅教文化传播有限公司
印刷单位	北京泰锐印刷有限责任公司
经销单位	新华书店
开　　本	787毫米×1092毫米　1/16
印　　张	17.75
字　　数	340 千字
版　　次	2024 年 8 月第 5 版
印　　次	2025 年 8 月第 2 次印刷
定　　价	49.80 元

（图书如有装订差错请与发行部联系）

前 言

2024年5月,习近平总书记对旅游工作作出重要指示指出,改革开放特别是党的十八大以来,我国旅游发展步入快车道,形成全球最大国内旅游市场,成为国际旅游最大客源国和主要目的地,旅游业从小到大、由弱渐强,日益成为新兴的战略性支柱产业和具有显著时代特征的民生产业、幸福产业。随着人们生活水平的普遍提高,旅游已经成为人们生活的重要组成部分。旅行社一端连接旅游者,一端连接旅游要素供应商,纽带作用大,辐射能力强,有着广阔的发展前景。

当前,旅行社行业正经历着重新定位,借助科技赋能、向高质量发展的深刻变革。在深化改革的浪潮和激烈的市场竞争中一家旅行社能否常盛不衰,关键在于其从业人员综合素质的高低。而计调作为旅行社的核心岗位,其工作人员的职业素质、业务操作能力对于企业经营的成败将起到至关重要的作用。调查结果表明,行业中对高素质、复合型计调人才极为渴望。

一直以来,我国关于旅行社计调岗位的书籍甚少,市场特别呼唤专业化和权威性的教材面世,《旅行社计调业务》一书就是在这样的市场需求下编写的。应该说,此书的出版,填补了新时代旅行社计调岗位规范化、系统化、数字化和实用型教材缺乏的空白。

本书包括基础篇、技能篇和案例篇三个板块共十章内容。第一章主要规范计调的概念,概述我国旅行社计调产生和发展的历程、计调的岗位作用和岗位设置、我国旅行社计调员的职业素养;第二章站在满足旅游消费者精神和社会发展需要的角度,分析了旅游消费模式和影响旅游消费的因素,通过旅行社产品的归类梳理与选择,提出了旅行社产品的升级迭代、产品创新模式、创新流程与方法;第三章到第九章主要以旅行社计调员的实际操作技能和能力培养为出发点,紧紧围绕国内外文旅业发展的最新动态,通过大量翔实的"计调事"分享、经典案例分析和示范材料,对国内组团计调员、出境组团计调员、国内地接计调员、入境地接计调员、计调业务数字化管理、自由行计调员尤其是私人定制自由行计调员的业务操作流程和操作技巧进行了详细的论述和说明,同时,阐述了计调员对突发事件和投诉的处理技巧;第十章以经典案例解析的形式,生动展示了计调员对于游客旅游活动中遇到的多种问题的处理实况。本书体系完整,内容丰富;案例皆来源于旅行社的实际工作,形象、具体、极具说服力;业务操作流程与旅行社一线实际岗位工作实现无缝对接,实践性、应用性、操作性极强。本书是旅游高职高专院校学生的必学教材,也是旅行社在职计调工作人员必不可少的参考书。

本书为"十四五"职业教育国家规划教材,由山东旅游职业学院王煜琴教授设计大纲、主编和统稿。

　　王煜琴教授有 30 多年的旅游职业教育工作经验，有十多年的旅行社经营管理、导游服务、景区运营、酒店服务与管理等一线实战经验，主持了多项省部级相关课题研究，发表了多篇相关论文，主编了多部教材；作为省级名师工作室主持人，带领团队完成了多个社会服务项目。本书副主编詹兆宗为浙江旅游职业学院副教授、浙江旅游发展研究中心旅行社管理研究所所长，具有丰富的旅游职业教育工作经验和旅行社实战经验；副主编韩恩元为山东省临沂市文化旅游发展促进中心高级经济师，从事文化旅游工作二十余年，有着丰富的旅游管理、景区规划、市场营销和旅游商品研发工作经验。副主编韩国华、赵恩兰副教授和参编者张敏敏皆是山东旅游职业学院具有丰富工作经验和一线实践经验的专业课教师；参编者李鑫为山东华夏天马国际旅行社有限公司和山东新行知教育科技有限公司总经理；参编者孙树伟是国家特级导游，青岛中之旅国际旅行社有限公司总经理；参编者王义芳、戴学成、鲁运华、朱海云和相关资料提供者孙宗启、董庆友、张璇等皆是来自知名旅行社的一线经营管理者。

　　本书在编著过程中，参考借鉴了许多国内外相关的学术著作和研究成果；得到了上海惠知行国际旅行社有限公司、山东华夏天马国际旅行社有限公司、山东新行知教育科技有限公司、山东旅行社国际旅游有限公司、青岛中之旅国际旅行社有限公司、泰山文旅集团、山东长城国际旅行社有限公司等单位的鼎力相助，在此一并表示衷心感谢！

　　由于旅行社计调领域的研究起步相对较晚，实践中涉及的问题较为复杂，本书难免存在不足和疏漏之处，敬请各位专家、学者、广大读者和在职专业人士批评指正。

王煜琴
2024 年夏天于泉城

目 录

基础篇

第一章 旅行社计调概述 ·· 3
引言 ··· 3
学习目标 ·· 3
第一节 旅行社计调的产生与发展 ·································· 3
第二节 旅行社计调岗位作用和岗位设置 ························· 10
第三节 旅行社计调员的职业素养 ·································· 17
互动题目设计 ·· 28
思考与练习 ··· 28
课后习题 ·· 28

第二章 旅行社产品管理 ·· 29
引言 ··· 29
学习目标 ·· 29
第一节 旅游消费分析 ··· 29
第二节 旅行社产品分类与选择 ······································ 40
第三节 旅行社产品的创新与开发 ··································· 48
互动题目设计 ·· 58
思考与练习 ··· 59
课后习题 ·· 61

技能篇

第三章　国内组团计调员操作实务 ··· 65
引言 ·· 65
学习目标 ··· 65
第一节　国内组团旅游概述 ·· 65
第二节　国内组团旅游线路产品示范 ·· 67
第三节　国内组团计调员业务操作流程与技巧 ·························· 72
互动题目设计 ·· 99
思考与练习 ··· 99
课后习题 ·· 99

第四章　出境组团计调员操作实务 ··· 100
引言 ··· 100
学习目标 ·· 100
第一节　出境组团旅游概述 ··· 100
第二节　出境组团旅游线路产品示范 ······································· 102
第三节　出境组团计调员业务操作流程与技巧 ························· 111
互动题目设计 ··· 145
思考与练习 ·· 146
课后习题 ··· 146

第五章　国内地接计调员操作实务 ··· 147
引言 ··· 147
学习目标 ·· 147
第一节　国内地接旅游概述 ··· 147
第二节　国内地接旅游线路产品示范 ······································· 149
第三节　国内地接计调员业务操作流程与技巧 ························· 151
互动题目设计 ··· 184
思考与练习 ·· 184
课后习题 ··· 184

第六章　入境地接计调员操作实务 ··· 185
引言 ··· 185
学习目标 ·· 185
第一节　入境地接旅游概述 ··· 186
第二节　入境地接旅游线路产品示范 ······································· 188

  第三节 入境地接计调员业务操作流程与技巧 ……………………191
  互动题目设计 ……………………………………………………………205
  思考与练习 ………………………………………………………………205
  课后习题 …………………………………………………………………205

第七章 自由行计调员操作实务 ……………………………………………206
  引言 ………………………………………………………………………206
  学习目标 …………………………………………………………………206
  第一节 自由行概述 ……………………………………………………206
  第二节 自由行旅游产品示范 …………………………………………210
  第三节 常规自由行计调员业务操作流程与技巧 ………………………213
  第四节 私人定制自由行计调员业务操作流程与技巧 …………………214
  互动题目设计 ……………………………………………………………216
  思考与练习 ………………………………………………………………217
  课后习题 …………………………………………………………………217

第八章 计调业务数字化管理操作实务 ………………………………………218
  引言 ………………………………………………………………………218
  学习目标 …………………………………………………………………218
  第一节 计调业务数字化管理概述 ……………………………………218
  第二节 计调业务数字化平台操作流程 …………………………………228
  第三节 计调业务数字化管理的流程与技巧 ……………………………245
  互动题目设计 ……………………………………………………………254
  思考与练习 ………………………………………………………………255

第九章 计调员对突发事件和投诉的处理 ……………………………………256
  引言 ………………………………………………………………………256
  学习目标 …………………………………………………………………256
  第一节 计调员对于突发事件的处理 …………………………………256
  第二节 计调员对于旅游者投诉的处理 ………………………………261
  互动题目设计 ……………………………………………………………264
  思考与练习 ………………………………………………………………264
  课后习题 …………………………………………………………………264

案例篇

第十章　计调员工作综合案例解析示范 ··· 267
　引言 ··· 267
　学习目标 ··· 267
　第一节　如何面对突如其来的暴雪影响 ··· 267
　第二节　旅游大巴车坏在了高速公路上导致误船 ····························· 268
　第三节　旅游团队住宿酒店标识不全，注意事项未作提醒 ············· 269
　第四节　谨防旅行社业出现"三鹿奶粉"事件 ································· 270
　第五节　"食物中毒"的完美处理 ··· 272
　第六节　面对"新冠疫情"，旅行社计调员诠释了何为"宾客至上" ······ 273

参考文献 ··· 275

「基础」篇

第一章 旅行社计调概述

> **引言**
>
> 　　计调业务是旅行社业务的重要组成部分,从旅行社产生起,即随之产生。在旅行社发展的早期,职能分工不清晰,计调业务和其他业务交叉在一起。随着旅行社业的逐渐壮大,旅行社内部的分工协作越来越细,计调业务渐渐地独立出来,成为旅行社不可或缺的业务类群;随着旅行社的快速发展,计调业务在旅行社业务中的核心地位日益凸显并为业界公认。与此同时,行业发展对计调员的综合素质提出了新的要求,职业道德素养、职业知识素养以及职业能力素养构成了从事计调业务必备的职业素养。
>
> 　　本章阐述了计调的概念、计调的产生与发展,讲述了计调的岗位作用及旅行社计调的岗位设置情况;概述了计调员应具备的职业素养。

> **学习目标**
>
> 1. 了解旅行社计调职业在我国的发展历程
> 2. 掌握计调业务在旅行社的岗位作用
> 3. 能够根据旅行社实际情况画出计调岗位设置图
> 4. 了解熟悉旅行社计调岗位职责
> 5. 通过对旅行社计调职业素质的了解,审视自身与一名合格计调员的差距

第一节 旅行社计调的产生与发展

一、旅行社计调的概念

　　在我国,计调的称谓带有计划经济的烙印。在中华人民共和国成立之后的很长时间里,我国旅行社属于行政或事业单位,没有经受过市场经济的考验。到1985年《旅行社管理暂行条例》颁布,才从法律上确立了旅行社的企业性质,当时旅行社的计调承担的是调度员的角色。

　　随着旅行社的发展,计调的含义在保持原有的基本意义的同时,其外延和内涵均有不同程度的变化。在不同规模的旅行社里,计调工作内容差异较大。

到目前为止，业界没有形成统一的计调概念。根据计调内涵和外延涵盖内容的不同，计调概念有以下几种不同的表述：

（1）计调是旅行社中负责旅游团队所用车辆、导游、饭店、景点等相关旅游要素协调调度的工作。①

（2）计调是旅行社内部专职为旅游团（散）客的运行走向安排接待计划、统计与之相关的信息并承担与接待相关的旅游服务采购和有关业务调度工作的一种职位类别。②

（3）旅行社计调一般包含两层意义：一是指在旅行社工作中从事旅游产品的开发与设计，代表旅行社与旅游服务供应商建立广泛的协作网络并签订采购合同，承担部分或者全部销售任务，制订并实施游客接待计划并及时处理有关计划变更，监督旅游活动过程并协同处理突发事件，完成旅游活动结束后其他相关收尾工作的岗位类别；二是指计调员（旅行社行业内又称线控、团控、OP等）。在实际工作称谓中，有时计调就是计调员的简称。③

鉴于我国旅行社总体表现为数量多、规模小，批发零售的行业分工体系尚未完全形成，而占有绝对比例的中小型旅行社的计调岗位承担了多种职能，本书采用第三种概念。

计调员是旅行社总经理的智囊，计调工作是旅行社各项工作的核心。

本书中出现的计调专指计调岗位，在计调岗位上工作的计调人员统称为计调员。

二、我国旅行社计调工作的发展历程

我国旅行社计调业务是随旅行社业务的发展而变化发展的。

1923年爱国民族资本家陈光甫在其工作的银行设立上海储蓄银行旅行部，这是我国第一家旅行社，计调工作作为旅行社的基础性工作便随之产生了。1927年，该旅行部更名为中国旅行社，即后来香港中国旅行社的前身。随着我国近代旅行社单体规模的扩大，如中国旅行社在抗日战争爆发之前，其分社和办事处达到45所，遍布全国，计调业务逐渐获得强化。但由于当时战争频繁、经济发展动荡起伏，旅游业属于国民经济的寄生行业，遵从国民经济的发展曲线。抗日战争爆发后，中国旅行社和其他近代旅行社辛苦经营的成就在日寇摧残下损失殆尽，抗日战争结束后，社会动荡，旅游事业无法扩大发展。

中华人民共和国成立后，我国旅行社的发展主要经历了四个阶段，在不同阶段，旅行社的计调业务呈现不同特点。

（一）后勤工作员时期（从中华人民共和国成立至改革开放）

中华人民共和国成立以后，于1949年12月在厦门成立华侨旅行社（现名厦门中国旅行社），成立的目的是满足华侨和侨眷出入国境探亲旅游等需要。由于是出于政治目的开设的，初期许多服务是免费的，不考虑经济利益。后来出于外事工作的需要，经国务院同意，又在两个系统分别成立了旅行社：一个是1954年成立的中国国际旅行社及其分社，由国务院及地方政府的外事办领导，负责接待外国自费旅游者；另一个是1957年以各地华侨服务社为基础组建的华侨旅行服务社（1974年更名为中国旅行社）总社及其分社，

---

① 百度百科. http://baike.baidu.com/view/639594.htm
② 熊晓敏. 旅行社OP计调手册. 北京：中国旅游出版社，2007：1.
③ 王煜琴. 旅行社计调实务. 济南：山东大学出版社，2009：1.

归政府侨务系统，以外籍华人、海外华侨、港澳同胞和台湾同胞为接待对象。在1980年，我国又成立了中国青年旅行社总社及其分社，隶属共青团系统，主要以来华游览的青年旅游者为接待对象。至此，我国旅行社行业初期的三大组织体系最终完成。由于当时我国的旅游业以接待入境旅游为主，国内旅游尚在萌芽状态，出境旅游因政治和经济方面原因还没能产生，接待入境游客的旅行社需要申请外联权。按照国家旅游局当时的规定，全国只有国旅、中旅、青旅三家旅行社拥有旅游外联权，1980年这三大旅行社接待的海外旅游者占全国有组织接待人次的80%，其余的20%由其他政府机构组织接待。[①] 国家对旅游外联权实施保护，客观上形成了旅行行业由国、中、青三家旅行社寡头垄断的格局。这个时期旅行社的重要任务不是创造经济效益，而是承担政府的政治接待工作。

在此时期的旅行社工作中，类似今天为外宾订房、订车、订餐和提供一些委托代办服务的计调工作，皆由接待部门中的后勤工作人员负责，虽然后勤工作人员在当时的旅行社中地位和职能还不突出，但其岗位任务却是中华人民共和国成立之后最早的计调工作形态。

（二）调度员时期（从改革开放至20世纪80年代末）

改革开放以后，入境旅游者迅猛增长，相对于急剧扩大的旅游需求，旅游供给出现严重短缺。为了增强我国旅游业的创汇能力，国家旅游局于1984年将旅游外联权下放，允许更多的旅行社经营国际旅游业务，并授予这些旅行社业务经营所需要的签证通知权。这一举措为我国旅行社行业的发展进一步释放了政策红利，刺激了旅行社数量的增加。旅行社在全国范围内迅速发展起来。到1988年底，我国的旅行社猛增至1573家，彻底打破了我国旅行社寡头垄断的局面。1984年以后，国旅、中旅、青旅三大旅行社接待人数占全国有组织接待人数的比例，由1980年的80%下降为1988年的40%左右。

随着旅行社数量的增多，为了加强对旅行社的管理，1985年国务院颁布了我国旅游行业第一部管理法规——《旅行社管理暂行条例》，该条例以法律的形式对旅行社的企业性质作出规定："旅行社是依法设立并具有法人资格，从事招徕、接待旅游者，组织旅游活动，实行独立核算的企业。"同时，《旅行社管理暂行条例》还按业务范围将旅行社划分为三类：一类社能够对外招徕和接待入境旅游者；二类社只接待入境旅游者；三类社只经营国内旅游业务。《旅行社管理暂行条例》的颁布标志着国家开始对旅行社实施相对独立的行业管理。

此时期，除了入境旅游迅速发展之外，国内旅游也开始兴起，旅行社业务由发展初期的国际入境旅游业务，发展成为国际入境旅游业务与国内旅游业务并举。高额的利润，刺激旅游行业的发展，到20世纪80年代末期，我国旅行社业发展成为一个具有一定规模的经济行业，在整个旅游业中的地位获得了广泛的认可。这个时期旅行社行业市场的总体状况是：产品供不应求，需求和供给同时增长，但需求的增长速度超过了供给，旅行社业市场处于卖方市场阶段，也属于旅行社的暴利时代。由于不担心市场需求，此时旅行社的经营管理重点在于做好接待服务，即属于导游时代，产品设计、质量管理和市场营销等工作没有受到经营管理者的重视。

从承担政府的政治接待任务转变为独立核算的企业，从重视政府形象到以创造经济效

---

① 国家旅游局人事劳动教育司.旅行社经营管理.北京：旅游教育出版社，1999：7.

益为中心，旅行社逐渐从政府的附属机构中脱离出来，成为市场上竞争的单体，逐渐建立起与独立核算企业相适应的组织结构。同样，计调工作从旅行社后勤部门中独立出来，成为旅行社组织结构的一部分——计调部。这时计调工作相对简单，主要承担产品生产的后勤工作，即为导游的旅游接待工作做好后勤保障服务，包括与各合作单位签订协议，采购旅游服务产品，并将信息传达给相关部门。此时期，计调业务对旅行社发展壮大的重要作用还没有充分体现出来。

（三）管家婆时期（20世纪90年代初至90年代中期）

20世纪90年代初，我国旅游业呈现持续扩张之势。在此期间，出境旅游出现零的突破，中国大陆成为仅次于中国香港、日本和中国台湾的亚洲第四大旅游客源产生地，出境旅游市场开始形成。与此同时，国内旅游保持了持续发展的势头。三大旅游业务齐头并进，有力地促进了我国旅行社行业的发展，仅1992年一年，我国就新增旅行社千余家。截至到1994年，我国共有各类旅行社4382家，比1988年底的1573家增长了2.79倍。这个阶段被称为我国旅行社的迅速增长阶段，尤其是国内旅行社增长更为明显，1994年，我国三类社3399家，占当时旅行社总数的77.57%。

由于旅行社市场仍处于卖方市场阶段，高额的营业利润和低准入门槛双重刺激，旅行社在数量上迅速增加的同时，单体旅行社规模上出现下降的趋势，不仅新成立的旅行社规模较小，原来的大社通过承包挂靠或变相承包挂靠转让以及部分转让经营权等方式而分崩离析，散、小、弱、差的旅行社行业竞争格局逐步形成。在实际运行中，旅行社业务本身对技术、资金等方面的要求很低，我国旅行社行业还没有形成垂直分工体系，几乎所有的旅行社在业务上都涉及产品开发、销售、组团和接待，在同一层次上争夺资源。规模小的旅行社虽然仅有几个人，却负责外联、组团、计调、接待等所有的业务环节，与国外大型旅行社制度化、流水线作业无法相比。

这个时期，旅行社正规的组织结构已被打破，计调员的职责范围变得模糊不清，失去边界，其工作囊括了产品设计、电话销售、制订线路计划、旅游要素采购、商业谈判、票务工作、售后服务、客户关系管理等诸多业务，成为旅行社的管家婆。

（四）专业化转型时期（20世纪90年代中期至现在）

20世纪90年代中期以后，我国旅行社市场由卖方市场过渡到买方市场，产品出现供过于求现象，由于散、小、弱、差的旅行社现状，旅行社市场竞争进入了无序竞争阶段，突出表现为市场竞争混乱。为了规范市场秩序，国家旅游局自1995年1月1日起，开始依照国际惯例实行旅行社质量保证金制度，先后颁布并实施了《旅行社质量保证金暂行规定》《旅行社质量保证金暂行规定实施细则》《旅行社质量保证金赔偿暂行办法》《旅行社质量保证金赔偿试行标准》[1]，旅行社必须缴纳质量保证金以保障旅游消费者的合法权益。1996年10月颁布《旅行社管理条例》，之后发布《旅行社管理条例实施细则》，旅行社开始执行最低注册资金制度。在2001年对《旅行社管理条例》进行了一次大幅度的修正，之后，在2009年1月21日国务院第47次常务会议通过了《旅行社条例》（该条例自2009年5月1日起施行），对旅行社质量保证金制度和最低注册资本金制度重新修订。各

---

[1] 国家旅游局人事劳动教育司．旅行社经营管理．北京：旅游教育出版社，1999：12.

地方旅游法规更是每年都有不同程度的修改，以此对旅行社市场进行重大调整。2013年10月1日起正式施行的《中华人民共和国旅游法》，使中国旅游业全面进入了有法可依、依法治旅的新时代。

随着政府对旅游市场整顿的日益严厉和旅行社市场竞争的日趋激烈，行业利润迅速摊薄，部分旅行社的经营管理者已经认识到扩大企业规模、实施品牌竞争战略是未来旅行社竞争取胜的必经之路。旅行社在呼唤建立合理行业分工体系的同时，企业内部职能专业化分工也被提上日程。通过借鉴国外大型旅行社制度化、流程化建设的经验，我国旅行社内部将逐步建立起分工协作的组织结构。在组织结构中，计调部门的工作越来越细分化，越来越专业化，计调员的角色正由管家婆向专业技术人员转变。

2015年7月29日，在京召开的国家职业分类大典修订工作委员会全体会议审议并颁布了2015版《中华人民共和国职业分类大典》（以下简称《大典》）。旅行社计调和旅游团队领队、旅游咨询员、休闲农业服务员4个职业作为新增职业纳入《大典》，这标志着旅行社计调职业身份在国家职业体系中首次得以确立。

三、新时代计调职业新特点

随着我国旅行社行业向规模化、垂直化、规范化发展，旅行社计调员的职责和分工将更加明确，计调在未来我国旅行社发展过程中仍然居于核心主导地位，是旅行社工作的神经中枢，计调职业有着美好的发展前景。与目前旅行社计调实际业务相比较，未来我国旅行社计调工作将呈现以下特点。

（一）专业化

随着自由行的不断深入发展，我国消费者对旅行社的依赖程度在逐渐降低，旅行社在价值链上需要重新定位，国内的专业化分工已具雏形，但是程度较低。目前许多中小型旅行社计调员的角色还是什么都做的"多面手"，一个计调员可以单独承担旅行社的产品开发、部分或者全部销售、制订旅游计划、进行质量控制、负责旅游结束后的总结回访等整个流程中的大部分工作，属于业务综合化时期。

计调员的职责涉及许多环节，而每个环节需要特定的知识和技能，显然，如果这些工作环节全部由一个人去操作，就很难实现细分化和专业化。由于专业分工不明确、岗位职责不清晰，工作界限模糊，随意性较大，缺乏专业化分工的理念和市场评价机制，计调员成长缓慢，业务不精，旅行社缺乏竞争力。

随着我国旅行社市场竞争的有序化，制度和组织建设的更加完善，计调工作作为其中的一个部分将更加专业化，旅行社计调人员职务较多、职责不分的现象将得到改变，业务操作将更加程序化和细分化。进行专业化分工的好处在于：计调员对自己的工作有精准的定位，可以使复杂的工作变得简单，每一个具体操作环节都易于掌握，有助于计调员操作的精确度和速度的提高，从而提高工作效率。

国家职业技能标准的颁布为计调职业的发展提供了规范和指导。根据国家职业技能标准，计调工作有明确的职业定义、职业技能等级、职业环境条件、职业能力特征等，这些标准有助于计调人员的专业发展和技能提升，从而提高业务操作效率和服务质量，提升整个旅游行业的服务水平。

（二）规范化流程化

计调工作的专业化催生规范的业务流程和操作标准。旅行社计调岗位的工作性质要求计调员具备严谨的工作作风，杜绝用主观性、随意性的态度主导业务流程。否则由于缺乏规范的操作标准、计调人员的疏忽大意，在与外联人员、导游员密切配合的过程中就会出现衔接的空白点，致使服务质量下降，这是众多旅游投诉背后深层次的原因。

计调从业人员必须具备一定的专业知识和技术水平，具备熟练而规范的业务操作技能。计调工作涉及旅游服务的采购、计价、产品设计与实施、业务协调、服务监控、费用结算等多个环节，每个环节都有相应的操作规范和流程，确保工作的有序进行。计调工作中的成本控制需要有明确的标准和方法，以确保在保证服务质量的同时，实现成本的最优化；对旅游团队的活动情况进行跟踪、了解，对导游的服务进行监督，需要建立一套标准化的服务监控流程；计调工作中的信息管理，如客户信息、行程安排、预订记录等，要有标准化的信息系统和管理流程；面对旅游过程中可能出现的突发事件，计调人员需有一套标准化的应急处理流程，以确保快速、有效地解决问题。计调业务操作的规范化一方面可以规避风险，提高服务质量；另一方面，可改变旅行社粗放型的经营方式，推动经营运作模式向科学化迈进，进而保证旅行社规范有序地向前发展。

（三）信息化网络化

旅行社计调工作涉及食、住、行、游、购、娱等多个方面，与同业合作单位、旅游供应商、旅游者等诸多企业与消费者打交道，工作环节繁杂，业务操作信息量大。旅行社信息化网络化的运用主要体现在计调工作上。

计调工作的信息化与网络化是现代旅游行业发展的趋势，它们对提升计调工作的效率、质量和服务水平起到了关键作用。信息化与网络化在计调工作中的应用和体现如下：

1. 信息管理系统的使用

计调员通过专业的旅游信息管理系统，可以更加高效地完成旅游服务的采购、计价、产品设计与实施、业务协调、服务监控以及费用结算等工作。

2. 在线客户服务

计调员在线客户服务主要体现在：在线接受客户咨询，促进客户下单成交、跟单操作及回访客户，与供应商对接相关事宜等。

3. 电商平台的利用

计调员需要对电商平台如飞猪、马蜂窝等有一定的了解，并能够通过这些平台进行产品推广、客户沟通和订单处理。

4. 电子票务与预订系统

通过电子票务系统，计调员可以快速完成票务预订和管理，同时利用在线预订系统对酒店、交通等进行实时查询和预订。

5. 数据分析与市场预测

信息化手段使得计调员能够收集和分析大量的市场数据，从而进行更准确的市场预测和决策支持。

6. 移动办公与即时通信

智能手机和移动网络的普及，让计调员可以随时随地通过移动设备进行工作，利用即时通信软件与客户和供应商保持即时性沟通。

7. 网络化业务流程

通过网络化，计调工作的各个环节可以实现在线协同，提高工作效率，减少人为错误，确保业务流程的顺畅和准确。

8. 远程监控与支持

信息化技术使得计调员可以远程监控旅游团队的活动情况，对导游员的服务进行监管，并及时处理突发事件。

9. 社交媒体营销

计调员利用社交媒体进行产品推广和客户关系维护，拓宽营销渠道，提高品牌知名度。

总之，通过信息化与网络化，计调工作不仅提高了效率和质量，还能够更好地满足客户个性化和多样化的需求，推动旅游行业的创新发展。

未来的旅行社业将离不开互联网，信息技术的发展搅动了整个行业的变革，犹如一座正在喷发的火山，行业竞争格局一再被打破重组。融资并购、线上线下加速融合等关键词成为整个行业亮点。再者，旅游者出游形式的变化和消费习惯的转变倒逼旅行社主动拥抱互联网。随着年轻一代消费群体的成长，旅游市场自由行时代到来，旅游无疑呈现移动化、散客化和个性化的趋势。计调部门作为旅行社信息资源的整合者与发散者，因时而动，掌握信息新技术才能出色地完成工作，为旅游消费者提供更高水平的服务。

（四）碎片化与分层化

在企业格局与市场消费方面，中国旅游都在呈现巨大变革，产品的细分品类与组合方式更加多样。旅行社的产业格局变幻莫测，竞争与合作都溢出了产业边界，变得更加扑朔迷离。产业之外，激烈的竞争催生了各种跨业联盟，新的旅游业态层出不穷，形成竞争与合作并存的局面；产业之内，上下游、线上和线下企业之间的合作有所加强，同时竞争对手之间也加强了联盟合作。互联网技术的发展，产业之间信息流通速度加快，以开放性为核心特征的在线旅游企业实施了平台化发展的竞争策略，在产业资源整合方面展现了独特的魅力。在旅游需求方面，消费分层明显加速。伴随着国民旅游普遍化、多元化的发展，旅游消费呈现新的特点。传统的景区景点观光、历史文化旅游等依然备受欢迎，中医药旅游、养生保健游、体育健身游、户外探险游、工业遗产游、会展奖励旅游、研学旅行等也蓬勃发展，自驾车游、房车游、邮轮游艇旅游、低空飞行旅游更是热闹非凡。

市场定位、产业融合、消费升级等要素推动旅行社规模变化和组织结构的变革，计调作为一线经营岗位，其变化首当其冲。未来的计调需要在掌握基本的计调业务技能之外，必须在某一领域自带IP才能成为业界的领军人物。

第二节　旅行社计调岗位作用和岗位设置

在整个旅游业产业链上，旅行社起着重要的串联和组合作用。在旅行社所有岗位中，计调岗位连接内外，被视为"神经中枢"。可以说，一个优秀的计调员能够让游客充分享受到出游的魅力，而一个不专业的计调员则会让出游客人怨声载道！

进入21世纪后，计调人才成为旅行社行业最紧缺的人才之一，计调员的工作水平在很大程度上决定旅行社的盈亏。

一、旅行社计调岗位作用

（一）计调部门是旅行社信息集结中心和指挥中心

虽然在旅游者购买和消费旅游产品的过程中，能否达到消费者的满意取决于多个部门的共同努力，但计调员是企业各个部门的总指挥，如图1-1所示。所有的信息需要汇集到计调部门，计调部门要进行信息甄选、做好行程安排和资源调度，在落实旅游计划时，计调员需要协调各方利益、发出指令、跟踪服务进程、指导紧急事件的处理以及随后的财务结算等工作。销售人员将产品销售给旅游者，将旅游者对旅游活动的要求反馈给计调员。计调人员将产品设计好以后，将有关的注意信息传递给导游员。旅游活动结束后，计调员与财务人员结算账务，核算成本效益，并收集旅游者的建议和处理游客的投诉，将顾客信息与财务信息反馈给管理层，以便管理层作出正确的决策。

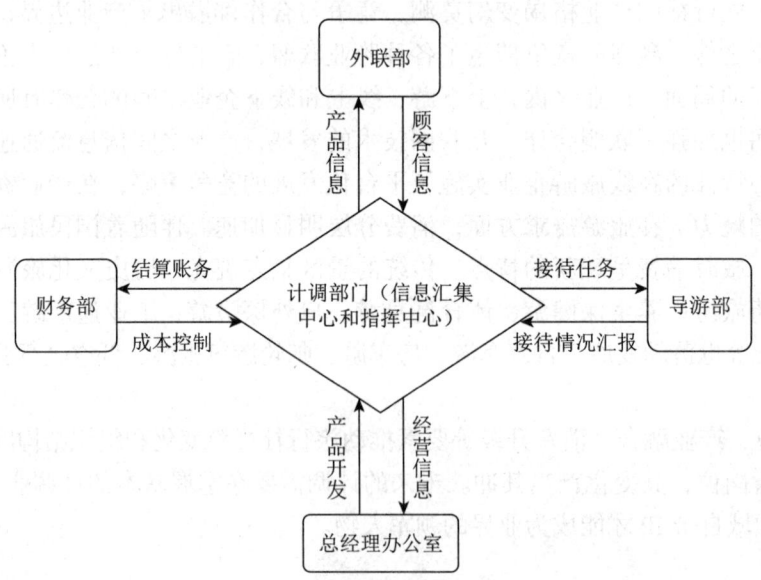

图1-1　计调部门在旅行社中的地位

（二）计调员是旅行社产品质量的控制者

一直以来人们有一个错误的观点，认为旅行社接待服务水平下降是导游素质不高造成的，从表面上来看，的确如此，但究其根本原因，旅游活动中许多失误却是由旅行社计调员工作的疏忽造成的。

根据系统论的观点，80%的产品质量是在设计阶段完成的，也就是说80%的产品质量应由计调人员负责，计调员的工作水平直接影响着接待服务质量的高低。在整个行程中，游客几点到站、在哪儿接站、去哪里用餐、车辆的好坏、景点的衔接等许多环节，是否是松弛有度、舒适便捷，都将影响游客的切身感受，如果一方环节出现差错或利益处理不当，就会出现一着不慎满盘皆输的局面。如果产品设计失误，再优秀的导游员也无能为力。在旅游接待服务过程中，出现一些意外情况，也需要计调人员去处理。因为导游员是为整个团的游客服务，整个旅游活动不能因某些意外情况而终止。计调员作为旅游活动的策划者、组织者和总协调员，是客人的出行管家，是前方导游员的坚强后盾，应将"难题"揽过来，协助导游员应对突发事件，以保证游览活动的正常进行。旅游活动完成以后，计调还要征求游客意见，总结本次旅游活动的经验教训，提高业务水平。

旅游接待的每一个环节都与计调工作息息相关，计调员是旅游活动质量控制的核心。

➡ "计调事"分享

游客不满意，谁之过？

[事实] 一个土耳其团到北京，导游员按照接待计划准时在08:10将游客接到了宾馆，并安排吃了早饭。饭后已是上午10:00了，而在此团的行程计划书中，却又安排客人12:30吃午饭。客人觉得刚吃过早饭，不可能在那么短的时间内再吃一顿，于是要求将午饭时间往后延。此时导游员犯难了，计划书就是这样安排的，导游员擅自更改行程是要扣分的。但如果不改吧，游客又不同意，这样的行程安排确实不合理。没有办法，导游员还是按照计划书办事，让客人在12:30又吃了一顿。这样做虽然没有违反规定，但游客对此却是怨声载道，对于导游员的安排十分不满。导游员怨气十足地说："我都快冤枉死了。客人们都以为行程是我安排的，对我特别不满意，刚第一天就这样，以后这团就更不好带了。"这个团队旅游行程结束后，没有再对第一天的午餐提出投诉，主要是接下来的导游员优质的服务感化了客人，但是，如果这顿午餐也能够合理安排，岂不是更好！

[启示] 很多人说一个团队旅游质量的高低取决于导游员，但是导游员更多的是执行者，其问题的根本往往取决于计调员的安排。一旦计调员行程安排失误或者不当，再优秀的导游员也难以弥补。如同工程设计图纸有疏漏或缺陷，就可能铸成大错或者造成无法挽回的损失一样。

上面的案例中出现的情况就属于计调员细微服务的缺失，对行程安排不合理。没有完整、清晰、准确地向导游员阐明接待的细则和要求。

旅游接待服务讲究人性化，注重实践操作性，而不仅仅是"机械操作"。由于接站（机）的实际时间的不确定性，计调员事先可以向导游员交代清楚，届时可以及时与领队沟通并初步达成一致意见，灵活安排用餐时间。

对行程松紧安排不当，对交通工具监控不力，对住宿酒店了解不足等都是计调员易发生的失误。计调员应该具备良好的职业素养，不断提高工作质量，从而提升对客服务质量。

（三）计调工作关乎旅行社的盈利水平

旅行社利润的来源有两个：控制成本和增加收入。在开源方面由外联部负责（在一部分中小型旅行社，没有专门的外联部，此项工作由计调员负责），外联部在市场上"开疆扩地"，目的是赢得更多的客源，扩大旅行社收入。但企业仅有开源还不够，还需要"节流"。计调员是旅行社产品的设计者，产品中大部分成本是在设计过程中决定的。计调员是旅行社"节流"的主体。

旅行社产品中的固定成本比例小，不需要大型机器设备和经营场地；相对来讲，旅行社产品中的变动成本比例高，这部分成本是由旅游者在旅游过程中所需要的食、住、行、游、购、娱各项服务的成本总和。计调员在采购时要做到成本控制和实际运作效果兼顾，与各个旅游相关服务单位搞好协调和沟通，建立互利互惠的协作机制，不管是在旅游淡季还是旺季，都能够争取到最优惠的价格，在保证服务质量的前提下，取得最好的经济效益。

"计调事"分享

尽心工作给旅行社创造了1500元的住宿纯利润[①]

[**事实**] 哈尔滨市29人豪华旅游团将要来山东进行为期五天的全线游，济南某旅行社的地接计调员根据组团社的要求，开始制订接待计划，核算成本。时值盛夏，青岛处于旅游旺季。地接计调员在落实青岛的房间时，一直长期合作的挂牌四星饭店已经没有房间，只好联系平日合作较少的四星级饭店，某四星级饭店给出的价格是610元/间，这个价格比起经常合作的那家四星级饭店，每间房每晚高出50元，也就是每位客人每晚要高出25元。虽然是旅游旺季，房间价格出入较大可以理解，但是这样核算出来的团队总报价可能会高出其他地接社的价格。地接计调员找到这家四星级饭店的营销部经理，仔细说明了团队的重要性和以后多多合作的诚意，希望饭店能够给予更加优惠的房价，最后销售经理看到地接计调员态度诚恳，工作认真，为了自己的旅行社尽职尽责，同意给予560元/间/晚的优惠价格。与刚开始给予的优惠价格相比，在青岛住宿两天晚上，总共可以省出1500元。地接计调员（简称计调）跟饭店销售经理（简称销售）之间的电话沟通如下：

计调：请问是青岛某某饭店吗？

销售：是的，请问您是哪里？

计调：我是济南某某旅行社计调员小张，今有一哈尔滨的旅游团，要在青岛住宿两晚，想预订在您的饭店，共15个双标间，请问还有房间吗？

销售：谢谢您的信任！请稍等，我查查看。

计调：好的，谢谢您！

销售：还有房间，不过只有14个标间了，再给一个单间可以吗？价格一样，都是每

---

① 王煜琴.旅行社计调实务.济南：山东大学出版社，2009.

晚每间610元。

计调：14个双标间和一个单间是可以的，但是价格是高了点，麻烦给便宜些吧！

销售：已经不高了，散客住宿同样房间是一千元左右，我们饭店的位置好，在房间就可以看到大海，再说又是旅游旺季，房间不愁卖的。

计调：我知道，您说得很有道理，不过，我们旅游团以前在您的饭店住过，当时给的价格比较低，我们这个团队是系列团队，这批结束后应该还有三批客人，都要来青岛的，都是住宿两晚上，再说，如果经理给我们的价格合适，以后我们可以多多合作，我们旅行社每年的接待量是很大的。

销售：好的，我跟领导汇报一下，请您稍等。

计调：非常感谢您的理解。

销售：考虑到张经理工作那么认真，时刻为您的旅行社着想，我也很受感动，刚才跟我们领导汇报了您的团队情况，决定给您旅行社560元/间/晚，这已经是我们饭店目前最低的团队房价格了。同时希望今后长期合作。

计调：太感谢了！谢谢您在我们最困难的时候帮助我们！等我跟组团社签订了合同，马上跟您传真确认！

销售：不用客气，希望以后有更多的合作机会！

[启示] 以上案例中，由于旅游团本身的原因，使得旅行社没有充足的时间进行接待预留，做充分的接待准备，而且长期合作的青岛的饭店已经没有房间。针对这种情况，如果地接计调员咨询饭店的房间价格后就接受，并且核算成本报价，也是无可厚非的，不能说计调员有错误。但是案例中的地接计调员却非常认真地工作，尽心尽力将青岛的房间每间每晚降了50元，在旅游旺季的青岛，能做到这个程度，实在不容易。地接计调员的工作态度认真，语言表达用词恰当，礼貌热情，让对方感受到的是旅行社员工的高素质，这样执着的工作精神感动了饭店销售经理，最后给予了最低的优惠价格。这样，旅行社有了利润空间，相对来讲就是降低了成本。在旅游用餐、旅游交通的预订中，存在同样的情况，只要计调员有主人翁的责任感和敬业精神，旅行社的成本控制就会达到最低，利润相对就会达到最大。

二、旅行社计调岗位设置

（一）旅行社组织结构设计

计调岗位是旅行社组织结构的重要组成部分，为了更好地了解旅行社计调岗位设置，首先对旅行社组织结构设计进行简单分析概括。

1. 生产过程导向的组织结构设计

以旅行社内部的生产过程为依据进行组织结构设计，如图1-2所示，旅行社的生产经营部门一般设有外联部、计调部、接待部、票务中心、综合服务部等；旅行社职能部门一般包括人力资源部、财务部、办公室等。我国旅行社以中小型规模的旅行社占主导地位，大多采用这种组织结构模式。

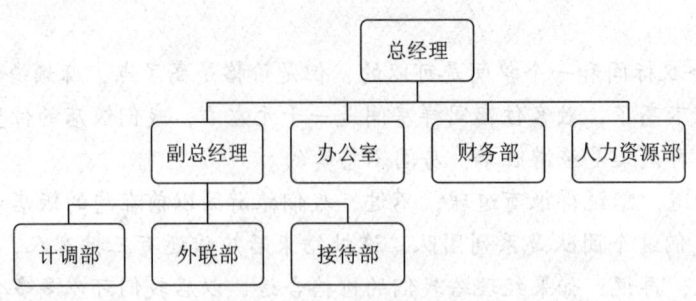

图1-2 以生产过程为导向的组织结构设计模式

在这种组织结构中,计调部处于旅行社业务的核心地位,发挥着中枢作用,通过产品支持外联部的销售和票务中心的采购,通过制订接待计划明确接待部的工作。

2. 顾客导向的组织结构设计

顾客导向的组织结构设计是依据目标市场划分部门,每一目标市场成立一个营业部,享有相对独立的业务经营权利,图1-3是按照地区设置营业部,每个营业部下设计调、外联和接待部门,负责本营业部的旅游者的游览活动。为了规范各营业部的行为,树立旅行社的整体形象,协调各营业部的利益,加强对营业部的管理,除了营业部外,旅行社设有统一的人力资源管理部、财务部、市场部、公关部和办公室,对内统一人力资源招募、培训、绩效考核等人力资源管理工作,执行统一的财务核算制度和行政管理制度;对外树立企业的整体形象和进行品牌管理。

这种组织结构设置模式适合规模较大的旅行社,有利于满足旅游者需求,即为同一类型的旅游消费者服务的员工组成一个团队,提供从产品设计、外联组团、对外采购和旅游接待的全过程"一条龙"服务,避免了大企业机构臃肿、沟通不畅的官僚病。同时,旅行社也设有统一全企业活动的职能部门,保证了企业的总体利益高于一切,避免了各营业部自行其是、将营业部的利益凌驾在企业利益之上的现象发生。

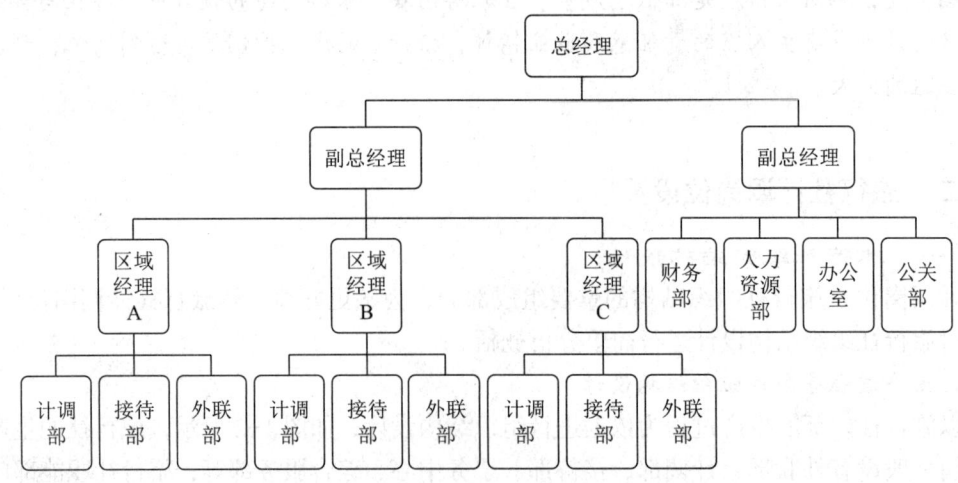

图1-3 以顾客为导向的组织结构设计模式

在这种组织结构中,计调分工更加细化,专业化程度也显著提高,着重于某个细分市场的产品设计和行程调度,是该市场业务经营的核心与中枢。

(二)旅行社计调岗位设置

1. 中小型旅行社计调岗位设置

在我国现阶段的旅行社构成中,占有绝对比例的中小型旅行社规模较小,计调部门的员工一般在10人左右,通常在计调部经理的领导下,分别从事不同的计调业务。如图1-4按照从事不同操作类型进行的计调分工,图1-5按照负责不同的业务类型进行的计调分工。

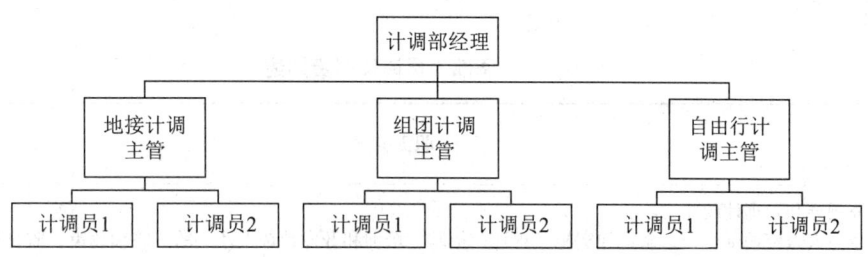

图1-4 按照不同操作类型进行分工的计调岗位设置

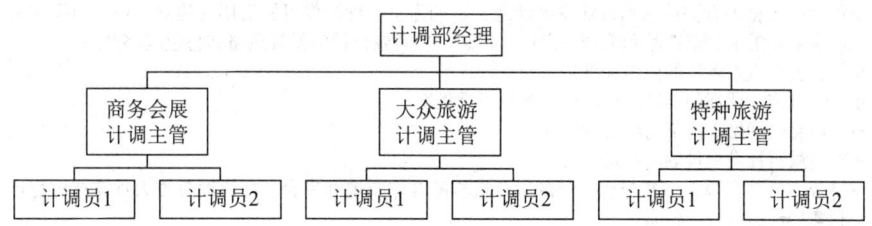

图1-5 按照不同业务类型进行分工的计调岗位设置

2. 大型旅行社计调岗位设置

大型旅行社计调岗位设置较为复杂。跟中小型旅行社相比,大型旅行社的计调业务工作分工更加细致,专业性更强。图1-6反映了大型旅行社计调岗位设置模式。

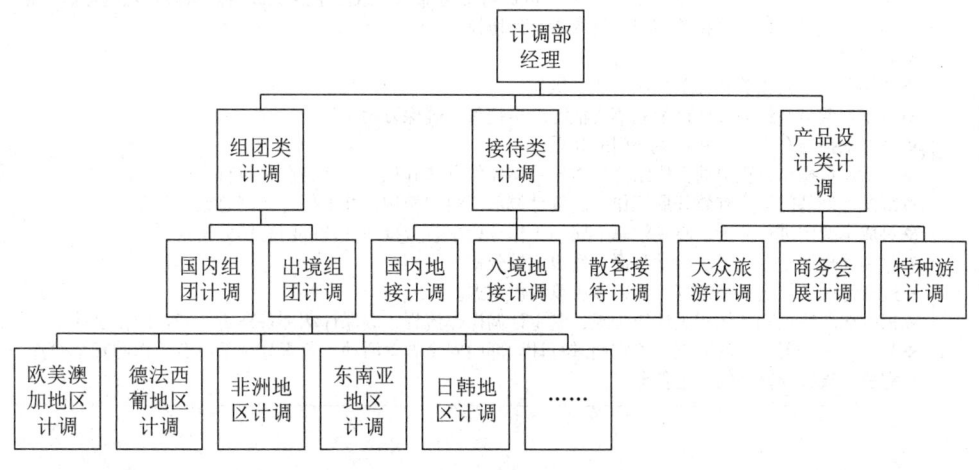

图1-6 大型旅行社计调岗位设置

（三）旅行社计调部岗位职责描述

计调部是旅行社的核心部门，计调工作直接影响和决定着旅行社的正常运营。计调人员履行自己的岗位职责，尽心尽力为客人服务，是旅行社取得良好效益的保证。

表1-1阐述了一般情况下，旅行社计调总监、计调部经理和计调员的岗位职责。由于旅行社面临的外部情况和企业内部人力资源情况千差万别，每个旅行社计调部人员的岗位职责都不尽相同，任何人不可能提供一个成功的范式供人们借鉴。只要计调部岗位职责的设置有利于计调业务的开展和计调部成员才能的发挥，这种岗位职责的设置对本旅行社来讲就是最合适的。

表1-1 计调部人员岗位职责描述

岗位名称	职责描述
计调副总经理（或称计调总监）	❖领导和管理计调部门。 ❖与人力资源部合作，制定和实施"规划、招聘、培训和开发计调人才"的战略和政策，监督计调部经理的工作，有权对其工作提出建议和意见，核定计调部经理工作业绩，负责计调部门的机构建设。 ❖规划计调部门的未来发展，使之符合旅行社整体发展战略方向。 ❖审核计调部门预算，做好计调部门成本控制。 ❖积极搜集整理有关信息和行业发展动态，定期为总经理提供可靠实用的建议，负责组织相关人员开发适应市场需求的新产品和策划、设计、包装、更新旅行社的常规线路和特色线路产品。 ❖负责公司重点客户的回访和维护工作。 ❖负责制定计调部门奖惩管理制度，报总经理批准。 ❖协调总经理做好跨部门的协调工作。 ❖参与旅行社发展规划的制定。 ❖整合内外部资源，搭建与相关旅游服务机构的合作渠道和平台，并协助各方力量支持旅行社业务的顺利开展和进行成本控制。 ❖监督落实抽查签约合作单位、旅游接待设施等的资质和安保情况。 ❖完成总经理临时交办的任务。
计调部经理	❖直接对计调副总或者总监负责，并接受其领导。 ❖负责计调部的日常管理活动。 ❖组织制定计调部各项制度及工作流程，上报计调副总或者总监。 ❖推动计调部经营目标的实现并对结果负责。 ❖年末，在计调副总或者总监的领导下，负责与交通部门、景区景点、饭店、旅游定点餐厅、旅游娱乐部门及旅游购物店等相关部门签订旅游合作协议。 ❖对下属工作进行指导、考核、培训等。 ❖直接参与重点团队和大型团队的业务操作。 ❖对于计调员制订的接待计划和落实情况严格把关，确保万无一失。 ❖对外加强与合作单位和相关部门的联系。 ❖对计调员操作过程中的费用结算等作出具体操作办法和规定，严格监督执行。 ❖组织计调部门人员有效开展工作，建设计调部门组织架构，并上报计调副总或者总监。 ❖对成本费用进行分析，收集汇总下属的工作分析报告，撰写计调部门总体分析报告。 ❖收集同规模企业的经济活动数据，作出比较分析。 ❖进行计调部年度费用预算，为财务决策提供依据。 ❖根据旅游法规和其他相关法律法规，制定计调操作流程，确保计调部各项工作安排的合法性。 ❖坚持"安全第一"的原则，不定期进行计调部门安全教育活动，负责计调部所有工作的安全检查。 ❖完成上级领导交办的其他任务。

续表

岗位名称	职责描述
计调员	❖ 在计调经理（主管）的指导下，全面参与计调部门的日常事务，一般包括对内接待，安排旅游团；对外计划，协调发团等若干职能的执行。 ❖ 负责掌握计调部采购的各项常规业务如：各类酒店、各类餐厅、各类型旅游车、飞机、客船、各景区景点、各购物店、各娱乐活动项目等在不同季节的成本价格。 ❖ 根据日常业务量，对性质相同的有关协助单位进行排序分档，并将排序分档表上报计调部经理。 ❖ 参与产品介绍与推广的跨部门协调工作。 ❖ 负责制定、修改和完善旅行社各常规线路的行程及具体安排。 ❖ 接待顾客电话咨询和当面咨询，提出符合顾客要求的旅游线路产品及报价建议。 ❖ 按照规定与合作社或客户签订旅游合同。 ❖ 负责旅游接待计划中所采购服务项目的具体落实。 ❖ 安排协调团队旅游过程中提出的旅游合同中没有涉及的特殊要求。 ❖ 负责导游员、司机、行李员和票务员等人员的有关业务调配。 ❖ 按照合同约定的情况和实际发生的费用情况及时催收团款。 ❖ 负责旅游团队的跟踪监控和服务，协助导游员解决突发事件。 ❖ 负责旅游活动结束后的回访工作。 ❖ 负责旅游客人资料的整理和归档，并定期进行接待信息分析，上交计调部经理。 ❖ 协助导游员做好出团总结和团后的报账工作。 ❖ 完成领导临时交办的任务。

第三节 旅行社计调员的职业素养

一、计调员的职业道德素养

职业道德是指从事社会职业的人们，在履行其工作职责的过程中理应遵循的道德规范和行为准则。

作为从事旅行社计调业务的工作人员，在自己的职业生涯中，应该遵循的道德准则和行为规范主要体现为如下方面。

（一）爱国爱企 忠于职守

热爱祖国，祖国的利益高于一切是社会主义核心价值体系的基本内容之一。旅行社行业作为旅游业的重要组成部分，是中国文化的主要传播阵地。而计调员作为旅行社重要岗位的工作人员，应对祖国灿烂的文化和巨大的成就感到自豪骄傲。在工作中，当自身利益与集体利益和国家利益发生冲突时，要毫不犹豫地将集体利益和国家利益置于个人利益之上，坚决制止有损集体利益和国家利益的事情发生。计调员在设计旅游线路产品时，要坚决摒弃糟粕，选用体现中国先进文化的内容。

计调员要忠于自己的企业和自己的岗位。忠诚和能力相比，忠诚是第一位的，比能力更重要。无论能力多么强，智慧多么超群，没有忠诚，企业领导人不会把最重要的事情交给一个不受信任的人；没有忠诚，计调就不可能成为企业的核心力量。忠诚是一个人的基本品格，是职场中最值得重视的美德，只有员工对企业忠诚，才能最终发挥出团队的力量，才能拧成一股绳，推动企业尽快走向成功。忠于自己的企业和自己的岗位，对计调员来讲，要接受企业的和本部门的目标，接受企业的价值观和文化，以企业和自己的岗位为荣，自觉维护企业的利益和名誉，不做有损企业形象的事情。

（二）热情友好 诚实守信

计调员在与游客以及其他合作者的沟通交流中，保持热情和友好的态度是非常重要的。计调员要学会设身处地为他人着想，体会他人感受，始终保持冷静和热情友好的服务态度，向他人传递本公司的良好形象。当计调员在执行自己的业务工作时，计调行为不再是个人的行为，而是代表整个计调部门或整个企业。

计调员热情友好的态度是其职业后续发展的动力，更是得以胜任计调工作的基础。因为旅行社提供的产品在市场上并非独一无二，竞争对手和同业有能力把同样的产品生产出来，所以在同质化产品严重的市场上，热情友好的服务态度是竞争的关键。计调员只有热爱自己的职业，才能在与企业利益相关的人或组织的交往中表现得热情友好。

诚实守信是为人之本，是中华民族的传统美德，也是计调员的处世准则。诚实是指忠诚老实，言行一致，表里如一；守信是指说话、办事讲信用，答应了别人的事，能认真履行诺言，说到做到，守信是诚实的一种表现。

中国大教育家孔子极为重视诚实守信，他认为，在社会生活中，"信"是一个人立身之本，如果没有诚信，也就失去了做人的基本条件。他把"信"列为对学生进行教育的"四大科目"（言、行、忠、信）和"五大规范"（恭、宽、信、敏、惠）之一，强调要"言而有信"，认为只有"信"，才能得到他人"信任"（"信则人任焉"）。孔子说："人而无信，不知其可也。"

计调员作为旅行社核心人员，对内与外联部、销售部、接待部关系紧密，对外与同业合作商、旅游供应商和游客联系广泛，诚实守信可谓立业之本。

（三）团结协作 顾全大局

由于计调工作的特殊性，一次简单的旅游活动，需要整合多种旅游资源，牵涉到众多旅游供应商和相关利益的人群和部门，如何将相互独立又相互牵制的诸多人员和部门组织协调起来，形成一个共同的目标，为旅游者提供满意的服务，计调员起到牵线搭桥的作用。在组织协调时，计调员必须有大局观念，从整体出发，团结相关工作人员，分工协作，使旅游活动得以圆满进行。

计调业务处于旅行社的核心位置，承担企业内外大部分的联络工作，假如计调员没有大局观念，不懂得从全局层面上思考问题，就可能顾此失彼，相互扯皮，降低工作效率。对外失去旅游供应商的合作，企业就成为一片孤岛；对内各相关部门的员工各行其是、利益纷争，使内部管理变得复杂无序，消耗企业的资源和能力。如果计调员习惯上从本部门的利益或自身利益出发，把其他部门和企业当成为己谋私利的工具，取得成绩时据为己有，出现失误时推诿责任，会逐渐失去他人的信任而变为孤家寡人，计调业务也就不可能顺利开展。

（四）善于学习 不断进取

在这个知识经济的时代，学习不再是取得文凭的手段，而是一个人的终身需求。工作之后，学习能力的高低在很大程度上决定个人的发展。计调人员要善于学习，肯于钻研，及时掌握不断变化的新动态、新信息，以提高作业水平。如要掌握宾馆饭店淡旺季上下浮动的价位；海陆空价格的调整、航班的变化；本地新景点、新线路的改变情况；等等。只有以丰富的知识武装自己，以最快的速度从各种渠道获得最新资讯，并加以研究运用，才能保证作业迅速流畅。

企业的人才判断标准是能适应企业内外变化，并能迅速调整，为企业的发展带来利益。21 世纪是知识经济的时代，知识、信息、智慧、才干是经济社会发展的关键性要素，人才及其智能、知识是社会经济的第一资源、第一资本，是企业发展的决定性因素。知识经济就其本质来论，可以称为人才经济。人才的竞争是一切竞争的基础，人才是最具价值的。而人才及其所具备的知识、智慧、技能，是通过学习而获得的，没有学习就没有知识、就没有智慧、就没有创新，也就没有了能力和技能，企业发展就会停滞甚至灭亡。

（五）遵纪守法 廉洁无私

遵纪守法、廉洁无私是计调员做好工作的底线。

随着旅行社业的高速发展，与旅游有关的法律也会进一步完善，整个行业的发展依靠法律才能健康有序。旅行社行业法规以及其他的相关法律为旅行社业发展设立一道高压线，在线内进行业务活动就是安全的、自由的，会受到法律的保护；越过这道高压线，其行为就会受到法律的惩罚。有些计调员认为可以钻法律的漏洞，甚至可以违法乱纪来捞到好处，所以不惜以身试法，铤而走险，这样的人最终必定因法网恢恢而受到法律制裁。

纪律是旅行社各个基本方面活动的框架规定，是调整集体协作行为的制度。企业的纪律就是企业的法律，它规定了企业内部组织成员之间的权利、义务和相互关系，决定了企业资源的分配方式和岗位职责活动范围。纪律是军队取得胜利的保障，同样也是企业获得生产力的基础。一个团结协作、富有战斗力和进取心的团队，必定是一个有纪律的团队。计调员要与众多的企业和人员打交道，每家企业和每个人都有自己的利益及想法做法，如果没有纪律来约束大家的行为，每个人、每个企业各行其是，整个团队必将一盘散沙，没有任何竞争力。计调员必须具有强烈的纪律和法治观念，才能平衡各方利益，形成一个富有竞争力和执行力的团队。

计调员要对国家、企业负责，对游客负责。作为旅行社的计调员，许多重要的涉及经济利益的工作环节都是自己单独操作，如果计调员不具备廉洁无私的品质，就可能在贪欲的驱使下违反纪律甚至法律。所以，计调员一定要尽心公事，对待与游客相关的各种问题要做到认真负责，克己奉公，最大限度地让顾客满意，让企业获益。

（六）爱岗敬业 乐于奉献

爱岗敬业、乐于奉献是计调员做好工作的基础。敬业精神是人们基于对一件事情、一种职业的热爱而产生的一种全身心投入的精神，是社会对人们工作态度的一种道德要求。它的核心是无私奉献意识。[①] 计调工作琐碎、繁杂，注重细节，而且要求反应快速，如果没有奉献精神，是不可能做好的。

计调工作直接影响着团队的服务质量。行程标准必须标注详细明了，办理各种手续要当事人签名，与合作社、酒店确认业务时要求对方回传，购买的门票要认真看清票面的内

---

① 智库百科，http://wiki.mbalib.com/wiki/%E6%95%AC%E4%B8%9A%E7%B2%BE%E7%A5%9E.

容，团队结束后要将相关的单据收齐等诸多操作细节，无不要求计调员细心和投入。如果缺乏敬业精神，这些琐碎的事情会让人烦不胜烦，而一些小的差错，就可能降低产品质量或为旅行社带来损失。

计调员必须具备乐于奉献精神，第一，因为乐于奉献精神有助于把工作做得更好。计调业务烦琐且界限难以界定，多做一点少做一点，短时间内很难察觉出来。奉献精神强的计调员工作细致认真，对工作保持高度的热情，会设身处地为游客和企业着想，愿意付出额外的努力，一个很小的细节问题可能使游客非常满意而心存感激，但游客未必表达出来。同样，一个不负责任的计调员，不愿承担工作失败的后果，事事找理由，时时找借口。从大面上看，工作没有失误，游客心里感到别扭但未必明白别扭来自哪里，即使非常不满也不愿投诉，但对旅行社来讲，就会永远失去这类顾客。第二，乐于奉献精神还有助于计调员进行组织协调工作。组织协调工作是计调工作的主要职能之一，对于企业来讲，虽然资源雄厚，员工个个精明能干，但是如果组织协调不当，这些物质资源和人力资源就不能产生任何价值，甚至产生破坏作用。具备乐于奉献精神的计调员，会主动以大局为重，把自己的利益融合到组织的利益之中，不会对自身的利益斤斤计较，支持和维护企业的目标和形象，遵守企业的规章制度和作业程序，自愿承担一些本不属于自己职责范围内的工作，愿意帮助别人，积极与他人合作，从而将资源进行有效整合，使企业的目标得以实现。

"计调事"分享

敬业的收获

[事实] 计调员A对另一家旅行社的计调员B说："我讨厌这家旅行社，工资低，事情还多。我想离开这家旅行社，重新找工作，你帮我介绍到你们公司怎么样，我看你们旅行社不错。"

计调员B：好啊，你很受欢迎，不过，你这样离开你们旅行社不太便宜他们了吗？我把你介绍到我们旅行社也不好说。这样，你再干干，干出成绩来，闪他们一下，我呢，也有东西对领导讲，把你挖过来，这样岂不更好，还能抬高你的身价。

计调员A：你说得有道理，我决定不再抱怨，先给我们旅行社一点颜色看看，免得他们总是忽略我，让他们知道我也不是吃素的。

两年后，计调员A努力工作，在岗位上取得很大成绩，在圈内开始有了自己的地位。

计调员B：时机到了，你快跳槽吧，我们旅行社已经开始注意你了。

计调员A：我不打算跳槽了，总经理已经升我做计调部经理了，而且现在的工作我也越做越顺手了。

[启示] 工作中只有付出才有得到，让企业看到你的能力大于现在的职位，才会给你更多的机会。工作敬业、乐于奉献，表面上是为他人多做了事情，其实最后是为了自己，因为在工作和奉献中，你的工作能力得到提升，积累了更多的经验，展示自身实力的机会也会增多。敬业爱岗、乐于奉献的人更容易受到人们的尊重而获得提拔。

二、计调员的专业知识素养

计调员是旅游队伍的重要组成部分,但由于从事幕后工作,多年来没有引起社会的足够重视。随着旅行社竞争的加剧和品牌建设的要求,计调工作对于旅行社发展的意义和作用愈加受到关注。要胜任计调工作,成为一名合格的计调员,必须具备丰富而广博的知识,这是从事计调工作的前提和基础。

(一)历史文化知识

文化是整个旅游业的支柱和灵魂,决定了旅游业的发展方向和兴衰成败。只有把旅游与文化紧密结合起来,深刻理解旅游资源中的文化内涵,并把文化通过组织旅游的形式传递给旅游者,让旅游者品尝到文化盛宴,这样的旅游产品才具有生命力和竞争力。

计调员需要掌握的历史文化知识是与旅游相联系的一个文化子类,它是环绕旅游活动有机形成的历史文明的总和,以食、住、行、游、购、娱六大要素为载体展现文化价值。所以计调员肩负着为旅游业服务,提高旅游品位和格调的任务。旅游者通过旅游活动经历,能从不同角度得到文化的熏陶和启迪。

作为一名复合型计调人才,所掌握的历史文化知识是为旅游产品的设计和开发、旅游业务咨询和销售、旅游活动的组织和协调等工作服务的。计调员对于历史文化的掌握应与旅游消费者的消费心理和消费行为相结合,要从分散的旅游活动中总结升华,组织成能够打动人心的魅力文化语言,向旅游者传递本旅游产品的核心利益,引起消费者的购买欲望,进而实现购买行为。

历史文化知识是文化的重要组成部分,它形成了旅游产品的筋骨,计调员在进行旅游资源的收集整理和线路的组合开发时,只有掌握历史文化知识,才能通过串联一系列的旅游活动,把蕴含在旅游资源中的文化潜能充分释放,并开发出整体形象鲜明、文化品位高的旅游产品,为游客营造一种浓重的文化氛围,展现旅游活动求美、求新、求知的文化功能,把旅游产品的开发提高到一个新的水平;另外,计调员掌握历史文化知识可以更好地为游客提供服务。文化是旅游的最大动机,旅游者参加旅游活动是为了获得审美情趣和精神享受。游客进行购买咨询时,咨询的重点在于哪些风景值得看,哪些名胜古迹、文物值得旅游,名胜大川的旅游价值如何,所谓的旅游价值是指旅游资源内含的文化魅力和文化营养。历史文化构成旅游产品的核心价值,是旅游者旅游过程中追逐的对象。计调员如果不懂得旅游文化知识,对旅游产品就会"知其然不知其所以然",就不能用所设计的产品打动旅游消费者,从而影响旅游产品的销售。

(二)旅游地理学知识

旅游是指人们利用闲暇时间进行的旅行游览、观赏风物、交流文化、增长知识、锻炼身体、度假疗养、消遣娱乐、探险猎奇、宗教朝觐、考察研究、购物留念、品尝佳肴以及探亲访友等非定居性的暂时性移居过程,也是一种以各种不同方式分配空间和利用时间的社会现象[①]。计调在游览行程设计中离不开旅游地理学知识。

掌握旅游地理学知识是制订旅游活动计划和开发设计旅游线路的前提。计调员只有掌握旅游地理学知识,才能深刻理解旅游的起因及其地理背景,了解旅游者的地域分布和移

---

① 百度百科. http://baike.baidu.com/view/35852.htm.

动规律，掌握旅游资源的成因、分类、评价、保护和开发利用，旅游区（点）布局和建设规划等知识，这些知识有助于计调员做好旅游线路设计和制订旅游活动计划；旅游地理学知识也是计调员为客人提供满意咨询服务的必要条件。计调员需要掌握自身服务区域内的不同等级旅游区、旅游服务各组成要素的基本特征及主要特色，熟悉重要景区及其旅游线路，了解民俗文化、风味特产、工艺美术等，在计调员提供咨询服务时，才能为旅游者答疑解惑，提出专业的旅游参考建议，成为旅游者信任的旅游顾问。

（三）市场学知识

计调员具备市场学知识是应对变幻莫测的旅游需求的必然要求。旅行社正面对知识经济时代的来临及其严峻挑战，现代科技的飞速发展，从根本上改变了人们的生活方式和社会生产方式，旅游消费者希望通过旅游更多地彰显个性，获得全面的与众不同的享受与旅游体验。计调员要能分析出市场变化对旅行社经营和旅游消费者需求带来的影响，以及由这些影响产生的旅游需求方面的变化，洞察旅游消费者的知识及其学习过程，并在顾客与旅行社接触的每个节点中发挥作用，如在产品策划、制订旅游活动计划、产品定位、包装促销、宣传推广中学习游客搜寻信息和消化信息的特点，这样才能推出有针对性的活动。计调员不仅要向旅游消费者学习，而且还要会引导"教育"消费者。旅游消费者对旅游产品来讲属于外行，难免存在某些偏见和误区，需要计调员给予指正和专业建议。离开对市场学知识的学习，计调员对于纷繁复杂的市场现象摸不着头脑，对市场规律把握不准，"以顾客为中心""顾客至上"就成了漂亮的空话。

（四）商务礼仪知识

许多人对于礼仪的理解是"令人不胜其烦的细枝末节"。然而，在旅行社计调员的日常工作中，正是这些琐碎的"小节"给别人留下了深刻的印象。

现今旅行社之间的竞争已经深入到了经营的各个环节，从业人员的礼仪风范不再只代表其个人的形象与品位，更重要的是代表了企业的整体形象，是企业文化的个体表现，甚至在一定程度上决定着经营活动的成败。因此，计调员掌握必要的商务礼仪知识，对于建立旅行社良好的形象、增强旅行社的竞争力有着重要的意义。

学习商务礼仪是从事旅行社工作的内在要求。旅行社是与人打交道的行业，商务活动非常频繁。计调又处于旅行社的信息中心和指挥中心的位置，更需要知情知礼，培养自己高尚的情操。只有懂得尊重他人，才能与人为善，才能为游客和合作者着想，在工作中细致入微，富有耐心和同情心，助人为乐；避免寸利必争，甚至飞扬跋扈。同样，尊重他人才能赢得他人的尊重，孟子也说过："敬人者，人恒敬之，爱人者，人恒爱之。"只有这样，计调员的工作才能得到各个方面的支持和配合，进而提高整个旅行社的旅游服务质量。

（五）法律法规知识

法律法规知识是一个合格的计调员必备的知识之一。掌握相应的法律法规知识是计调员顺利完成本职工作、保障旅行社自身权益的法宝。计调员需要掌握的法律知识包括：《中华人民共和国旅游法》《旅行社管理条例》《导游管理条例》《中华人民共和国民法典》以及酒店管理、车辆运输、航空法规等相关行业的法律法规知识。

依法治国、依法办事是促进经济发展、社会全面进步、国家长治久安的重要保障。在这个法制时代，要求计调员和其他从业人员依照宪法和法律的规定，把自身的业务行为控制在法律规范允许的范围之内，通过学法而懂法到用法、护法，明确在法律规定范围内的权利、责任和义务。计调员具有法律观念，能够依法办事，是时代发展的要求，认真学习与自身业务相关的法律法规，知法、懂法、用法、护法是衡量计调人员工作水平的重要尺度之一。计调员在业务操作过程中，必须以国家的方针、政策和法规为指导，在安排旅游行程时才能考虑旅行社的权利和义务，避免在工作中出现失误和偏差；在旅游合同签订和履行过程中才能有效地规避风险，保障旅行社的合法权益；在受理旅游者投诉时才能有理、有据、有节、有利地处理相关问题。

（六）计算机基础知识与操作技能

随着计算机网络的普及和计算机技术的迅猛发展，旅行社计调员掌握相应的计算机基础知识和操作技能成为顺应行业发展的必然要求。计调员需要掌握的计算机操作技能包括：计算机基础知识、Word操作技能、Excel操作技能、PowerPoint操作技能、Internet网络应用知识等。

计算机基础知识和操作技能是计调员的基本功。近年来，以网络技术为代表的信息技术在包括旅行社在内的旅游业中得以广泛应用，并由此对旅行社业未来的发展产生了不可忽视的影响。[①]因此，计调员必须掌握计算机基础知识和操作技能，以尽快适应行业发展的需求。随着时代的发展，旅行社经营管理中引进的信息应用技术将越来越多，每一项技能都是在前一项技能的基础上发展和衍生而来的，掌握计算机基础知识和操作技能会对计调员学习和掌握其他信息技术提供帮助。

（七）导游相关知识

在日常工作中，旅行社计调员与导游员的业务联系十分密切，掌握导游员相关知识，是计调员做好工作的基础条件之一。与计调员工作职责密切相关的导游知识包括：全陪、地陪和领队的职责、导游员的基本素质、导游员的义务和权利、导游服务的内容和要求、导游员针对旅游者个别要求的处理以及对突发事件的预防和处理的能力，等等。

计调员只有掌握导游相关知识，才能根据旅游团（或者散客）的性质和特点安排合适的导游员，即使计调员无权利派遣导游员，也可以对接待部派遣哪个导游员提出合理化建议，这样有利于保证产品质量和提高旅游者的满意度。掌握导游相关知识对于保障旅游活动质量至关重要。在进行旅游线路产品设计时，计调员应该多与导游员沟通，尽量保证各个环节设计的合理性；旅游活动开始后，导游员代表旅行社对旅游活动全权负责，计调员虽然可以通过多种途径了解旅游活动情况，但是最重要的途径是与导游员的沟通，能够及时有效获得准确信息，随时处理各种问题，保证旅游活动的顺利进行。

三、计调员的职业能力素养

职业能力是人们从事其职业的多种能力的综合。一定的职业能力是胜任某种职业岗位的必要条件。旅行社计调员只有具备了相应的职业能力素养，才能胜任其岗位工作。计调员的职业能力主要体现在以下几个方面。

---

① 国家旅游局人事劳动教育司.旅行社经营管理.北京：旅游教育出版社，1999：367.

(一) 采集信息能力

旅行社从一定程度上来讲就是信息管理行业，收集、分析、整理信息的能力反映了旅行社的经营管理水平，计调部门是旅行社信息管理职责的担当者，能够正确有效及时采集到相关信息是对计调工作业务评价的一个重要标准。如当游客打算出去旅游，就有关旅行事宜向计调员咨询时，他们对计调员的咨询服务有两个方面的期待：一是快速，游客总是缺乏等待的耐心，能否快速响应游客需求，及时设计旅游线路并提出报价，已成为销售是否成功的重要因素；二是准确，如果计调员向游客提供了过时或虚假的信息，游客会对旅行社的业务能力失去信任，他们会认为旅行社的工作不够专业。

计调员对协作企业信息的采集是保障旅游工作顺利进行的前提条件。旅游产品的组合特点决定了计调员要与饭店、餐馆、旅游车队、导游员、景区景点、航空公司、旅游购物店和旅游娱乐等诸多部门和企业建立畅通协作网络，以确保旅游者在旅游过程中食、住、行、游、购、娱各个环节的服务供给。如果计调员信息更新不及时，会造成旅游者的不满，甚至投诉，严重影响旅行社声誉，并使企业蒙受经济损失。除此之外，计调部还要将从饭店、交通、餐饮、景点、购物店、娱乐等机构得到的各类新信息及时通告旅行社其他部门，这是保证协作过程中信息畅通的前提。

(二) 灵活应变能力

灵活应变能力是指面对意外事件等压力，能迅速地做出反应，并寻求合适的方法，使事件得以妥善解决的能力，通俗地说就是应对变化的能力。[①]应变能力是计调员的综合能力，表现了计调员的智慧和才干，具备这种能力，能够创造性地做好计调工作。

计调员需要具备应变能力基于以下的原因：首先是由于旅行社产品的特殊性。旅游产品生产与销售和旅游者的购买与消费是同时进行的，所以面客工作人员需要较强的应变能力，否则就会失去机会。其次，在给旅游者提供消费咨询服务时，计调员所接触的客户是十分广泛和复杂的，其中不乏一些固执的、冷漠的、倔强的、蛮横的、傲慢的客户，如果没有灵活聪慧的应变能力，就很难应对不同客户的要求。最后，导游员在外带团，计调员需要全程跟踪。在旅游者旅游过程中，难免会遇到一些出乎意料的突发状况，此时，不仅是对导游员适应能力和应变能力的一种考验，而且对计调员来讲，要冷静、理智地分析状况，通过巧妙的方法应对，使企业避免损失，在这一点上，计调员的作用甚于导游员。

(三) 开拓创新能力

开拓创新能力是人们根据确定的目标与需要灵活地、创造性地运用已知的一切知识与信息产生出某种具有独到见解的、新颖的、具有开拓性的而富有积极社会价值的精神产品或物质产品的能力。它是一个人心理品质和能力的高水平结合。计调员的开拓创新能力需要把计调工作当作终身追求的事业，发挥高度的工作热情，有信心做好计调工作，实现对现实的超越，在从事业务活动中，善于独立思考，有自己的见解，不会人云亦云，同时具备探索精神，凡事不仅知其然也要知其所以然，采用创造性的思维方式，熟练运用逆向思维和发散思维，能够从不同角度看待同一事物，而且动手能力强，把想法付诸实践，一个伟大的新创意可能会被尘封多年，人人都可能认识到它的好处，但如果没有人落实到实际

---

① 百度百科, http://baike.baidu.com/view/638999.htm.

行动中,永远也不能形成创新。开拓创新能力不是凭空产生的,它是以智能为基础具有一定科学依据的标新立异,需要扎实的知识和一般能力为基础,没有知识的积累,缺乏必要的才干,开拓创新无从谈起。

  旅游的一个重要功能是满足旅游者的好奇心,不断产生新的主意,创造出更多的新鲜事物是旅游经济的灵魂。计调员作为旅游活动的策划者,如果不具备开拓创新能力,只会抄袭和模仿市场上已有的产品,或者将旅游资源简单地堆积,旅游活动就会让人产生一种似曾相识的感觉。由于缺乏新鲜感,旅行社产品对旅游者的吸引力正在日益减弱。虽然,我国居民每年出游的人次数和旅游消费水平增长较快,但旅行社的整体业务并没有出现同样的发展速度,其中一个重要原因在于旅行社提供产品的高度雷同化。

(四) 抗压能力

  抗压能力是指一个人在处于逆境、面临压力的情况下处理事务的能力。在旅行社的各个岗位工作中,计调岗位是企业的神经中枢,也是维系各种关系的关键环节[①]。计调部门的一举一动都牵动着企业内外各方的利益,可谓牵一发而动全身,因而成为相关各方关注的焦点,一旦出现失误也成为各方抱怨的对象。因此计调部门面临的压力大,若不能迅速调整压力,将给自身的生活和工作带来诸多困惑。另外,计调业务要素变化快,也给计调员带来了压力。计调业务操作诸要素均处在不断变动中,如护照等办理流程,旅游航空公司、铁路、轮船公司的票价和出发到站时间,旅游相关资源、酒店、餐饮的变动,旅游行程中的突发事件等,计调工作不仅涉及面广,且工作中常出现新问题、新情况,需要计调员提出解决方法。胜任计调工作需要掌握和运用多学科、多专业知识和技能,正常工作经常被打断去处理日常业务中出现的新问题、新情况,工作节奏感强,忙闲不均,计调员应付这样的工作需要灵敏的应变能力和抗压能力。

(五) 组织协调能力

  协调能力是指计调员在日常工作中妥善处理好同旅行社上级领导层、同级协作部门、外部旅游协作单位和旅游供应商等的各种关系,缓解矛盾,减少分歧,调动各层次、各环节、各方面的积极性的能力。组织能力是协调能力的延续,它是指为了有效地实现目标,灵活地运用各种方法,把分散的力量和资源整合在一起,使其产生大于个体之和的整合功能。计调业务在旅行社中的地位和作用决定了从事计调业务的员工必须具备组织协调能力,否则,计调工作无法正常运转。

  旅行社就是一个错综复杂的系统,特别对大型旅行社来讲,组织结构非常庞大,绝大多数工作需要多个人多个单位共同协作才能完成。在旅行社的日常营运工作中,计调员承担着统筹协调的工作任务。旅游者在旅游过程中所需要的产品和服务具有综合性,这些产品和服务是由众多的旅游供应商提供的,旅行社所扮演的角色是将游客旅游过程所需要的产品串联起来,整合在一条旅游线路中,并赋予它新的内涵。旅行社不能使用行政命令去指挥旅游供应商,二者之间是平等协商的关系,这种平等协商需要计调员去完成。仅仅有外部供应商的产品和服务还不够,计调员还需要将产品和服务串联起来,这就是线路的设计和旅游计划的制订,旅游计划形成以后,需要导游员实施和其他部门的配合,同样需要

---

① 王煜琴.旅行社计调实务.济南:山东大学出版社,2009:27.

考验计调员的协调组织能力。组织协调能力强的计调员在相同条件下，可以将各种要素投入转化为产品或服务的效率更高，质量更好。同样，组织协调能力弱的计调员会因利益分配不均而导致冲突不断、员工情绪低落、团体力量薄弱，当组织协调的成本大于由此而带来的效益时，企业就开始衰弱。

（六）沟通谈判能力

沟通能力包含着表达能力、争辩能力、倾听能力和形象设计能力，它是一个人内在情绪能力的外在表现，也体现着一个人的知识、能力和品德。谈判能力是谈判人员所具备的更好完成谈判工作的特殊能力，通常包括思维能力、观察能力、反应能力和表达能力。

旅游业是与人打交道的行业，旅行社计调员的重要业务就是协调企业内外的关系，如果没有良好的沟通能力，不通晓一般的礼仪常识是不能完成任务的。谈判能力主要针对旅行社外部的协作单位、旅游供应商和旅游客户。例如与旅游供应商进行谈判，在保证服务质量的前提下，尽可能地压缩采购成本，签订采购合同；与旅游客户进行谈判，在保证客户满意的前提下，尽可能提高产品的售价，为旅行社创造更大的利润空间；与协作单位谈判，建立协作网络，扩大企业的业务范围。沟通谈判能力需要计调员具备敏锐的观察力，能够随时而又灵敏地注意到有关事物的各种极不显著但却重要的细节或特征，通过捕捉与事物本质相联系的"痕迹"，洞察沟通谈判对象的心理状态，在事物发生的现场迅速作出判断，察觉到问题或关键所在，准确地预见事物发展的方向和结果，综合运用各种方法、手段，对不同条件、不同形势下的问题作出正确的行为反应和行动选择。

（七）成本控制能力

成本控制是指运用各种方法，通过一切降低成本的努力，以最小的成本达到预先规定的质量和数量。计调员是旅行社产品成本的主要控制者。在产品控制中，通常把成本按其业务量的变动状况划分为变动成本和固定成本，固定成本顾名思义是固定不变的成本，包括企业固定资产折旧、水电费、管理人员工资和员工的基本工资等期间费用，无论一定期间企业业务量如何，固定成本的数额保持不变，它通常是企业战略选择所决定的。变动成本是随着业务量的增加而增加的成本，包括订房费、订票费、交通游览费、住宿费、餐费等成本，它大部分来自旅行社的采购成本。旅行社不是一个资本密集型行业，固定投资较少，因此在企业经营中产生的固定成本占总成本的比例较小，成本控制的重点在于变动成本。计调员是旅行社产品"原材料"的主要采购者，肩负着成本控制的重任。计调员具备成本控制的能力可以增加企业的盈利能力，无论在什么情况下，降低成本都可以增加利润，这是进行成本控制的直接目的。有效的成本控制是增强企业竞争力的途径，旅行社与对手竞争无非有三大武器：降低成本、提高产品质量和创新产品设计。而降低成本是基础，在同等条件下，旅行社产品成本减少了，才可能扩大销售，巩固经营基础，企业才有力量去提高产品质量，创新产品设计，寻求新的发展。

（八）文案写作能力

文案写作能力是从事计调业务的基本能力之一，所谓文案写作能力是指运用语言文字阐明自己的观点、意见或者抒发感情，通过文字表达方式将经验和思想进行系统化、科学化、条理化的一种能力。

在计调工作中，需要进行文案写作的内容很多，如线路介绍资料、产品促销方案、产品宣传手册设计、旅游接待计划文案、定期业务总结、每团接待小结、销售分析和研究报告等都离不开文案写作，尤其进行网络营销，大量的资料需要准备，要适合网站用户的特点，要让网站的内容实用、富有吸引力，所有的内容都需要精心写作，恰如其分的辞藻修饰比干瘪无趣的行程更加生动、更能激发游客在看了行程之后的参团欲望。如果要将自己的经验、体会、研究成果和其他部门进行沟通交流，更需要写出来。语言文字是人的第二张嘴，如果起草文件、交代任务用词不当词不达意，冗长啰唆，遗漏要点，计调工作是不可能做好的。

 拓展知识

普通计调员与优秀计调员

一名优秀的计调员与一名普通的计调员在工作中的差别是什么呢，看看下面的对比。

	普通计调员	优秀计调员
1. 关于对待问题的态度	在工作中会发现各种各样的问题，对于问题他们往往以抱怨的态度去对待，而没有想方设法去解决。	在工作中，碰到问题会冷静地分析原因，并通过各种手段去解决，慢慢培养了一种解决问题的能力。
2. 关于执行力	对于领导交代的问题本着能做就做，不能做就慢慢磨的态度，执行效果较差。	领导交代的事情积极去解决，遇到问题会积极与领导沟通请示，执行效果好。
3. 关于个性	个性张扬，以自我为中心，不善于处理自己与同事领导的关系，往往给人一种很浮躁的感觉。	为人谦虚低调，能协调好与领导同事的关系，人际关系非常好。
4. 关于下班后的活动	下班后往往通过看电视、打打游戏等方式，度过一段休闲时光。（打游戏、玩手机、看杂志、看电视）	下班后会抽出时间回顾今天一天的工作内容，反思不足之处，并规划好第二天的工作内容。（写工作总结、看营销书籍、和领导沟通想法、规划明日工作）
5. 关于工作内容安排	工作杂乱无章，搞不清楚工作的核心内容，工作往往忙起来手足无措。	能很好地做好工作规划，找准核心工作内容，即使忙起来也能井然有序。
6. 关于与客户沟通	和客户沟通仅局限于单纯的行程报价，没有考虑到客户的实际需求，往往工作很辛苦，但是成效却很低。	能很好地处理与客户的客情关系，准确地找到客户实际需求，并结合客户需求调整行程。往往事半功倍。
7. 关于视界	缺乏宏观思考，经常纠结于某个具体事件的输赢高低，甚至为了一点小利和客户争吵不休。从而影响了自身声誉，也丢失了客户。	从市场整体角度出发，能很好地协调好各个渠道之间的客户关系，在客户培育上，看重长远，精于维护，有市场观念，有品牌意识，有不断扩大的自身影响力。

续表

	普通计调员	优秀计调员
8.关于对待批评的态度	对忠言逆耳理解得不透彻，总认为自己想的是对的，把上司或资深前辈的意见或建议不当一回事，我行我素。	能谦虚地接受批评，认识到自己所犯错误在哪，并积极改正！
9.关于职业生涯规划	没有职业规划，对自己想要什么没概念，能做多久算多久，风风光光是一辈子，窝窝囊囊也是一辈子，得过且过。	有自己的职业规划，知道自己想要什么，也知道如何去努力。

互动题目设计

第一题：画思维导图

为"我国旅行社计调工作的发展历程"画一幅思维导图，内容包括分段时间、行业背景、计调工作特征。

要求：1.内容全面；2.条理清晰；3.语言简洁。

第二题：设计调研问卷

设计一个调研问卷，调查一下合格的计调人员应具备的素质和能力。

思考与练习

1.做一个思维导图，梳理计调的概念和发展历程。

2.某旅行社要进行计调员的招聘工作，请你对计调岗位进行分析，拟定出计调员招聘条件。

课后习题

请扫码答题测试。

习题

第二章 旅行社产品管理

引言

在旅行社行业快速发展的今天，产品管理的优劣已经成为旅行社能否发展壮大的重要因素，计调员作为产品管理的具体策划者和实施者，应建立所负责线路或区域旅游产品多元化的有效机制，为旅行社在激烈的市场竞争中站稳立足并取得领先优势奠定基础。

本章首先阐述旅游消费的概念、特点和影响因素。计调员需要以此作为起点，为不同的旅游消费群体量身定制旅游产品，只有这样才能使设计的产品适销对路。为了便于设计、选择和管理，计调员还需要为每一种产品贴上关键词标签，使之组成一个清晰合理的多元化的产品体系。旅游产品的设计和创新是一个系统工程，不是仅仅依靠某个人或者某一部门就能完成，它需要公司上下通力合作，每个人各司其职，在设计和创新的不同阶段相互配合；但计调员作为产品管家，在产品的设计与创新、计划与实施中起着主导、统筹、组织、协调等作用。用心管理产品和创新流程，科学推动每一个步骤的顺利开展和有效衔接，是计调员应当担负的职责。

学习目标

1. 掌握旅游消费的概念和本质
2. 深刻理解旅游消费的特点和影响因素
3. 掌握旅行社产品分类知识和选择策略
4. 能够运用所学知识为旅游产品贴上关键词标签
5. 掌握旅行社产品创新的模式和流程，能够进行产品创新设计

第一节 旅游消费分析

在旅行社产品管理中，计调员的主要职责体现在分析和研究市场环境与需求，为企业发展寻找市场潜力和机会；制定产品规划，进行新产品的研发设计；对新产品制定营销策略，组织相关人员共同将产品推向市场；支持销售人员的工作，确保产品销售的顺利进行；为产品生产落实所需的旅游供应商，做好旅游供应商的管理与维护；对产品进行成本核算、财务预算，做好风险评估和成本控制；进行销售预测，做好关键旅游要素的提前预

订等。

了解旅游消费者的消费需求是计调员做好产品管理工作的前提和基础，产品好不好最终是要经过市场的检验。在进行产品设计和管理时，计调员始终都要以旅游消费者为中心，满足旅游消费者需求的产品，才能成为旅游消费者购买的产品，旅游产品的价值才能实现。如果不能获得旅游消费者的认可，旅游产品将一文不值，为旅游产品设计和管理而产生的成本将永远沉没。因此，了解和把握旅游消费者的旅游消费需求是进行产品设计和产品管理的出发点和归宿。

一、旅游消费的概念

旅游消费是指消费者在旅行游览过程中，为满足自身发展和享受需求而进行的各种物质资料和精神资料消费的总和。旅游消费是不同于其他消费的一个单独类别，其区别在于旅游消费的本质上。

（一）旅游消费的个体性

旅游消费就其消费主体而言，属于个人消费范围。旅游者是否选择旅游消费活动、什么时候消费、消费什么旅游产品、消费层次与消费量多少等诸多问题，都取决于旅游者的旅游消费意识、旅游消费习惯、旅游消费能力、旅游消费水平、旅游消费结构等因素，最终的旅游消费效果也是因人而异的。

1. 旅游消费意识

人们的旅游消费过程，是在其旅游消费意识支配和控制下进行的，而旅游消费意识则是由旅游者的消费心理和消费观念所构成。

旅游消费心理，是指旅游消费者寻找、选择、购买、使用、评估与自身相关的产品和服务时所产生的心理活动，包括旅游消费动机、意向、兴趣等。它属于浅层的旅游消费意识，具有自发性和可变性，主要受某种社会环境影响而自发地形成，并随着客观环境的变化而变化。如在抖音看到介绍某景区的宣传视频，人们就可能萌生去这一景区旅游的动机。

旅游消费观念，是指人们在一定的人生观、价值观基础上形成的消费意识，它反映了人们对旅游消费的一种较强的心理倾向性和价值评判，是一种深层次的旅游消费意识，通常具有相对的稳定性。如我们国家的某些旅游消费者存在宁愿花大钱去国外购物也不愿意为高水平的旅行服务付费。为服务付费的旅游消费观念没有形成，这也是导致低质购物旅游团存在的重要因素之一。

作为旅游消费意识的两个不同层次，旅游消费心理直接决定和影响着旅游者的消费动机及其行为，旅游消费观念则为人们的旅游活动提供消费模式。而将相对稳定的旅游消费观念与相对变化的旅游消费心理结合起来，就构成了人们的旅游消费意识。

2. 旅游消费习惯

旅游消费习惯，是指人们在一定条件下经常发生的、带有倾向性的旅游消费行为，它具有民族性、地域性和相对稳定性的特点。一般情况下，不同国家、不同地区和不同民族的旅游消费习惯，是在各自特定的经济、政治、地域和文化背景下形成的，具有相对稳定的社会心理及其行为表现，这也是造成不同国家、不同地区旅游消费中文化形态和民族习俗差异的重要因素。因此，旅游消费习惯是旅游消费方式的重要内容，也是影响旅游消费方式的重要因素。旅游消费习惯对旅游消费方式的影响，主要反映在民族传统、文化风俗和宗教信仰等对旅游者的食、住、行、游、购、娱等要素的旅游消费方式的影响。由于民族传统、文化风俗和宗教信仰等在短期内一般不会发生很大变化，因而这种影响也会保持相对的稳定性和连续性。对此，旅游目的地国家或地区在发展旅游经济时必须充分认识到这一特点，要尊重不同客源市场旅游者的消费习惯，提供适应不同客源市场旅游消费习惯的旅游产品和服务，最大限度地满足旅游者的消费需求。

3. *旅游消费能力*

旅游消费能力，是指旅游者为满足自身旅游需求而对旅游产品使用价值的利用程度。旅游消费能力包括物质消费能力和精神消费能力，前者是指旅游者为满足自己生理上的需要，在旅游活动中对于食、住、行等主要方面的消费能力；后者是指旅游者为满足其精神及心理方面的需要而对游、购、娱等主要方面的消费能力。

全社会的旅游消费能力是由一定的社会生产力水平所决定的。一方面，在旅游消费对象一定的条件下，旅游消费能力的大小取决于社会的、生理的和文化的发展水平。社会经济的发展和人们收入水平的提高会使人们的家庭生活方式和消费方式发生改变，从而促进人们文化生活条件的改善和消费水平的不断提高以及人们消费层次的提升，这是构成旅游消费能力的物质和经济基础。但这只是一种可能的旅游消费能力。另一方面，要将这种可能的旅游消费能力变为现实，还需要提高旅游服务的质量和水平。旅游服务质量差、服务水平低，则旅游消费能力的实现就可能受到阻碍，甚至无法实现；反之，旅游服务的质量和水平越高，将旅游消费能力变为现实的可能性越大。

4. *旅游消费水平*

旅游消费水平主要是指旅游活动中，旅游者通过消费旅游产品而在物质和精神需要方面获得的满足程度。旅游消费方式与其他消费方式一样，总是要通过一定的旅游消费水平体现出来。由于旅游消费所包含的旅游产品和服务的质量，既包括物质消费品及其服务的数量和质量，又包括精神消费品及其服务的数量和质量。因此，对旅游消费水平必须从物质消费与精神消费、旅游消费的数量与质量的统一中来认识和把握。

由于生产关系决定消费关系，因而旅游消费水平还反映不同的社会性质特征。不同个人、家庭和消费群体的旅游消费水平差别，这是在分析旅游消费时不可忽略的重要因素。

5. *旅游消费结构*

旅游消费结构，是指旅游者在旅游活动中对各类旅游产品消费的数量比例及其相互关系。在旅游总消费中，交通、住宿、餐饮、娱乐、游览、购物、通信、医疗等是旅游消费的主要内容，不同类别消费内容的各项支出占总支出的比例是旅游消费结构的基本内容，它包括旅游消费在满足人们的生理需要同时满足人们的享受和发展需要的比例关系，旅游消费在满足个人消费、家庭消费同时满足社会公共消费的比例关系以及旅游消费既有商品性消费，又有自给性消费的比例关系，等等。旅游消费结构不仅反映了各类旅游消费产品和服务在旅游总消费中的比例关系，而且还反映了由生产力所决定的旅游消费的水准和质量以及旅游消费方式的基本特征。旅游者的旅游消费内容的丰富度、消费支出的大小、消费层次的高低、消费方式的差别等反映了不同消费者群体在旅游消费上的差别，这种差别和关系实质是一定的社会生产力水平和生产关系的反映和体现。

（二）旅游消费的精神性

旅游消费作为一种个人消费，从内容上看，除了有形的以商品形式存在的物质消费品和无形的以文化形式存在的精神消费品以外，还包括以此为依托的消费性服务在内。所以，旅游消费包括人们在旅游中获得的满足其享受和发展需要的旅游物质产品、精神产品和以这些为依附的旅游服务三个方面。

（三）旅游消费的高层次性

一般来说，人们的消费需要包括基本生存消费、发展消费、享受消费三个方面。基本生存消费是维持个人和家庭最低生活保障的生活资料和服务的消费，是劳动力再生产过程所必需的最低限度的消费标准；发展消费和享受消费则是人们为了提高自身的文化素质、陶冶情操、发展智力和体力，从而达到劳动力质量再提升的消费。所以，旅游消费是人们在基本生活需要得到保障之后而产生的高层次的消费需求。

二、旅游消费的特点

旅游消费的本质决定了旅游消费的特点。无论进行产品设计创新，还是进行产品管理，都需要深刻理解旅游消费的特点。只有了解了旅游者的消费特点，才能理解旅游者的消费行为、消费表现。顺应旅游者消费特点的旅游产品才有生命力，才能在市场竞争中脱颖而出。

（一）旅游消费具有综合性

旅游消费是一个连续的动态过程，贯穿于整个旅游活动之中，因而综合性特点较为突出。首先，从旅游消费的对象看，旅游消费的是旅游产品，而旅游产品本身是一个综合体，它是由旅游资源、旅游设施、旅游服务等多种要素构成的；其中，既包含物质的因素，也包含精神的成分；既有实物产品，又有以活劳动表现出来的服务；既有劳动产品，又有非劳动的自然创造物等。其次，从旅游消费的内容看，旅游消费具有很强的综合性。旅游者必须购买交通产品以实现客源地与目的地之间以及目的地内部的空间位移；必须购买住宿和餐饮产品以满足食宿方面的物质和精神需要；必须购买游览、娱乐产品，以实现旅游的目的。可见，旅游活动是集行、游、住、食、购、娱于一体的综合性消费活动。最后，从旅游消费的效果看，旅游者所获得的是一种综合的消费效果。旅游消费不仅满足了旅游者的精神发展及享受的需要，同时，由于旅游者离开了原来的生活环境，在旅游过程中也有诸如吃、住等的基本生存需要，旅游消费也满足了旅游者的这种较低层次的需要。

（二）旅游消费具有服务性

旅游消费是一种以劳务为主的消费，这里所说的劳务是指服务。服务是以活动形式存在的。在旅行游览过程中，旅游者首先必须满足基本的生理需要，因而必然要消费一定量的实物形态的产品，但从总体上看，服务消费占主导地位。旅游服务消费，不仅在量上占绝对优势，而且贯穿于旅游者整个旅游活动过程的始终。旅游服务消费主要包括住宿服务、翻译服务、交通服务、导游服务、代办服务、文化娱乐服务、购物服务、餐饮服务等服务消费。因此，旅游从业人员的服务态度、服务效率、服务质量将直接影响旅游产品的质量，影响旅游企业的形象。

（三）旅游消费具有与生产的同一性

在一般物质产品的生产和再生产过程中，生产、交换、消费是三个相对独立的环节，先有生产，接下来进行交换，然后才是消费。而以服务为核心的旅游产品则不同，旅游产品大多是不可转移的，旅游者必须离开常住地前往旅游目的地进行消费。旅游者消费旅游产品的过程，就是旅游产品的生产过程。旅游产品的生产和消费在时间和空间上都是统一的。它们同时进行，同时结束，具有不可分割性。旅游消费的这一特点使产品质量控制变得格外困难，尤其对旅行社而言，在很多场景下，旅游产品的生产和消费，旅行社均无法现场把控。

（四）旅游消费具有不可储存性

旅游消费对旅游产品的购买者来说在时间上具有暂时性，这就是说，某个旅游者只在他购买该次旅游活动的一定时间范围内，他才对该旅游产品具有使用权，而不像其他物质产品，消费者在购买后即对其拥有所有权，可以储存起来、重复使用，还可以随意转借他人使用。而旅游消费则不然，旅游产品是若干旅游要素的有序组合，旅游消费也就是对这一有序组合要素的消费，一个要素的消费结束了，旅游者对其的使用权也就结束了；最后一个要素的消费结束，也就意味着整个旅游活动的结束。

（五）旅游消费具有高弹性

旅游消费是在人们的基本生存需要得到满足后产生的一种较高层次的消费需要。一般来说，满足人们生存需要的产品，需求弹性较小，而满足人们发展和享受需要的产品需求弹性较高。旅游消费属于需求弹性较大的消费。除旅游产品的质量、价格、旅游者的收入水平外，国际政治经济形势、旅游者的个性特征如年龄、职业、性别、受教育程度、宗教信仰等因素，以及旅游地的旅游供给因素和客源地社会经济发展水平、风俗习惯等都直接或间接地影响着旅游消费的数量和质量。

（六）旅游消费具有多样性

由于人们的旅游动机不同，选择旅游活动的形式也必定千差万别，不同形式的旅游活动必定有不同形式的消费水平、消费范围和消费结构。每种旅游活动消费的物质产品和服务也大相径庭。因此，旅游消费具有多样性的显著特点。

（七）旅游消费具有替代性

旅游消费的替代性包含两层含义，一是由于旅游消费本身具有高弹性，因此它不是消费者的刚性需求，可以被其他消费所替代。二是旅游消费内部的各要素通常也不具备唯一性，其内容要素具有可替代性。如旅游消费中的住宿消费，既可以选择这家宾馆，也可以选择那家酒店。

（八）旅游消费具有低重复性

旅游消费是花费较多、弹性较大的消费，因此重复消费率较低。如网络上的一句戏言：旅游就是人们离开自己过腻的地方到别人过腻的地方去，可见人们在旅行过程中，求新求奇是其基本追求。这些决定了人们对旅游产品的复购率比较低。

三、旅游消费结构分类

（一）按旅游消费层次分类

按照满足旅游者的需要层次，旅游消费可以分为生存消费、享受消费和发展消费。旅游消费是指在旅游过程中的消费，具体又可以分为餐饮、娱乐、游览、住宿、交通等方面的消费，其中食、住、行等方面的消费是侧重于满足旅游者在旅行游览中生理需求的消费，而观赏、娱乐、学习等方面的消费则是侧重于满足旅游者精神享受和智力发展需要的消费。这两种消费相互交错，在旅游活动中很难划分它们之间的界限。在满足旅游者生存需要过程中掺杂着满足其享受和发展的需要，而在满足旅游者享受与发展的需要过程中又掺杂着生存需要的满足。例如，很多旅游者在消费饭店产品时既要得到基本生理需要的满足，同时也要求获得精神上的满足。探险游消费者或考察游消费者在满足自身享受的与发展的需要中也掺杂着生存需要的满足。

（二）按旅游消费形态分类

按旅游者在旅游活动中的消费形态可把旅游消费划分为物质消费和精神消费两种。物质消费是指旅游过程中所消耗的物质产品，如客房用品、食物、饮料、购买的纪念品、日用品等实物资料。精神消费是指旅游者观赏、娱乐的山水名胜、文物古迹、古今文化、民俗文化等精神产品，还包括在旅游活动的各环节中所享受到的一切服务性的精神产品。这一分类也具有相对性，物质消费如果促使旅游者达到了满足，旅游者在精神上会感到愉快；精神消费主要是满足旅游者的精神需要，但其中不少是以物质形态而存在的。

（三）按旅游消费内容分类

根据旅游消费的内容，一般可分为基本旅游消费和非基本旅游消费。基本旅游消费是指进行一次旅游消费所必需的而又稳定的消费，如旅游住宿、饮食、交通、游览等方面的消费；非基本旅游消费是指并非每次旅游活动都是需要的、具有较大弹性的消费，如旅游购物、医疗、通信消费等。

（四）按旅游消费资料分类

按旅游消费资料的使用价值和旅游者消费的具体形式，可以划分为食、住、行、游、购、娱等旅游消费资料。旅游者在其旅游消费过程中，因为个人的旅游目的、兴趣爱好、可自由支配收入、闲暇时间等因素的影响和制约，在上述旅游消费中表现出不同比例的饮食支出、客房支出、交通支出、游览支出、购物支出、娱乐支出等消费结构。

四、影响旅游消费的因素

旅游消费作为人类高层次享受和发展需要的消费，受到很多因素的影响。除了政治、经济、人文和气候变化等因素外，旅游者的收入水平、年龄、性别、职业、偏好和受教育程度都会影响旅游消费方式的变化。

1. 消费者收入水平

旅游消费是满足人们高层次的需要的消费，即使人们产生了旅游需要的意愿，但未必就会变成现实的旅游消费；只有当人们的可支配收入在支付生活费用后尚有一定数量的节余时，才能使潜在的或意愿的旅游需要变成现实的旅游消费。因此，旅游者的收入水平决定了他的旅游消费水平,也决定其旅游需要的满足程度,从而决定着旅游消费方式的变化。旅游者的收入水平越高,购买和消费旅游产品的经济基础就越好,旅游需要就越能得到满足,就越能促使旅游者的旅游消费从低层次向高层次发展。

2. 旅游产品价格

旅游产品价格是影响旅游消费结构和消费方式的重要因素。不同的价格水平下,旅游者购买的旅游产品和服务的数量和质量是不同的。进一步说,价格变化对旅游产品需求数量的影响还可以分为收入效应和替代效应。当旅游产品的价格上涨而其他条件不变时,人们就会减少在该产品上的支出,并从旅游消费转向其他价格相对便宜的替代商品的消费。反之,当旅游产品价格下跌,或者旅游价格不变而旅游产品的内容增加,人们就会增加在该产品上的支出,并把用于其他商品的消费转向旅游消费。可见,旅游产品价格也会影响到旅游消费结构和消费方式的变化。

3. 旅游者的自身特征

旅游者的自身特征也是影响旅游消费方式的重要因素。旅游者的自身特征是指旅游者的年龄、性别、文化、职业乃至民族、习俗、偏好等特征。如青年人对饮食要求多而不精,而对游览娱乐性的开支则较大;老年人对住宿、饮食、交通的要求比较高;妇女的旅游消费中购物消费占很大比重;政府官员、商务人员、参加会议的旅游者则要求现代化的旅游设施设备、高质量的饮食和服务。此外不同旅游者的文化、习惯等也会影响着旅游者的消费偏好和购买习惯,从而对旅游产品的内容和质量有不同的要求,进而影响到旅游消费结构和消费方式的变化。

4. 旅游产品结构

生产决定消费,现有消费只能来自现有的产品。因此,旅游产品结构不仅影响旅游者的消费水平和消费数量,而且从宏观上影响旅游消费方式的发展和合理化。在国民经济中,向旅游业提供服务的各相关产业部门的结构如果搭配不合理,没有形成一个相互协调、平衡发展的产业网,就会导致其各个构成要素发展不平衡乃至旅游产品结构失调,从而不仅不能满足旅游者需要,也会对旅游消费方式的发展产生负面影响。

旅游者消费的不仅是一定数量的旅游产品,而且需要一定质量的旅游产品。如果旅游产品的数量符合旅游需求的总量,但若其质量差、使用价值小,则仍然不能满足旅游者的消费需要。因此,必须重视旅游产品的质量。只有提高了旅游产品的质量,做到产品质量与价格相符,才能使旅游者获得物质上与精神上的充分满足,才能提高他们的消费水平,进而促使旅游消费方式和旅游消费结构日趋完善。

五、旅游消费趋势

经过近 50 年的发展,旅游业取得了很好的成绩。从 2019 年的数据来看,国内旅游人数 60.06 亿人次,入境旅游人数 1.45 亿人次,出境旅游人数 1.55 亿人次,全年实现旅游总收入 6.63 万亿元,旅游业对 GDP 的综合贡献为 10.94 万亿元,占 GDP 总量的 11.05%。自从 2020 年疫情发生以来到 2022 年底,旅游总收入与旅游总人次数均大幅度下滑。从短期来看,旅游业遭受巨大冲击,人们外出旅游呈现谨慎和观望的态度。从长期来看,人们对旅游的潜在消费意愿仍然十分强烈,2023 年疫情结束之后,我国旅游消费呈现爆发式增长。

新冠疫情的影响、信息技术的发展、产业数字化的浪潮深刻影响了人们的消费习惯和消费意识，旅行社行业发展面临着新的状况，在新的发展时期面临着新的发展环境变化和发展目标的调整。这个调整要有更宽广的视野，要在中国社会经济发展宏观格局中去认识，尤其是要抓住《中共中央关于制定国民经济和社会发展第十四个五年规划和二〇三五年远景目标的建议》（以下简称《建议》）中有关旅游业发展的论述，如《建议》里提到了未来城乡居民收入将再上一个新的大台阶，将显著壮大中等收入阶层规模，那也就意味着整个旅游消费的市场基础将更稳固，旅游消费的需求层次会发生大变化。新冠疫情使旅行社行业的发展遭受重创，但哪些是暂时性的变化，哪些是趋势性变化，旅行社需要做出判断并考虑进行产品设计和创新去应对这些变化。

全面贯彻党的二十大精神，在中国式现代化建设的新征程中，探索新的发展模式和发展路径，旅行社才会重新焕发生机和活力。

1. 旅游消费升级趋势明显

中产阶级家庭数量增加，他们的人口规模还在扩大。在《建议》里提到了未来城乡居民收入将再上一个新的大台阶，将显著壮大中等收入阶层规模，那也就意味着整个旅游消费的市场基础将更稳固。中产阶级正加快推动我国旅游消费的高端化和品质化发展，房车露营、豪华游艇、极地探险等高端消费产品越来越受中产阶级消费人群的青睐。年轻一代的消费者由于生活观念的变化，旅游消费的支出比重加大，他们也成为高端消费的拥趸。"小镇青年"，由于生活压力小，成为高消费的拥护者。在旅游消费中注重品质和时尚。具有同样需求的还有身居一二线城市的年轻的女性群体。部分已经退休和正在步入退休期的老年群体，眼界更加开阔，思想更加新潮，在旅游高消费方面不输年轻人。

2. 旅游需求层次的多元化

大众旅游消费和中高端旅游消费并存，都拥有数量巨大的消费市场。党的二十大报告提出中国式现代化是人口规模巨大的现代化，是全体人民共同富裕的现代化。我国已进入大众旅游时代，疫情前旅游消费人次数已经超过60多亿人次，旅游消费不再是少数人的特权。随着脱贫攻坚战役的全面胜利，一批刚富裕起来的人加入到旅游活动中来。农村旅游人次数在2019年达到15.35亿人次，占据我国旅游市场四分之一的份额，农村居民未来成为名副其实的旅游客源地，大众旅游市场的人口基数将继续扩大。另一方面，经历了常规旅游线路的旅游者，积累了丰富的旅游经验，他们对旅游产品品质提出了更高的要求。随着经济的发展、旅游供应链的不断完善以及旅游者消费观念的悄然转变，吃住行游购娱六大旅游要素均经历升级重构，高端用车串联、更舒服的乘机过程、多样化的高端旅游住宿、房车度假旅游目的地、私人小型旅游团等消费数量增加正印证了消费升级的旅游消费者对旅游品质的需求。

3. 旅游消费的文化精神追求凸显

文旅融合更加深化，新文创产品成为人们消费的热潮。党的二十大报告提出中国式现代化是物质文明和精神文明相协调的现代化。提及旅游业发展方面，报告指出"推进文化自信自强，铸就社会主义文化新辉煌……""坚持以文塑旅、以旅彰文，推进文化和旅游深度融合发展"。随着人们生活水平的提高和文旅产业的进一步融合，旅游消费者对文化创意的产品表现出越来越浓厚的兴趣。在吃、住、行、游、购、娱的旅游要素中渗透文化创意的要素，使旅游活动的主题性更强，更能让旅游消费者留下深刻的印象。如文化创意设计与旅游购物相融合，一方面通过创意设计提升旅游商品的设计感和时尚感，增加了吸引力，提升了销售收入。另一方面，购物场所建筑风格的艺术化、旅游商品的特色化对于旅游消费者产生更大的刺激消费的作用，满足了游客对旅游产品高品质、旅游过程体验化的消费需求。在"游"方面，文化演艺空间与旅游空间协调发展，演变成为旅游消费者喜闻乐见的活动形式，合力解决剧场演艺观众少和景区夜间活动少并存的问题。

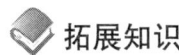

拓展知识

以中国式现代化全面推进中华民族伟大复兴——
《高举中国特色社会主义伟大旗帜 为全面建设社会主义现代化国家而团结奋斗——
在中国共产党第二十次全国代表大会上的报告》（节选）

从现在起，中国共产党的中心任务就是团结带领全国各族人民全面建成社会主义现代化强国、实现第二个百年奋斗目标，以中国式现代化全面推进中华民族伟大复兴。

在新中国成立特别是改革开放以来长期探索和实践基础上，经过十八大以来在理论和实践上的创新突破，我们党成功推进和拓展了中国式现代化。

中国式现代化，是中国共产党领导的社会主义现代化，既有各国现代化的共同特征，更有基于自己国情的中国特色。

——中国式现代化是人口规模巨大的现代化。我国十四亿多人口整体迈进现代化社会，规模超过现有发达国家人口的总和，艰巨性和复杂性前所未有，发展途径和推进方式也必然具有自己的特点。我们始终从国情出发想问题、作决策、办事情，既不好高骛远，也不因循守旧，保持历史耐心，坚持稳中求进、循序渐进、持续推进。

——中国式现代化是全体人民共同富裕的现代化。共同富裕是中国特色社会主义的本质要求，也是一个长期的历史过程。我们坚持把实现人民对美好生活的向往作为现代化建设的出发点和落脚点，着力维护和促进社会公平正义，着力促进全体人民共同富裕，坚决防止两极分化。

——中国式现代化是物质文明和精神文明相协调的现代化。物质富足、精神富有是社会主义现代化的根本要求。物质贫困不是社会主义，精神贫乏也不是社会主义。我们不断厚植现代化的物质基础，不断夯实人民幸福生活的物质条件，同时大力发展社会主义先进文化，加强理想信念教育，传承中华文明，促进物的全面丰富和人的全面发展。

——中国式现代化是人与自然和谐共生的现代化。人与自然是生命共同体，无止境地向自然索取甚至破坏自然必然会遭到大自然的报复。我们坚持可持续发展，坚持节约优先、保护优先、自然恢复为主的方针，像保护眼睛一样保护自然和生态环境，坚定不移走生产发展、生活富裕、生态良好的文明发展道路，实现中华民族永续发展。

——中国式现代化是走和平发展道路的现代化。我国不走一些国家通过战争、殖民、掠夺等方式实现现代化的老路，那种损人利己、充满血腥罪恶的老路给广大发展中国家人民带来深重苦难。我们坚定站在历史正确的一边、站在人类文明进步的一边，高举和平、发展、合作、共赢旗帜，在坚定维护世界和平与发展中谋求自身发展，又以自身发展更好维护世界和平与发展。

中国式现代化的本质要求是：坚持中国共产党领导，坚持中国特色社会主义，实现高质量发展，发展全过程人民民主，丰富人民精神世界，实现全体人民共同富裕，促进人与自然和谐共生，推动构建人类命运共同体，创造人类文明新形态。

全面建成社会主义现代化强国，总的战略安排是分两步走：从二〇二〇年到二〇三五年基本实现社会主义现代化；从二〇三五年到本世纪中叶把我国建成富强民主文明和谐美丽的社会主义现代化强国。

到二〇三五年，我国发展的总体目标是：经济实力、科技实力、综合国力大幅跃升，人均国内生产总值迈上新的大台阶，达到中等发达国家水平；实现高水平科技自立自强，进入创新型国家前列；建成现代化经济体系，形成新发展格局，基本实现新型工业化、信息化、城镇化、农业现代化；基本实现国家治理体系和治理能力现代化，全过程人民民主制度更加健全，基本建成法治国家、法治政府、法治社会；建成教育强国、科技强国、人才强国、文化强国、体育强国、健康中国，国家文化软实力显著增强；人民生活更加幸福美好，居民人均可支配收入再上新台阶，中等收入群体比重明显提高，基本公共服务实现均等化，农村基本具备现代生活条件，社会保持长期稳定，人的全面发展、全体人民共同富裕取得更为明显的实质性进展；广泛形成绿色生产生活方式，碳排放达峰后稳中有降，生态环境根本好转，美丽中国目标基本实现；国家安全体系和能力全面加强，基本实现国防和军队现代化。

在基本实现现代化的基础上，我们要继续奋斗，到本世纪中叶，把我国建设成为综合国力和国际影响力领先的社会主义现代化强国。

未来五年是全面建设社会主义现代化国家开局起步的关键时期，主要目标任务是：经济高质量发展取得新突破，科技自立自强能力显著提升，构建新发展格局和建设现代化经济体系取得重大进展；改革开放迈出新步伐，国家治理体系和治理能力现代化深入推进，社会主义市场经济体制更加完善，更高水平开放型经济新体制基本形成；全过程人民民主制度化、规范化、程序化水平进一步提高，中国特色社会主义法治体系更加完善；人民精神文化生活更加丰富，中华民族凝聚力和中华文化影响力不断增强；居民收入增长和经济增长基本同步，劳动报酬提高与劳动生产率提高基本同步，基本公共服务均等化水平明显提升，多层次社会保障体系更加健全；城乡人居环境明显改善，美丽中国建设成效显著；国家安全更为巩固，建军一百年奋斗目标如期实现，平安中国建设扎实推进；中国国际地位和影响进一步提高，在全球治理中发挥更大作用。

拓展知识

创造多元供给，适应旅游消费新格局

当前，我国旅游发展步入快车道，文旅热成为全社会关注的热点话题。其中，宏观数据与社会关注之热，与一些经营者、目的地感受之温、之冷间，存在着明显"温差"。这种温差，主要源于市场的多样性、多层次变化上。

2023年以来的旅游市场结构，与2019年时存在着较大差异，主要体现在旅游消费的显著分层。麦肯锡最近对中国消费者做了一项调查，从中能够理解消费热潮中的丰富层次，例如从城市等级看，来自一线城市、二三线城市、四线城市与农村的旅游消费群体，其消费信心、消费偏好和消费模式是不同的。值得注意的是，目前三四线城市的消费乐观程度非常高，这是一种新的变化。总体而言，如今旅游市场增长的主力由3个群体构成，即城镇Z世代（18~25周岁）人群、一线城市富裕银发族、一二线新中产。

　　这种消费人群的结构，和2019年以前有很大的不同，核心是推动旅游市场增长的人群变了，这些人群的分布、流量、流向，以及他们的旅游偏好、所关注的内容、所能触达的渠道、消费模式、消费水平，构成一个多样化、多层次的需求版图。这个版图投射到不同的目的地后，从需求端拉动供给，有力地构成一个宏观上生机勃勃、微观上再中心化和部分目的地被边缘化的旅游消费新格局，有力地改变了旅游消费的传统版图。

　　这种分层变化中，存在着大量从边缘撬动中心的机遇。山东淄博、贵州"村超"、甘肃天水，都不是传统意义上的旅游中心，但它们都从层次化市场的一隅入手，撬动了大局。高度分层的市场，会带来颠覆性创新的机遇。哈佛大学教授克莱顿·克里斯坦森写过一本经典的管理学著作《创新者的窘境》，在这本书里，他观察了小型硬盘驱动器、迷你钢厂、数码摄影、个人电脑等颠覆性技术从边缘撬动中心的历程。这些创新往往从那些在最初阶段性能较低、市场份额较小、大公司看不上的创新产品或服务入手，依托满足层次化市场新崛起市场的需求，依托价格、便利性等独特优势，最终实现对现有市场和主导企业的颠覆。在创新的历程中，存在持续性创新和颠覆性创新两种技术路径。前者主要着力于对现有产品或服务的改进和优化，大公司往往致力于这种创新；颠覆性创新则是创造出全新的产品或服务，满足新的或被忽视的市场需求，这种机遇往往被小公司抓住，大公司要进行颠覆性创新，必须搭建独立的业务机制。对于当前我国旅游需求的多层次变化而言，无论是老牌旅游城市还是新兴旅游目的地，都存在一个如何以多元化的供给应对多样化多层次的需求，以新兴市场撬动市场大变革的问题。

　　以多元化供给应对多样化需求，并不是面面俱到，而是有针对性地贴近市场、理解市场、研判需求，要对改变市场结构的核心需求形成洞察，从纷繁的层次性需求中抓住核心的市场变量，提升精确供给的能力。其中，要针对城镇Z世代、一线城市富裕银发族、一二线新中产的需求，满足他们的观光、度假、游乐、亲子、研学、养老需求，就需要在相对单一的传统产品基础上，形成有针对性的多元化供给。

　　以多元化供给应对多样化需求，是摆脱同质化的重复开发，挖掘新需求，从存量资源中塑造新资源，从新开发中形成新质供给，形成错位竞争；以多元化供给应对多样化需求，要落脚于搭建丰富的兴趣点网络，摆脱观光旅游的单一供给思路，以场景化、网络化的思维，形成能够满足新兴市场需求的丰富兴趣点；以多元化供给应对多样化需求，要具有渠道思维，统筹谋划市场需求与触达市场的渠道，从渠道引爆的角度思考供给；以多元化供给应对多样化需求，要落脚于目的地"人设"，从目的地性格塑造的角度，统筹开发、服务与管理，以目的地"人设"统揽多元化供给，以具体的地方人格感染市场、吸引市场。

　　创造多元化的供给，源于新的旅游市场结构和新的市场逻辑。抓住其中的市场机遇，需要供给端从思路到体制机制、人才结构,再到产品服务的整体性改变。现代化的产业体系,是前后相连的多次产品迭代推动形成的,完善现代旅游业体系,要从一次又一次的创新重塑中锤炼形成。

(资料来源:金准. https://baijiahao.baidu.com/s?id=1800256206443304467&wfr=spider&for=pc. 环球时报,2024-05-28)

第二节 旅行社产品分类与选择

对产品进行归类整理是产品管理的重要环节。从旅游者消费观念、消费习惯、消费水平、消费能力等个性消费特征出发,提炼出每一种产品的关键词,揭示各种旅游产品之间的内在联系和区别,从而指导旅行社真正找准本社产品的市场定位,把握产品特点,更好地打造产品,服务好特定的客户群,避免出现因对产品本质特征认识不到位而导致的盲目投资、跨界经营进而导致失败的战略性风险。

一、基本概念

旅游产品是旅游经营者为旅游者提供的、能够满足旅游者愿望和旅游活动需要的各类产品和服务的总和。

旅行社产品是旅游产品的进一步细分,是旅行社开发设计并满足旅游者旅游经历需求的产品和服务的组合。除了提供为旅游者或企事业单位代办各项旅行事务的中介服务之外,以旅游线路作为表现形式的产品构成了旅行社产品的核心内容。旅行社将分散的旅游资源整合在一起,丰富了原有单个旅游要素的功能,并以包价的形式对外出售,形成了与市场交换的媒介。

二、旅行社产品的分类

(一)按旅游目的分类

1. 观光型旅游产品

观光型旅游产品是一种传统的、最为常见的旅行社产品,是以游览、观赏自然风光、文物古迹、民族民俗风情和都市风貌为主要内容的旅游产品。旅游者通过感觉和知觉捕捉美好景物的声、色、形,获得感官的愉悦;自然景物中的繁花、绿地、溪水、瀑布、林木、鸟鸣、动物、蓝天等,人文景物中的雕塑、建筑、岩绘、石刻等都是旅游者获得美感体验的源泉。

传统的观光型旅游以大自然赋予、历史遗存或城乡风光作为游览、观赏对象。随着人们生活水平的提高和游览经历的丰富,传统的观光型旅游产品难以满足社会需求。20世纪后半叶,一些大型的主题公园、游乐设施、人造"野生动物园"以及用高科技手段开发的新型旅游产品,如海底观光、虚拟太空游览等层出不穷,这类产品不仅丰富了传统的旅行社产品,而且具有较高的观赏价值。

对多数游客而言,观光型旅游产品是走马观花型的,游客的兴奋点单调、平缓,产品以资源的唯一性、新奇性取胜。即使产品品质再好,游客消费体验完第一次,一般不会主动发生二次消费行为。

2. 文化型旅游产品

文化型旅游是以了解目的地的文化为主要内容的旅游类别，包括学术考察旅游、艺术欣赏旅游、探寻宗教旅游、修学旅游、寻根旅游和怀旧旅游等。随着旅游业的发展，具有良好教育背景和文化素质的旅游者呈逐年增长趋势，文化型旅游体验主要是满足旅游者对于历史文化等的认知和对旅游目的地的文化、宗教等的好奇。国外的一项调查表明，游客参与遗产地的旅游活动，主要是为了获得有益的学习体验、情感体验和思想体验。同时，旅游也越来越成为一种普遍的社会教育活动。比如，我国近年来学校组织的各类"红色旅游""修学旅游"等。

文化型旅游产品主题突出，体验性强，迎合消费者精神消费的需求。由于主题不同，形成不同主题的旅游产品。如：体育文化型旅游产品依托山地、峡谷、水体等地形地貌及资源，发展山地运动、水上运动、户外拓展、户外露营、户外体育运动、定向运动、养生运动、传统体育运动、徒步旅行、探险等户外康体养生产品，推动体育、旅游、度假、健身、赛事等业态的深度融合发展。

3. 商务型旅游产品

随着世界经济全球化进程的发展，商务型旅游产品成了旅行社客源的重要增长点。商务型旅游是以商务贸易和商务交流为目的的旅游类别，包括会展旅游、奖励旅游和商务考察旅游等。商务型旅游与其他形式的旅游相比，其特点更为显著。第一，旅游频率高，淡旺季不明显。商务活动具有经常性，而且不受气候、淡旺季影响，需要经常外出。第二，消费水准高。商务旅游者的旅行费用是公司开支，为了生意需要，旅游消费的标准比其他类型旅游者高。第三，对旅游设施和服务质量要求高。商务旅游者一般都是要求下榻的饭店具有完善的现代化通信设施和便利的交通工具，期望服务人员素质较高，配置高档的娱乐健身设备和会务场所等。

4. 度假型旅游产品

度假型旅游是指利用假期在一地相对较少流动性地进行休养和娱乐的旅游类别。度假型旅游的出现同现代社会城市化进程的加快有着密切的关系。一方面，经济的发展使人们的工作、学习和生活节奏加快，激烈的竞争，给人们心理造成压抑；另一方面，大量人口拥入城市，造成居民居住密度增大，城市公共设施负担加重，环境遭到污染，生活质量下降。

工作的压力、日常生活的烦琐、人际交往的复杂令现代人在生活中很少有时间摘下戴在脸上的层层面具来审视自己内心的真正需求。因此，他们更渴望通过旅游活动，暂时摆脱自己在生活中扮演的各种角色，抛却大堆的日常琐事，把工作置于脑后，在优美、轻松、异于日常生活的旅游环境中获得一份宁静、温馨的体验，寻找生活中另一个摆脱束缚和压力后的真实自我。如到农家体验田园生活，可以使旅游者在相对淳朴的人际关系中放松自我，在恬淡的、与平常生活相隔绝的田园世界中把自己从日常的紧张状态中解脱出来，从而获得解脱后的舒畅、愉悦，充分放松心情和修身养性。

度假型旅游虽然也是一种休闲旅游类别，但它不同于观光型旅游。首先，度假旅游者不像观光旅游者那样到处游动，而往往是选择一个较为固定的度假地，在那里住一段时间；其次，度假者多采用散客旅游的方式，一般以家庭和亲朋为单位，而不像观光旅游者那样组成团队进行旅游；最后，度假旅游者的消费水平高，对度假的设施要求自然就比较高。

5. 特种型旅游产品

特种型旅游和其他旅游方式相比，具有明显的"新、奇、险、少"特征。人类在自然面前经历了由强烈战胜欲望到和谐共处思想的转变，大自然未知的秘密和人类对自身生存能力、生命的挑战以及自我实现的需求等使得特种旅游应运而生。特种型旅游是指在旅游者自愿参加的情况下，帮助旅游者真正认识自身和生命价值的旅游类别。如探险、登山、徒步、横渡、穿越丛林、跨越峡谷甚至于将来去太空旅游等。特种型旅游产品参与者较少，属于小众市场的旅游产品。

（二）按照空间尺度分类

旅游者外出旅游必须完成从居住地到目的地的空间移动，旅游活动空间尺度的大小影响旅游者对旅游产品的选择。一般认为，旅游者参加旅游活动的意愿随着旅游距离的增加而衰减。空间尺度扩大，往往意味着花费更多的时间、精力和金钱，而时间、精力和金钱对旅游者而言都是刚性的约束条件。但另一方面，目的地距离增加意味着与旅游者居住环境差异性也在扩大，这种差异表现在旅游资源、政治、经济、社会、民族、文化等各个方面，差异性与消费意愿呈正相关的关系，会增强参加旅游活动的意愿，新、奇、特是激发旅游者参加旅游活动的重要因素。

1. 远程旅游产品

远程旅游产品是指旅游活动空间尺度大的旅游线路产品。这种旅游产品路程比较远，涉及的空间范围比较大，游玩的时间比较长，通常需要5天以上，而且环境和文化差异性大，如果是出境的话，涉及出入境的手续也比较复杂，相应的旅游费用较高。这种旅游产品在设计时难度比较大，不仅要考虑到食、住、行、游、购、娱六大要素的安排和衔接，还要考虑到旅游者客源地与旅游目的地之间在政治、经济、文化、自然等方面的各种差异，涉及出境旅游，更要考虑签证、货币、安全等各种因素。异域风情和异地风光是这类产品的最大卖点。

2. 近程旅游产品

近程旅游产品是指旅游活动空间尺度较小的旅游线路产品，与远程旅游产品不同，这类产品涉及的空间范围较小，需要的时间少，通常为半日游、一日游、二日游的产品。由于时间少、距离近、差异小、旅游开支丰俭由己，游客的可选择性强，预订时间短，比较自由。这类旅游产品出游频率比较高，属于需求量大、高频的旅游产品。近程旅游产品并不意味着容易设计，这种高频的旅游产品恰恰更考验旅行社的产品设计能力，因为这类产品可以更容易"去旅行社化"。2020年的国庆假期就给传统的旅行社"当头棒喝"，游客出游人次数接近往年，但"热闹是他们的"，旅行社开始被边缘化，旅游产业不带旅行社玩了。原因在于游客出游半径缩短，城市本地微度假、城市周边游成了旅游活动的主力军。旅游者的结构发生重大变化，95后成为旅游者中占比最高的人群，占比达到30%。旅游半径缩短和旅游者群体的年轻化使旅行社失去了用武之地。中国旅游研究院甚至长叹："一个去旅行社中心化的大众旅游时代正在到来。"传统的旅行社设计的旅游产品，只是把一些公共资源重新组合，几乎没有创造任何价值，本质上就是在卖货，这种没有在产业价值链上产生差异化作用的做法，被逐步淘汰也是理所当然。这样的旅行社不被旅游消费者所需要，便捷高效且免费的APP更好地满足他们的需求。旅行社只有三个选择，一是被边缘化，成为夕阳产业；另一个是设计差异化的旅游产品，增加公共旅游资源的附加价值，掌握旅游活动的核心控制点，重新赢得旅游消费者的青睐；还有一个生存下来的方式是搭建私域流量，通过专业技能进行内容筛选和组织卖货，成为一个新时代的旅行代理商。

3. 中程旅游产品

中程旅游产品是指旅游活动的空间尺度介于上述两者之间的旅游线路产品，一般为国内游或者边境游，手续简单，差异性不大，旅游时间多为2~5天。旅游消费者选择这样的旅游产品时，可以购买旅行社设计的产品参加旅行社组织的旅游活动，也可以自行设计旅游线路自己规划行程，关键在于两方面的考虑：一方面的考虑是是否能省钱省心；另一方面的考虑是旅行社设计的行程提供了更多的附加内容，这些附加内容能够满足旅游消费者的需求且旅游消费者自身无法获取。这两个方面必居其一，否则旅行社就会被旅游消费者抛弃。前者OTA更具优势，后者线下旅行社更擅长。

（三）按照活动轨迹分类

除了旅游活动的空间尺度大小，在旅行空间里旅游活动的组织和联结方式往往也影响着旅游消费者的旅行体验。

1. 周游型旅游产品

周游型旅游产品是指旅游者以居住地为起点，经过若干不重复且成环状的旅游目的地后返回居住地的线路产品。

周游型的旅游产品看起来比较"实惠"，在一次旅游活动中可以游玩较多的知名度较高的旅游点。相对而言，费用比较低，看起来比较"划算"，这样的旅游产品比较适合初次旅游或者初到旅游目的地的旅游者，尽可能在有限的时间和预算内，看到更多的旅游点，所以这类旅游多以游览观光为主，缺乏旅游主题，将多种类型的旅游资源杂糅在一起。由于对感知的刺激点少，旅游体验不深刻，为"走马观花"式旅游。频繁的交通设施换乘和变换住宿地点，容易使旅游者感到疲劳。这类旅游产品主打"经济实惠"，主要争夺低收入人群和旅游经验不足的消费者。由于设计比较简单，容易被抄袭复制，因此同质化比较严重，是价格战最激烈的领域。但是这类产品在我国仍然有很大的市场，根据经济学家李迅雷的统计，中国还有10亿没坐过飞机，至少5亿人还没有用上马桶，每个月的人均可支配收入目前也只有2400多元，消费潜力巨大。

2. 逗留型旅游产品

逗留型旅游产品是指旅游行程中旅游目的地不多，在旅游目的地逗留较长时间的旅游线路产品。选择这类旅游产品的消费者不再满足于观光游览，而是以度假、休闲、休养、公务等为主要活动内容。这类旅游产品一般针对两类消费人群：一类是高收入人群，这类旅游者经过常规旅游线路的"锻炼"，积累了丰富的旅游经验，常规旅游线路已经不能满足他们的需求，他们通常会选择更加休闲养生的旅游消费形式，且他们也具有较高的旅游消费能力和旅游消费水平；另一类是具有特定需求的旅游者，如商务考察或学习交流，他们需要特定的旅游资源和具有专业特色的旅游活动。前一类消费人群倾向于选择"机+酒"自助式的旅游产品，是 OTA（在线旅游）比较擅长的产品设计领域。后一类消费人群倾向于选择主题类很强的旅游产品，更适合于线下资源整合能力较强的传统旅行社，而且由于活动内容的差异化使复制变得困难，更容易保持竞争优势。但这类产品的市场需求比较小众，需要旅行社较高的专注力，无法发挥规模效应，大社的优势得不到发挥，适合小而美的旅行社。

3. 辐射型旅游产品

辐射型旅游产品是指旅游行程的安排以某一地点为中心，以放射状到周边进行旅游活动的旅游线路产品。

这类旅游产品通常选择一个旅游资源比较丰富的城市，由于城市市区的住宿及交通设施比较发达，以城市市区为中心向周边扩散，既可以享受城市便利的旅游设施，又可以利用周边的旅游资源进行旅游活动，且免去了每天打包收拾行李转移住宿地点的麻烦，旅游者不仅可以获得较高归属感，而且可以减少疲劳感。但这需要旅游资源布局相对紧密，且环绕在市区周边。

（四）按照游客出游的组织形式进行分类

1. 包价旅游产品

包价旅游产品是将各个旅游产品的单项要素（住宿、交通、餐饮、景点等）组合起来，添加旅行社自身提供的服务（咨询服务、导游服务、后勤保障、手续办理、购置保险等），组合而成的旅游线路产品。购买包价旅游产品的旅游者在旅游活动开始之前，将全部或部分旅游费用预付给旅行社，并签订旅游合同。由旅行社根据计划行程，安排食、住、行、游、购、娱乐等活动。包价旅游又可细分为团体包价、半包价、小包价和零包价旅游。

（1）团体包价旅游产品。它包括两层含义：一是团体，即参加旅游的旅游者一般由 10 人或以上的人员组成一个旅游团；二是包价，即参加旅游团的旅游者采取一次性预付旅费的方式，将各种相关旅游服务全部委托一家旅行社办理。团体包价旅游也称全包价旅游，价格中包含的服务项目通常包括依照规定等级提供饭店客房、一日三餐和饮料、固定的市内游览车、翻译导游服务、交通集散地接待服务、每人 20 kg 的行李服务、景点门票和文娱活动入场券以及全陪服务。

对于旅游者而言，参加团体包价旅游可以获得较优惠的价格，预知旅游费用，一次性购买便可获得全部旅游安排和导游全陪服务，简便、省心；旅游者在出发地组团，也称为旅行社自组团，旅游团内保持熟悉的氛围，而且旅行社提供全部旅游安排和全陪服务，游客具有安全感。这些都是团体包价旅游的优势。但是，参加全包价旅游的旅游者的自由活动机会少，乘坐同一航班、同一游览车，入住同一酒店，共进相同的餐饮，游览相同的景点，观看相同的节目，在同样的时间做同样的事情，可选择余地小，难以满足个人的爱好和兴趣。

对于旅行社而言，团体包价旅游预订周期较长，易于操作，而且批量操作可以提高工作效率，同时又能获得较高的批量采购折扣，降低成本。但是由于周期长，也容易发生各种变化，可能是来自旅游者的变化，比如旅游者改变了行程，不能如期出游等；也可能来自旅游供应商的变化，尤其是旅游旺季时，也会出现旅游供应商坐地起价的问题。

（2）半包价旅游产品。半包价旅游产品是与全包价旅游产品相比较而存在的一种产品，通常指在全包价旅游产品基础上，扣除中、晚餐费用的一种包价形式，其目的在于降低旅行社产品的直观价格，提高产品的竞争能力，同时也是为了更好地满足旅游者在用餐方面的不同要求。

（3）小包价旅游产品。小包价旅游产品又称为可选择性旅游产品，一般在10人以下。它由非选择部分和可选择部分构成。非选择部分包括接送、住房和早餐，旅游费用由旅游者在事前预付；可选择部分包括导游、参观游览、节目观赏和风味餐等，旅游者可根据兴趣、经济情况、时间安排自由选择，费用现付。小包价旅游产品对旅游者具有经济实惠、明码标价、手续简便、机动灵活、安心可靠等优势。

（4）零包价旅游产品。零包价旅游产品多见于旅游发达国家。购买这种旅游产品的旅游者必须随团前往和离开旅游目的地，但在旅游目的地的活动是完全自由的，形同散客。因此，零包价旅游又称为"团体进出，分散旅游"。参加零包价旅游的旅游者可以获得团体机票价格的优惠和由旅行社统一办理旅游签证的方便。

2. 组合旅游产品

组合旅游产品是一种较为灵活的旅行社产品。组合旅游又称为"分散进出，团体旅游"。它产生于20世纪80年代，多流行于饭店、交通、旅游服务设施相对发达和旅游景点比较集中的地区。组合旅游产品，顾名思义，就是将旅游产品进行模块化设计，就像一堆积木，游客可以根据需求自由搭配组合，既可以获得团体价格的优惠，又可以满足游客个性化需求。这种产品的经营者是旅游目的地旅行社，他们根据对旅游客源市场需求的调查和分析，设计出一批固定的旅游线路产品，通过客源地旅行社或电商平台进行推广、宣传、销售，旅游者自行到达旅游目的地，再由目的地旅行社将他们集中起来组成旅游团，开展旅游活动。

组合旅游有四个特点：一是组合旅游人数不限，改变了过去不足10人不成团的做法；二是组团时间短，旅游者在网上或者通过电话就可以办妥手续，在交通工具许可的情况下即可成行；三是无须全陪跟随，节约成本；四是选择性强，参加旅游团灵活。旅游活动结束后，旅游团体在当地解散，旅游者可自由安排或返回住地。比如某一旅游者去西安旅游，对于交通方便的旅游目的地，旅游者自行参观游览，对于交通不太方便的地方，如去黄河壶口瀑布，则临时参加旅游团，参团的日期非常灵活，想去游览的景区也有多种搭配可供选择，只要提前一天预订交费即可，非常方便、自由。

组合旅游之所以灵活，是因为目的地旅行社把来自各地的零散旅游者会集起来，组成旅游团体，避免了一些旅游客源地旅行社因旅游者人数少，不能单独组团而造成客源浪费的弊端。另外，组合旅游的组团时间短，有利于旅行社在较短的时间内招徕大量的客源。

对于旅游目的地旅行社来说，旅游团的人数越多，边际成本越低，利润也就越大。因此，旅行社应该尽量扩大宣传，建立广泛的对外销售网络，以保证有足够的客源。而且，旅行社还必须做好服务采购工作，建立一个高效率，低成本的采购网络，确保旅游服务产品的充分供应。

3. 单项旅游产品

单项旅游产品是旅行社根据旅游者的具体需求而提供的具有个性化色彩的各种有偿服

务产品。这种服务形态就像逛超市一样，每项服务项目明码标价，需要什么就往购物车里放什么，每一项单独结账。旅游者需求的多样性决定了旅行社单项服务的可能性和广泛性。传统的单项服务主要包括导游服务、交通集散地接送服务、代订酒店和交通票据服务、代办签证和旅游保险购置服务等。

旅行社单项服务的对象十分广泛，除一般零散的旅游者外，一些商务客人也在大量使用这种服务形式。当然，包价旅游团体中个别旅游者的特殊要求也应该视为单项服务。单项服务在旅游业界又称为委托代办业务。

在传统的单项服务项目的基础上，现代旅行社的单项服务内容更加丰富。比如，流行于日本、西欧一些国家的 home stay 形式，即学生在假期期间到其他国家的同龄学生的家中，一起吃、住、学习，深度体验一种生活，家长一般都是委托旅行社安排办理。参加这种活动的家庭也许只有一户，也许有几家不等。另外，现在十分盛行的修学旅游也只需要旅行社负责安排某一些项目，其他均由旅游者本人去实现。更加个性化、人性化和国际化的单项旅游服务已经成为旅行社经营的一个亮点而受到重视。为此，许多旅行社还成立了散客部或综合业务部，专门办理单项服务。

（五）按照与其他业态融合的方式分类

2020年突如其来的新冠疫情让旅游者的脚步戛然而止，旅行社停止了营业。随着疫情得到控制，国内旅游逐步得到恢复，旅行社业务也开始复苏，但疫情改变了部分旅游者的消费行为和习惯。手机 APP 替代旅行社解决了旅游者旅行中遇到的问题，旅行社变得毫无存在感，去旅行社化的时代开始到来。在这种背景下，充当"卖货"角色的旅行社显然已没有客源。但在多种业态互融互通的背景下，旅行社可以进行自我革命，主动转型求变，将自身融合到其他业态中从而获得新生的机会。按照旅游业态与其他业态融合的方式不同，分为"旅游+"旅游产品和"+旅游"旅游产品。

1. "旅游+"旅游产品

"旅游+"旅游产品是指旅游者主要以旅游为主要目的，融合了其他非旅游业态。如旅游+房地产，旅游者的目的是参加旅游活动，同时也参观新楼盘，这样的旅游产品是旅行社充当了房地产中间商的角色。如一个从山西太原出发的青岛威海双卧大巴三日游的线路，报价299元，价格非常诱人，主要旅游内容除了少数免费景点，主要是参观位于乳山的海景房。"旅游+"旅游产品采用第三方付费的策略，线路产品主要以价格取胜。

2. "+旅游"旅游产品

"+旅游"旅游产品是指旅游者主要以其他活动为目的，旅游活动是实现其他活动目的的形式。这种旅游产品具有社交属性，微信之父张小龙认为：社交的本质是找到同类。"+旅游"旅游产品是吸引有着共同爱好和非旅游诉求的消费者，如一个喜欢宋词的群体，开始的时候大家一起聚会欣赏宋词，后来大家就一起到室外寻找宋词所表达的意境，开始是在市里，慢慢地扩大到市外、省外，旅行的范围慢慢地拓展。这样的旅游产品显然不适合 OTA，而是适合传统旅行社。"+旅游"旅游产品设计需要某一专业领域的知识和技能，产品不容易复制，且可以收获忠诚的客户群，由于社交的本性（寻找同类），产品具有很高的复购率和转推荐率，旅行社的私域流量就可以搭建起来。但经营这种产品需要旅行社提高社群的运营能力，通过一个特定的爱好、消费需求、某些指标或某些内容将同类的人筛选出来组成一个社群,再通过活动或内容使社群里的人产生交互和连接,他们自然就会产生主题消费的诉求。如果旅行社没有这个能力,就需要与其他业态主体进行合作,将旅行业务融合进去。

三、旅游产品的选择

旅游消费进入了个性化消费的时代,意味着旅行社在经营过程中要集中资源,选择最能使企业获利的旅游产品,忌讳眉毛胡子一把抓的贪多求全现象。为了搭建合理的产品结构,旅行社可以使用波士顿矩阵(见图2-1)帮助分析和认识产品特性,制定合理的营销策略(见表2-1)。

波士顿矩阵认为,一般决定产品结构的基本因素有两个:即市场引力与企业实力。

市场引力包括整个市场的销售量(额)增长率、竞争对手强弱及利润高低等。其中最主要的是反映市场引力的综合指标——销售增长率,这是决定企业产品结构是否合理的外在因素。

企业实力包括市场占有率、人才与资源整合能力、资金利用能力等,其中市场占有率是决定企业产品结构的内在要素,它直接显示出企业竞争实力。销售增长率与市场占有率既相互影响,又互为条件:市场引力大,市场占有高,可以显示产品发展的良好前景,企业也具备相应的适应能力,实力较强;如果仅有市场引力大,而没有相应的高市场占有率,则说明企业尚无足够实力,则该种产品也无法顺利发展。相反,企业实力强,而市场引力小的产品也预示了该产品的市场前景不佳。

通过以上两个因素相互作用,会出现四种不同性质的产品类型,形成不同的产品发展前景:

①销售增长率和市场占有率"双高"的产品群(明星类产品)。
②销售增长率和市场占有率"双低"的产品群(瘦狗类产品)。
③销售增长率高、市场占有率低的产品群(问题类产品)。
④销售增长率低、市场占有率高的产品群(金牛类产品)。

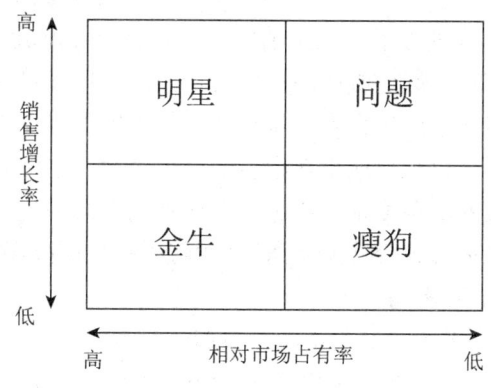

图2-1 波士顿矩阵

表 2-1 产品选择策略

产品类型	市场表现	选择策略
明星产品	产品处在发展期,销售增长快,市场占有率高,可能成为金牛产品。	积极扩大经济规模和市场机会,以长远利益为目标,提高市场占有率,加强竞争地位。
金牛产品	产品处在成熟期,销售增长慢,市场占有率高,是企业厚利产品,为企业提供现金,支持其他产品,尤其是明星产品投资的后盾。	尽量压缩营销方面的投资,采用榨油式方法,争取在短时间内获取更多利润,为其他产品提供资金。
问题产品	产品处于投入期,销售增长快,市场占有率低。市场机会大,前景好,但企业实力不足,产品销售存在问题。	采取选择性投资战略,对问题产品的改进与扶持方案一般均列入企业长期计划中。
瘦狗产品	产品处在衰退期,销售增长慢,市场占有率低,处于保本或亏损状态,无法为企业带来收益。	应采用撤退战略:首先应减少批量,逐渐撤退,对那些销售增长率和市场占有率均极低的产品应立即淘汰。其次是将剩余资源向其他产品转移。

第三节 旅行社产品的创新与开发

一、旅行社产品的发展历程

纵观旅行社产品的发展史,可以分为由低到高的 3 个版本。

(一)旅行社产品 1.0 版本

1.0 版本的旅行社产品是以景区为导向,将不同的景区用交通连接成旅游路线,再加上沿途的餐饮和住宿。旅行社的作用就是旅游资源的销售渠道,在信息流动不通畅的年代,成为架起旅游者与旅游资源供应商之间的桥梁,解决了旅游者"不知道路怎么走,不了解旅游资源信息"的痛点。

(二)旅行社产品 2.0 版本

随着信息时代的到来,信息不对称的问题被搜索引擎和旅游 APP 解决了,旅游消费者的痛点不痛了,旅游消费进入了个性化消费时代,旅行社产品 2.0 的版本随之产生,根据旅游消费者的个性化需求定制旅游产品。旅行社产品不再以景区为导向,而是转向以旅游者为导向,设计的内容从景区扩大到全域范围,处处皆可以作为旅游资源,旅游产业与其他产业高度融合。这是旅行社行业正在经历的一个浪潮,它所起到的作用不再是信息的传递,而是站在旅游消费者的角度帮助旅游者在海量的信息中进行筛选、解读和组织,扮演旅游导师的角色,这意味着旅行社需要深刻理解旅游消费者,精准营销。

(三)旅行社产品 3.0 版本

旅行社产品 3.0 版本是指在 2.0 的基础上增加自身 IP 资源,比如设计一门职业体验研学课程,以 IP 为核心打造非标准化旅游产品,并以此提升产品的辨识度。利用鲜明的主题特色锁定特定的消费群体,增加消费者的情感黏度和忠诚度。

旅游消费的碎片化和旅游资源的泛化增加了旅游产品设计的难度,也增加了产品创新的宽度和深度。固守着产品 1.0 版本的旅行社仍然还有一部分市场,但市场在萎缩。产品 2.0 和 3.0 版本为旅行社提供了更广阔的创新空间。

二、旅行社产品创新模式

成功的产品创新能为企业带来高额利润，但同时开发新产品需要高投入，一旦失败要承担高风险。一直以来，我国旅行社在产品创新方面缺少积极性，许多旅行社认为创新者就是牺牲者，产品创新意味着为他人作嫁衣。因此，产品创新一定要谨慎。在产品创新中，不仅要了解顾客需求，还要研究市场上已有的产品和可能出现的替代品以及竞争对手的模仿能力，采取不同的创新模式。

（一）全新型创新模式

全新型产品创新模式是为了迎合旅游者的消费需求，在现有市场上创造出富有特色的与众不同的全新的产品类别。作为市场上第一个吃螃蟹的人，旅行社开发全新的旅游产品往往意味着要冒很大风险，但一旦成功将拥有先行者优势。创新全新型产品需要旅行社敏锐洞察到旅游者新的消费新需求，为满足新需求，设计旅游产品，谈判和采购旅游供应商的产品，并将新产品推向市场。由于经历的时间较长，一般需要1~2年的时间，旅行社需要注意建立市场壁垒，打造品牌形象，防止或延缓搭顺风车的现象。

（二）升级型创新模式

升级型产品创新模式是应用新技术、新原理将目前市场上已经存在的产品进行升级改造，使产品功能和形态发生变化生成的旅游产品。市场上流传已久的或大众熟知的旅游产品在目标消费者中具有一定的知名度，对这样的产品进行重新设计，加入新的旅游要素，增加旅游者的体验感，既可以满足现有市场上目标消费者的需求，也可以开拓新市场，创造新需求。如把一个适合大众旅游的走马观花的旅游线路产品，增加研学课程，通过活动设计，使之成为一个适合学习型消费者的研学旅行产品（这里指的研学旅行，不是中小学研学旅行）。

（三）优化型创新模式

优化型产品创新是对现有市场上的产品进行部分调整或改进后生成的旅游产品。旅行社保持优势的旅游产品随着市场的变化逐渐不能满足旅游者的需求，为了保持和增长在原有市场上的占有率，针对变化的旅游需求对旅游产品进行调整或改进。如东北全线的游览线路，各城市间的交通工具全为火车，比较乏味，上下站用时较长。修改后的线路利用沈大高速公路，将沈阳至大连段的火车改为汽车运行。这一改动，增加了情趣，观光的效果也提升了不少。

（四）引进型创新模式

引进型产品创新模式并不是对产品本身做什么，而是在现有的细分市场上引入别的市场上已经存在的产品。由于企业对目标消费者的消费行为比较熟悉，当目标消费者的消费行为出现新的变化时，企业就可以从别的细分市场寻找已有的产品，加以改造来适应目标消费者的新需求。

三、旅行社产品创新流程

产品创新是企业经营管理的基础和核心工作，如果企业不能根据目标消费者的需求去提供产品，企业的其他活动将因无从附着而变得毫无意义。为了旅行社的长远发展和健康运行，企业需要尽快建立"创新流水线"。产品创新只有上升到科学的流程，企业才能像流水线一样源源不断地给旅游者提供具有独特价值的新产品。

旅行社产品创新的流程一共包括六个阶段,如图 2-2 所示。

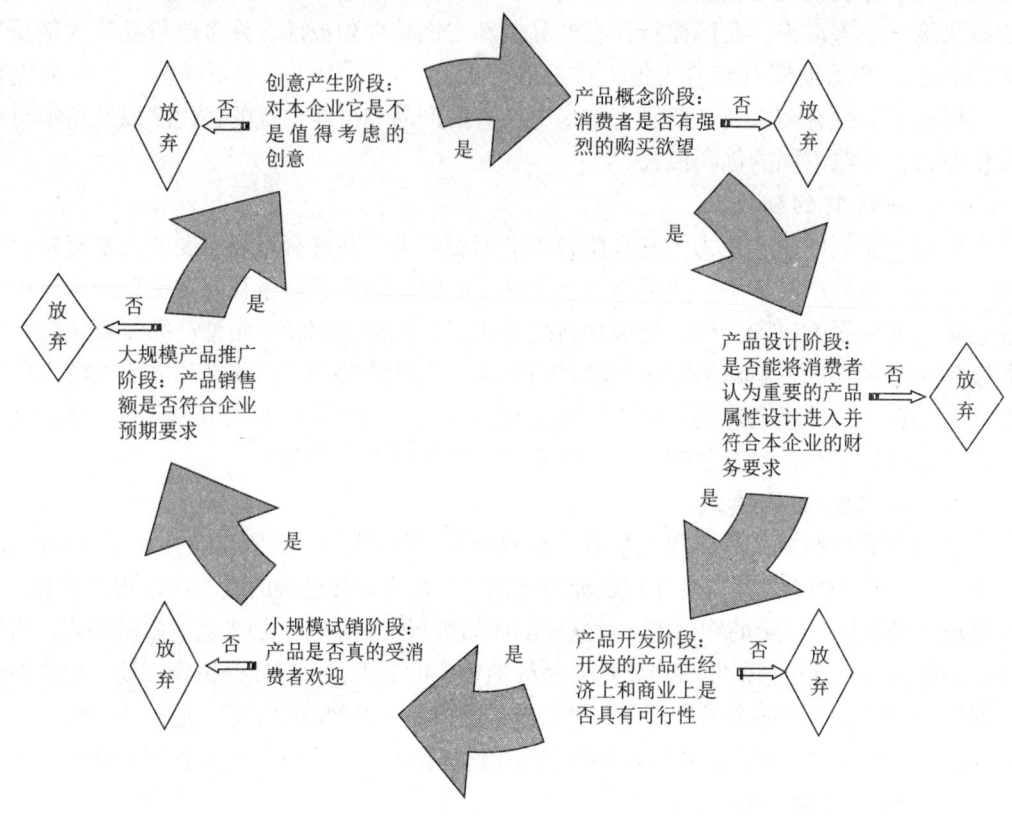

图 2-2　旅行社产品创新流程

(一) 创意产生阶段

创意就是企业希望提供给市场的一种能够满足某种新需求的可能产品的设想,寻找产品创意是产品创新的第一阶段。缺乏好的创意成为旅行社产品创新的瓶颈,一个好的新产品构思是产品创新成功的关键。消费者、外部专家、竞争者、员工、经销商和最高层管理者都可以作为创意产生的来源。企业可以获得多种创意,但并不是每种创意都有价值,企业还需要进行创意筛选,把最具成功价值的创意过滤出来。

1. 创意来源

(1) 消费者创意来源

消费者是产品创意最丰富的来源。旅游者在产品购买和消费的过程中,形成对产品最完全的体验,直接感受到产品的方便和不便之处,并针对这些不便产生关于产品改进或进行相关产品系列扩展的需求。相关人员通过对消费者的咨询和调查,以及一些正式方式或非正式方式收集的消费建议,常常可产生产品创新的灵感。创意产生后,也需要通过征询消费者的意见来验证创意的可行性。

对消费者建议的征询可以从四个问题入手,如图 2-3 所示。

①消费者消费目前市场上的同类产品感到满意的三个方面是什么?本问题是要确认已

经消费的消费者最喜欢的三个产品属性,也就是同类产品或目前的解决方案最让消费者满意的三个方面。这三个方面是在新产品开发中必须保留的。

②消费者消费目前市场上的同类产品感到不满意的三个方面是什么?本问题是要弄清楚同类产品或目前的解决方案最让消费者感到不满的三个方面,这给产品创新提供了方向。旅行社的产品如果能在这三个方面有所改进,企业就可以在市场上建立优势地位。

③消费者对目前市场上同类产品有需求但却不消费的三个原因是什么?该问题是为了搞明白消费者有需求但是不消费的三个障碍之所在,假如旅行社能够找到这些消费障碍并能加以清除,企业就可以获得这部分潜在的消费者。

④消费者认为自己对目前市场上同类产品没有需求的三个原因是什么?换句话说消费者认为没有需求,或者消费不消费无所谓的原因和借口。对此的回答,有助于旅行社开拓新市场。

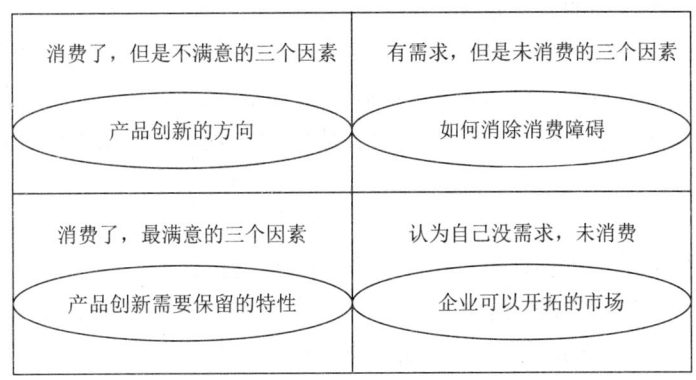

图 2-3　旅行社消费者创意来源

（2）企业内部创意来源

旅行社内部除了计调部门之外,其他部门的工作人员对旅行社业务都会有专业的了解和认识,而这些也可以成为产品创意的来源。

如果旅行社设有外联部门,那么产品创新离不开外联销售人员的参与。外联销售人员经常直接与消费者打交道。为了把产品卖出去,外联销售人员千方百计地去理解顾客的需求,熟悉顾客的使用要求,并及时收集顾客对产品的意见,习惯从消费者的立场上看待产品。这些与产品相关的信息收集,使销售人员的头脑里有许多符合消费者实际需要的新产品创意及对现有产品的改进设想,这些想法往往为新产品开发提供思路。

导游员是旅游计划的具体执行者。消费者对产品评价如何,导游员的体会是最深刻的。有些旅游线路产品表面看起来非常受消费者欢迎,本旅行社也具备开发实力,可是总有一些细节问题处理不当,使整个开发工作功败垂成。导游员能在消费现场发现顾客的一些细微变化,并且往往成为第一个顾客投诉信息的接收者。在产品创新过程中,导游员可以提供自己的看法和建议,而这些看法和建议使产品创新更具可行性,更加完美。

旅行社的高层管理者站在全局的高度来审视企业总体经营战略时,获得有关新产品开发的创意。例如,打算对企业现有产品线和产品组合做出延长、加深、降低产品成本或其他调整，以更好地适应市场需求，从而增强企业竞争实力时，可能构思出新产品的设想。

新产品的开发直接影响企业内部员工的经济利益，为了获得更多的好产品创意，企业应建立新产品创意奖励制度，激励每一位员工提出自己的创意，调动全体员工的积极性。

（3）产品创意的外部来源

除了企业内部和消费者的创意来源之外，旅行社也可以通过竞争对手、经销商、研究机构等获得产品创意。

分析了解竞争对手的产品和服务也能发现新创意。研究竞争对手的产品和服务，发现消费者喜欢或不喜欢的竞争者产品，保留消费者喜欢的产品特性，对消费者不喜欢的产品部分加以改进，是新产品创意来源的一条重要途径。旅行社可建立正式程序来获取有关竞争对手产品的情况。

旅游批发商和旅游零售商都可能成为新产品创意的较好来源。旅游中间商熟悉市场需求，清楚现有产品的缺陷，且许多中间商因为已成为消费者直接的产品使用顾问，他们提出的建议也因而具备较高的开发价值。

旅游研究机构往往站在旅游业发展的前沿，他们的研究成果创新程度和专业化程度都很高，旅行社常常可以从中获得改进或创新企业产品的某一方面或某几个方面的灵感。这些旅游研究机构包括各级旅游局、旅游协会、旅游高等院校、旅游咨询公司、旅游营销调研公司等。

2. 创意筛选

创意筛选是指运用一系列评价标准，对各种创意进行比较判断、优劣排序，从众多创意中过滤出最具有成功希望的创意过程。通过创意筛选，尽可能早地发现和排除错误的创意，因为产品开发越往后的阶段，开发成本将急剧增加直至非常可观的数额。通过创意筛选，还可以对采用的构思做出修改和完善，以及促进不同职能部门之间的联系和沟通，汲取他人经验。

旅行社应制定创意筛选标准，如市场需求程度、与企业目标的符合程度、利润水平、企业形象、企业资源的匹配性、引起竞争的程度等。企业产品创意筛选模型可按照表2-2的方式进行设计。

表2-2 产品创意筛选模型

评价因子	权数	产品能力水平	评分	附注
市场需求程度	0.35	50	17.5	0~40：舍弃的创意；41~60：可改进的创意；61~80：尚佳创意；81~100：优先选择的创意。
竞争激烈程度	0.20	80	16	
利润水平	0.15	60	9	
资源的匹配性	0.25	20	5	
……	……	……	……	
合计	1	……	……	

表格中的评价因子是旅行社根据自身的实际情况设定，评价因子不可过多，一般不要

超过十个；权数是管理层根据评价因子的相对重要性而赋予的数字，数字越大意味着该评价因素对企业越重要；产品能力水平是指相对于评价因素，新产品能获得的分数，表格中产品能力水平评价采用百分制；评分一栏中所获得的分值是权数与产品能力水平的乘积，最后的合计是新产品取得成功能力的评价；在附注一栏里，对本企业取得成功的标准进行分等级设计。

（二）形成产品概念阶段

产品概念是指旅行社打算提供给市场一个可能产品的设想，它是从消费者的角度对产品创意进行详尽的描述，将产品创意具体化。描述新产品的名称、给消费者带来的利益、与同类产品相比的优势、可能的价格、质量水平等，让消费者对新产品的特征一目了然。在旅行社产品还没有设计出来之前，向消费者心目中注入关于产品的主观意愿，随后测试产品概念对消费者产生的反应，根据收集的消费者数据预测该产品未来满足市场需求的程度。

1. 产品概念的形成

通常，产品概念是从消费者的角度提出三个问题，然后将这三个问题用概括的语言总结在一起而形成的。

问题一：是谁使用这种产品？例如小孩、青少年、中青年、老年人或者中低收入人群、中高收入人群等。

问题二：这类消费人群在旅游上有什么需求，需要解决什么问题？例如放松心情、增长见识、交友、开阔眼界、励志、实现梦想等。

问题三：该种产品是如何解决目前消费者存在的问题的，在什么场合使用？

如"我到北京上大学"对以上问题的回答：该产品主要针对即将开始独立生活的初高中生设计的，孩子们存在自立能力差、怕吃苦、人际交往障碍等问题，这些也是家长非常担忧的问题。该线路不仅可以参观北京的重要景点：长城、故宫等，还会举办多种励志活动，如在人民大会堂举行开营仪式，进行爱国主义教育；与北大清华学子对话、聆听人际交往方面的专题讲座，感受学海书香；举行小小旅行家演讲大赛等活动。由此，产品概念总结为：一条假期旅游线路，有助于初高中学生培养独立自主的能力。

2. 产品概念的测试

产品概念形成以后，接下来需要做产品测试如表 2-3 和表 2-4。产品测试的主要目的是了解消费者对产品性能方面的期望值、购买的途径和渠道、能够承受的价格以及产品的哪些属性消费者最感兴趣、哪些属性可有可无、哪些属性令消费者兴奋、哪些属性消费者认为本来就应当有。通常企业会设计调查问卷，请消费者回答。

表 2-3　概念测试调研问卷的设计

题号	测试项目	测试题目
1	可传播性	您认为这段文字的理解难易程度如何（非常容易理解、比较容易理解、既不难也不容易、有点难理解、非常难理解），继续追问。
2	重要性	您认为这段文字传递的信息对您的重要性如何（非常重要、比较重要、无所谓重要不重要、不太重要、一点也不重要），继续追问。

续表

题号	测试项目	测试题目
3	可信程度	您是否相信这段文字描述的利益（非常可信、比较可信、有些可信、也有些不可信、不太可信、非常不可信），继续追问。
4	需要程度	您是否认为该产品能有效解决您目前面临的问题（非常有效、比较有效、还可以、比较无效、非常差），继续追问。
5	竞争产品	目前是否有其他产品满足您的需求并能使您满意，继续追问。
6	认知价值	相对于价值而言您认为价格是否合理，继续追问。
7	购买意图	您是否（一定会买、可能会买、说不定、可能不会买、肯定不会买）该产品，选择前两者继续。
8	购买时间	您通常什么时间考虑购买此类产品。
9	购买途径	您通常通过什么方式购买此类产品。
10	独特性	与同类产品相比，您认为本产品的独特性如何（非常独特、比较独特、说不上独特不独特、不太独特、根本不独特），继续追问。

表2-4 产品属性测试表

	非常同意	比较同意	有些同意，也有些不同意	不太同意	非常不同意	
浪漫	5	4	3	2	1	（　）
放松	5	4	3	2	1	（　）
有趣	5	4	3	2	1	（　）
增长见识	5	4	3	2	1	（　）
增进亲子感情	5	4	3	2	1	（　）
满足购物的需要	5	4	3	2	1	（　）
美景	5	4	3	2	1	（　）
养生	5	4	3	2	1	（　）
…	5	4	3	2	1	（　）

经过产品测试，企业可以获知顾客心目中理想的产品目标、购买习惯以及购买途径，对购买意图和竞争产品的测试，企业可以决定这一产品概念是否成功，如何修改，是否要进行尝试等。

（三）新产品设计和开发阶段

根据测试修改的产品概念，将消费者关心的产品属性设计到产品中，形成具体的可以用来出售的旅游线路产品。这个过程包括两个阶段：新产品设计阶段和新产品开发阶段。前者将未来开发的产品体现在纸上，提出产品的样图和线路；后者是将设计的内容成为现实，通过采购询价、踩点等活动，形成可以在市场出售的产品。

1. 新产品设计

新产品设计要把产品具备的各种属性和指标特性确定下来，把完整产品描述出来，根据目前市场上所提供的竞争产品，正确地进行品牌定位。这其中要包括产品的类别定位、对企业经营战略的贡献、竞争产品状况、开发本产品需要具备的能力、怎样获得领导和员工的支持，以及详细的财务分析报告如价格政策、成本结构、资源投入、销售预测、投资回报等内容。新产品设计是产品开发的关键环节，有统计资料表明，新产品质量的好坏，60%~70%取决于产品设计工作，产品成本的高低在很大程度上也取决于设计工作。好的产品设计一方面体现了产品概念测试中确定的关键属性，在正常情况下消费该产品，能够获取产品具有的功能。另一方面，继承老产品的合理部分，在经济和资源上体现可行性。

2. 新产品开发

新产品开发阶段是形成商品化产品的阶段，在这阶段开发出市场上可以销售的产品并将它推向市场。也就是说产品的名称、行程安排、合同范本、价格等内容均予以确定，可以开门纳客了。从这个阶段开始，包括以后的小规模试销和大规模推广阶段，产品创新费用开始急剧增加。在此之前的开发阶段，花费的成本仅占整个产品创新项目的20%，但却决定了该项目80%的成功率[①]（如图2-4）。因此，在产品创新时要遵循"先慢后快"的原则，产品创新的早期阶段工作要慎重对待、通盘考虑，讲究"慢工出细活"。一般来讲，越是在产品创新的早期阶段发现问题，企业的损失就越小。一旦进入产品的开发阶段才发现产品创新存在问题，企业的失误成本快速增长。

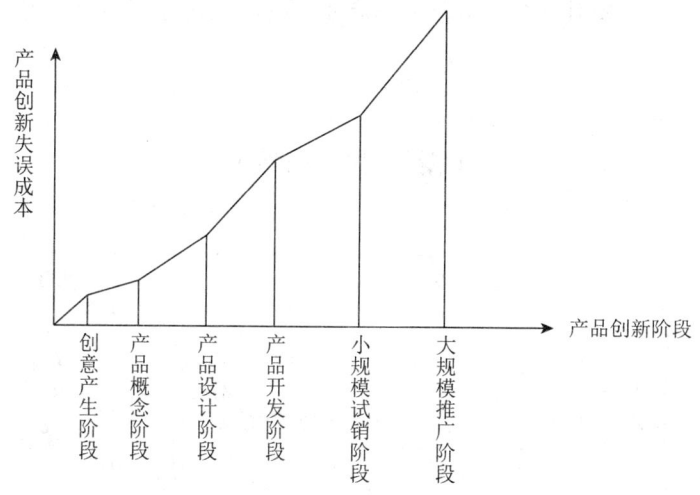

图2-4 产品创新失败成本随创新阶段上升示意图

（四）产品小规模试销阶段

产品小规模试销阶段是指对新产品进行小规模尝试性的销售活动，这是新产品上市之前的最后一次测试。尽管在产品创新的前期阶段一直以顾客为导向，以产品的创意、产品概念以及设计征询了消费者的意见，但消费者所提供的建议是在没有实际消费该产品的前

---

① 高建华. 2.0时代的赢利模式. 北京：京华出版社，2007：17.

提下做出的，想象与现实总存在差别。另外，对消费者意见的理解在很大程度上带有产品创新人员的主观判断，这些判断与消费者的实际要求也存在差别。最终将产品投放到市场上是否能像预期的那样受到消费者的欢迎，通过市场试销将新产品投放到有代表性地区的小范围的目标市场进行测试，企业才能真正了解该新产品的市场前景，并且为最后阶段的进行产品全面上市、大规模产品推广提供系统的决策依据，也是对创新产品的一次全面检验，为新产品的改进和市场营销策略的完善提供启示。

(五) 大规模推广阶段

新产品大规模进入市场有两种方式，一是针对所有的目标市场全面投放，这往往需要企业具备较大的实力；另一种方式是采用某种顺序进行滚动式投放，一次投放一个目标市场或几个目标市场，待这些目标取得效益后，再开拓其他的目标市场，这种方式稳扎稳打，风险较小，企业也不需要很多的资源，但容易被竞争对手跟进，失去某些销售机会。产品的大规模推广主要是制定并实施营销组合，如根据不同目标市场和成本的多少制定适应的价格，通过销售渠道将产品推向市场或进行大规模的品牌宣传拉动销售渠道，制定促销政策、促销方式和促销活动，让产品信息尽快到达消费者那里，激发消费者的购买行为。产品创新者需要密切关注产品的销售情况，根据消费者的反馈意见和竞争对手的反应，对产品的改进提供建议，并从中发现新的产品创意，新一轮的产品创新项目进入循环，这样循环往复，永不停止。

以上的五个产品创新阶段并不是每一次产品创新必须经历的，有时，企业在产品创新时需要跳过某些阶段，如对创新成本较低的产品，则可以跳过产品小规模试销阶段。

☞ **示范材料**

山东经典民艺修学游

一、参考行程

日期	行程	用餐	住宿	交通
第一天	打开好客山东大门 韩国、日本学生经两个小时的飞行到达青岛。与这里的中国同学们一对一结成伙伴，共同体验未来三天的旅程；品尝过鲁菜系之一的胶东菜之后，踏上"和谐号"列车，开赴淄博，晚餐体验淄博当地的博山菜。	胶东菜 博山菜	淄博	飞机 火车
第二天	淄博 上午在周村古商城参观这里的百余家商号和店铺，"账房先生"会教你如何使用中国最传统的计算工具——算盘，来一场友谊赛，看谁能够最快掌握；下午来到中国陶瓷博物馆，了解淄博千年陶瓷文化的同时亲手制作一件陶艺品；晚餐时间和山东理工大学的同学们一起动手包饺子。	周村酥锅 饺子	山东理工大学	汽车
第三天	潍坊 早餐后由淄博出发，驱车前往潍坊。中途来到中国蔬菜之乡——寿光；参观最先进的蔬菜种植技术，体验蔬菜采摘的乐趣；午餐过后，上车小憩，两小时后到达本次行程中最重要的一站——杨家埠，当地居民会以最热烈隆重的民俗表演欢迎远道而来的客人，换上衣服，与他们一起舞动起来吧！傍晚入住农家，在炕头上体验农家生活。	寿光绿色生态午餐 农家饭	杨家埠农户家中	汽车

续表

日期	行程	用餐	住宿	交通
第四天	杨家埠 在民俗专家的带领下参观杨家埠民间艺术大观园,在风筝作坊内,同学们合作设计画稿,给风筝扎骨架,制作属于自己的风筝。选择一个天气晴好的时候放飞自己的风筝,放飞心情,送走忧郁和悲伤,留下幸福和快乐。下午拜访有"民间工艺美术大师"之称的杨洛书,看他从18岁至今制作的木版年画。晚上女孩儿们可在农户家中跟随女主人学习绣制布老虎;男孩们可去艺人家中观摩、了解泥塑的制作工艺,亦可亲自动手体验泥塑制作。	潍坊特色小吃——朝天锅	杨家埠农家	汽车
第五天	带上传统技艺回家 早餐过后,告别这片热情的土地和这里勤劳善良的农家人,带上自己亲手制作的风筝、剪纸、布老虎、泥塑等作品和对这片土地的眷恋……乘动车回到青岛,带着伙伴们的友谊与祝福飞回到温馨的家中。		家中	火车 飞机

二、组织实施

本线路主要在寒暑假推广。韩、日学校的暑假时间与我国基本一致,为每年7—8月份;寒假时间略有不同。韩国学生的寒假时间较为充裕,一般为12月中旬至次年3月初,和我国基本一致;日本学生寒假分为冬假和春假,冬假为圣诞节前至新年(元旦)后的十余天时间,这段时间日本家庭的出游率比较低;春假为次年3月的三个周,这是日本学生出境修学和毕业旅行比较集中的时间。在线路的实施过程中,建议其与省内已有的两条线路(遗产长廊和沿海观光)进行对接,进一步丰富韩日学生在山东的修学体验。

宣传促销方面选择三条渠道:学校、家庭和旅行社。

学校方面,由于省内众多中学、大学都与韩国、日本学校之间有友好合作关系,交流频繁,尤其以寒暑假期间的学生交流活动居多,因此,可将本线路纳入韩日学生齐鲁行的总体线路当中,作为其体验内容的一部分首先向学校推广,并借助省内高校国际交流机构将本条线路介绍到韩日学校中。另外,还可以将本线路在驻鲁的韩日留学生中推广,一方面丰富他们的课余生活,另一方面借助他们的口碑宣传将线路推广到韩日国内。

考虑到韩日游客旅游信息搜寻的特点,向韩日家庭的宣传推广主要采用网络、平面媒体、电视广告等手段。并通过向旅鲁的中老年游客赠送修学旅游线路宣传册、风筝、泥塑、剪纸等纪念品的方式,提高韩日民众对山东民俗修学旅游的认知。

旅行社是组织修学旅游的主体。首先,旅行社应从长远出发与韩日各旅行社建立友好往来关系,为各知名旅行社免费提供山东修学旅游宣传资料;与长期从事修学专项旅游组团工作的韩日旅行社签订合作协议,为他们提供一些优惠政策;与韩日教育部门达成长期合作协议,抢占寒暑假学生修学旅游市场。在中国学生的组织方面,通过展览会、旅游推介会等形式,将本线路作为山东旅游对外宣传的一部分,激发大众对齐鲁文化和山东民俗的兴趣。

三、产品特色

1. 挖掘市场核心需求

受中国"读万卷书,行万里路"思想的影响,韩日学生进行修学旅游的制度由来已久，我国学生的修学市场也正在形成。目前，山东在韩日两国主推的两条修学线路分别是：以曲阜、泰安为主的世界遗产游和以青烟威为主的沿海体验观光游，整体表现为参与性差。山东是中国的文化大省，除了享誉中外的泰山和孔子故里，还有很多散落在民间的明珠。综合考虑山东省民俗旅游资源丰富、中韩日学生市场的需求以及体验经济的特点，本产品以山东陶瓷文化、潍坊杨家埠民俗文化、寿光现代农业为主要吸引点，设计了这条山东经典民艺五日游线路，包括陶艺制作、走进农家、蔬果采摘、放飞风筝、雕刻年画等一系列涉及民间技艺的体验性活动。该线路针对中韩日的学生进行设计，充分考虑市场的特点和需求，独特、深入、参与性强。

2. 增加产品的附加价值

通过向旅鲁的中老年游客赠送修学旅游线路宣传册、风筝、泥塑、剪纸等纪念品的方式，能够提高韩日民众对山东民俗修学旅游的认知，提高了产品的附加价值。

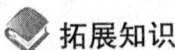

拓展知识

产品创新失败的原因

新产品开发的成败关乎企业的生存和发展。对于旅行社来讲，失败的原因有以下几点：

（1）不做市场调查，完全凭主观判断或自身喜好开发产品。

（2）创意不错，但不做可行性分析，对可能出现的风险估计不足，对市场前景盲目乐观。

（3）开发的产品没有达到设计要求。

（4）没有展开有效的广告宣传，市场知名度低。

（5）定价过高，超过了消费者的实际购买力。

（6）市场定位不当，或模糊不清，没有在消费者心目中占据有利的位置。

（7）产品的开发成本高于预期，出现资金紧张。

（8）竞争对手采用不正当竞争手段。

（9）缺乏阻止竞争对手仿制的措施，新产品被搭顺风车，产品生命周期缩短，利润率迅速下降，以至于不能收回创新成本。

互动题目设计

第一题：
主题讨论：你认为优秀的旅游产品应该具备什么特征？

第二题：
设计一份调研问卷，调查一下本班同学的旅游消费形式。

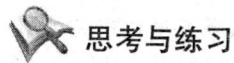 **思考与练习**

阅读下面的资料,判断以下的产品创新属于哪种类型的创新,思考旅行社应如何实现产品创新。

旅游线路创新七法

旅游线路产品,乃旅行社的生存之本。我们只有精心设计出合理巧妙、有新意、有活力,并有历史与文化内涵的线路,才能具有感染力与购买力,以利推销和招徕游客,在确保优质服务中创新。那么,如何使旅游线路求新出奇,花样翻新,引人入胜,则是我们旅行社产品设计人员应当认真研究和解决的重要课题。坦率地说,这方面我们几乎还是个"空白",与国际先进的旅游同行相比,差距甚大,有必要下功夫,研究一下其中的奥妙及技巧。笔者从事旅游工作近20年,从实践中深切体会到,出新之路有两条:要么老线路翻新,在日程、景点、安排与配置活动上巧做文章,融入新的活力,达到让人耳目一新之感;要么弃旧图新,另辟蹊径,大胆开辟全新线路,当然,也可以新为主,携带部分精华老景点(景区)。目前,我们在编制线路上常犯的毛病为:老生常谈,人云亦云,"涛声依旧",缺乏新意。我们知道,当一条线路从培育到成熟,当它达到顶峰时,我们就应当提早再培育出新的线路,以便新旧交替,不断攀向辉煌,这是一个不可抗拒的自然规律。不断推出新的线路正是我们尊重科学,按照客观规律办事的具体体现。

那么,怎样在编制旅游线路上创新呢?笔者将自己的心得整理如下,与同业人员切磋交流。

一、翻新式——旧线翻新,注入新意

旧线路之所以仍在沿用,这说明它还有生命力,古语说:"生姜还是老的辣"嘛,如果我们适当调整,改变思路,给它注入新的视觉,就可使其锦上添花,再焕青春。如在东北全线游览中,各城市之间的交通工具全为火车,极其乏味,如果利用沈大高速公路,将沈阳至大连段的特快列车行程,改为汽车运行,这一小小改动就很有情趣,尽管火车具有安全、快捷、舒适的特点,但汽车同样如此,而且汽车观光的效果要比火车亮丽得多。你看,下午沈阳发车,4小时到达大连,与火车同速,观赏夕阳西下的辽南大地风采,另有一番滋味在心头:潺潺的河流像银色的飘带,排排果树、片片稻田、层层绿野、小小村庄,那连绵起伏的绿色丘陵在朵朵晚霞映照下,泛着橘红色,尤其当车行至金州一带,望见海天相连的盐田,虾场荡起耀眼的波光,无数海鸥展翅翱翔的场面,简直令人欢呼,这一切像一幅幅彩色的胶片,充满诗情画意,让人深深陶醉与遐想。客人随时可在休息站停留一下,选一高处眺望、拍照、合影,自由自在,增加了游兴,笔者数次在设计线路时,将火车改为汽车,收效极佳,只是交通费用略微高了一点,但物有所值,客人们没有计较的。采取"翻新式",要力求在微细之处下功夫,破除传统观念,大胆而细心,但不可随意乱造,否则,事倍功半,徒劳一场。

二、多点式——一线多点,巧妙结合

利用以名景点为主,进行多点的延伸、组合,往往可以取得意想不到的效果。如在安排重点游览张家界的3夜4天中,我们不仅加上韶山、长沙,还增加了九江和庐山共10日游,火车去,长沙飞机返回,既不绕道,又顺理成章,十分方便,2002年5月组织"医

学专家老干部团"走了这条线,受到一致好评。这条线路还可延伸至厦门、武夷山、泉州,由厦门乘飞机返回大连,也很精彩。

一线多点式的操作,应注意顺道而行,交通便利,不可东一头、西一头,变成多点多线,尽量不走重复线路,始终给人新的感受,避免给客人造成疲惫和出现衔接故障。

三、新景式——开辟新景,大胆尝试

鲁迅讲过:"第一个吃螃蟹的人,是勇敢的人。"旅游线路的设计者一定要有勇气,富智慧,具活力,会幻想,敢于在实践中大胆开拓与尝试。我们曾较早开辟了鲜为人知的辽东青山沟风景区 3 日游线路,为避免客人长途劳累,大连汽车到丹东当日下午先游凤凰山,就近住五龙背洗温泉;第二天去青山沟,夜里皓月当空,晚风清凉,举办篝火晚会,伴随全羊席,在载歌载舞的欢声笑语中度过愉快之夜;第三天游密布的丛林、瀑布、小溪,乘船欣赏碧波荡漾的青山湖,再返回丹东住 1 夜,欣赏鸭绿江风光,我们曾经组织过 150 人走这条新线,取得极大成功。如今,这条新线已成为辽宁旅游热线。

开辟新线一定要注意观赏性、趣味性和娱乐性,只要"一炮打响",必然"后继有人"。

四、切割式——地域切割,集中景区

根据我国热点旅游城市相对集中的特点,采取地域切割手段,一次性地集中主要景区,编制线路,也会令人惬意,创造新境,只是时间较长,可称之长线深度旅游。2003年 4 月上旬,我为一位即将退休的领导安排线路,根据她有半个月的休假期,想去西南旅行的实际情况,我细心设计出"云南全线+贵阳+桂林 14 日游"的全新线路,各地大交通均为飞机,"一次让她游个够",这位女领导回来后对我说:"李经理,这次旅游好极了,虽然我单枪匹马走了 14 天,但你的安排非常到位,了却了我多年的夙愿,真得好好谢谢你呀!"我听后,激动了许久。

采用切割式要注意尽量就地取材,集中景点,不可舍近求远,否则就失去了"切割"的意义。

五、拉力式——汽车拉力,求奇探险

根据城市居民向往大自然,求新、求奇、求险、求趣的特点,又不想花太多的钱,我们适时推出了两条汽车拉力线:①从大连出发直奔辽宁西部珠日河草原,住蒙古包,吃羊肉,骑马射箭,祭敖包,品民族风情,观赏奇特的大青沟原始森林,三岔口漂流,滑草等 2 夜 3 日游。②赴辽宁 4 大名山之一钟灵毓秀的医巫闾山,品尝沟帮子烧鸡,观营口浩瀚的红海滩,欣赏东北第一个"世界文化遗产"雄浑壮"关"的九门口长城,那"城在水上修,水在城中流"的特点,在万里长城中,独一无二,风采奇异,堪称举世一绝,这两条新线,均受到游客欢迎,团体每人费用各为 550 元左右,可谓价廉物美。

笔者以为,只要肯于学习,了解最新信息,注重调研,善于挖掘新景点,多掌握旅游资源,完全可以从实际出发,绘制出具有新内容、新景色的新线路。

六、浪漫式——轻松愉悦,领略佳景

我们针对老年团、家庭组合、新婚夫妇,设计出了"浪漫为主题,轻松为节拍,名景为内容,休闲为特点"的时尚线路,强调"求稳不求险,求精不求粗,求慢不求快"的原则,设计出"北京名景+天津小吃+天下第一关火车 8 日游""泰山+苏杭+水乡+上海

新貌双飞 9 日游""昆明、石林、大理、丽江、香格里拉＋武汉 3 飞 10 日游"等新线路，有的已经推向了市场。

此类豪华旅游线讲究舒适、宽松，富于抒情色彩，以满足游客精神与物质上较高水准的需求。因此，住房多为 3—4 星级，餐饮标准为 50 元 / 人 / 天，车为新型豪华空调车，旅行日程尽量宽松自在，留有充分个人自由活动时间，以确保其品质。

七、专业式——对口适度，流畅出新

近些年，许多单位带有专业性的学习、考察团逐渐多起来，表现在自选性强，个性化突出，不大符合我们事先定好的现成线路。对此，我们因团而宜，对症下药，有的放矢地设计出符合专业化要求的特殊线路。如我们在为某地区医院党政交流学习团编制线路时，根据客户要求，设计了"南京、无锡、苏州、昆山、普陀、上海双飞 9 日游"线路，在南京、昆山、上海各安排半日中医院参观学习与政工业务交流，并在昆山安排了参观合资企业等项目，经反复修改，符合了客户要求，行程结束，达到了预期目标，客户表示满意。

此类团队首先要按客户要求进行设计，再顺路穿插精华景点，这样顺路成"章"，一举两得。随着旅游事业的发展，专业形式的旅游呈上升趋势，如城建、环保、体育、文艺、农业、经贸、教育等团队会越来越多，设计适销对路的线路，是形势发展的需要，是我们应尽的责任，应引起同业人员关注。

当然，旅游线路的设计多种多样，风格千姿百态，手法十分灵活，内容丰富多彩，没有一定的固定模式。我们要切实遵循"产品找市场"的原则，设计编制出具有科学性、文化性、独特性、趣味性的对路产品，敢于打破常规，勇于标新立异，让绚丽迷人，充满个性化、自由化、灵活化的旅游新线路，为我们的旅游市场展示出一幅幅诱人的画卷，增添出一朵朵璀璨的鲜花，让游客随心所欲，尽情地享受吧！因为旅游事业，需要追求卓越、追求完美、追求创新。

（资料来源：李晓军. 旅游线路创新七法. 中国旅游报，2006-03-23.）

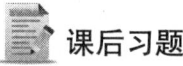 **课后习题**

请扫码答题测试。

习题

技能篇

第三章 国内组团计调员操作实务

引言

任何企业的生存和发展都离不开市场,市场如水,企业如舟,"水能载舟,亦能覆舟"。对旅行社行业而言,其旅游市场是由国内旅游市场、出境旅游市场和入境旅游市场等三大市场组成,其中,国内旅游市场又分国内组团市场和国内地接市场。旅行社根据其经营市场的特点,可以分为以经营组团业务为主的组团社、以经营接待业务为主的地接社和两项业务比较平衡的组接社。由于接待社的业务主要来自组团社,所以,组团市场是旅行社行业市场中更靠近旅游者的上游市场。旅行社组团市场的实质是组团客源,可以说,客源即旅行社的生命之源。在旅行社国内组团经营中,国内组团计调员的业务操作对于旅行社设计组团旅游产品、招徕国内旅游者、落实接待服务、保证旅游质量、维护和留住客户等方面都起着至关重要的作用,是旅行社国内组团的核心业务。

本章概述了国内组团旅游的现状和发展趋势,对旅行社目前国内组团旅游产品设计进行了示范,讲述了国内组团计调员的业务操作流程,阐述了国内组团计调员在电话沟通、产品设计、地接社选择等方面的操作方法和技巧。

学习目标

1. 掌握国内组团计调员业务流程及操作技巧
2. 能够熟练进行国内旅游产品的设计与发布
3. 能够熟练开展与地接社的业务接洽

第一节 国内组团旅游概述

一、国内组团旅游界定

旅行社国内组团旅游是指旅行社以团队方式组织的,内地居民在中华人民共和国境内(中国香港、澳门、台湾除外)的旅行游览活动。从国内组团旅游客源构成看,国内旅游团通常有单位团、散客团、旅行社拼团和私家定制团等四类,其中,单位团指由同一个单位的人员组成的旅游团队,通常由单位承担旅游费用且由单位指定旅游线路;散客团指由旅游者报名参加旅行社销售的旅游产品而组成的旅游团队，散客团的旅游线路通常是由旅行社事先设计和确定的，旅游者不能根据自己喜好制定或修改旅游线路，其意愿主要体现在对旅行社产品的选择与否上；旅行社拼团指两家或两家以上旅行社的旅游者拼在一起组成的旅游团队，旅行社拼团可能是其他旅行社代理销售一家旅行社产品形成的，也可能是旅行社达不到成团人数而将旅游者委托给其他同线路的旅行社形成的；私家定制团是近年来兴起的一种旅游组团形式，旅行社根据旅游者的个人需求，从行程线路、旅行方式、时间安排、旅游服务等方面为其量身打造的具有私人专属性质的旅游团队。

二、国内组团旅游现状

国内组团旅游是旅行社行业十分重要的业务板块。就全国旅行社行业而言，2015年度国内旅游组织13 676.20万人次、43 596.30万人天；2019年度国内旅游组织17 666.29万人次、52 868.42万人天[①]。5年间，旅行社国内旅游组织人次数增加了3990.09万，增长了29.18%，平均每年增长5.84%；国内旅游组织人天数增加了9272.12万，增长了21.27%，平均每年增长4.25%。

2020年度受疫情影响，旅行社国内旅游组织5772.71万人次、14 217.91万人天，同比分别减少67.32%、73.11%；2021年度全国旅行社国内旅游组织7857.58万人次、19 572.98万人天；2022年度全国旅行社国内旅游组织3922.01万人次、9002.95万人天，国内组织人次数下降到4000万以下、人天数下降到10 000万以下。3年间，旅行社国内旅游组织在总规模大幅减少的情况下呈显著波动态势。

2022年12月26日，国家卫生健康委员会发布公告〔2022年第7号〕，将新型冠状病毒肺炎更名为新型冠状病毒感染；同时，经国务院批准，自2023年1月8日起，将新型冠状病毒感染从"乙类甲管"调整为"乙类乙管"。2023年01月11日，文化和旅游部办公厅下发《关于落实新型冠状病毒感染"乙类乙管"做好文化和旅游行业疫情防控工作的通知》，废止了文化和旅游行业8项疫情防控工作指南。基于新型冠状病毒感染防控方式的转变，旅行社国内旅游组团开始进入常态旅游市场的恢复期。2023年，第一季度全国旅行社国内旅游组织1980.65万人次、4528.66万人天，第二季度全国旅行社国内旅游组织3861.26万人次、9729.39万人天；第二季度与第一季度相比，组织人次增长94.95%，组织人天增长114.84%。上半年全国旅行社国内旅游共组织5841.91万人次、14 258.05万人天，旅行社国内旅游组织业务恢复势头良好，其中，浙江、广东、江苏、湖南、湖北、重庆、江西、北京等地的旅行社国内旅游组织位居前列。

根据文化和旅游部相关统计数据，截至2023年末，国内出游人次48.91亿，比上年同期增加23.61亿，同比增长93.3%，其中，一季度国内出游人次12.16亿、同比增长46.5%，二季度国内出游人次11.68亿、同比增长86.9%，三季度国内出游人次12.90亿、同比增长101.9%，四季度国内出游人次12.17亿、同比增长179.1%；国内游客出游总花费4.91万亿元，比上年增加2.87万亿元，同比增长140.3%。在这种大背景下，旅行社国内组织旅游也将继续保持增长趋势。

---

① 旅行社组织国内旅游数据参见文化和旅游部相关年度全国旅行社统计调查情况的公报。

三、国内组团旅游发展趋势

与新冠疫情期间不同的是，目前国内旅游组织中长线游、跟团游比重不断增大。根据携程旅行发布的2023年《中秋国庆旅游总结报告》，跨省游订单占比达51%，同比增长2倍多；3天以上的团占跟团游总量的一半，同比增长超4倍；赴海拉尔、喀什、乌鲁木齐、丽江、贵阳、兰州、拉萨、昆明等西北、西南地区长途游订单占比达39%，同比增长超2倍；与此同时，私家定制团和旅游＋音乐、＋文化、＋美食、＋实景演出等高品质、多内涵、慢节奏的旅游正成为热潮。根据艾瑞咨询和去哪儿旅行网联合发布的《2023年在线旅游平台用户洞察研究报告》，"五一"假期，国内旅游为2.74亿人次，比2019年同期增长19.1%；中秋国庆假期，国内旅游为8.26亿人次，比2019年同期增长4.1%；全年跨省游占比超过67.9%，中长线旅游火爆；除观光旅游外，美食游、乡村体验游、海岛游、冰雪游、红色旅游等也占比较大；在旅游方式选择中，跟团游约占35.2%。根据途牛旅游网发布的《2023年度旅游消费报告》，在途牛网的客户中，出游频次方面，1次的约占45%，2次的约占23%，3次的约占11%；客源地前十名分别为上海、北京、南京、广州、杭州、深圳、天津、沈阳、武汉和成都。这些数据也有助于我们分析旅行社国内组团业务市场的发展趋势和旅游者参团旅游的需求变化。

第二节　国内组团旅游线路产品示范

一、旅游线路产品名称

"花开集美·别样鹭岛"厦门春季赏花高铁四日游。

二、旅游线路产品行程特色

万紫千红安排着，只待君来赏花姿：

曾厝垵（zēng cuò ǎn）：厦门最美的渔村，闽南原生态自然村，被誉为"全国最文艺的村子"，背倚高山，面朝大海，呈现一份春暖花开！

鼓浪屿：最值得你来的文艺部落，品美味，赏悦景，与你抒写最鼓浪屿的经历……2017年8月，厦门鼓浪屿申遗成功，成为中国第52项世界遗产！

集美：厦门经济特区门户，著名的侨乡和风景旅游胜地，白天看"嘉庚风格"的龙脊凤檐、雕梁画栋，傍晚坐在岸边吹海风捡贝壳螃蟹，好不惬意！

南普陀寺：享誉闽南乃至全国的佛教寺院，恢宏庄严的庙宇，可虔诚许下一份心愿……

金砖会址：2017年9月3—5日，第九次金砖会晤在中国福建厦门举办。一份荣幸欢迎您在金砖会址门口合影留念，重温五国领导人巅峰会晤时刻！

忠仑公园：每年2至4月，桃花、樱花在此争奇斗艳，岂容错过。

筼筜（yún dāng）雅游：花普通的钱，体验高端游艇的华贵与逍遥，尽享浮生半日闲，你不想来个优雅的自拍吗？

赠送项目很贴心：

（1）独家免费赠送故宫鼓浪屿外国文物博物馆，为故宫博物院首次与地方合作设立的博物馆！

（2）游览期间每人每天一瓶饮用水，手绘地图每人一本。

三、旅游线路产品日程安排

D1 杭州—厦门（高铁二等座，行驶约5小时28分）

交通工具：火车；三餐：早餐自理，午餐自理，含晚餐；住宿：厦门

07:00 杭州火车东站2楼铁路出发西面门口集合，乘高铁抵达厦门北。乘车赴集美（行车时间约30分钟），游览集美学村：融中西风格于一体的典型闽南侨乡风格建筑。参观爱国华侨陈嘉庚纪念胜地：包括嘉庚公园、陈嘉庚先生故居、陈嘉庚纪念馆、鳌园、归来堂（两个点一共游览时间不少于1.5小时）。晚餐后入住酒店。

D2 厦门

交通工具：旅游大巴；三餐：含早餐，含午餐，含晚餐；住宿：厦门

早餐后，09:00出发，游千年古寺——南普陀寺（游览时间不少于40分钟），以奉祀观音为主的南普陀寺荟萃了闽南源远流长的历史文化，是闽南佛学院所在地，在佛教中有非常崇高的地位。参观厦门大学（拍照游览时间不少于30分钟）。午餐随后前往环岛路海滨度假胜地、厦门城市缝隙中的文艺村、闽南第一特色村——曾厝垵（自由活动，适时集合），曾厝垵坐落在环岛路旁的一个小渔村，是厦门城市的发源地，繁华都市缝隙中保留着那份最原始的宁静与美好是其特色。乘车前往厦门国际会议中心，特别安排观瞻"金砖五国厦门峰会"会址，可下车在金砖会址门口合影留念，重温五国领导人巅峰会晤时刻（自由参观不少于30分钟）。随后前往忠仑公园（游览时间不少于1.5小时），是闽南亚热带园林特色，花种多，岩石错落其中，亭台具闽南风格，可休憩，观景。每年的2—4月，桃花、樱花争相绽放（由于花期受当地气候影响较大，可能会因具体天气导致观花不佳，敬请原谅。若是忠仑公园花期已过，更改为：铁路公园赏厦门市花三角梅）。后乘坐全太阳能游艇游国内最大的海水人工湖——筼筜湖，厦门城中乘太阳能游船，花最少的钱，体验高端游艇的休闲与优雅，是一次闹中取静的心灵之旅。游船采用尖端科技精心设计，具有生态环保、美观舒适、节能安全的特点。秉承"低碳、环保、生态"的经营理念，为广大市民、旅游者及旅游团队提供"宜雅、宜游"高品质观景服务。晚餐后入住酒店。

D3 厦门—鼓浪屿—厦门

交通工具：轮船；三餐：含早餐，午餐自理，晚餐自理；住宿：厦门

早餐后，游海上花园——鼓浪屿（过渡船程时间约15分钟），私家园林——菽庄花园（游览时间不少于1小时）、一步一景的四十四桥、全国唯一的钢琴博物馆，观万国建筑风采（外观英、日领事馆，天主教堂等），漫步港仔后海滨沙滩享受阳光、沙滩的无限乐趣。午餐自理（美食推荐：可以去龙头路，吃一吃当地的小吃，鱼丸、叶氏麻糍、面线糊、北仔饼、海蛎煎、黄金肉松、鼓浪屿馅饼等）。约16:00乘渡轮返回市区。游览中山路（自由活动时间约1小时），中山路是一条直通大海的商业街，成片的南洋骑楼建筑、

琳琅满目的各色闽台特色小吃，构成其与众不同的风格特色。晚餐自理，约19:00集合，返回酒店。

赠送说明：鼓浪屿上独家免费赠送故宫鼓浪屿外国文物博物馆（门市价50元／人），博物馆于2017年5月正式开馆，是一座中型博物馆，是故宫博物院首次与地方合作设立的博物馆。

D4 厦门—杭州（**高铁二等座，行驶约5小时31分**）

交通工具：火车；三餐：含早餐，午餐自理，晚餐自理；住宿：无

早餐后，自由活动，指定时间集合，送往厦门北火车站，乘高铁抵达杭州东站，结束本次厦门赏花之旅！

四、旅游线路产品计价报价

（一）报价：＿＿＿元／人

（二）费用包含

（1）交通：杭州／厦门、厦门／杭州往返高铁二等座，行驶时间以火车时刻查询网当日发布为准（如铁路部门调整、延误、临时取消我社定位等，造成旅游行程延误或取消，我社将负责协调，但不承担经济赔偿。如遇航空、铁路、轮船、长途客运等公共交通部门调整价格，其差额由旅游者补足或我社退还差额。如客人退团，损失按照各家铁路部门公布的客规执行）。

（2）住宿：挂四星酒店双人标准间和悦酒店或大亿颐豪酒店或翔鹭酒店或君隆酒店。

（3）用餐：三早三正，正餐安排中式餐饮，正餐＿＿＿元／人（十人一桌，不足10人一桌按标准团队餐标安排，菜品种类相应减少）。正餐餐标总计：＿＿＿元／人（若团队低于6人，现退餐费，用餐自理）。高铁和自由活动期间用餐请自理。

（4）门票：以上景点首道门票。

（5）用车：当地空调旅游车。

（6）导游：当地中文导游。

成人及14周岁（含）以上人士＿＿＿元／人，2~14周岁（不含14周岁）儿童＿＿＿元／人，2周岁（不含）以下婴儿免收。

（7）儿童价标准：2~14周岁以下（不含14周岁）的执行小孩收费，含杭州／厦门、厦门／杭州儿童往返高铁票（6~14周岁）、当地车费、成人全价早餐费、成人半价正餐费，其余产生费用自理。儿童若不需含高铁车票，可退火车票价＿＿＿元；若超高请自行补足差价＿＿＿元。

婴儿收费：2周岁（不含2周岁）以下的婴儿产生费用自理。

（三）费用不包含

（1）交通：客人起始出发地与杭州火车东站往返接送服务。

（2）保险：旅游人身意外保险。

（3）全陪导游服务。

（4）单房差＿＿＿元／人；带儿童不加床的，如需早餐，当补足早餐费＿＿＿元。

（5）因交通延阻、罢工、天气、飞机机器故障、取消或更改时间等不可抗力原因所引致的额外费用。

（6）当地参加的自费以及其他不在"费用包含"中的项目。

五、旅游线路产品特别说明

（一）费用特别说明

（1）因人力不可抗拒因素造成景点减少，我社负责退还因此造成的门票差额。

（2）旅游者行程中自行放弃用餐，费用不退。

（3）出团前退团按照《境内旅游合同》的约定处理。

（4）团体火车票一经出票如有变更按铁道部门规定办理。

（5）火车票出票由于不能自行挑选座位，会碰到熟悉的客人分派到不同车厢的情况。请客人上车后，自行协调。

（二）老年、未成年人特别说明

（1）60岁以上老年人报名参团旅游的，应如实填写年龄、身体健康状况及其家属的联系方式，须书面告知旅行社不宜参加的游程及项目（包括交通工具、饮食、特殊地域环境限制等）。

（2）70周岁以上老人出行需要提供医院体检证明复印件（一年内）。

（3）76周岁以上老人出行，如果没有家属陪同，除体检证明外，还要医生出具可以去某地旅游的证明。

（4）18周岁以下未成年人参团旅游的，应由法定监护人亲自办理相关手续。如法定监护人不陪同的，须书面指定临时监护人。恕不接受18周岁以下旅游者单独报名出游，敬请理解。

（三）其他重要说明

（1）肠胃免疫功能差的人，食用海鲜容易引起腹泻，请多注意卫生情况。

（2）海滩游泳，切勿逞强游出警戒线，尤其不能自己在晚间去未列为海滨浴场的海滩游泳，以防不测，游泳时间以早晨为宜。

（3）鼓浪屿上购买香烟请仔细分辨真伪。

（4）为维护旅游者和旅行社之间的利益，如遇旅游期间的行程及服务有何异议，请在当地及时提出，我们将尽量调解或立即致电客服热线我社将全力解决。

（5）请旅游者如实填写意见单，处理投诉时我社将此作为重要凭证。

（6）本产品价格会根据交通工具成本变化作相应调整，同一团队会出现价格差异现象，以每位旅游者预订产品时的价格为该客人最终价格。以上给您带来不便之处敬请谅解。同时我公司承诺早报名早优惠。

（7）在旅游行程中，个别景区景点、餐厅等场所存在商场等购物柜台，上述场所非旅行社安排的指定购物场所。提醒旅游者根据自身需要，理性消费并索要必要票据。

（8）请牢记：我社派驻杭州火车东站工作人员电话：1361××××××。集合过程中如果遇到问题请及时电话与之联系。

（9）24小时服务质量监督及投诉电话：1588××××××。

六、旅游线路产品注意事项

（一）证件

出团时成人必须携带有效期内身份证原件，儿童必须携带户口簿原件（持护照报名必须携带护照原件）。

（二）交通

（1）因天气、班次取消等人力不可抗拒因素导致火车延误或取消，请旅游者配合我社工作人员进行协商处理。

（2）儿童火车票购买规定：未满6周岁且不占席位的儿童，免费；满6周岁且未满14周岁儿童，半价；年满14周岁，全价。

（3）厦门当地用车为套车（旅游者游玩景点时接送可能不是同一辆车），如有出现换车或者出现等候车子（10分钟左右）均属正常现象。请不要把行李物品等留在车上，以免丢失，敬请谅解！

（三）门票

（1）各地门票价格优惠政策不同，如有优待证件（如老年证，军官证，学生证等）请在出团时携带，以便门票优惠。

（2）行程中的景点门票为旅行社折扣价，如有优待证件（如老年证，军官证，学生证等）产生折扣退费的，我社按实际差额退还（含在门票内的景区小交通除外）。

（3）长者优惠（持中国大陆居民身份证及老年证，两者缺一不可）：70周岁以上在成人价格上优惠24元/人；团费优惠价格为门票长者优惠，优惠费用客人在前台报名时直接减免，请客人出发时携带中国大陆居民身份证及政府颁发老年证等有效证件，如在当地购票点因客人自身原因无法购买长者优惠门票，客人须在当地补齐门票差价。（注：长者优惠仅适用于手持中国大陆居民身份证人士）。

（四）温馨提示

（1）景点游玩顺序可能会由于交通、天气等原因前后调整，但不会减少并保证行程游览时间。

（2）如您单人报名请在出游前补齐房差，如您三人报名在出游前补齐房差，或安排标间加床，或三人间，尽量安排但不保证。酒店业规定12岁以上客人必须占床，如不占床，遇酒店检查，产生的额外费用自理。

（3）如您对住宿条件要求较高，可补差价升级更高等级的住宿。

（4）如最终收客确认不超过3人，全程安排导游打车。由于团费已包含目的地市内交通，不再另外收取打车费用。

（5）最后一天安排散拼送站。

（6）行程内所赠送的项目费用，不用不退。

（7）厦门气候为典型亚热带季风气候，夏季高温多雨，冬季温和少雨。降水集中在夏季，均温一般在25℃到28℃之间，年降水量在1000~1500毫米之间，厦门的夏天6—8月没有那种连续高温的。全年最低月气温在零度以上。雨量充沛，冬无严寒，夏无酷暑，全年无霜，一年四季花木繁盛。

（8）受海洋性气候影响，气候变化较大，请旅游者携带好个人常用物品（雨具、防晒品等物品）。

（9）当地土产主要有：漳州水仙、梦云大云果、福橘、龙眼（桂圆）、荔枝、香蕉、枇杷、菠萝、源和堂蜜饯、武夷岩茶、龙岩沉缸酒、文昌鱼、铁观音、大红袍。

（10）传统工艺品：福州脱胎漆器、福州纸伞、泉州木偶。

第三节 国内组团计调员业务操作流程与技巧

一、市场调研

从我国旅行社行业的整体经营情况看，国内旅游市场仍是众多中小旅行社的最大市场。然而，旅行社国内旅游市场在国内旅游总市场中的比重不断降低的现实又告诉我们，在国内旅游散客化、多元化和个性化发展的形势下，只有与时俱进，积极满足市场需求，才能使旅行社在市场经济的大潮中乘风破浪、扬帆远航。旅行社计调人员能否跟上时代的潮流，能否设计出符合市场需求的产品，正日益成为旅行社行业竞争的着力点。为了使旅行社产品适销对路，更好地吸引客人，旅行社组团计调员要广泛进行客源市场的调研。市场调研主要包括市场需求调查、消费者购买动机和行为调查、旅游供应市场调查、竞争对手状况调查、现有产品状况调查、产品价格调查、销售渠道调查等。市场调研为旅行社进行新的产品开发提供客观依据，减少决策中的不确定因素，提高设计方案的针对性与可行性，为旅行社更好地赢得效益奠定基础。

二、产品策划设计

在对市场进行调研的基础上，组团计调员要对旅游线路产品进行策划设计。

首先，应通过市场细分，明确产品适合的目标市场；其次，要对将要设计的旅游线路产品进行合理市场定位。为了能够使所设计的产品在市场中有一席之地，就需要在设定的市场中给产品一个明确的定位，把旅游行程、产品构成要素及价位标准等确定下来，也就是把产品完整地描述出来。产品描述要主题突出，特色鲜明，简明扼要。产品设计不可能也不需要在任何方面都创新求异、超越竞争对手，应立足目标市场，符合市场定位，"有所为、有所不为"。

旅游线路产品设计的关键是制定旅游行程。旅游行程是计调员根据市场需求，围绕产品的主题，依据市场定位，结合旅游资源和接待服务的实际状况，将全部旅游项目和服务内容按照一定顺序编排而成的旅行游览"路线图"。旅游行程一般包括游览景区（景点）、参观项目、住宿饭店、旅游交通工具、旅游餐饮、旅游购物等多种要素，是构成旅游线路产品的核心内容。

旅游线路产品设计主要包括以下内容：

1. 确定旅游线路产品名称

在旅游需求市场上，一个有魅力的旅游线路产品的名称本身就是一种很好的宣传口号，通常情况下会吸引许多旅游者关注询问直至成行。因此，确定产品名称应考虑各方面的因素，并力求体现简约、突出主题、时代感强、富有吸引力等原则。

一般来讲，旅行社旅游产品名称应包含：

{主题词}+旅游目的地+{旅游特色}+［大交通方式］+旅游时长

其中，{}为高标选择项，一些要求较高的旅行社会选择这些项目；[ ]为通常选择项，大多数旅行社在通常情况下会选择这些项目。旅游线路产品名称不宜太长，也不宜出现过于生僻的字，应易读易记，便于宣传推广。

2. 旅游线路产品的构成要素

旅游行程的构成一般要涵盖旅游的六大要素：食、住、行、游、购、娱，特别是食、住、行、游四大基本要素。在每一要素具体内容的选择上，计调员仔细斟酌，合理选择，突出重点，体现特色；其中，对景区（点）的选择首先要根据旅游者的需求和该景区在当地乃至全国的知名度，对饭店、餐饮、旅游目的地域内交通等的选择则通常依据市场定位，但现在人们对旅游目的地美食等的需求也在不断增强，也可以根据旅游者需求来进行选择。

3. 具体的旅游活动日程

确定了旅游行程的主要内容后，就要安排具体的旅游活动日程。

旅游活动日程是指旅游行程中具体的旅游活动各个项目的实施日期、活动地点及活动所需时间。景区、博物馆等游览参观场所应明确不少于多少时间，如不少于 2 小时；购物场所则应明确不多于多少时间，如不多于 1.5 小时。

计调员在安排旅游活动日程时，应充分考虑旅游活动先后顺序的科学性、合理性和可行性。第一，应确保旅游行程的安全，不走危险性高、辨识性差的道路和区域；第二，尽量避免走回头路、折返路，以确保旅游者旅游时间的效率；第三，在确保安全和效率的基础上，应合理安排旅游景区的审美价值，尽量让旅游者的游览过程如音乐般有节奏和旋律，避免同类扎堆造成的长期平淡与审美疲劳。当然，活动日程安排除确保安全外未必遵守定式，也要根据旅游者或活动的特点灵活变通，比如老年团的活动安排就可以适当考虑折返，让老年旅游者中午回饭店小憩一会也是一种不错的选择。

三、产品发布与销售

（一）产品发布

计调员设计好了旅游线路产品，接下来就要进行产品发布。目前，根据旅行社的信息化水平和组团营销方式，旅行社产品发布有以下方式。

（1）旅行社内部 QQ 群发布。使用这种方式的通常为信息化程度较低的中小型组团社，计调员一般用 Word 模板设计产品，设计完成后上传到旅行社内部 QQ 群里，让销售人员下载后进行销售。

（2）旅行社业务系统内发布。使用这种方式的通常为信息化程度较高的中型组团社，计调员直接在旅行社业务系统中设计产品，设计完成后在系统里发布，发布后的产品进入销售板块，销售人员（含门市人员）可以将系统中的在售产品向顾客推荐。

（3）旅行社官方网站发布。使用这种方式的通常为信息化程度较高、品牌知名度较大的大中型旅游批发商，计调员在系统中设计好产品后即可进行发布，产品在进入销售板块的同时生成网页链接到官网上。也有的旅行社业务系统就是一个多功能网站，旅行社员工用自己的用户名和密码进入系统后台，旅行社内部管理和计调、销售、导游领队排团等各种业务操作都通过后台进行。旅游者可通过访问旅行社官网了解在售产品、目的地风土人情等旅游资讯，可在网上购买中意的旅游产品；代理商通过自己的用户名和密码可看到产品的代理价和剩余名额，可在网上销售尚有余位的产品。

随着网络经济的快速发展，人们的消费习惯也从线下日益向线上迁移，网上流量逐渐被知名度高的大型或新型平台吸走，传统旅行社的官方网站流量不断流失，有的甚至已经成为无人访问的信息孤岛。因此，近年来，大量传统旅行社开始放弃官网，这种产品发布途径已日渐式微。

（4）旅行社微信公众号发布。旅行社运用微信公众号开展微营销，向关注自己公众号的旅游者推送最新设计的旅游线路产品。根据腾讯发布的2023年第四季度及全年财报，截至2023年12月底，微信及WeChat的合并月活账户数为13.43亿；用户参与度的提升带动了视频号、小程序、微信搜索等产品线的蓬勃发展，2023年视频号用户使用时长增长翻倍，小程序、微信搜索等同样展现强劲势头，微信搜索日活跃用户数破1亿。面对这样的庞大活跃用户数，越来越多的旅行社通过微信开展产品营销和增值服务。除微信公众号外，也有旅行社开始使用小程序向客户提供功能更多、互动性更强的营销与服务。

（5）旅游同业网络平台发布。旅行社可通过博客旅游、旅游圈等同业网络平台发布自己的旅游产品，让其他旅行社代理销售，从而提高组团成功率。

同业平台的优势是，发布产品的门槛更低，平台中集聚的旅行社产品更多，代理价格更透明。现在，许多中小旅行社通过同业平台发布产品、寻找代理商或者在平台里挑选产品。

（6）OTA[①]旅游网络平台发布。旅行社也可以通过携程、飞猪等OTA的网络平台发布产品，借助OTA的品牌影响力、市场号召力和网络流量来招徕散客，扩大客源。

在实际工作中，旅行社计调员可以运用多种方式发布产品信息，以求宣传推广范围和实效的最大化。

（二）产品销售

产品销售是指旅行社通过销售人员、门市、网络平台等途径使具有购买能力和旅游时间的旅游者接受和购买旅游产品的行为。旅游产品的销售一般由专门的销售部门和门市来完成，但对于数量上占绝大多数的中小型旅行社而言，计调员往往也承担向单位客户的销售任务。在计调员的销售工作中，要求不仅同现有的客户保持联系并接受预订，而且要不断寻求和发掘潜在的市场；计调员不仅以一个普通销售员的身份同客户打交道，而且应力图使自己成为旅行社信誉和品质的象征；计调员不仅着眼于目前交易的成功，而且要努力同客户建立长期关系，培养和发展旅行社的"主顾圈"。

---

① OTA是在线旅游代理商（Online Travel Agency）的简称。

就组团计调员销售而言，可直接面对客户销售，也可通过电话、网络、微信、微博等方式进行产品宣传推广和销售。其中，电话咨询销售是组团计调员比较普遍的营销方式，所以国内组团计调员的综合素质特别是语言表达能力，将直接影响电话销售的成效。组团计调员对电话咨询的客户要做到文明、礼貌、耐心解答；对所推选的旅游线路产品要有充分了解，跟客人沟通时，有身临其境之感，做到实事求是、不夸张，以免与实际反差太大，给客人留下言过其实的不良印象和未来投诉的口实。

四、慎重选择地接社

组团社和地接社是相对而言的，一般来说，以组团业务为主的旅行社，通常被称为组团社，有些组团社内也会存在地接业务；以地接业务为主的旅行社，通常被称为地接社，有些地接社内也存在组团业务。在人口较多且旅游资源丰富的地区，明确设立组团部（中心）和地接部（中心）的旅行社更为普遍，组团和地接两种业务并存并重，共同发展。

组团社为地接社输送客源，地接社为组团社提供接待服务，两者之间是"相辅相成""互惠共赢"的关系。从旅行社所经营的业务性质看，组团社负责了解需求，开拓市场，销售产品，招徕客源；而地接社则组织协调旅游目的地的食、住、行、游、购、娱等各种资源，具体实施旅游活动和接待服务。所以，地接社旅游资源掌控的能力和接待服务水平的高低，都直接关系到旅游产品最终质量的好坏，关系到旅游者旅游需要的满足程度和旅游者对旅游体验评价的高低，最终影响到组团旅行社的社会声誉和市场发展。因此，对于地接社的选择是组团社计调员的一项十分重要的核心工作。

组团社通过跟地接社签订旅游接待合同来监督约束地接社的接待工作，如果地接社不能履行合同，造成旅游者的不满或者投诉，组团社可以根据实际情况扣减团费甚至通过法律途径以维护旅游者和自身的合法权益。

（一）地接社的选择标准

地接社选择的成功，能给组团社降低业务成本、赢得良好的社会声誉，争取更强的竞争优势和更多的回头客；反之，地接社选择的失误，可能导致旅游者和组团社利益受到损害，使得组团社失去来之不易的客户。在地接社的选择上一般应掌握以下标准。

1. 地接社经营是否合法

组团社在选择地接社时，首先应该把握地接社是否具备以下基本条件：是否依法设立，是否具有法人资格，是否有文化与旅游行政主管部门颁发的旅行社业务经营许可证，是否上缴了国家规定的质量保证金，是否购买旅行社责任险，注册资本是多少，经营范围有哪些，旅行社的经营许可证期限多长，导游员是否持有中华人民共和国导游证等。

2. 地接社经营管理是否规范

一般说来，规模较大的旅行社在经营管理、资金、人才、承担风险等方面比规模小的旅行社更具优势，在旅游采购中更具备优惠条件，业务操作流程会更加先进、规范，承接大型旅游团队的综合实力更强，社会知名度也更高。

然而，在我国旅行社行业中真正规模很大的地接旅行社并不多见。中小型地接旅行社的数量占有绝对多数，且有的中小型地接旅行社经营灵活，业务精专，在价格、服务细节等方面有更大的商量空间，也是可以选择的合作对象。

3. 社会评价如何

在同行中，经常会听到某某旅行社的导游员服务欠热情、某某旅行社安排的旅游车老旧、某某旅行社预订的饭店偏远等议论；在社会上，谈到某旅行社时，人们立即建议朋友不能找该旅行社安排旅游，因为该旅行社不讲诚信，只在乎利润，等等。

存在以上说法的旅行社，社会声誉较差，不是我们选择的对象。所以，选择地接社时，可以通过其他组团社、当地文化与旅游行政管理部门、旅行社协会或者当地朋友等渠道了解该地接社的社会声誉，作为是否选择的依据。

4. 报价是否合理

针对具体的团队，组团计调员有时会选择旅游目的地的几家地接社进行报价，然后进行详细比较，在其他条件相差不大的情况下，通常会选择报价有优势的地接社，从而完成对异地接待服务的采购。当然，地接社的报价也不是越低越好，还是要综合考虑性价比。

（二）选择地接社的信息渠道

组团社计调员可以通过以下途径了解地接社及其相关信息。

1. 参加旅游交易会

各级文化与旅游行政管理部门或社会团体，在每年都组织规模不等的旅游交易会。组团社计调员应积极参加旅游交易会，与旅游目的地的地接社交流沟通，获取更多的当地地接社的相关信息，从而为将来地接社选择奠定基础。

2. 同业杂志

目前，各省市旅行社都会定期收到免费赠阅的同业杂志，杂志内容主要是同业旅行社、旅游供应商及旅游批发商的最新产品介绍。组团计调员可以通过类似期刊获得所需要的合作伙伴。

3. 同业平台

目前，在同业网络平台上，既有组团社发布的产品信息，也有地接社发布的产品信息，组团社计调员也可以通过同业平台寻找合作地接社。

4. 办事处或地接社分社

现在，不少规模较大的旅游目的地地接社会在主要客源城市建立办事处甚至设立分社，从事联系组团社和包机业务。组团社计调员可以通过这些办事处和分社详细了解地接社经营管理情况和接待服务能力。

5. 实地考察

在旅游淡季，组团社领导带领计调员到旅游目的地进行实地考察，到各家以地接业务为主的旅行社走访，与地接社的有关领导和计调员进行交谈，然后对当地的地接社进行比较分析，挑选出比较符合自己意愿的地接社建立合作关系。有些旅游目的地旅游主管部门和行业协会也会邀请重要客源地组团社领导和计调员到当地考察、踩线，这也是与地接社建立联系的有效途径。

6. 同行或者朋友推荐

组团社计调员也可以通过同行或者朋友推荐地接社。通过这种途径联系的地接社，因同行合作伙伴或朋友的关系，一般讲究信誉，重视服务质量，可在较短时间内建立起较好的合作关系。

（三）组团社（组团计调员）与地接社（地接计调员）相关的业务操作

1. 组团社给地接社预报接待计划

国内组团计调员在与客户沟通交流的过程中，要详细记录客户提出的各种要求，明确客户出游的目的和要求。如果有疑问，要及时跟客户沟通。

组团计调员将客户旅游目的、要求和接待标准进行详细整理，以传真的形式发给地接社（见示范材料3-1），同时与地接社进行电话沟通，并要求地接社以最快速度回复。

☞ **示范材料 3-1**

组团社发给地接社的预报传真接待计划

上海 A 旅行社：

我社组织的 2023—D20 团一行 48＋1 人于 2023 年 9 月 10 日乘 ×× 飞往上海；参观游览包括上海世博园在内的代表性景点。9 月 12 日离开上海飞往北京。客人餐标为：100 元/人/天；住宿标准为：全程挂牌三星酒店（双标间）。另，9 月 12 日上海—北京机票由贵社代出，请贵社做出具体行程并报价，谢谢！

祝：生意兴隆！

济南 B 旅行社

计调部：××

2023 年 × 月 × 日

2. 地接社给组团社做出的具体行程和报价

组团社计调员在收到地接社发来的行程及报价后，应该在最短的时间内对行程和报价进行分析。对于旅游行程及报价中存在的有异议的细节性问题，组团计调员要及时、认真地与地接计调员商谈、沟通（见示范材料3-2）。

☞ **示范材料 3-2**

地接社给组团社的书面传真回复

济南 B 旅行社计调部 ×× 女士：

您好！贵社发来的 2023—D20 团一行 48＋1 人传真已经收到，9 月 12 日的上海飞北京机票已协调好，根据贵社的要求，我们将尽快做好行程和分项报价，随后一同发给贵社。

谢谢关照！

上海 A 旅行社

计调部：××

2023 年 9 月 3 日

3. 组团社给客人做出行程和报价

国内组团社计调员仔细研究地接社做出的具体行程和报价，确认无误并双方达成一致后，组团社在地接社当地行程和报价的基础上，结合行程、自身费用及利润应迅速整理出对客行程和对客报价。

4. 组团社与客人再度商谈行程及报价并进行完善

通常情况下，客户将联系两家以上的旅行社分别做出行程和报价，然后对行程和报价进行详细地比较、权衡，最后选择一家比较满意的旅行社，跟此旅行社商谈具体操作事宜。

被选中的旅行社就旅游相关事宜跟客户再度沟通，对行程、报价进行细化、修改、完善。同时，就修改内容的合理性与可行性与地接社沟通。如果有疑问，必须及时告知客户。最终做出符合客户要求的行程和报价。如果最终方案涉及行程安排和费用的变化，组团社和地接社还需要再进行确认。

5. 组团社与地接社签订委托合同

在组团社和客户达成交易后，组团社计调员就应当和地接社签订委托合同（协议）（见示范材料3-3）。

☞ 示范材料 3-3

组团社与地接社就国内旅游团队接待事宜签订的委托合同

组团旅行社＿＿＿＿×××× ＿＿＿＿（以下简称甲方）

系依照中华人民共和国法律设立的法人，依法享有组织中国公民旅游的经营权。

地址设在 ×××× 法人代表 ×××× 电话 ××××

营业执照注册号 ×××× 旅行社业务经营许可证号 ××××

地接旅行社 ××××（以下简称乙方）

系依照中华人民共和国法律设立的法人，依法享有组织接待中国公民旅游的经营权。

地址设在 ×××× 法人代表 ×××× 电话 ××××

营业执照注册号 ×××× 旅行社业务经营许可证号 ××××

甲乙双方为保证旅游团（者）的服务质量，维护旅游者及合作双方的正当权益，发展共同事业，在相互信赖及友好合作基础上，就双方的权利义务和业务开展事宜达成如下协议：

一、旅游内容约定

1. 甲方将自组旅游团（者）（以下简称旅游者）业务交给乙方负责安排接待，乙方同意按照甲方提出的接待标准来安排旅游者的旅行游览活动。

2. 乙方应及时向甲方提供符合要求的行程及报价，具体行程安排及标准费用详见《旅游行程计划说明书》。

3. 乙方应保证服务内容和质量，保证旅游者的安全，并接受甲方的质量监督。

4. 甲方在跟客人签订旅游合同之后，应该以最快的速度以书面传真形式向乙方提供最终的《旅游行程计划说明书》，并同时注明：①接待标准；②行程安排；③旅游者人数；④所需房间数；⑤到达接待地的航班或车次；⑥其他甲方认为必需的条件。乙方应当在接到甲方《旅游行程计划说明书》传真件之日起 1 天内予以确认。

二、旅游费用结算

据《旅行社条例》规定甲方应在发团日前或团队离开前，将全部旅游费用结清给乙方。旅游费用的具体结算方式由甲乙双方根据客人实际情况具体约定。

三、甲方义务

1. 甲方应确保所提供给乙方的相关资料的准确性、真实性、有效性。就《旅游行程计划说明书》事项告知旅游团（者），并签订组团合同。

2. 甲方有义务协助、配合乙方共同解决旅游行程中可能出现的突发事件。

3. 如因国家价格政策调整或特殊原因造成的可能变动双方事先确认的价格时，所超出的费用由旅游者自理并按规定补交差额，乙方不承担此费用，甲方有义务配合乙方告知旅游者。

四、乙方义务

1. 乙方应当认真执行国家旅游局颁布实施的《旅行社条例》。有义务为旅游者提供有证导游和有国家认可资质的安全完备的旅游设施等条件，以保障旅游者的人身及财产安全。

2. 乙方有义务使甲方及甲方的旅游者知晓乙方旅游地区的民风民俗、有关规定及注意事项。

3. 乙方导游不得在《旅游行程计划说明书》规定外擅自增加购物点。乙方导游不得诱导旅游者涉足色情赌毒场所，不得强迫旅游者参与除行程内推荐介绍的自费项目以外的其他自费项目。

五、违约责任

1. 如因甲方原因造成旅游团（者）延误、更改、取消的，由此产生的经济损失及法律责任由甲方承担。

2. 乙方应按照双方确认的行程安排和接待标准为旅游者提供服务。如造成损失的，按照国家有关规定赔偿。

六、损害赔偿

1. 旅游者因自身原因受损害或违反当地政府的法律法规的，乙方应当立即通知甲方，并协助妥善处理。由此产生的一切责任由旅游者自行承担。

2. 旅游者在旅游过程中因非自身原因导致人身意外伤害或财物损害的，如属于乙方责任的，乙方应在当地及时为旅游者处理解决，并承担相应的赔偿责任。如不属于乙方责任的，乙方应尽人道主义义务协助在事发地处理解决好相关问题。

3. 因不可抗力因素造成旅游者人身伤害或财产损害的，甲乙双方均不承担任何责任。但应在事发后尽量采取补救措施，使损失减轻到最低程度。

七、合同附件

1. 甲乙双方均应提供合法有效的企业营业执照、经营许可证、当地旅游责任险保单复印件及其他相关材料等作为本合同的附件。

2. 《旅游行程计划说明书》原件及传真确认件作为本合同不可分割组成部分，与合同一并具有同等法律效力。

八、争议解决

1. 本合同未尽事宜，双方可共同协商达成补充协议解决。协商不成，可提交人民法院诉讼解决。

2. 与本合同相关而产生的一切争议均受我国法律的管辖。

九、合同期限

本合同期限自_年_月_日起至_年_月_日止。

十、合同效力

本合同一式两份，双方各执一份（传真件有效），对双方均有约束力。本合同自签字盖章之日起生效。

甲方：（旅行社合同专用章）　　　乙方：（旅行社合同专用章）

示范材料 3-4-1

组团社发给地接社的重要更改

上海A旅行社计调部××女士：

您好！我社组织的2023—D20团一行48＋1人，有三位客人（甲，证件号：××××××；乙，证件号：××××××；丙，证件号：××××××）因故不能前往，所以上海/北京共出45＋1张机票即可。请回复确认。

济南B旅行社

计调部：××

2023年9月5日

示范材料 3-4-2

地接社就重要更改回复组团社的传真

济南B旅行社××女士：

您好！传真收到，已经减掉三位客人的机票，现在我们已出45＋1张。请放心。

上海A旅行社

计调部：××

2023年9月5日

（备注：由于智能手机的广泛应用，现在使用传真机的时候已经越来越少了。大多数旅行社有业务联系的人员会互加微信，很多时候往来确认不再使用传真而是直接在微信里留言或传函件照片来确认。面对这种情况，旅行社应当与时俱进，因势利导，让计调员将往来确认的微信页面截图上传，作为已经确认的凭据。）

五、协调国内大交通票据

旅游是一种异地活动，交通承担着旅游者空间位移的任务。因此，安全、舒适、便捷、经济是旅行社采购交通时需要考量的因素。国内组团社计调员所协调的国内旅游者大交通票据主要是指从客源地到旅游目的地的交通票据。一般情况下,国内大交通票包括三种,即飞机票、火车票、船票。

国内组团社计调员应熟悉交通知识,跟航空、铁路、船运及公路等交通部门保持良好的合作关系,必要时应该签订年度合作协议。

如果是单位团队,在客户选定并认可本旅行社产品及报价后,如果是散客团队,在旅行社产品销售达到成团要求后,计调员应该根据旅游产品设计时的标准协调旅游大交通工具,以最快的速度预订并及时拿到交通票据。对于旅游旺季的产品,计调员在设计完成后就要提前预订大交通票,业内俗称"切位";必要时,旅行社甚至会独家或联合其他旅行社进行包机,以达到确保机位充足和提高竞争能力的目的。

六、指导国内旅游合同签订

对于单位团队,国内组团计调员根据客户确认的最终行程和报价,亲自或者指导销售员跟客人签订国内旅游合同;如果是销售员跟客人签订旅游合同,国内组团计调员要把行程安排、集合方式(时间、地点)、注意事项、预付款比例、余款交付时间、提醒客户购买旅游意外保险等事项向销售员讲解清楚。

示范材料 3-5

《国内旅游组团合同(示范文本)》
国内旅游组团合同说明

本合同示范文本系根据《中华人民共和国民法典》和《旅行社条例》等有关法律、法规,参照原国家旅游局、原国家工商总局《中国公民出境旅游合同范本》制定,一经签订对签约双方当事人具有约束力。旅游者在签订合同前请仔细阅读以下合同说明,该说明为合同的组成部分。

一、报名与参团

1. 旅游者参加旅游应选择具有旅游行政管理部门核发的《旅行社业务经营许可证》的旅行社。《旅行社业务经营许可证》上的营业地址与合同中的旅行社营业地址应当一致。出发前应当与旅行社签订书面合同,交纳旅游费用后要求旅行社开具由济南市税务局印制的发票。合同从签订之日起生效,至本次旅游的旅游者离开旅行社安排的交通工具时结束。

2. 旅游者或旅游者的委托人与旅行社签订合同和填写各种报名资料时,内容要真实、准确,并自行携带有效的身份证件以备查验。旅游者提供的电话或传真须是经常使用或能够及时联系到的,否则旅行社联系不到旅游者的,不承担由此产生的损失。

3. 旅行社收取的团费中不包括个人意外保险,旅游者可自主选择购买人身意外保险。

4. 老人、军人、儿童等特殊人群的收费标准由旅游者、旅行社根据游览景点优惠、服务标准的不同协商约定。约定之外增加的费用应由旅游者自负,减少的费用应由旅行社退还旅游者。持相关特殊证件的旅游者应提前告知旅行社。

5. 旅游者应按旅行社规定的时间、地点准时到达集合地点。旅游者未准时到达集合地点,也未能在行程中途加入旅游团的,视为旅游者自愿解除合同,旅行社可按照本合同约定要求赔偿。约定不派全陪的,旅行社出发前应告知旅游者旅游目的地的具体接洽办法。

6. 旅行社收取的团款中所列门票指旅游景点的第一道门票费。其他游览项目及收费标准由双方另行约定。

7. 旅游者与旅行社签订合同后,应当按照约定履行合同。旅游者本人如不能成行,可以在与旅行社协商同意后让他人代为履行合同,因代为履行合同增加的费用,由旅游者支付。

二、违约处理原则

1. 旅行社因故意或过失未达到合同所规定的内容或未达到国家行业标准而造成旅游者直接经济损失的,旅行社应当赔偿损失。旅游者违反合同规定,对其自身的损失责任自负;给旅行社造成的损失应承担赔偿责任。

2. 旅行社在旅游质量问题发生前后已采取下列措施的或具备下列情形的,应减轻或免除责任:

a. 对安全状况已给予充分说明、提醒、劝诫、警告或事先说明的,并已采取了防止危害发生的必要措施的;

b. 发生的违约问题属非故意、非过失、非自身原因或无法预知和控制,并已采取了预防措施的;

c. 质量问题发生后,旅行社积极主动采取了善后处理措施补救的;

d. 质量问题的发生是全部或部分由于旅游者自身的过错造成的。

3. 一方违约后,另一方应当采取适当的措施防止损失扩大;没有采取适当措施致使损失扩大的,不得就扩大的损失要求赔偿。

三、不可抗力问题

旅游者、旅行社双方签订合同后,因不可抗力原因不能履行或变更合同的,部分或者全部免除责任,但法律另有规定的除外。

四、中途离团或弃团问题

旅游者应当遵守团队纪律,配合导游完成旅游活动。旅游者在旅程中未经旅行社同意自行离团不归的,视为单方解除合同,不能要求旅行社退还旅游费用。途中旅游者因伤病无法继续旅行,且持有医院诊断证明,旅行社应将未发生费用退还旅游者。因旅行社原因,造成途中旅游者无人负责,或导游擅自离开旅游团队,旅行社应承担旅游者滞留期间所支出的食宿费等直接费用,退还未旅游项目的费用,并赔偿未旅游项目费用一倍的违约金。

五、交通问题

航班、列车时刻应当以民航、铁道部门的批准时间为准。合同签订后,交通费如遇政府调整票价,该费用的退补,依照《民法典》第五百一十三条办理。因非归责于旅行社方面的原因,造成飞机、火车等航班改点、延误,或旅游者在搭乘飞机、轮船、火车、长途汽车、地铁、索道、公共交通等运输工具时受到人身伤害和财产损失的,旅行社应协助旅游者向提供上述服务的经营者追索赔偿。

六、财物保管问题

旅游者应妥善保管好随身携带的财物，以免损坏或遗失。事先未与旅行社签订保管协议或未听从旅行社警示、提醒而丢失的，旅游者自行承担责任。

七、旅游者的权利

旅游者在旅游过程中，有权监督导游人员佩证上岗；有权要求导游人员按旅游者和旅行社订立的合同内容和国家行业标准提供服务；有权得到对旅游过程中可能危及旅游者人身安全、财产安全情况的事先说明或者明确警示；旅游者认为旅行社未按旅游合同标准提供服务并对旅游者造成损失的，有权要求得到赔偿；旅游者的人格尊严、民族风俗习惯应受尊重。

八、旅游者的义务

1. 遵守国家和地方的法律及有关规定，旅游者不得在旅游过程中从事违法活动。

2. 不得侵害他人的权利和利益，旅游者在行使权利时，不得损害国家、社会、集体的利益和他人的合法权益。

3. 遵守公共秩序，尊重社会公德，旅游者应当尊重旅游服务人员的人格，与团队人员之间互相尊重、互相协助；尊重当地的民族风俗习惯和风土人情；严禁在景观、建筑上乱刻乱画，不得有随地吐痰、乱扔垃圾等不文明行为。

4. 遵守合同约定，协助旅行社完成旅游服务。旅游者应当确保自身身体条件能够完成旅游活动，并对旅行社服务活动予以积极配合，不得以个人原因强迫旅行社改变旅游团队的行程或擅自离团活动。

5. 旅游过程中与旅行社发生纠纷，应当本着平等的原则协商解决或行程结束后通过合法的争议方式解决。旅游者不得以服务质量等问题为由，拒绝登机（车、船），或采取其他方式拖延行程，扩大影响及损失，以强迫旅行社接受其提出的条件。

济南市国内旅游组团合同（以示范材料3-1为例签订合同）

合同编号：××××；

甲方：C单位等48人（旅游者）；

姓名：××，性别：×，身份证号×；

姓名：××，性别：×，身份证号×。

……

乙方：B旅行社（旅行社）；

经营范围：国内旅游和入境旅游招徕、组织、接待业务；

营业地址：××××；

联系电话：××××；

旅行社业务经营许可证编号：××××。

甲方自愿购买乙方所销售的旅游产品。为保证旅游服务质量，明确双方的权利、义务，本着平等协商的原则，现就有关事宜达成如下协议：

一、旅游时间

2023年9月10日至2023年9月12日，共3天2夜，行程中的在途时间包含在内。

二、旅游出发时间地点、目的地及返回时间地点

1. 出发地：C 单位院内，出发时间：9 月 10 日 8:00，集合地点：C 单位院内；

2. 途经地：见旅游行程计划说明书；

3. 目的地：上海（详见旅游行程计划说明书）；

4. 返回时间：9 月 12 日下午，返回地点：北京。

三、地接旅行社（旅行目的地的接洽旅行社）

1. 地接旅行社名称：上海 A 旅行社；

2. 地址：××××；

3. 经营范围：××××；

4. 地接旅行社业务经营许可证编号：××××。

四、旅游安排及标准

1. 往返大交通：济南至上海和上海至北京机票；

2. 门票：所列景点第一大门票；

3. 地接车辆：当地空调旅游汽车；

4. 住宿：挂牌三星级酒店双标间（如出现单男单女，安排三人间或客人补齐房差）；

5. 供餐：2 早 5 正（正餐十人一桌，十菜一汤，不含酒水）；

6. 导游服务：提供全程持证导服。

五、游览项目内容及时间

详见旅游行程计划说明书。

六、自由活动的时间和次数

详见旅游行程计划说明书。

七、旅游费用及交纳方式

1. 成人旅游费用为 × 元（人民币）/人；年满 14 周岁的儿童按成人标准收费，未满 14 周岁的儿童双方协商收费 × 元（人民币）/人；对未按成人缴纳旅游费用的儿童不提供 ×、×、×、×；

共计 48 人 × 元（人民币）。（该费用为旅游者的基本交通、住宿、餐饮费用，不含以下费用：①非合同约定的行程发生的费用；②自费项目有关费用；③自由活动期间的费用；④行程中发生的旅游者个人费用，包括：交通工具上的非免费餐饮费；行李超重费；住宿期间的洗衣、电话、电报、饮料及酒类费用等。）

2. 付款方式：现付：√ 汇款：× 其他方式：×；

3. 签订本合同之日，甲方应预付人民币 × 元，余款应于出发前 × 日付讫（如甲方不能按照本合同约定的时间足额支付旅游费用，乙方有权解除合同并要求甲方支付因此给乙方造成的损失）。

八、购物次数、停留时间及购物场所的名称

无。

九、另行付费的游览项目及价格

无。

十、解除和变更合同的约定

（一）甲方解除合同

旅游者可以在旅游活动开始前通知旅行社解除本合同，但须承担旅行社已经为办理本次旅游支出的必要费用，并按如下标准支付违约金：

1. 在旅游开始前第 5 日（不含第 5 日当天）以前通知到乙方的，甲方应支付全部旅游费用的 ×%；

2. 在旅游开始前第 5 日至第 3 日（不含第 3 日当天）前通知到乙方的，甲方应支付全部旅游费用的 ×%；

3. 在旅游开始前第 3 日至第 1 日（不含第 1 日当天）前通知到乙方的，甲方应支付全部旅游费用的 ×%；

4. 在旅游开始前 1 日通知到乙方的，甲方应支付全部旅游费用的 ×%；

5. 在旅游开始日或开始后通知到乙方或未通知乙方而不参团的，甲方应支付全部旅游费用的 ×%。

（二）乙方解除合同

旅行社可以在旅游活动开始前通知旅游者解除本合同，并按如下标准支付违约金：

1. 在旅游开始前第 5 日（不含第 5 日当天）以前通知到甲方的，乙方支付全部旅游费用的 ×%；

2. 在旅游开始前第 5 日至第 3 日（不含第 3 日当天）前通知到甲方的，乙方支付全部旅游费用的 ×%；

3. 在旅游开始前第 3 日至第 1 日（不含第 1 日当天）前通知到甲方的，乙方支付全部旅游费用的 ×%；

4. 在旅游开始前 1 日通知到甲方的，乙方支付全部旅游费用的 ×%；

5. 在旅游开始日及以后通知到甲方的，乙方支付全部旅游费用的 ×%。

因旅游线路涉及的城市、景点发生社会动荡、恐怖活动、重大传染性疾病、自然灾害等有可能危及旅游者人身安全的情况，且双方又未能达成变更协议的，乙方可在出发前解除合同，旅游费用在扣除实际发生的费用后返还旅游者，乙方无须承担其他解除合同的责任。

（三）变更合同：双方可以协商更改合同约定，协商不成的按解除合同的约定履行，首先提出变更的一方承担违约责任。

行程中因不可抗力（自然灾害、政府行为等）或不可归责于旅行社的意外情况（天气变化、道路堵塞、列车航班晚点、重大礼宾活动等），导致无法按照约定的线路、交通、食宿安排等继续履行合同的，旅行社可以在征得团队内半数以上成员同意后对相应内容予以变更，但团队成员无法达成多数意见或因情况紧急无法征求意见时，由旅行社决定；因变更超出的费用由旅游者承担，节省的费用应当返还旅游者。

（四）乙方委托的第三方有违反本合同约定行为的，视同乙方违约，应当由乙方按照本合同约定向甲方承担违约责任。

（五）甲乙双方在履行合同的过程中按照各自的过错承担相应的责任。

十一、不能成团的约定

如报名参团的人数不足 × 人不能成团，乙方应于约定出发日 × 日前通知到甲方，并按以下方式解决：

1. 甲方 × （同意或者不同意，打钩无效）组团社在 × 个月之内延期出团；

2. 甲方 × （同意或者不同意，打钩无效）转 × 旅行社出团，若同意转团，乙方应与接受委托的旅行社签订委托协议，确定接待旅游者的各项服务安排及其标准，约定双方的权利、义务，增加或减少费用该如何承担等相关问题。同时，接受委托的旅行社应具备法律规定的相应资质；

3. 甲方 × （同意或者不同意，打钩无效）改为散客团，费用如有增减，由乙方退回或由甲方补足。

甲方如均不同意按前3项约定方式解决的，自乙方通知日起本合同解除，乙方退还甲方全部团款，乙方不承担违约责任。因乙方原因不能按前3项方式解决的，视为变更合同协商不成，按本合同第十条约定承担违约责任。

十二、其他约定

1. 打折机票不得改签、签转和退票；

2. 旅游意外险：甲方 × （同意或者不同意，打钩无效）委托乙方办理个人投保的旅游意外险；

3.《旅游行程计划说明书》经甲、乙双方签字作为合同附件，与合同具有同等法律效力。

十三、补充条款（如空格不够，可另附页）

1. 含旅行社责任险、旅游意外伤害险（客人自愿购买）；

2. 由于客人自身原因造成的损失，旅行社不承担责任；

3. 若出现客人人数减少，只退还客人未产生的费用。

十四、纠纷解决

本合同履行中发生争议，由双方协商解决；协商不成的可向合同签订地的旅游、工商、价格等有关部门申请调解解决。也可依法向旅行社所在地人民法院起诉。

本合同一式两份，自双方签字盖章之日起生效，签约双方各持一份。

甲方签字（盖章）：<u>C 单位</u>　　　　乙方签字（盖章）：<u>B 旅行社</u>

联系电话：××××　联系电话：××××

证件号码：××××　签约代表：××××

住　　址：××××　签约地点：××××

签约日期：2023 年 9 月 6 日

济南市旅游投诉电话：××××

济南市旅游市场监督电话：××××

电子邮箱：jnzj@jnta.gov.cn

济南市旅游监察大队监制

济南市旅行社协会印制

地　址：济南市历下区 ×××

邮　编：250101

附旅游行程计划说明书：

上海考察行程安排

一、行程

D1：济南乘飞机抵达上海虹桥。中餐后车游陆家嘴金融贸易区，登上海环球金融中心100层，俯瞰上海浦东浦西两岸风光、感受有上海城市名片之称的建筑群——"外滩"的风采（不少于2小时），之后逛"中华第一街"——南京路步行街（不少于2小时）。晚餐后，乘游船欣赏黄浦江两岸景色，品味夜上海的迷人魅力（不少于1小时）。

（含中餐、晚餐）住上海

D2：世博园一日游（平日普通票），晚餐后入住酒店休息。

（含早餐、中餐、晚餐）住上海

D3：早餐后上海老街豫园商城附近自由活动，中餐后送虹桥机场，乘坐飞机回北京。

（含早餐、中餐）

二、报价

×元/人

三、附加服务

1. 客人单位到济南机场的送机、上海虹桥机场接送机；
2. 赠送精美旅游帽一顶；
3. 每人每天三瓶矿泉水。

四、备注

1. 如在住宿方面出现单男单女，旅行社有权安排三人间或由客人补齐房差；
2. 以上行程在不减少景点的前提下，参观顺序可能互换；
3. 如遇不可抗力之原因造成景点取消等情况，旅行社只负责退还所向客人收取的实际门票等未发生的费用，但不承担由此造成的损失及责任；
4. 全程无购物（部分景区内设有购物场所，属于景区自行商业行为，均不属于我社安排购物店）。

七、选派全陪导游员

在出团过程中，全陪导游员的作用至关重要。全陪既要维护旅游者的利益，又要处理好跟地接社地陪之间的关系，同时还要协调旅游过程中所涉及的各个旅游供应商的关系。如果发生突发事件，全陪要参与处理，同时上报国内组团计调员。全陪应该具备热情友好、仔细、沉着、冷静、机智、勇敢、忘我等职业品质，要努力提供"想客人之所想，急客人之所急；想客人所没想，急客人所没急"的服务，争取把旅游过程中的事情处理到尽量完美的程度，从而提高出团质量，真正能够让旅游团队客人实现休闲、放松、幸福、快乐的出游目标。

一般情况下，散客团队是没有全陪导游服务项目的。单位旅游团队通常都安排全陪导游员。为提高出团质量，计调员必须熟悉导游情况，了解每个导游的年龄、外形、学历、性格、特点、责任心等情况，同时了解旅行社内导游的整体安排情况，以便针对客户做出最合适的导游选择。

全陪导游员的选派方法通常如下：

（1）国内组团计调员直接选派全陪导游员。

（2）国内组团计调员根据团队要求或者团队客人构成特点和出行的旅游目的地，认真考虑全陪人选，并将考虑好的选派全陪方案汇报给上级领导，领导同意后方可最后确定。

（3）计调部经理直接委派全陪导游员。

（4）在一些规模较大的旅行社，国内组团计调员要将团队情况汇报给接待部，由接待部门选派合适的全陪导游员。

（5）对于一些特殊旅游团队，存在总经理亲自选派全陪导游员的情况。

（6）某些VIP团队，总经理或者部门经理要亲自担任全陪导游员。

八、监控全程旅游服务质量

国内组团计调员跟客人签订旅游合同之时，就意味着旅游质量跟踪监控的开始。

国内组团计调员要跟导游员特别是全陪导游员保持密切联系，及时获知关于团队旅游的相关信息；要监督地接社是否按照合同要求提供相应的旅游服务，地接社是否真正为客人着想，把客人利益放在首位。

如果团队在旅游过程中遇到突发事件，组团社尤其是国内组团计调员要负责协调各个方面的关系，尽力排除困难因素，将突发事件处理到最好的程度，保证旅游活动的顺利进行；如果是天气、交通等不可抗力导致旅游活动中断或者旅游线路更改，组团社要跟地接社配合，主要由全陪和地陪出面，做好客人的思想工作，并按照有关规定及时处理索赔事宜，避免事态扩大扩散，造成不良影响。

➡ "计调事"分享

国内组团计调员的团队质量监控

[事实] 某市A旅行社组团计调员把32人的旅游团队交给北京B旅行社接待。A旅行社组团计调员跟北京地接计调员就团队旅游中的注意事项和行程安排进行了详细的沟通说明，双方意见达成一致，签订了旅游合作合同。

团队到达北京后，地陪和全陪核对行程，发现两个人的行程内容有差异。全陪导游员和客人所携带的行程中"人民大会堂"是游览，而地陪导游员所携带的行程中"人民大会堂"是外观。全陪导游员从客人的利益出发，坚持游览"人民大会堂"，不能外观，地陪导游员却回答"人民大会堂"只能外观。协调不成，利用客人在天安门广场自由活动的时间，全陪导游员跟自己旅行社的计调员通话，告知了情况。经组团计调员核实后发现，是地接计调员给地陪导游员的行程出现了失误，组团社和地接社所签订的旅游合作合同后所附的行程中"人民大会堂"也是游览。

组团计调员立即与地接计调员进行了联系，为避免发生旅游纠纷，地接计调员立刻电话告知地陪导游员，要带领团队游览"人民大会堂"。发生的门票费用由地接计调员自己承担。

[启示] 以上事件是地接计调员的工作失误造成的，与组团计调员没有关系。但是事情发生后，导游员以较快的速度与计调员进行了沟通，组团计调员认真负责，很快找出了问题的关键所在，并要求地接计调员纠正错误，按照合同规定的行程进行旅游活动。最终在客人不知晓的情况下，问题得到解决，没有造成不良影响。可见，旅游过程中组团计调员的质量监控是其工作中非常重要的工作之一。

九、审核账目，结清有关团队费用

（一）有全陪服务的单位团队费用结算

此类团队旅游活动结束后，一方面全陪导游员要将出团过程中的花费明细列出，填好报账单，请组团计调员审核账目，如果审核通过，按照财务规定，各级领导签字，最后到财务报账；另一方面，国内组团计调员与出团单位的相关负责人核对账单，结清余款；再者，地接社会尽快将接待花费明细即团队收款账单传真给组团社，国内组团计调员要仔细审核地接社的每项花费，并与全陪导游员交换意见，本着实事求是的原则，请财务部门按时汇款给地接社，与地接社结清团款。

（二）没有全陪服务的单位团队费用结算

如果单位团队没有安排全陪服务，那么领队就担当全陪角色，团队行程结束后，领队将合同之外的花费统计清楚，与组团社协商结账和开发票事宜，最后结清团款。

（三）散客拼团费用结算

一方面，直接收客的专线旅行社和同业旅行社，在国内组团计调员与客人签订出游合同时，收齐所有旅游费用，上交财务；如果客人在旅游过程中产生新的费用或者个别项目没有消费，组团计调员要根据实际情况，在客人结束旅游活动后跟客人结清账目。另一方面，同业旅行社和专线旅行社之间要结清相关费用。再者，专线组团社和地接社之间结算相关费用。当旅游活动结束，客人返回常住地之前，地接社的地陪导游员发给每位客人一张"团队质量反馈意见表"，客人根据实际的接待质量真实填写表格中的栏目，地接社将客人所填写的"团队质量反馈意见表"传真给专线组团社，同时组团社也会直接向客人征求意见和建议，确保没有接待质量问题后，将剩余团款电汇到地接社的账户。

十、回访并维护客户

我国旅行社业发展迅速，旅行社的规模和数量急剧增加，旅行社的利润到了"薄利"甚至"微利"时代。在客源竞争激烈的环境中，客户尤其是忠诚客户是组团社生存和发展的源泉和保障。如何跟客户建立持久长远的双赢关系，是组团旅行社的首要工作。

（一）回访客户

旅游活动结束后，组团计调员根据其与全陪导游员沟通的情况，结合"团队质量反馈表"，了解旅游者对旅游活动的整体评价，然后在合理的时间进行客户回访，诚恳希望领队和团队客人给旅行社的工作提出宝贵的意见或者建议，以便在今后工作中更好地提高，感谢客人对旅行社的信任，表达愿意再次为客人提供服务的愿望。

组团社对客户的回访通常由专人负责，一般客户回访工作，基本是由国内组团计调员进行；对于重要的或者特殊的客户，除了组团计调员的普通回访之外，旅行社的主要领导要亲自回访甚至登门拜访。回访不仅体现出旅行社的工作诚意和重视，更多的是体现出对客户的高度尊重。

（二）维护客户

怎样维护客户留住客户，是组团社一项重要而艰巨的任务。在维护客户方面，旅行社应主要做好以下几个方面：

（1）尊重客户，真诚待人。尊重是起码的社会公德，人与人之间应互相尊重，所以，国内组团计调员对客人应尊重为先。其次，真诚才能将业务关系维持长久。同客户交往，一定要树立良好形象，"以诚待人"，这是中华民族几千年来的古训。以客户满意为目标调整工作，广泛征求客户意见，考虑其经济利益，处理客户运作中的难点问题，取得客户的信任，从而产生更深层次的合作。

（2）抓住关键大客户。旅行社可以将客户分为一般客户和大客户。大客户虽然在所有客户中所占的比例较小，但给旅行社带来的利润却非常大。为此，国内组团计调员要像对待新客户一样重视老客户的利益，想方设法将客户的满意度转化为持久的忠诚度，把与客户建立长期关系作为旅行社发展的目标。

出色的组团计调员会记住客户的生日、家庭成员的生日以及他们的住址电话等。应像建立大客户资料一样，对重点单位关键人的各方面资料作统计、研究，分析喜好。在客户生日或者公共传统节日之际，邮寄生日贺卡或者节日祝贺卡，客户会感激你的重视，这是巩固客户关系的重要手段之一。

（3）业务以质量取胜。没有质量的业务是不能长久的。过硬的服务质量，是每项工作的前提。这要求充分理解客户需求，以良好的服务质量、业务水平满足客户，实现质量和旅行社利润的统一。

（4）加强沟通，建立朋友关系，做好售后服务。只有同客户建立良好的人际关系，才能博取信任，为业务良性发展奠定坚实的基础。当然想让客人成为你的永久忠诚的客户，一定要做好售后服务工作。

十一、资料建档

旅游团队结束后，组团计调员要将收集到的信息进行严格的筛选，录入电脑进行整理和分析，设计合理的数据分析系统和程序，从中寻找规律，尤其注重发现典型事例。

此外，还需要建立顾客及合作单位（民航、铁路、饭店、汽车公司、旅游景点、餐厅、定点商店等）档案，有必要对合作单位进行全面的统计和分析，看看本旅行社在一定时期内，给合作单位输送了多少客源，为今后能争取到更为优惠的价格提供依据。

将各种资料分门别类归档，其中建立客户档案为重中之重。

建立客户档案是客户管理的基础。目前客户管理档案的建立主要有两种方式：一是通过电脑办公软件进行；另一种是通过引进大的客户管理系统，如CRM、Call Center等进行。

通过电脑办公软件进行客户档案管理的管理成本很低，适合中小型旅行社；通过引进大的客户管理系统进行的客户档案管理，投入成本较大，一般适合大型的旅行社。

（一）散客客户档案管理的主要内容

（1）客户的姓名、性别、生日、工作单位名称、职务、通信方式（电话、传真、电子邮箱、QQ等）、通信地址、个人喜好等。

（2）客户对旅行社的选择标准和条件。

（3）客户在本旅行社的参团记录。

（4）通过日常沟通，了解客户的未来出游计划和意向。

（5）设计能够吸引客户的旅行社产品，通过各种渠道跟客户交流，看客户的购买情况，并记录成功率。

（二）单位大客户档案管理的主要内容

（1）单位大客户的单位名称、单位性质、单位地址。

（2）单位大客户的联系人资料。单位出游一般有专门的部门负责跟旅行社联系，如单位的办公室、工会等部门。相关旅游联系部门负责人的信息，如负责人姓名、手机号码、座机电话等，都要记录在档案中。

（3）对单位大客户分管旅游的上层领导的信息资料，如姓名、性别、联系电话等做好管理。

（4）日常沟通次数和沟通方式，所了解到的大客户的出游信息来源和未来出游计划和意向。

（5）对大客户提出相对长远的出游计划，设计出特色的旅行社产品，通过各种渠道跟客户交流，看客户的购买情况，并记录成功率。

（6）日常维护大客户的方式和方法。

十二、完善总结

在每次的旅游活动全部结束以后，组团计调员都应及时总结旅游活动过程中的经验教训，正确看待并有效处理旅游者对旅游线路产品所提出的意见或者建议（见示范材料3-8），以此来提高自己的思想认识、专业知识和业务技能，进而使得旅游产品更好地满足市场需求，使行前、行中、行后的各个环节的服务更加完善，使已有的市场能得到巩固，同时赢得更多的客户。当然，总结的信息来源也不仅是《团队接待服务质量意见表》（《顾客意见反馈表》），导游日志、客户回访记录甚至旅游者投诉都应当进行总结分析，以求做到"兼听则明"。

示范材料 3-6

国内组团示范材料

团队确认件

To:	张家界××		收件人：***		电话：		传真：	
FROM:	山东××旅行社		发件人：***		电话：		传真：	

我社团号：	P-GH-220801-1	抵离日期：	2023-08-01—2023-08-05	人　数：	10大3小
儿童	未满6周岁3人	导　游：		全陪：	无
客人类型：	家庭亲子游	客源地：	山东 济南	结算币种：	人民币
旅游线路：	张家界＋凤凰古城 13人VIP小包团			
出发交通	飞机	济南－张家界	回程交通	高铁	凤凰古城高铁站－长沙××次
特殊要求：					

客人姓名	证件号	手机	客人姓名	证件号	手机
另附	13人盖章名单表				

序号	类别	项目	单价	人数	数量	金额	小计
1	包价		3500	13	1	45500	45500
合计	应收团款	45500元			预付款：0元		
	余额	人民币：45500（大写肆万伍仟伍佰元整）				

日期	交通	8月1号13人小包团	早	午	晚	酒店
08-01	飞机	济南乘坐飞机抵达张家界，司机接站 送入酒店休息。	×	×	×	张家界戴斯酒店
08-02	汽车	早餐后游览天门山森林公园－玻璃栈道（含景区门票＋赠送索道环保车鞋套等） 下午游览黄龙洞景区（含门票），晚上前往武陵源 入住酒店休息。	√	×	×	武陵源清和锦江
08-03	汽车	张家界森林公园深度游览（含门票＋景区环保车/百龙天梯等小交通，参观天子山、袁家界、金鞭溪），观看魅力湘西晚会。	√	×	×	武陵源清和锦江
08-04	汽车	早餐后，前往猛洞河景区 漂流2~3个小时，下午前往凤凰古城，晚上夜游沱江夜景 江边观看湘见沱江，晚上酒店休息。	√	×	×	凤凰最湘西
08-05	高铁	中午12点前往凤凰古城高铁站，乘坐高铁前往长沙，结束行程。	√	×	×	无

服务标准	餐：早餐酒店赠送，全程不含正餐，导游推荐社会餐厅，客人自行点餐，费用自理。 住宿：戴斯酒店＋武陵源清和锦江挂五酒店＋最湘西酒店 全程5个双人标准间。 用车：17座空调旅游车 导游：1名地接导游（请安排路线熟悉，讲解及服务好的导游） 门票：所列第一景点大门票＋景区必乘小交通费用。 备注：司机及导游餐补，总团费中已经包含，客人无需另付费。

请 签字 盖章 回执确认，谢谢！

公　司（盖章）	山东××旅行社	公　司	张家界××
确认人：	××	确认人：	××
日　期：	2023-07-28	日　期：	2023-07-28

☞ 示范材料 3-7

省内组团示范材料

2023 年景区团体预订单

预定出游日期：2023 年 7 月 28 日	单位名称：山东××旅行社（盖章）
预定人数：40 人	车牌号：鲁××
导游	姓名：××　电话：××
购买种类：套票	包含项目：海驴岛＋成山头
行程安排	7 月 28 日上午海驴岛、下午成山头
付款方式：导游现付	发票名称：山东旅行社国际旅游有限公司
旅行社联系人	姓名：××　电话：××
备注	

山东××旅行社
2023 年 7 月 25 日

刘公岛＋海驴岛＋成山头＋那香海＋东墩村
团建活动方案

时间：2023 年 7 月 26 日—29 日，来回 4 天

人数：40 人　　　　地点：威海

日程安排：

日期	行程路线	餐/住
第一天 7.26	济南西—威海—刘公岛 07：00 西客站集合，乘高铁济南西—威海。 威海接站后用中餐。 下午：乘船进岛，游览【刘公岛】：刘公岛不仅是中日甲午战争纪念地，还是爱国主义教育基地，素有"东隅屏藩""不沉的战舰""海上仙山"之称。参观岛上甲午海战纪念馆。 乘坐【往返索道】，览刘公岛风貌。 乘船出岛，办理入住，单位聚餐。	含中餐 住威海百纳瑞汀酒店
第二天 7.27	威海市区—倪氏海泰酒店（车程约 1 小时） 早餐后 9：30 退房，出发。 上午：游览【威海环海路】沿线公园，根据停车场情况下车游览。海源公园—伴月湾—猫头山—喂海公园等。 环海路是威海极具特色的一道亮丽的风景线，到了环海路，才算看到了最自然的威海。蜿蜒的海岸线，像一条墨色的飘带。 13：00 威海用中餐。 中餐后乘车赴荣成倪氏海泰酒店（车程约 1 小时）。根据酒店整理房间情况拿房卡，办理入住。 下午：自由开启懒人旅行，海水浴场自由活动。 晚餐：倪氏海泰酒店自理。	含早中餐 住荣成倪氏海泰酒店

续表

日期	行程路线	餐/住
第三天 7.28	荣成倪氏海泰酒店—西霞口海驴岛景区（车程约1小时）—成山头景区（车程约15分钟）—那香海（车程约40分钟）—荣成市区晚餐（车程约50分钟）—倪氏海泰酒店（车程约20分钟） 早餐后09:00出发乘车赴【海驴岛景区】，亲近海鸥，开启海岛环岛之旅。数以万计的黑尾鸥和黄嘴白鹭登岛繁衍，野生的斑海豹，鸥鹭漫天飞舞，此海驴岛被称为鸥鹭王国。开启海上寻鸥记，只要登上环岛游渔船，便会有一大群黑尾鸥追随而来，场面尤为壮观。成群鸥鹭在头顶飞旋，铺天盖地而来，既能饱览情趣盎然的海岛风光，又能亲手喂海鸥，感受海鸥在身边环绕的和谐之美。 【成山头景区】：中国海岸东极地，是胶东半岛伸向海洋的最深处，是中国邻海基准点之一，这里也是中国最早看到海上日出的地方。 【那香海】自由活动。那香海欧洲小镇，打卡那香海钻石沙滩，众多网红打卡点：守望者一号，香海花街，英伦蓝桥，网红摩天轮、文化艺术中心等。 用晚餐 晚餐后返回倪氏海泰酒店入住。	含早中晚餐 住荣成倪氏海泰酒店
第四天 7.29	荣成倪氏海泰酒店—东墩村（车程约30分钟）—荣成中餐（车程约40分钟）—荣成火车站（车程约20分钟）—济南站 早餐后09:00出发乘车赴【东墩村】：东墩村的百年海草房，用原始石块或砖石块混合垒起的屋墙上，有着高高隆起的屋脊，屋脊上面是质感蓬松、绷着渔网的奇妙屋顶。走进东墩村，就可以看到这些以石为墙，海草为顶，外观古朴厚拙，极具地方特色，宛如童话世界中草屋的民居。自由参观【谷牧旧居】（无门票，不含讲解员）。 荣成用中餐。 中餐后 乘动车荣成—济南，结束愉快行程。	含早中餐

项目	详细	备注
火车票	往返高铁/动车二等座	
车费	全程50座空调旅游车1辆	
餐费	3个早餐，酒店房费中赠送；含5个正餐×500元/桌标准×4桌 旅游团队餐，桌餐，10人1桌 （不含第一天晚餐聚餐及第二天晚餐）	
住宿	威海百纳瑞汀酒店（非面海房）双标间×1晚 荣成倪氏海泰酒店海景房 双标间×2晚 以上房费均不含单房差，含双早餐	
门票	团体优惠票，包含以下景点第一大门票： 刘公岛（非周末）+刘公岛往返索道+成山头+海驴岛海上环游往返船票	
导游	含济南往返全程导游服务	
保险	旅游人身意外险每人一份	
赠送	每人每天2瓶农夫山泉矿泉水	
合计团费	元	
备注	不含荣成倪氏海泰酒店瀛之汤温泉门票；不含景区内小门票、娱乐项目等费用 因天气或其他不可抗力因素，在不减少景点的情况下，以上行程顺序可能会有所调整	

续表

项目	详细	备注
备注	以上团费未包含济南市区—西客站的接送 以上团费按至少40人用50座车平摊车费及导游费、服务费核算价格。若人数减少，人均均摊费用××元不退（车费、导游费、综合服务费），并承担相应的房费损失及火车票退票损失	

感谢支持！

山东××旅行社
2023年7月12日

订房确认件

To：荣成倪氏海泰酒店×经理　　电话：××

我社0726威海四日游团队订房信息如下，请落实好细节并签字盖章确认！

入住时间：2023年7月27日

退房时间：2023年7月29日

入住天数：2晚

房间类型：全部海景房

房间数量：15间双人标准间、5间大床房

价格：740元/间含自助双早×20间

定金：7月5日已付1000元，前台结算时抵团费。

人数：40人

导游：提前一天告知导游信息。

备注：（1）请贵酒店提前预留53座大巴车车位！

　　　（2）请额外多预留出3个双人标准间备用。

付款方式：导游前台现付，刷卡，房间价格包含开具增值税普票。

旅行社负责人：××　　电话：××

谢谢！请盖章签字确认！

合作愉快！

山东××旅行社
2023年7月9日

订房确认件

To：威海百纳瑞汀大酒店（挂四星）×经理　　电话：××

我社0726威海四日游团队订房信息如下，请落实好细节并签字盖章确认！

入住时间：2023 年 7 月 26 日

退房时间：2023 年 7 月 27 日

房间类型：B 座风雅房间

房间数量：16 间双人标准间、5 间大床房

价格：480 元/间含自助双早*21 间

人数：40 人

导游：提前一天告知导游信息。

备注：（1）请提前预留 50 座大巴车位！
　　　（2）请额外多预留出 3 个双人标准间备用。

付款方式：导游前台现付，刷卡，房间价格包含开具增值税普票。

旅行社负责人：×× 　　电话：××

谢谢！请盖章签字确认！

合作愉快！

山东××旅行社
2023 年 7 月 9 日

订车确认单

TO：威海×车队　×经理　　　电话：××

我社 0726 威海四日游团队订车信息及日程安排如下，请落实好细节并签字盖章确认！

路线：刘公岛＋海驴岛＋成山头＋那香海＋东墩村 4 天（含接送高铁站）

时间：2023 年 7 月 26 日–29 日 4 天

车型：50 座，2 年内新车

车费：4800 元/辆（全含）。如果不含餐，另给司机餐补 30 元/餐。

要求：车辆各种手续齐备，保险齐全；请司机保持车辆干净卫生，对该团路线熟悉，服务态度好。谢谢！

旅行社负责人：×× 　　电话：××

日程安排：

日期	行程路线	餐/住
第一天 7.26	威海站—中餐—刘公岛 11：25 威海站接高铁。 接站后用中餐。 下午：乘船进岛，游览【刘公岛】：刘公岛不仅是中日甲午战争纪念地，还是爱国主义教育基地，素有"东隅屏藩""不沉的战舰""海上仙山"之称。参观岛上甲午海战纪念馆。乘坐【往返索道】，览刘公岛风貌。 乘船出岛，办理入住，单位聚餐。	含中餐 住威海百纳瑞汀酒店

续表

日期	行 程 路 线	餐/住
第二天 7.27	威海市区—倪氏海泰酒店（车程约1小时） 09：30退房。 上午：游览【威海环海路】沿线公园，根据停车场情况下车游览。海源公园—伴月湾—猫头山—喂海公园等。 环海路是威海极具特色的一道亮丽的风景线，到了环海路，才算看到了最自然的威海。蜿蜒的海岸线，像一条墨色的飘带。 13：00 威海用中餐。 中餐后乘车赴荣成倪氏海泰酒店（车程约1小时）。根据酒店整理房间情况拿房卡，办理入住。 下午：自由开启懒人旅行，海水浴场自由活动。 晚餐：倪氏海泰酒店自理。	含早中餐 住荣成 倪氏海泰酒店
第三天 7.28	荣成倪氏海泰酒店—西霞口海驴岛景区（车程约1小时）—成山头景区（车程约15分钟）—晚餐—倪氏海泰酒店（车程约1小时） 【海驴岛景区】，亲近海鸥，开启海岛环岛之旅。数以万计的黑尾鸥和黄嘴白鹭登岛繁衍，野生的斑海豹，鸥鹭漫天飞舞，此海驴岛被称为鸥鹭王国。开启海上寻鸥记，只要登上环岛游渔船，便会有一大群黑尾鸥追随而来，场面尤为壮观。成群鸥鹭在头顶飞旋，铺天盖地而来，既能饱览情趣盎然的海岛风光，又能亲手喂海鸥，感受海鸥在身边环绕的和谐之美。 【成山头景区】：中国海岸东极地，是胶东半岛伸向海洋的最深处，是中国邻海基准点之一，这里也是中国最早看到海上日出的地方。 【那香海】自由活动。那香海欧洲小镇，打卡那香海钻石沙滩，众多网红打卡点：守望者一号，香海花街，英伦蓝桥，网红摩天轮、文化艺术中心等。 用晚餐 晚餐后返回倪氏海泰酒店入住。	含早中晚餐 住荣成 倪氏海泰酒店
第四天 7.29	荣成倪氏海泰酒店—东墩村（车程约30分钟）—荣成中餐（车程约40分钟）—荣成火车站—济南站 早餐后09：00出发乘车赴【东墩村】：东墩村的百年海草房，用原始石块或砖石块混合垒起的屋墙上，有着高高隆起的屋脊，屋脊上面是质感蓬松、绷着渔网的奇妙屋顶。走进东墩村，就可以看到这些以石为墙，海草为顶，外观古朴厚拙，极具地方特色，宛如童话世界中草屋的民居。自由参观【谷牧旧居】（无门票，不含讲解员）。 荣成用中餐。 中餐后送荣成高铁站，乘动车荣成—济南站，结束愉快行程。	含早中餐

山东××旅行社

2023年7月9日

☞ 示范材料3-8

团队接待服务质量意见表

尊敬的女士/先生：

您好！热烈欢迎您参加我们旅行社组织的旅游，对于您的合作敝社表示衷心感谢，为了进一步促进我们公司团体接待服务水平的提高，请对我们公司的服务质量做出客观的评价，并恳请您提出宝贵的意见，多谢合作！并希望您有机会再次光临！我们有机会再次为您服务！

总经理：×××

组团社： 团号： 人数：

项目	优	良	较好	一般	差
行程安排					
酒店安排					
餐饮质量					
导游沿途讲解					
导游景点讲解					
导游服务态度					
旅游车状况					
司机服务态度					
车辆安全卫生					
对本次旅游的整体评价					
其他方面的意见和建议					

贵宾代表1签名：××× 贵宾代表2签名：×××

地陪导游签名：××× 司机签名：×××

×年×月×日

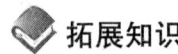
拓展知识

拓展知识1 旅行社拼团应征得旅游者书面同意

根据《旅游法》第六十三条第二款："因未达到约定人数不能出团的，组团社经征得旅游者书面同意，可以委托其他旅行社履行合同。组团社对旅游者承担责任，受委托的旅行社对组团社承担责任。旅游者不同意的，可以解除合同。"当一家组团社把旅游者委托给其他旅行社时，就形成了"拼团"。而旅行社之间拼团必须符合《旅游法》的相关要求。

拓展知识2 旅游线路产品设计的一般原则

①市场需求原则：产品设计一定要能满足市场需求；
②安全第一原则：旅游产品安全是第一要务；
③效益均衡原则：经济效益和口碑效益不能偏颇；
④合理编排原则：行程安排应考虑时间合理性、成本合理性、节奏合理性和体能合理性；
⑤确保履约原则：各项旅游要素都要能按合同约定供应；

⑥竞争力原则：产品投放市场后要有一定的竞争能力，为成团奠定基础。

互动题目设计

> **题目一：**
> （1）请谈谈企事业单位职工疗休养在当前旅行社组团业务中的地位与作用。
> （2）疗休养产品与常规团队旅游产品在行程编排、供应商采购上有何区别？
>
> **题目二：**
> 根据教学内容，制作国内组团计调业务操作流程图。
> 要求：1.逻辑正确；2.条理清晰；3.概况准确。
> 备注：互动题目练习要求
> 　　将班级同学分为两组，其中一组同学做题目，一组同学打分；打分结束后，由打最高分和最低分的1至2名同学进行点评。每章有两道题目，两组同学可抽签决定第一道题目谁做，则另一组打分点评；第二道题目，由上一题打分组做，另一组转换为打分点评。

思考与练习

某单位今有32位优秀员工将要到海南进行奖励旅游，往返六天时间，餐饮标准是正餐60元/人/餐，住宿为挂牌四星级酒店双人标准间，游览景区（点）以三亚为主，全程无购物店，娱乐以当地导游推荐、客人自愿参加为主，如果你是为客人服务的×××旅行社的组团计调员，请你尽快给予行程安排和分项报价。

课后习题

请扫码答题测试。

习题

第四章 出境组团计调员操作实务

> **引言**

伴随着我国国民经济的迅速发展，人民生活水平的不断提高，人均可支配收入的大幅增加，出境旅游政策的放宽，消费者消费观念的转变，目的地国家和地区签证门槛的日渐降低等利好因素，中国公民出境旅游需求日益旺盛，出境旅游已经成为人们的一种新的时尚理念和一个新的消费追求。

在我国，只有具备出境资质的国际旅行社才能经营出境旅游业务。出境组团业务在整个旅行社经营业务中所占比重的大小，在一定程度上代表了这家旅行社整体经营实力的强弱。出境组团计调员工作水平的高低直接决定着游客的旅游活动质量，影响着我国政府和人民在国际上的形象和声誉。因此，与国内组团计调员相比较，出境组团计调员的工作任务更重，责任更大。

本章概述了出境组团旅游的现状和发展趋势，展示了出境组团旅游线路产品的构成，讲述了出境组团计调员的业务操作流程，阐述了出境组团计调员在客人材料审核、签证、电话销售、合同签订等方面的操作方法和操作技巧。

> **学习目标**

1. 了解出境组团旅游的发展趋势
2. 掌握出境组团计调员业务操作流程及操作技巧
3. 能够熟练审核出国旅游客人的签证材料并进行签证
4. 能够熟练跟客人签订出境旅游合同
5. 能够处理出境客人旅游过程中的突发事件和投诉

第一节 出境组团旅游概述

一、出境组团旅游界定

旅行社出境组团旅游是指出境组团旅行社以团队旅游方式组织的，前往中国公布的旅游目的地国家或地区开展的旅行游览活动。从出境组团旅游客源构成看，出境旅游团通常有单位团、散客团、私家定制团和旅行社拼团等四类，前三类为旅行社独立组团，后者为两家及以上旅行社合作组团。现在旅行社组织的出境旅游中，非组团的自由行也越来越多，为此本书专门设置了"自由行计调员操作实务"一章。

二、出境组团旅游现状

出境组团旅游是旅行社行业越来越重要的业务板块，其营业收入在行业旅游营业收入中的比重越来越高。就全国旅行社行业而言，2015年度组织出境旅游4643.50万人次、25 055.80万人天，全国旅行社出境旅游营业收入1683.69亿元，占全国旅行社旅游业务营业收入总量的44.93%，出境旅游业务利润为88.16亿元，占全国旅行社旅游业务利润总量的44.34%；2019年度全国旅行社出境旅游组织6288.06万人次、32070.63万人天，全国旅行社出境旅游营业收入2145.56亿元，占全国旅行社旅游业务营业收入总量的41.54%；出境旅游业务利润为89.58亿元，占全国旅行社旅游业务利润总量的38.40%。5年间，旅行社出境旅游组织人次数增加1644.56万，增长35.42%，平均每年增长7.08%；旅行社出境旅游组织人天数增加1644.56万，增长28%，平均每年增长5.6%。综合2015年至2019年的旅行社出境旅游组织人次排名前十位的目的地国家或地区看，泰国、日本、中国台湾地区、越南、中国香港特别行政区、中国澳门特别行政区、新加坡、马来西亚长期位居前十位，2017年受中韩关系的影响韩国位次下降明显，越南上升较快，法国和印度尼西亚在前十的地位则不够稳固，俄罗斯逐渐超越法国跻身十强。

2020年1月中旬起，受新冠疫情的严重影响，旅行社出境组织旅游便处于中止状态。2023年1月20日，文化和旅游部下发《关于试点恢复旅行社经营中国公民赴有关国家出境团队旅游业务的通知》，2023年2月6日起，试点恢复全国旅行社及在线旅游企业经营中国公民赴有关国家出境团队旅游和"机票+酒店"业务，泰国、印度尼西亚、柬埔寨、马尔代夫等20国成为首批恢复的出境旅游目的地国家。2023年3月10日，文化和旅游部公布了试点恢复旅行社经营中国公民赴有关国家出境团队旅游业务的第二批目的地国家，有尼泊尔、文莱、越南、伊朗、约旦、坦桑尼亚等40个国家。2023年8月10日，文化和旅游部又公布了试点恢复旅行社经营中国公民赴有关国家出境团队旅游业务的第三批目的地国家，阿曼、巴基斯坦、巴林、韩国、卡塔尔、法属新喀里多尼亚等78个国家和地区在列，至此，除个别仍处于战乱的国家和地区外，我国旅行社经营中国公民出境团队旅游业务逐步恢复常态。根据文化和旅游部相关统计数据，2023年第一季度全国旅行社出境旅游组织31.86万人次、141.95万人天，出境旅游单项服务17.46万人次，出境旅游组织人次排名前十位的目的地国家或地区由高到低依次为泰国、中国香港、中国澳门、新加坡、马来西亚、越南、埃及、印度尼西亚、新西兰、法国；2023年第二季度全国旅行社出境旅游组织121.75万人次、564.07万人天，出境旅游单项服务39.01万人次，出境旅游组织人次排名前十位的目的地国家或地区由高到低依次为泰国、中国香港、中国澳门、越南、新加坡、马来西亚、印度尼西亚、法国、埃及、意大利。根据国家统计局发布的《中华人民共和国2023年国民经济和社会发展统计公报》，2023年，国内居民出境10 096万人次，其中因私出境9684万人次，赴港澳台出境7704万人次。据国家移民管理局通报的数据，2024年春节假期共有1351.7万人次中外人员出入境，日均169万人次，较2023年春节同期增长 2.8 倍，恢复至 2019 年春节同期的近九成。

三、出境组团旅游发展趋势

随着国际航班运力的增加和出境目的地地接能力的逐步恢复，旅行社出境旅游组织业务也开始复苏。截至 2023 年 8 月 29 日，春秋旅游上线的出境游产品数量已超过 200 条，携程上线的出境游跟团和机票酒店打包产品数量更是超过了 5000 条。根据携程发布 2023 年《中秋国庆旅游总结报告》，双节期间，出境游订单同比增长超 8 倍；从机票预订数据来看，90 后群体仍是出境旅客中的"主力军"，占比近三成；00 后增速最快，占比已和 80 后相当，达到 22%；出境热门目的地仍集中在中国港澳地区及亚洲国家，同时相较"五一"期间，瑞士、西班牙、土耳其、俄罗斯、英国、法国等跨洲长线国家游客增长速度最快。根据途牛旅游网发布的《2023 年度旅游消费报告》，在途牛旅游网的客户中，出境游十大目的地国家或地区分别为泰国、马尔代夫、新加坡、马来西亚、阿联酋、法瑞意连线、印度尼西亚、埃及、新西兰、西班牙葡萄牙连线，出境跟团游热门产品前十名分别为泰国曼谷－芭堤雅 6 日游、泰国曼谷－芭堤雅－沙美岛 6 日游、泰国普吉岛－甲米 6~7 日游、新加坡 5 日游、马来西亚沙巴 6 日游、印度尼西亚巴厘岛 5~6 日游、法国－瑞士－意大利 12 日游、新西兰南北岛－观鲸 11 日游、西班牙－葡萄牙 12 日游、埃及－阿联酋迪拜 10~12 日游。综合上述数据来看，90 后是出境旅游的主力，80 后和 00 后其次；香港、澳门特别行政区和东南亚是当前我国内地出境旅游的主要目的地，新西兰、法国、意大利等国也较为热门；东南亚等中短线游以 6~7 日游为主，欧洲、非洲及中东等长线游则一般超过 10 日。

在出境游市场从恢复增长到迈向新繁荣的过程中，出境旅游也将呈现新的特点，一是小团、私家团、定制团等出境旅游产品日益受到市场的青睐，游客更加聚焦于自身的需求和兴趣，不同于传统跟团游方式的个性化、定制化服务及小众目的地正越来越受欢迎；二是深度、沉浸、体验和慢节奏的出境游产品成为游客的首选，以往行军式的出境观光旅游吸引力则显著下降；三是"新、奇、特"为出境游产品迭代优化提供新动力，稀缺的资源、目的地独特的文化魅力和有创意的旅游方式将成为未来出境高端旅游的新蓝海。

第二节　出境组团旅游线路产品示范

一、旅游线路产品名称

美国东西海岸夏威夷 14 日游。

二、旅游线路产品行程特色

（1）畅游美国经典都市：纽约、费城、华盛顿、拉斯维加斯、洛杉矶、旧金山；

（2）饱览美国经典美景：自由女神像（乘船）、华尔街、百老汇、尼亚加拉大瀑布、好莱坞、金门大桥、渔人码头、夏威夷；

（3）享受美国购物乐趣：尼亚加拉瀑布奥特莱斯时尚购物中心、巴斯托小镇奥特莱斯。

三、旅游线路产品日程安排

天数	行程及内容	餐	参考酒店
D1	北京 ✈ 东京 ✈ 纽约 首都机场集合，乘机经东京转机前往纽约，抵达后入住新泽西州酒店休息。	晚	Days Inn 或同等酒店
D2	纽约 早上乘车前往曼哈顿，乘船参观美国精神的象征——★【自由女神像】（不上岛）人们熟悉的自由女神像正式名称是"自由照耀世界之神"，它是美国国家纪念碑。之后步行穿越【华尔街】（约20分钟）——这里是世界的金融中心。【联合国总部】外观——这里是一块不属于任何国家的"国际领土"，9·11遗址外观，百老汇大街，世界闻名的购物天堂【第五大道】（约1小时）。晚上入住新泽西州酒店休息。	早午晚	Days Inn 或同等酒店
D3	纽约—费城—华盛顿（车程约7小时） 早餐后，乘车前往华盛顿，途中★游览宾夕法尼亚州首府——费城，它是美国独立战争时的首都，也是为美国做出巨大贡献的富兰克林的出生地。费城于建国期间曾扮演极为重要的角色，因此建国时代的特色建筑最为引人入胜。市内观光：包括【独立宫】（外观，约30分钟）、早期国会、独立广场、自由之钟——【独立钟】（进入参观约30分钟），仿佛荡舟在历史长河，令你肃然起敬。抵达华盛顿后，游览【华盛顿纪念碑】（外观约30分钟）,【林肯纪念堂】（自行进入参观约45分钟）,【国会山庄】、【白宫】（外观约30分钟）——美国总统正式官邸，也是美国政府的代名词。	早午晚	Comfort Inn 或同等酒店
D4	华盛顿—布法罗（车程约8小时） 早餐后乘车前往布法罗，沿途欣赏美国的田园风光，晚上入住酒店休息。	早午晚	Comfort Inn 或同等酒店
D5	布法罗 早餐后前往【尼亚加拉大瀑布】。瀑布位于加拿大和美国交界的尼亚加拉河中段地区，有着世界七大奇景之一的美誉，同时也是世界三大瀑布之一。它以宏伟的气势和丰沛而浩瀚的水汽震撼了所有的游人。从伊利湖滚滚而来的尼亚加拉河水流经此地，突然垂直跌落51米，巨大的水流以银河倾倒之势冲下断崖，声及数里之外，场面震人心魄，形成了气势磅礴的大瀑布。在尼亚加拉大瀑布畔自由活动约1.5小时，可以细细欣赏大瀑布之美，也可合影留念，把这美好时刻定格。下午前往瀑布附近最大的奥特莱斯—美国尼亚加拉瀑布奥特莱斯时尚购物中心 Fashion Outlets of Niagara Falls USA 自由活动3个小时。	早午晚	Comfort Inn 或同等酒店
D6	布法罗 ✈ 明尼阿波利斯 ✈ 拉斯维加斯 早餐后，乘机经明尼阿波利斯转机前往拉斯维加斯，抵达后入住酒店休息（美国国内航班飞机上不提供膳食，请自备食品）。	早	El Cortez 或同等酒店
D7	拉斯维加斯（全天自由活动） 全天自由活动。 拉斯维加斯（Las Vegas）是美国内华达州的最大城市，以赌博业为中心的庞大的旅游、购物、度假产业著名于世，世界上十家最大的度假旅馆就有九家是在这里，是世界知名的度假胜地之一，拥有"世界娱乐之都"和"结婚之都"的美称。从一个巨型游乐场到一个真正有血有肉、活色生香的城市，拉斯维加斯在10年间脱胎换骨，从一百年前的小村庄变成一个巨型旅游城市。每年来拉斯维加斯旅游的约3890万旅客中，来购物和享受美食的占了大多数，专程来赌博的只占少数。	早	El Cortez 或同等酒店

续表

天数	行程及内容	餐	参考酒店
D8	拉斯维加斯—巴斯托小镇—洛杉矶（车程约5小时） 早乘车前往"天使之城"——洛杉矶，洛杉矶最早是西班牙人称之为"天使女王圣母玛利亚的城镇"，以后就简称"天使"城，西班牙语即"洛杉矶"。途经【巴斯托小镇】，休息用餐后可在小镇的奥特莱斯自由活动2小时，奥特莱斯最早诞生于美国，迄今已有近一百年的历史。奥特莱斯最早就是"工厂直销店"，专门处理工厂尾货。后来逐渐汇集，慢慢形成类似Shopping Mall的大型购物中心。奥特莱斯吸引顾客有三样法宝：驰名世界的品牌——荟萃世界著名或知名品牌，品牌纯正，质量上乘；难以想象的低价——一般以低至1~6折的价格销售，物美价廉，方便舒适的氛围——远离市区，交通方便，货场简洁、舒适。抵达后入住酒店休息。	早午晚	Quality Inn 或同等酒店
D9	洛杉矶（全天好莱坞一日游，不含午餐） ★好莱坞一日游：乘车前往好莱坞的心脏——【好莱坞大道】，这里的星光大道吸引了无数人来此参观。路上烙有明显的印记，至今已留下2400多颗五角星。之后游览【杜比剧院】【中国大剧院】，电影之都——环球影城，【好莱坞环球影城】是一个再现电影场景的主题游乐园，影城内以多部大制作电影为主题的景点最受欢迎。史瑞克4D影院是好莱坞环球影城第一个遇到的游乐项目，在此可以真正地走入电影，体验全方位立体效果的震撼感。环球影城的经典项目侏罗纪公园，形态生动的恐龙，危险奇异的侏罗纪丛林、游船从高空俯冲入水的刺激，都让人兴奋不已。	早晚	Quality Inn 或同等酒店
D10	洛杉矶 ✈ 旧金山 早乘机前往旧金山，旧金山是个融合了东西方文化的现代化大都市，美国西部的金融中心，远东贸易的重要基地，亦是美国最美丽的城市及全球十个最佳居住城市之一。抵达后游览：独特的【九曲花街】（约30分钟），【金门桥】（远观约30分钟）是旧金山的标志，位于旧金山外港的金门海峡之上，全长2.8公里，大桥色彩鲜艳，建筑雄伟，【渔人码头】（约1小时）是游客必到的地方，可光顾售卖海鲜小吃的大小摊档，购买特色纪念品或观看街头卖艺者表演杂耍和各种乐器（美国国内航班飞机上不提供膳食，请自备食品）。	午晚	Comfort Inn 或同等酒店
D11	旧金山 ✈ 洛杉矶 ✈ 夏威夷 早乘内陆航班经洛杉矶转机前往美国外岛夏威夷——欧胡岛，抵达后入住酒店休息（美国国内航班飞机上不提供膳食，请自备食品）。	早	Maile Sky Court 或同等酒店
D12	夏威夷 上午参观【珍珠港】（约1.5小时），珍珠港是第二次世界大战期间美国舰队受到袭炸之军事港口，眺望战役中沉没的亚利桑拿号的残骸，感受战争带来的伤害。之后参观市区，卡美哈国王铜像（外观）、美国国内唯一的皇宫——夏威夷皇宫（外观）、车览代表夏威夷形象的【州政府】、车览市政厅等（约30分钟）。下午乘车游览举世闻名的【威基基海滩】、【钻石头火山口】（远观）、瞰风景优美的【恐龙湾】和【天然海泉喷口】（约为20分钟）、卡哈拉高级住宅区（车上看）和土著人保护区（车上看），世界著名的白沙滩滑浪中心，神秘的【大风口古战场】（约为20分钟）。全身心享受夏威夷热带风情。	早午晚	Maile Sky Court 或同等酒店

续表

天数	行程及内容	餐	参考酒店
D13	夏威夷 ✈ 北京 早餐后乘机经停东京返回北京（跨越国际日期变更线，日期自动增加一天）。	早	飞机上
D14	北京 抵达北京，结束愉快的旅程。		

此行程为参考行程，最终行程以出团通知为准。

四、旅游线路产品计价报价

报价：____元/人

报价包含：
1. 酒店：行程中所列参考酒店或同等酒店，房间设施相当于国内三星级双人间住宿。由于美洲没有统一的酒店星级评定标准，为保证酒店品质，旅行社多选用国际连锁酒店集团旗下酒店或当地知名、特色酒店； 2. 用车：全程空调旅游车（最终车型以实际安排为准）。7~20座车配司机兼导游单人服务；25座车以上（包含25座车）配司机和导游双人服务； 3. 用餐：早餐（酒店内美式大陆早餐，夏威夷酒店外自助早餐，拉斯维加斯中式简早套餐送入房间）； 早餐是所预订酒店提供的一项不另外收取费用的服务，如果因为境外某段航班起飞时间较早，酒店不一定能够打包早餐，也希望客人能够谅解我们无法退还该早餐费用；午餐、晚餐（中式桌餐10人/桌6~7菜1汤或中式自助餐）； 注：全程餐的安排以出团通知里的行程中关于餐的标明为准； 4. 领队、境外司机导游服务费：____人民币/人（自由活动期间的除外）； 5. 全程机票费用及相关燃油附加费（因国际油价不断变化，旅行社保留因燃油附加税提升而追加相应费用的权利）； 6. 包含景点及特色内容：纽约：自由女神游船，洛杉矶：环球影城； 7. 旅行社责任险、出境旅游人身意外险。

报价不包含：
1. 私人费用，包括洗衣、电话、传真、收费电视节目、消夜、酒水、邮寄、行李搬运、夜间活动等费用； 2. 航班托运行李超重费用和航空公司燃油附加费的临时增加； 3. 非日程安排引起的费用如导游司机超时服务费； 4. 境外航班飞行、候机或转机期间的用餐（美国内陆航班用餐大约为5~10美金/份）和航班的行李费； 5. 领队、境外司机导游在自由活动期间的服务费； 6. 护照费、美国签证费、往返北京面签的交通住宿相关费用； 7. 个人消费所引起的小费； 8. 出入境的行李费 海关课税； 9. 美国境内段行李托运费用； 10. 行李、财产保险； 11. 个人过失所产生的赔偿费用； 12. 因航空公司情况、天气、交通、灾害等一切人力不可抗拒因素所引起的费用； 13. 根据文化和旅游部对出境团的要求，旅行社为保证游客安全，不允许客人境外脱团（即使自备签证游客也不得擅自离团）。如个别游客的确因个人原因有境外脱团要求，请游客于出团前三个工作日向旅行社提出。凡脱团游客，须在原来团费基础上另外支付$____/人/次。

续表

善意提醒：
美国达美航空公司（代码 DL）和境外段航空公司行李收费标准： 国际段：每人免费托运 1 件行李（不超过 23 公斤）；第 2 件行李收费＿＿美金； 境外段：第 1 件行李收费 25 美金（不超过 23 公斤），第 2 件行李收费＿＿美金；
备注： 1. 上述行程次序、景点、航班及住宿地点可能临时变动、修改或更换，最终行程以出发前旅行社确认的行程为准。旅行社保留因航空公司、签证、政府、天气等因素而更改行程和追加差价的权利。 2. 在每一站旅游即将结束时，导游会请每一位团员填写《团队意见反馈表》，请您协助我们的工作，按照您此站旅游的真实情况如实填写接待情况。不要由于某些原因导致您没有如实反映您真实的意见。如在旅游过程中对于我们的接待有任何的疑问或对我们的行程、酒店、导游服务、餐食等有任何的意见或建议，请您将您的意见或建议如实写下来，我们将虚心接受，以使我们今后能提供出更好的服务。旅行社境外的一切接待情况均以客人所签署的《团队意见反馈表》为依据，如您在境外对于旅行社的某项安排或对导游接待有意见，而未在接待意见单上体现的，则为自动放弃，旅行社将视境外接待情况为良好且客人对于境外接待无意见。对于境外接待有问题回国后提出意见或投诉而当时《团队意见反馈表》上并无此情况反馈的，旅行社概不受理，请您谅解！

五、北美旅游须知

（一）区域／城市

（1）美国／加拿大的城市面积普遍较小，常规行程中所说的均指"大地区"，包含了周边几个至几十个大小不等的卫星城市，例如美国洛杉矶大区、加拿大温哥华大区。市中心仅指商业办公为主的一小块区域，居民一般都不在此居住。一般团队的酒店如无特别说明，均为市郊而非闹市区，团队安排在高速公路旁边酒店住宿属正常。

（2）在美国／加拿大，土地面积十分宽松，为此酒店楼层建筑不高，多以 2~3 层非常普遍；有的酒店历史较长，设施略为偏旧，但房间较大是一个显著的特点（夏威夷由于地少人多，所以酒店房间较小）。

（二）酒店住宿

（1）美国／加拿大的酒店无官方评定标识，同级别酒店在设施及豪华程度方面比国内的简单。常规经济团酒店参考 Howard Johnson Inn、Days Inn、Rodeway Inn 等；常规品质团酒店参考 Radisson、Courtyard、Holiday Inn 等酒店。

（2）国际通行酒店入住时间是 13 点之后，退房时间是中午 12 点之前，有的酒店在入住时还会要求每个房间交押金（通常 100~200 美元／间房），通常以信用卡"预授权"方式暂扣，退房检查没有额外消费和污损等问题就会自动退回。

（3）北美酒店早餐相对于其他目的地显得量少且简单，通常只有面包、咖啡、茶、果汁等，以简便、快捷的自助餐为主，入乡随俗请旅游者理解。

（4）夏威夷早餐为酒店外自助早餐，拉斯维加斯早餐为中式简早套餐送入房间。

（5）酒店标间可接待两大人带一个 1.2 米以下儿童（不占床）；若一个大人带一个 1.2 米以下儿童参团，请住一标间，以免给其他游客休息造成不便；酒店提供双人房，不限于双床或大床，可能会出现 1 张大床 1 张小床（或沙发床），请理解。

（6）如下榻酒店禁烟，切勿在酒店内吸烟，否则将被处以高额罚款。

（7）酒店电视上凡有"PAY"或"P"的频道均为付费频道，私人电话费、洗衣费、洗理用品、饮品及行李搬运费请您自理，由本人在退房时在前台付清。

（8）有些酒店客房内的网线、保险箱为自动计时收费使用，请提前确认。

（9）请自备洗漱用品及拖鞋，酒店内不提供相关用具。

（10）在酒店内请保持安静，不要大声喧哗。

（11）请爱护饭店设施，如有损坏要个人赔偿。洗浴时请将浴帘底襟拉入浴缸内侧，如果不小心将水溢出也要赔偿损失，请勿将洗涤衣物挂在窗外或阳台上，也不要在阳台上饮酒。

（12）外出时请携带酒店名片，以备迷路使用。请勿将贵重物品放于房间内，应存入前台保险柜。

（13）如散客拼团出现单间，旅行社有权调整夫妻及亲属的住宿安排，请见谅！

（三）景点说明

（1）行程中未标注"入内参观"的景点均为游览外观；入内参观景点均只含首道门票。

（2）导游可根据团队在境外旅游目的地的实际情况，在不减少参观景点的前提下调整景点参观先后顺序。

（3）美国/加拿大独特的人文风俗和历史环境，造就了各地风格各异的教堂、广场及喷泉等景点，这些景点一部分是免费对外开放的，领队会根据实际情况酌情安排部分景点入内参观；另外，部分景点如市政厅、议会大厦等，作为城市典型标志的同时，也是政府实际的办公地点，建筑风格极具当地特色，这部分景点是不能够入内参观的，游客可以外观并留影纪念。

（四）午晚餐说明

（1）美国/加拿大能提供团队餐饮的中餐厅较少，有时候在行程中用餐时间附近没有中餐厅，我们会安排吃快餐：如麦当劳、汉堡王等。

（2）美国/加拿大的中餐厅在规模和口味上与国内相比有很大的差距，中餐厅规模都比较小，环境不如国内，饭菜口味为了适应当地的饮食习惯都已经比较西化，而且由于当地原材料和调料不够齐全，口味不醇正，故希望游客能够理解。

（3）如行程中包含而实际情况无法安排的，则按照实际餐标退餐费（通常午餐8美金/加币、晚餐9美金/加币）。

（4）由于美国安检和办理登机手续时间较长，为了能够顺利登机团队通常需提前3~4小时到达机场办理登机手续，而抵达目的地后出机场时间为1~2小时，因此航班时间在当地15点前（含15点），晚间21点前（含21点）起飞的，以及航班时间为在当地上午12点后（含12点），晚间18点后（含18点）抵达的，行程均不含午餐或晚餐；请您自备食物。

（五）购物说明

（1）全程无指定购物，客人主动申请的除外（须经团员签字同意方可）。

（2）客人在行程涉及的景点、餐厅、长途中途休息站、综合购物商场、当地超市等这类购物场所购买商品时，若商品出现质量问题，旅行社不承担任何责任。

（3）游客自行前往的购物场所购买商品出现质量问题，旅行社不承担任何责任。

（六）税收说明

美国/加拿大没有退税一说，美国税收最常见的分关税和销售税。关税是联邦政府管辖及负责征收的，通常我们在机场免税店里面所谓免税，即最主要的就是这部分税。销售税是美国各州政府自行征收的，顾名思义，在您的每次消费账单上会有这项金额的，每个州的税率不一样，例如夏威夷较低，约5%；而纽约州税率就偏高，约9%。加拿大各州的消费税大多在13%左右。

（七）购物入境说明

（1）根据海关总署公告2010年第54号文件，进境居民旅客携带在境外获取的个人自用进境物品，总值在5000元人民币以内（含5000元）的；非居民旅客携带拟留在中国境内的个人自用进境物品，总值在2000元人民币以内（含2000元）的，海关予以免税放行，单一品种限自用、合理数量，但烟草制品、酒精制品以及国家规定应当征税的20种商品等另按有关规定办理。

（2）进境居民旅客携带超出5000元人民币的个人自用进境物品，经海关审核确属自用的；进境非居民旅客携带拟留在中国境内的个人自用进境物品，超出人民币2000元的，海关仅对超出部分的个人自用进境物品征税，对不可分割的单件物品，全额征税。

（3）根据《关于不再执行20种商品停止减免税规定的公告》，原规定废止。这些商品为：电视机、摄像机、录像机、放像机、音响设备、空调器、电冰箱（电冰柜）、洗衣机、照相机、复印机、程控电话交换机、微型计算机及外设、电话机、无线寻呼系统、传真机、电子计数器、打字机及文字处理机、家具、灯具和餐料。

（4）iPad、iPhone等海关重点检查的电子产品，即使是本人携带自用的，出境时最好也要填写物品申报单，以免入境时引起不必要的麻烦。旅客在境外购买iPad等入境，需要向海关申报征税后才能放行，如未申报被海关查获的需补征税款。如果旅客携带明显超出合理自用数量的iPad等通过不申报通道时被查获的，其行为将被视为违规或走私。

（八）其他说明

（1）自备美国/加拿大签证的游客出入境手续一切自理，旅行社对此产生的一切问题不承担任何责任。

（2）请注意团队结束离开境外的时候，护照有效期必须在6个月以上，否则会影响出入境。

（3）国际航班游客须提前3~4小时到机场，美国内陆航班游客须提前2个小时到机场，集体办理登机手续，如因自身原因未按约定时间及地点集合，错过起飞时间，产生的一切损失及相关费用由客人承担。

（4）所有机票均为团队机票或即时票，均不可退改签，一律不接受任何更改，更改即代表全部损失。

（5）自由活动期间不包含餐、车、司机、导游、领队等服务，请游客注意自己的人身和财产安全。

（6）由于团队行程中所有住宿、用车、景点门票等均为旅行社打包整体销售，因此若游客因自身原因未能游览参观住宿的则视为自动放弃，旅行社将无法退费用，请游客谅解。

（7）美国/加拿大东岸比北京时间慢13小时，4月至9月实行夏令时，其间则慢12小时。西岸比北京时间慢16小时，4月至9月实行夏令时，其间慢15小时。夏威夷比北京时间慢18小时。美国/加拿大内陆还有几个时区，请注意。抵达美国/加拿大后请校对手表，以免误时而影响行程。

（8）我国相关法规已明令禁止：出境旅游者不得在境外非法滞留，随团出境的旅游者不得擅自分团、脱团。游客在合同签订以及获取签证时均得到了明确告知，理应自觉遵守。旅游者在旅游活动中或者在解决纠纷时，不得损害当地居民的合法权益，不得干扰他人的旅游活动，不得损害旅游经营者和旅游从业人员的合法权益。旅游者在境外的相关行为尤其是违规行为不仅会对多个旅行社的实际利益造成较大损失，还会给我国公民在国际上的整体形象带来不良影响，旅行社终止其后续行程不构成违约，并有权向旅游者或相关人员进行索赔。

六、注意事项

（一）境外法规及风俗习惯

（1）美国/加拿大法律规定，司机每行驶两小时后必须休息20分钟，每天开车时间不得超过10小时，且休息时间在12小时以上；导游每天工作时间不能超过10小时。

（2）美国/加拿大政府规定，公共场合及房间内禁止吸烟！如被查到将会受到当地相关执法部门的重罚，根据各州法律规定的不同，对于罚款金额各有限定，罚款金额高达500~10 000美元不等，请游客一定要严格遵守美国/加拿大的重要规定，以免造成不必要的经济损失。

（3）美国/加拿大有付小费的习惯，是国际礼仪之一，是对服务人员工作的肯定与感谢。

（4）行李箱请勿上锁（航空锁除外），否则会被划开检查。

（二）保险

游客出行前请确保身体条件能够完成旅游活动。旅行社建议游客在出行前根据自身实际情况自行选择和购买旅行意外伤害保险或旅行境外救援保险；旅游意外伤害险或救援险承保范围不包括以下情况，游客在购买前应咨询相关保险公司！

（1）游客自身带有的慢性疾病；

（2）参加保险公司认定的高风险项目如跳伞、滑雪、潜水等；

（3）妊娠、流产等保险公司规定的责任免除项目。

（三）护照销签

按照使馆规定，凡在旅行社办理美国签证的游客回国抵达首都机场时需将护照交回送签旅行社办理归国登记手续，届时会有专人向游客收取，旅行社非常感谢游客的配合！同时，护照销签的时间通常在6~15天不等。

（四）安全事宜

境外游览时游客应注意人身安全和财产安全。尤其景区、酒店大堂、百货公司、餐厅等游客聚集的地方更是偷窃行为多发地，游客务必随同导游带领并注意结伴而行，在游玩过程中，时刻注意自己随身携带的物品安全；

乘坐交通工具时，现金、证件或贵重物品请务必随身携带，不应放进托运行李内；外出旅游离开酒店及旅游车时，也请务必将现金、证件或贵重物品随身携带。酒店不负责游客在客房中贵重物品安全，司机也不负责巴士上旅客贵重物品的安全，保险公司对现金是不投保的。

（五）风险提示（凡参加本次团队，均视已认可风险提示里的说明）

（1）是否给予签证和是否准予出、入境，是有关机关的行政权力。如因游客自身原因或因提供材料存在问题不能及时办理签证而影响行程的，或被有关机关拒发签证或不准出入境的，相关责任和费用由游客自行承担。

（2）客人在境外发生被抢、被盗以及人身伤害等刑事案件，旅行社工作人员只负责协助办理报案及送当地医院救治等应急措施，由此产生的费用由客人自行垫付。

（3）旅行社保留因航空公司机位调整、签证、汇率、燃油附加费上涨及不可抗力等原因推迟或调整行程及出发日期的权利，同时由于最近航空公司涨税比较频繁，旅行社有权凭借航空公司的涨税通知收取税收差价。

（4）行程中若遇不可抗拒的客观原因和非旅行社原因（如天灾、战争、罢工等）或航空公司航班延误或取消、领馆签证延误、报名人数不足等特殊情况，旅行社有权取消、变更或缩短行程，一切超出费用（如在外延期签证费、住、食及交通费等）由游客自行承担。

（5）另外，关于美国/加拿大详细注意事项请仔细阅读出团前《出团通知》及《旅游须知》。

（六）关于拒签、行政复议、行前取消等特别约定

（1）根据美国大使馆新规定，组团社在预约签证面谈时必须向大使馆提供签证费收据号码，由大使馆预约中心决定最终面试的日期和时间，因此随团办理签证的客人，旅游者需预约前向组团社支付签证费用用于签证预约。签证费用作为行前实际损失不予退还。

（2）报名后但还没有产生签证费时，若取消参团，收取机票定金损失（含服务费）。

（3）随团办理签证的客人，请您务必在签证截止日前递交签证材料，签证材料送进使馆后，如遇拒签或行政复议，未出票的客人须承担签证费（含服务费）损失（机票定金由旅行社承担）；若已出票，客人需承担签证费和全部机票100%的损失费用（含服务费）。

（4）随团办理签证的客人，凡因客人的原因在送签后出签前取消的；或者凡使领馆要求客人前往面试，由于客人的原因不能前往面试而导致无法正常出签的；未出票的客人旅行社将收取签证费和机票定金损失（含服务费）；若已出票，客人需承担签证费和全部机票100%的损失费用（含服务费）。

（5）随团办理签证的客人，如客人已获签证后，其自行取消行程（包括因与其结伴同行的家人或朋友被拒签或行政复议而取消），未出票的客人需承担签证费和机票定金损失费（含服务费），以及实际产生的地接费用；已出机票的，客人需承担签证费和全部机票100%的损失费用（含服务费），以及实际产生的地接费用。

（6）随团办理签证的客人，通常会收取防滞留保证金，具体金额将根据客人实际情况而定；保证金金额会在送签前和客人确认，如客人无法交纳旅行社将退还团费［除已支付的美国签证费（含服务费）需客人自行承担，机票定金由旅行社承担］，如客人同意交纳，但在出发前又拒绝交纳或未能到账的，旅行社将按前述第 5 条处理，视为客人取消出团。

（7）以上内容与合同约定不一致的，以上面所述内容为准。

第三节　出境组团计调员业务操作流程与技巧

一、市场调研

随着国家对出境社审批条件的放宽，越来越多的旅行社申请成为出境社，出境旅游市场竞争也越来越激烈。为了使旅行社出境旅游产品在市场上有更强的吸引力和竞争力，出境组团计调员须广泛开展出境旅游市场的调研。调研应包括游客出境旅游目的、出游目的地、本市及附近城市出境航线航班情况、出境旅游市场产品现状、同行价格、同业出境旅游产品销售渠道等，尤其要调查游客对出发口岸、航班时间、旅游接待标准、价格心理预期、深度旅游还是常规旅游等方面所存在的需求差异，作出调研结论，为最终策划设计出满足游客心理和消费需求、既保证"质"（品质）又保证"量"（收客量）的出境产品提供有效依据。

二、产品策划设计

策划设计出境旅游产品是一种创造性的智力活动，是出境组团计调员智慧的重要体现，需要有广博的出境旅游业务知识，策划设计的核心是使出境旅游产品具有市场吸引力，达到预期的组团量。

出境组团计调员在进行产品策划设计时，要明确产品的目标市场和市场定位，突出企业自身的经营特色和品牌形象。

（一）策划设计出境旅游线路产品时应重点考虑的事项

1. 明确旅游目的地国签证状况

出境组团计调员要明确目的地国家的签证政策是否稳定，办理签证的时间是否固定，出签率是否较高等情况。因为以上因素都将直接影响旅游线路产品的收客状况和成团率。

2. 掌握出境旅游目的地航线航班情况

对于大多数出境旅游来讲，策划设计旅游产品时受航线航班的制约比较大。航空交通是出境旅游的决定因素之一，交通条件将直接影响所策划设计的旅游产品是否具有可行性或影响到游客的体验感受。出境组团计调员应熟悉往返旅游目的地国家或者地区的航班密度、准点率等情况，掌握航空公司对旅游团队的价格政策，与相关航空公司保持长期和谐的合作关系。

3. 尽可能避开境外的旅游旺季和会展高峰

目前，我国大陆游客钟爱的目的地国家或地区往往是国际知名度较高的旅游地域，每当遇到旅游旺季或会展高峰时，旅游目的地国家或者地区的住宿、用餐、用车等方面非常紧张，此时的旅游接待安排比较困难，即使安排，也难以保证接待质量，在一定程度上将影响客人的旅游感受和体验。所以，出境组团计调员在进行出境产品策划设计时尽量避开境外的旅游旺季和会展高峰。

当然，避开当地旅游旺季和会展高峰只是通常做法，如果是专门设计的当地节日体验旅游或观展商务旅游等特殊产品就另当别论了。

4. 坚持安全第一、以人为本的原则

出境旅游往往时间长、文化及风俗差异大、旅游费用高，旅游行程中游览景点的安排、住宿酒店的选择、用餐地点的考虑等诸多方面，要符合客人对于安全、舒适、经济等方面的多种需求；步行或者乘车的时间、游玩方式等要符合中国游客的习惯、观念和身体状况；在确保安全的前提下，尽量安排有当地特色、有别于国内景点的旅游内容；避免同一线路中相似旅游景点的重复出现，使游客能乘兴而去，尽兴而归。

5. 分析以往出境旅游产品的市场份额大小

比如某旅行社或某区域出境旅游目的地中，港澳游占40%，东南亚游占20%，日韩游占25%，其他线如欧洲、大洋洲、非洲、美洲游等占15%；这种市场份额的大小反映出的是综合时间和性价比后的出境游客需求状况。出境组团计调员策划设计产品时应考虑到以往收客的多少，再结合当下市场调研的情况，做到目标市场明确、产品特色突出或性价比有竞争力。

（二）制作出境旅游行程并报价

根据前期市场调研结果和策划设计的主导思想，制作出境旅游行程并报价。

（1）根据客户需求或策划时确定的游览深度和价位档次，选择目的地要游览的城市、景区（点）、用餐标准和住宿标准，以及设置该团队的上限人数。深度游价位较高，要游览的城市和景区（景）反而少，重在品质、休闲和体验；通常团队人数较少，一般15~20人；观光游价格实惠，在游览时间内尽量安排多的城市和景区（点），通常吃住标准较普通，团队人数较多，一般30~50人不等。

（2）将选择的要游览的城市、景区（点）、用餐标准、住宿标准、团队预计人数、出游时间，报给境外地接旅行社，让境外地接社计调员结合目的地域内长途交通制定出具体的行程并报价。

（3）如果是出境游散客产品，接到境外地接社的行程和报价后交领导审批，审批通过后排出出团计划。如果是单位定制出境产品，接到境外地接社的行程和报价后交客户单位审批，与客户单位相关负责人交流意见，将客户意见及时反馈给境外地接社计调员，经协调、修改、完善后确定行程和价格。

三、产品发布与销售

（一）产品发布

制作出境旅游产品的出境组团社通常为规模较大、实力较强、信息化较高的大型旅行社或出境专线批发商，其产品往往不限于内部销售，而是通过官网或同业平台等渠道向各种分销商（代理社）发布。

（1）旅行社官方网站发布。这种方式既可向代理社发布，也可以向游客发布，游客看到的是零售价，代理社看到的是代理价。

（2）旅行社微信公众号发布。这种方式主要是向游客发布，价格是零售价。

（3）旅游同业网络平台发布。这种方式是向代理社发布，代理社通过用户名和密码登录后能看到代理价。

（4）OTA（在线旅行社）旅游网络平台发布。这种方式主要是向游客发布，价格为零售价。

（5）自媒体网络平台发布。这种方式主要是向游客发布，价格为零售价。旅行社要紧跟自媒体迅速发展的脚步，不断充实网络发布途径，通过微信公众号、朋友圈、官方网站、直播、短视频等渠道发布产品。

（二）销售渠道

出境旅游线路产品的销售渠道很多，传统方式为门市、报纸等，但现在网站、微信等网络媒体正逐渐成为主流渠道。

1. 报纸广告

纸质广告是旅行社较早采取的传统的销售方式。旅行社通过当地主流报纸、旅游周刊发布旅游广告信息，客人或代理商通过广告选择自己感兴趣的旅游线路产品，然后打电话或者面对面咨询，出境组团计调员给客人或代理商提供线路的行程报价、回答客人或代理商提出的问题（如出境旅游线路产品的特点、价格、游览目的地城市、景点、游览时间，车船交通所需时间、舒适度等级、旅游地食宿标准、是否购物、购物内容、有否其他额外花费等）。因为纸质广告版面有限，计调员在制作广告时应该特别注意，要在有限的空间内尽量突出线路特色，最大限度地提高线路产品对客人的吸引力。

随着网络特别是移动网络的快速发展，网络媒体已取代传统媒体成为广告传播的主要载体，报纸作为传统媒体曾经的代表已经开始衰落。在这种情况下，旅行社通过报纸进行产品宣传的情况已越来越少。

2. 网络销售

网络销售已经取代平面媒体销售。出境计调员通过自媒体网络平台，如公司网站、微信（朋友圈、公众号、视频号）、微博、直播、短视频等发布旅游线路产品信息，包括旅游线路的行程、价格、出发日期、特色、友情提示等，让客人对线路有更详尽、更直观的了解。网络的行程报价时效性强，计调员要及时更新。网络销售越来越成为便捷和廉价的销售渠道，计调员应好好利用网络资源，全方位地展示旅游产品。

3. 门市直销

规模较大的出境旅行社一般设有一定数量的门市，通过门市直接招徕出境游客。由于出境旅游办理签证需要填写表格、提交材料，相比国内旅游复杂许多，门市的面对面服务具有一定的优势，仍不失为出境旅游产品的有效销售途径。

4. 同业销售

出境组团计调员应该多与其他旅行社联系，做好同业销售工作。及时将旅游产品及同业报价发给其他旅行社，增加并扩大产品的宣传和销售渠道与销售网络，开发并形成与直客营销并行的代理销售模式，便于提高成团率，降低提前预订大交通等带来的经营风险。在同一地区与有组团资格的同业旅行社加强联系与合作，联合拼团是目前业界的一种较为普遍的、富有成效的合作模式。

5. 专职销售人员销售

报纸广告、网络销售、电话销售等主要是以出境组团计调员为主的销售方式。如果旅行社设立专门的销售部，那么销售部人员也是旅游产品销售的重要组成部分。在这样的旅行社中，出境组团计调员一方面自己销售旅游产品，另一方面要做好对于销售人员的指导、沟通和支持，这样可使销售人员对出境旅游产品有更多更详细的了解，掌握签证、航班、境外地接安排等相关情况，从而使销售人员更好地发挥销售技能，提高销售效率。对单位组团来讲，销售人员是业务的主要来源，最了解客户的需求，出境组团计调更是要积极支持销售人员开展业务，尽快报价，及时告知销售人员签证、航班预订等项目的办理进度，以便销售人员有更强的竞争能力和服务水平，能更好地完成销售计划。

四、收取参团资料

（一）客人证件的办理

中国公民参加出境旅游团队，需办理相关的出行证件。

出境证件包括：护照、往来港澳通行证、往来台湾通行证。出境证件的办理是游客出境旅游的第一步。

（1）首次申请出境证件，申请人须由本人持身份证、户口本原件及复印件、照片等材料到户口所在地市（县）公安局出入境管理处（科）申请办理（具体规定和要求见《中国公民因私出国护照办理须知》。自2009年始，允许申请人在工作单位所在市县申请办理护照等手续。各地公安机关的办证手续存在不同，请具体依照当地规定执行。

（2）换发补发出境证件，国家移民管理局2024年4月28日发布新政策：为进一步便利广大申请人，国家移民管理局决定自2024年5月6日起，在北京、天津、沈阳、哈尔滨、上海、南京、杭州、宁波、合肥、厦门、济南、青岛、郑州、广州、深圳、珠海、重庆、成都、昆明、西安20个城市，试点实施换发补发出入境证件"全程网办"，无须前往公安局出入境处（科）。这里的出入境证件指：普通护照、往来港澳通行证、往来台湾通行证。

（3）前往中国港澳特别行政区旅游的游客，需要办理往来港澳地区通行证（往来港澳通行证有效期5年和10年两种，申请人16周岁以下为5年，16周岁以上为10年。G签注的有效期是1年、逗留不超过7天）；前往中国台湾地区旅游的客人，办理往来台湾通行证（往来台湾通行证的有效期是5年和10年两种，申请人16周岁以下为5年，16周岁以上为10年。G签注的有效期是6个月、逗留不超过15天）；前往其他国家和地区旅游需要办理因私护照（因私护照有效期分为5年和10年两种，申请人16周岁以下为5年，16周岁以上为10年；公务护照和外交护照有效期是5年），办理时间大中城市一般为10~15个工作日，其他非省会城市（直辖市）时间略长。出境组团计调员应熟练掌握各种证件的办理手续，以便为游客提供相关咨询服务和准确安排操作流程。

（二）审验收取参团资料

1. 审验收取客人报名资料

出境旅游目的地不同，所需要的签证材料不尽一致，但是出境组团计调员在收取客人的参团材料时，一般本着越详细越好的原则进行。计调员所收取的材料一般如下：

①申请人有效护照：一般情况下，申请人必须提供有效期六个月以上的护照原件，但有些国家如美国、加拿大等需要1年以上有效期方可进入。护照的最后一页必须由本人签字；如果是换发的护照还要提供旧护照；有拒签史的客人，要提供拒签说明。

②客人本人填写团体旅游用签证申请书（表）相关资料（见示范材料4-1），要用签字笔填写，整洁美观，签名处一定要由客人本人签名。

③在职人员须提供材料：加盖公章的公司营业执照复印件，公司提供的在职证明；机关事业单位工作人员提供法人代码证复印件和在职证明。在职证明规定用单位抬头纸，内容包括申请人的姓名、性别、出生日期、年龄、护照号码、从何时起在公司任职、现任职务、年收入情况、对员工遵守旅游目的地法律法规及按期归国的保证等，在职证明需加盖公司公章。

④申请人户口簿原件及复印件（原件经确认后退还）。

⑤申请人身份证原件及复印件（原件经确认后退还）。

⑥申请人照片纸质版及电子版（有的国家只需要纸质版，有的国家只需要电子版，有的国家两者都要，个别国家不需要照片），照片的一般要求为：2寸免冠彩照2张（6个月以内照片，背景是白色，相面要清晰，不能磨损，面部及头部不能遮挡，眼镜不能反光，脸部不能有油光，不能戴首饰，不能戴美瞳，不能张嘴露牙齿等。具体每个国家对照片的要求不同，以各国领事馆官方网站为准），客人要在照片背面签名。

⑦申请人银行存款证明原件及复印件（包括股票、基金、分红、理财等资产都可以）。近一年的工资流水。

⑧申请人房产证车产证原件及复印件（原件经确认后退还）。

⑨学生须提供学校的学生证或者在校证明。

⑩退休人员申请时须提供退休证复印件。

⑪申请人须提供本人名片、工作证或工牌、家庭合影（例如美签需要）、旧护照上的出国记录、公司简介及缴税税单、职业证书或荣誉证书等。夫妻参团须提供结婚证复印件，夫妻一方办理签证，可以使用夫妻共有资产（提供结婚证复印件）。

⑫关于保证金。美国、加拿大签证都是个签，不管是单独办理签证还是随团旅游，都不需要交纳保证金。申根国、英国、澳大利亚、新西兰签证，随团旅游，根据客人材料情况来决定客人是否需要交纳保证金，一般每人10万~20万元（一般在送签之前上交）。日本、韩国、新加坡等亚洲国家团队签证不需要交纳保证金。

⑬关于亲属关系公证、认证。申根国家，未成年人出行或者成年人需要别人出资的情况下（例如在校大学生无业），需要到公证处办理亲属关系公证、认证。

备注：以上所列签证材料，每个国家的要求不同，具体以各国领事馆官方网站公布为准。各国领事馆所需要的签证材料并不是一成不变的，会根据国际关系、签证情况等随时做出调整，所以出境组团计调员要经常关注各国领事馆官方网站，及时收取准确合格的签证材料。出境组团计调员在留存客人上交的资料时，要给客人写收到证明。所送使馆资料一律使用A4纸复印，以上相关资料复印件要存档。

2. 出境计调员对于客人报名工作的注意事项

（1）客人填写签证申请表时，出境组团计调员要提醒客人所填写的内容一定要属实，要求客人签名确认，对送签材料的真实性负责。

（2）出境组团计调员要严格审核客人材料是否符合要求。对于证件的审核要仔细认真、严格把关、细心规范，这是出境业务操作中至关重要的一步。

①护照的审查：出境计调员要认真仔细查验护照。要对照客人报名材料中的身份证、户口簿等资料，对护照首页内容进行核实，看看护照上的内容与身份证、户口簿等内容是否一致；查验完毕，计调员要将客人的有效证件复印后存档，将护照进行登记并妥善保管，以确保证件在受控状态下交接和使用。一般情况下，参团客人的护照有效期要求在半年以上，这是使领馆受理签证的前提条件。如不足半年，出境计调员要告诉客人有关规定，并请客人尽快到出入境管理局申请换发新护照。

对前往欧洲、大洋洲、美洲等地旅游的客人，查验护照时计调员要注意对照客人填写的"签证申请表"，检查客人的"出境记录"和"拒签记录"，看客人的填写内容是否真实、准确。将"有些国家对于没有出境记录的客人签证率较低""如客人隐瞒或者遗忘自己及直系亲属的拒签记录会造成拒签"等情况向客人说明。

②往来中国港澳地区通行证的查验：要对照客人报名材料中的身份证、户口簿，进行通行证首页内容的核对。如果上述内容与身份证、户口簿等内容一致，计调员将客人的有效证件复印后存档。

要查验客人往来中国港澳签注（贴纸）、有效期和种类。团队旅游L是未开放自由行的地区公安部门发放的签注类型，即游客须随组团社参团赴港澳旅游，参团人数不得少于5人（含领队），凭《内地居民赴香港澳门特别行政区旅游团队名单表》和往来港澳通行证由领队带领在开放口岸出境赴港澳地区旅游，团进团出；个人旅游G是开放自由行的地区公安部门发放的签注类型，游客持往来港澳通行证在开放口岸自行出境赴港澳地区旅游。

③往来台湾通行证的查验：与港澳通行证所不同的是，赴台湾旅游除了往来中国台湾通行证及签注外，按照现行规定，赴台游客还必须在有赴台游资质的旅行社报名旅游，办理入台证。

计调员要对客人报名材料中的身份证、户口簿、通行证首页内容进行核对，核对无误后，将客人的有效证件复印存档。

（3）注意检查客人照片是否为2寸白底彩照。因为偶有客人不了解出境旅游办理手续中对照片的有关要求，提交不合格的照片。

（4）其他材料也要严格审核，确认其真实、准确、一致。根据参团客人年龄、职业、婚姻状况的不同，提醒客人备齐其他所需资料。如70岁以上老人，欧洲、美洲、大洋洲等地使馆要求提供指定医院的体检证明；对于儿童，申根国家签证要提供亲属关系公证书和其他相关公证书等。

（5）告知客人如果使馆拒签，签证费等相关手续费用由客人承担。

☞ **示范材料 4-1**

美国旅游签证报名表

个人信息					
姓　名		姓名拼音		曾用名	
国　籍		性　别		婚姻状况	
出生地	省　　　市	出生日期		身份证	
护照号码		护照签发地	省　　　市	护照签发日	
家庭地址（含门牌号）	（所填地址最好以所提供房产证为准，若有多处房产，请以平方米最多的"住宅"用房为准）	护照到期日			
邮　编		家庭电话		手机号码	
电子邮件		谁提供费用			
家庭信息					

亲属关系	姓　名		出生日期	出生地（省、市）	现住址（省、市）
申请人父亲	中文：				
	拼音：				
申请人母亲	中文：				
	拼音：				
申请人配偶（若离异也请填写，并请提供婚姻起止时间：年月日至年月日）	中文：				
	拼音：				

教育信息（列出您所有曾经就读的学校信息）

起	止	学校	学历/学位	所学专业
年　　月	年　　月	名称： 地址：　　邮编：	高中	
年　　月	年　　月	名称： 地址：　　邮编：	大学	

续表

年　月	年　月	名称： 地址：　　邮编：	硕士研究生	
工作信息（若单位或学校有固定的英文名称，请如实填写相应的英文）				
现工作单位或学校名称		单位或学校地址		
邮编		单位电话		
月收入		单位传真		
本人职务		负责人姓名		
负责人电话		负责人职务		
如果您近五年内工作单位有所变动，请如实填写您曾经工作过的单位信息				
单位1				
名称：			邮编：　　电话：	
地址：			本人职位：	
雇用时间：　年至　年			主管姓名：	
单位2				
名称：			邮编：　　电话：	
地址：			本人职位：	
雇用时间：　年至　年			主管姓名：	

其他信息

1. 除父母以外，您是否有其他亲属在美国？（有　无）

若有，请提供以下信息：姓名：　　与您的关系：

在美身份：美国公民 / 美国合法永久居民 / 非移民 / 其他（请选择一项）

在美国的详细地址：　　联系电话：

2. 您是否申请过赴美旅游，探亲或商务签证？（因公 / 因私）是　否

是否获得签证？是　否

若获得签证请提供签证签发时间：签证号码：　　　；

若未申请到签证，请提供当时申请签证的时间：＿＿年　月　日；申请地点签证类型

3. 您是否去过美国？（因公 / 因私）是　否，日期及停留时间：＿＿＿＿＿＿＿天

4. 您此次赴美国陪同人员：

5. 您此次赴美国的目的：

6. 最近五年您是否去过其他国家？若去过，请列出：

7. 您的护照是否曾经遗失或被盗？是　否　若丢失，请提供旧护照号：＿＿＿＿

申请人签名　　年　月　日

美国旅游签证须知

一、提交报名材料

（1）填写完整准确的美国旅游签证报名表；

（2）有效护照（有效期必须在半年以上）首页复印件；

（3）身份证正反面复印件；

（4）美国签证专用照片 51mm×51mm 白底方形彩照（电子版照片及纸质照片一张）。

二、填写表格并预约面谈时间

（1）本公司根据申请人所提交报名资料进行审核、确认信息无误后，将申请人信息上传美国大使馆数据库，并生成确认页条形码（一般需 2~3 个工作日进行操作，繁忙时可能会延长），上传之后此数据不可修改。请申请人填写报名表的时候一定要注意真实性、准确性，否则因更改数据带来的后果由申请人自行承担；

（2）预约面谈时间。

三、本公司在确定面谈时间后，会通知您签证面谈具体时间和面谈说明会的时间，接到面谈通知后请按照以下清单详细准备材料，并在您前来参加面谈说明会和去使/领馆面谈时携带以下原件资料

（1）身份证原件；

（2）全家户口簿原件；

（3）结婚证原件（如离异请准备协议书/离婚证）及全家福照片一张；

（4）银行历史存折、历史存单：存折、存单请务必提供半年或以上时间前存入的，临时存储的存单不能充分证明是您本人的资产；

（5）房产证，汽车行驶证或股票交割单，有价证券以及其他能说明个人财产状况的原件资料，这部分资料务必能充分证明您的资产状况；

（6）若您是在职员工，请提供公司营业执照副本复印件（加盖公章）或事业机关组织机构代码证复印件（加盖公章）；若您是企业法人，请提供公司营业执照或组织机构代码证原件、公司简介及缴税税单、公司介绍资料或公司登在报纸、杂志或网上等能说明公司经营状况及规模、影响力的相关资料；

（7）工作证，工作名片，在职证明（说明职务、工作年限、收入）；

（8）能证明本人身份的职业证书或荣誉证书或照片；

（9）如您有出国的经历，请携带当时的护照及签证原件（无原件带复印件），同时提供一些当时境外的照片，尤其是有加拿大、日本、韩国等发达国家的出国经历的。

四、相关说明

（1）申请人提供材料请务必详尽、真实；因申请人提供虚假材料导致拒签或引起其他问题，责任由申请人本人负责；

（2）请申请人在签证当日务必注意着装及形象，良好的形象及精神面貌有利于您顺利获得签证。

> **"计调事"分享**

材料审核不认真，损失惨重

[事实] 某旅行社出境计调员接待赴日本旅游客人报名。客人是三位女性A、B、C。她们自称是同一个公司的员工，是公司奖励旅游，并提供了盖有公司公章的在职证明，所提交的材料看起来很齐全、符合要求。当时提交的都是复印件，计调员也没有要求审核原件。三人当中只有A、B两人和计调员见过面，虽然计调员曾要求C到公司面谈，但是C始终都没有露面。因为是公司奖励旅游，计调员同意可以由公司出具担保函，盖公司公章，三个人不需要交纳保证金。而且工作人员在做意见书的时候也没有到A、B、C三人所在公司确认其身份的真实性。因客人C一直未到旅行社来见面，工作人员觉得单凭由公司出具担保函不太稳妥，于是又要求A、B、C三人每人交纳保证金50000元。三人的签证顺利签出，团队正常出发，结果在到达日本的第一天晚上，客人A、C失踪，没有拿自己的护照，私自滞留日本。领队和日方导游第二天早上报警，之后的几天团队按行程正常游览，而A、C两人始终没有找到。团队回国之后，旅行社向日本使馆就A、C两人滞留日本不归事件进行说明，同时向边防出入境检查部门缴纳罚金，向日方旅行社支付赔偿金。此事件不仅影响该旅行社在日本大使馆的信誉，出境旅行社在经济上也蒙受很大损失。事后经旅行社调查得知，A、B、C三人在职证明和担保函上盖的都是伪造公章，该公司并不知情。

[启示]

（1）该案例中旅行社出境计调员的最大失误在于没有核实客人资料和身份的真实性。规范操作应当通过打电话或其他方式查询确认落实客人的工作单位以及客人提供的其他材料的真实性。

（2）案例中虽然旅行社计调员要求客人到公司见面，但客人始终都没有出现。这足以引起旅行社计调员的警惕。遗憾的是即使出现这种情况，计调员也只是收取了客人材料的复印件，并没有要求审查客人资料的原件，给客人以可乘之机，也是工作的一个重大失误。

（3）审核确认客人资料的真实完善是出境计调工作的重要组成部分，具有不可替代性和无法弥补的特点，并决定着其他后续签证、组团、发团工作的顺利进行。否则因为审核不严，落实不细，不按规范操作，一旦发生类似失踪事件，外国使馆会按规定进行扣分处罚，旅行社在该使馆的信誉受到很大影响，对以后出境旅游业务的开展也颇为不利，同时失踪事件也会使旅行社在经济上蒙受很大损失，百害而无一利。所以旅行社工作人员在客人材料审查方面一定不能松懈。

（4）计调员进行资料审核后，要准确排除材料不合格人员及可疑滞留人员，及时补充其他客人，掌握每位客人的基本情况，预估送签团队的出签率和出机票率，保证成团人数和接待计划下达的准确率，确保团队价格基本不变。

五、指导出境旅游合同签订

出境计调员收齐客人材料并审验无误之后，在客人自愿的情况下，与客人签订中国公民出境旅游合同。

在合同正式签订之前，出境组团计调员要提醒游客合同一经签订具有法律效力，一定告知客人先通读合同内容,所填写的合同内容不得有错误或模棱两可的地方。

合同签订之后,计调员将客人所交团款交至财务处,开出发票交给客人。出境组团计调员跟客人签订的出境旅游合同文本见"示范材料4-2"。

示范材料 4-2

GF-2010-2401
团队出境旅游合同
(示范文本)

国　家　旅　游　局
制定
国家工商行政管理总局

使　用　说　明

1. 本合同为示范文本,供中华人民共和国境内(不含港、澳、台地区)经营出境旅游业务的旅行社(以下简称"出境社")与出境旅游者(以下简称"旅游者")之间签订团队出境旅游(不含赴台湾地区旅游)合同时使用。

2. 双方当事人应当结合具体情况选择本合同协议条款中所提供的选择项,空格处应当以文字形式填写完整。

3. 双方当事人可以书面形式对本示范文本内容进行变更或者补充。变更或者补充的内容,不得减轻或者免除应当由出境社承担的责任。

4. 本示范文本由国家旅游局和国家工商行政管理总局共同制定、解释,在全国范围内推行使用。

团队出境旅游合同

合同编号：_____

旅游者：_____等____人(名单可附页,需出境社和旅游者代表签字盖章确认);

出境社：_____；

旅行社业务经营许可证编号：_____。

第一章　定义和概念

第一条　本合同词语定义

1. 出境社,指取得《旅行社业务经营许可证》和《企业法人营业执照》,具有出境旅游业务经营权的旅行社。

2. 旅游者,指与出境社签订出境旅游合同,参加出境旅游活动的中国内地居民及在中国内地的外国人、在内地的香港特别行政区、澳门特别行政区居民和在大陆的台湾地区居民或者团体。

3. 出境旅游服务,指出境社依据《旅行社条例》等法律法规,组织旅游者出国及赴港、澳地区等旅游目的地旅游,代办旅游签证/签注,代订公共交通客票,安排餐饮、住宿、游览等服务活动。

4. 旅游费用，指旅游者支付给出境社，用于购买出境旅游服务的费用。

旅游费用包括：

（1）必要的签证/签注费用（旅游者自办的除外）；

（2）交通费（含境外机场税）；

（3）住宿费；

（4）餐费（不含酒水费）；

（5）出境社统一安排的景区景点的第一道门票费；

（6）行程中安排的其他项目费用；

（7）导游服务费和出境社、境外接待旅行社（简称"地接社"）等其他服务费用。

旅游费用不包括：

（1）旅游证件的费用和办理离团的费用；

（2）旅游者投保的个人旅游保险费用；

（3）合同约定另行付费项目的费用；

（4）合同未约定由出境社支付的费用，包括但不限于行程以外非合同约定项目所需的费用、自行安排活动期间发生的费用；

（5）境外小费；

（6）行程中发生的旅游者个人费用，包括但不限于交通工具上的非免费餐饮费、行李超重费，住宿期间的洗衣、通信、饮料及酒类费用，个人娱乐费用，个人伤病医疗费，寻找个人遗失物品的费用及报酬，个人原因造成的赔偿费用。

5. 购物场所，指行程中安排的、专门或者主要以购物为活动内容的场所。

6. 自由活动，指《旅游行程计划说明书》中安排的自由活动。

7. 自行安排活动期间，指《旅游行程计划说明书》中安排的自由活动期间、旅游者不参加旅游行程活动期间、每日行程开始前、结束后旅游者离开住宿设施的个人活动期间、旅游者经领队或者导游同意暂时离团的个人活动期间。

8. 旅行社责任保险，指以旅行社因其组织的旅游活动对旅游者和受其委派为旅游者提供服务的人员依法应当承担的赔偿责任为保险标的的保险。

9. 旅游者投保的个人旅游保险，指旅游者自己购买或者通过旅行社、航空机票代理点、景区等保险代理机构购买的以旅行期间自身的生命、身体、财产或者有关利益为保险标的的短期保险，包括但不限于航空意外险、旅游意外险、紧急救援保险、特殊项目意外险。

10. 离团，指团队旅游者在境外经领队同意不随团队完成约定行程的行为。

11. 脱团，指团队旅游者在境外未经领队同意脱离旅游团队，不随团队完成约定行程的行为。

12. 转团，指由于低于成团人数，出境社征得旅游者书面同意，在出发前将旅游者转至其他旅行社所组的出境旅游团队的行为。

13. 拼团，指出境社在保证所承诺的服务内容和标准不变的前提下，在签订合同时经旅游者同意，与其他出境社招徕的旅游者拼成一个团统一安排旅游服务的行为。

14. 不可抗力，指不能预见、不能避免并不能克服的客观情况，包括但不限于因自然原因和社会原因引起的，如自然灾害、战争、恐怖活动、动乱、骚乱、罢工、突发公共卫生事件、政府行为。

15.意外事件，指因当事人故意或者过失以外的偶然因素引发的事件，包括但不限于重大礼宾活动导致的交通堵塞、列车航班晚点、景点临时不开放。

16.业务损失费，指出境社因旅游者行前退团而产生的经济损失。包括乘坐飞机（车、船）等交通工具的费用（含预订金）、旅游签证/签注费用、饭店住宿费用（含预订金）、旅游观光汽车的人均车租等已发生的实际费用。

17.黄金周，指通过调休将春节、"十一"等3天法定节日与前后公休日相连形成通常为7天的公众节假日。

第二章　合同的签订

第二条　旅游行程计划说明书

出境社应当提供带团号的《旅游行程计划说明书》（以下简称《计划书》），经双方签字或者盖章确认后作为本合同的组成部分。《计划书》应当对如下内容作出明确的说明：

（1）旅游行程的出发地、途经地、目的地，线路行程时间（按自然日计算，含乘飞机、车、船等在途时间，不足24小时以一日计）；

（2）旅游目的地地接旅行社的名称、地址、联系人和联系电话；

（3）交通服务安排及其标准（明确交通工具及档次等级、出发时间以及是否需中转等信息）；

（4）住宿服务安排及其标准（明确住宿饭店的名称、地址、档次等级及是否有空调、热水等相关服务设施）；

（5）用餐（早餐和正餐）服务安排及其标准（明确用餐次数、地点、标准）；

（6）出境社统一安排的游览项目的具体内容及时间（明确旅游线路内容包括景区点及游览项目名称、景区点停留的最少时间）；

（7）自由活动次数和时间；

（8）购物安排（出境社安排的购物次数不超过行程日数的一半，并同时列明购物场所名称、停留的最多时间及主要商品等内容）；

（9）行程安排的娱乐活动（明确娱乐活动的时间、地点和项目内容）；

（10）另行付费项目（如有安排，出境社应当在签约时向旅游者提供《境外另行付费项目表》，列明另行付费项目的价格、参加该另行付费项目的交通费和导游服务费等，由旅游者自愿选择并签字确认后作为本合同的组成部分，另行付费项目应当以不影响计划行程为原则）。

《计划书》用语须准确清晰，在表明服务标准用语中不应当出现"准×星级""豪华""仅供参考""以××为准"和"与××同级"等不确定用语。

第三条　签订合同

旅游者应当认真阅读本合同条款、《计划书》和《境外另行付费项目表》，在旅游者理解本合同条款及有关附件后，出境社和旅游者应当签订书面合同。

第四条　旅游广告及宣传品

出境社的旅游广告及宣传品应当遵循诚实信用的原则，其内容符合《中华人民共和国民法典》要约规定的，视为本合同的组成部分，对出境社和旅游者双方具有约束力。

第五条　合同效力

本合同一式两份，双方各持一份，具有同等法律效力，自双方当事人签字或者盖章之日起生效。

第三章　合同双方的权利义务

第六条　出境社的权利

1. 根据旅游者的身体健康状况及相关条件决定是否接纳旅游者报名参团。
2. 核实旅游者提供的相关信息资料。
3. 按照合同约定向旅游者收取全额旅游费用。
4. 旅游团队遇紧急情况时，可以采取紧急避险措施并要求旅游者配合。
5. 拒绝旅游者提出的超出合同约定的不合理要求。

第七条　出境社的义务

1. 按照合同和《计划书》约定的内容和标准为旅游者提供服务。
2. 在出团前召开说明会，把根据《计划书》细化的《行程表》和《行程须知》发给旅游者，如实告知具体行程安排和有关具体事项，具体事项包括但不限于所到国家或者地区的重要规定和风俗习惯、安全避险措施、境外小费标准、外汇兑换事项、应急联络方式（包括我驻外使领馆及出境社境内和境外应急联系人及联系方式）。
3. 为旅游团队安排符合《旅行社条例》《中国公民出国旅游管理办法》等法规、规章规定的持证领队人员。
4. 妥善保管旅游者提交的各种证件。
5. 为旅游者发放用中英文固定格式书写、由旅游者填写的载明个人信息的安全保障卡（包括旅游者的姓名、国籍、血型、应急联络方式等）。
6. 对可能危及旅游者人身、财产安全的事项和须注意的问题，向旅游者作出真实的说明和明确的警示，并采取合理必要的措施防止危害发生，旅游者人身、财产权益受到损害时，应采取合理必要的保护和救助措施，避免旅游者人身、财产权益损失扩大。
7. 按照相关法规、规章的规定投保旅行社责任保险。
8. 提示旅游者购买个人旅游保险。
9. 按照合同约定安排购物和另行付费项目，不强迫或者变相强迫旅游者购物和参加另行付费项目。
10. 旅游者在《计划书》安排的购物场所所购物品系假冒伪劣商品时，旅游者提出索赔的，积极协助旅游者进行索赔，自索赔之日起超过90日，旅游者无法从购物点获得赔偿的，应当先行赔付。
11. 向旅游者提供合法的旅游费用发票。
12. 依法对旅游者个人信息保密。
13. 积极协调处理旅游者在旅游行程中的投诉，出现纠纷时，采取适当措施防止损失扩大。
14. 采用拼团方式出团的，出境社仍承担本合同约定的责任和义务。

第八条　旅游者的权利

1. 要求出境社按照合同和《计划书》及依据《计划书》细化的《行程表》兑现旅游行程服务。

2. 拒绝出境社及其工作人员未经事先协商一致的转团、拼团行为和合同约定以外的购物及另行付费项目安排。

3. 在支付旅游费用时要求出境社开具发票。

4. 在合法权益受到损害时向旅游、工商等部门投诉或者要求出境社协助索赔。

5. 《中华人民共和国消费者权益保护法》和有关法律法规赋予消费者的其他各项权利。

第九条　旅游者的义务

1. 如实填写《出境旅游报名表》、签证/签注资料和游客安全保障卡，并对所填的内容承担责任，如实告知出境社工作人员询问的与旅游活动相关的个人健康信息，所提供的联系方式须是经常使用或者能够及时联系到的。

2. 向出境社提交的因私护照或者通行证有效期在半年以上，自办签证/签注者应当确保所持签证/签注在出游期间有效。

3. 按照合同约定支付旅游费用。

4. 按照合同约定随团完成旅游行程，配合领队人员的统一管理，发生突发事件时，采取措施防止损失扩大。

5. 遵守我国和旅游目的地国家（地区）的法律法规和有关规定，不携带违禁物品出入境，不在境外滞留不归。

6. 遵守旅游目的地国家（地区）的公共秩序，尊重当地的风俗习惯，尊重旅游服务人员的人格，举止文明，不在景观、建筑上乱刻乱画，不随地吐痰和乱扔垃圾，不参与色情、赌博和涉毒活动。

7. 妥善保管自己的行李物品，尤其是贵重物品。

8. 行程中发生纠纷时，本着平等协商的原则解决，采取适当措施防止损失扩大，不采取拒绝登机（车、船）等行为拖延行程或者脱团。

9. 在自行安排活动期间，应当在自己能够控制风险的范围内选择活动项目，并对自己的安全负责。

10. 在合法权益受到损害要求出境社协助索赔时，提供合法有效的凭据。

第四章　合同的变更与转让

第十条　合同的变更

1. 出境社与旅游者双方协商一致，可以变更本合同约定的内容，但应当以书面形式由双方签字确认。由此增加的旅游费用及给对方造成的损失，由变更提出方承担；由此减少的旅游费用，出境社应当退还旅游者。

2. 因不可抗力或者意外事件导致无法履行或者继续履行合同的，出境社可以在征得团队50%以上成员同意后，对相应内容予以变更。因情况紧急无法征求意见或者经征求意见无法得到50%以上成员同意时，出境社可以决定内容的变更，但应当就作出的决定提供必要的证明。

3. 在行前遇到不可抗力或者意外事件的，双方经协商可以取消行程或者延期出行。取消行程的，出境社向旅游者全额退还旅游费用（已发生的签证/签注费用可以扣除）。已发生旅游费用的，应当由双方协商后合理分担。

4. 在行程中遇到不可抗力导致无法继续履行合同的，出境社按本条第2款的约定实施变更后,将未发生的旅游费用退还旅游者,增加的旅游费用,应当由双方协商后合理分担。

5.在行程中遇到意外事件导致无法继续履行合同的,出境社按本条第2款的约定实施变更后,将未发生的旅游费用退还旅游者,因此增加的旅游费用由提出变更的一方承担(但因紧急避险所致的,由受益方承担)。

第十一条 合同的转让

经出境社书面同意,旅游者可以将其在合同中的权利和义务转让给符合出游条件的第三人,因此增加的费用由旅游者承担,减少的费用由出境社退还旅游者。

第十二条 不成团的安排

当低于成团人数不能成团时,旅游者可以与出境社就如下安排在本合同第二十二条中作出约定。

1.转团:出境社可以在保证所承诺的服务内容和标准不降低的前提下,事先征得旅游者书面同意,将旅游者转至其他出境社所组的出境旅游团队,并就受让出团的出境社违反本合同约定的行为先行承担责任,再行追偿。旅游者和受让出团的出境社另行签订合同的,本合同的权利义务终止。

2.延期出团和改签线路出团:出境社征得旅游者书面同意,可以延期出团或者改签其他线路出团,需要时可以重新签订旅游合同,因此增加的费用由旅游者承担,减少的费用出境社予以退还。

第五章 合同的解除

第十三条 不同意转团、延期出团和改签线路的合同解除

低于成团人数不能成团时,旅游者既不同意转团,也不同意延期和改签其他线路出团的,视为出境社解除合同,按本合同第十四条、第十六条第1款的相关约定处理。

第十四条 行程前的合同解除

旅游者和出境社在行前可以书面形式提出解除合同。在出发前30日(按出发日减去解除合同通知到达日的自然日之差计算,下同)以上(不含第30日)提出解除合同的,双方互不承担违约责任。出境社提出解除合同的,全额退还旅游费用(不得扣除签证/签注费用);旅游者提出解除合同,如已办理签证/签注的,应当扣除签证/签注费用。出境社应当在解除合同的通知到达日起5个工作日内,向旅游者退还旅游费用。

旅游者或者出境社在出发前30日以内(含第30日,下同)提出解除合同的,由提出解除合同的一方承担违约责任。

第十五条 行程中的合同解除

1.旅游者未按约定时间到达约定集合出发地点,也未能在出发中途加入旅游团队的,视为旅游者解除合同,按照本合同第十七条第1款的相关约定处理。

2.旅游者在行程中脱团的,出境社可以解除合同。旅游者不得要求出境社退还旅游费用,如给出境社造成损失的,应当承担相应的赔偿责任。

第六章 违约责任

第十六条 出境社的违约责任

1.出境社在出发前30日以内(含第30日,下同)提出解除合同的,向旅游者退还全额旅游费用(不得扣除签证/签注等费用),并按下列标准向旅游者支付违约金:

出发前 30 日至 15 日，支付旅游费用总额 2% 的违约金；
出发前 14 日至 7 日，支付旅游费用总额 5% 的违约金；
出发前 6 日至 4 日，支付旅游费用总额 10% 的违约金；
出发前 3 日至 1 日，支付旅游费用总额 15% 的违约金；
出发当日，支付旅游费用总额 20% 的违约金。

如上述违约金不足以赔偿旅游者的实际损失，出境社应当按实际损失对旅游者予以赔偿。

出境社应当在取消出团通知到达日起 5 个工作日内，向旅游者退还全额旅游费用并支付违约金。

2. 出境社未按合同约定提供服务，或者未经旅游者同意调整旅游行程（本合同第十条第 2 款规定的情形除外），造成项目减少、旅游时间缩短或者标准降低的，应当采取措施予以补救，未采取补救措施或者已采取补救措施但不足以弥补旅游者损失的，应当承担相应的赔偿责任。

3. 出境社领队或者境外导游未经旅游者签字确认安排本合同约定以外的另行付费项目的，应当承担擅自安排的另行付费项目费用；擅自增加购物次数，每次按旅游费用总额 10% 向旅游者支付违约金；出境社强迫或者变相强迫旅游者购物的，每次按旅游费用总额的 20% 向旅游者支付违约金。

4. 出境社违反合同约定在境外中止对旅游者提供住宿、用餐、交通等旅游服务的，应当负担旅游者在被中止旅游服务期间所订的同等级别的住宿、用餐、交通等必要费用，并向旅游者支付旅游费用总额 30% 的违约金。如果因此给旅游者造成其他人身、财产损害的，出境社还应当承担损害赔偿责任。

5. 出境社未经旅游者同意，擅自将旅游者转团、拼团的，旅游者在出发前（不含当日）得知的，有权解除合同，出境社全额退还已交旅游费用，并按旅游费用总额的 15% 支付违约金；旅游者在出发当日或者出发后得知的，出境社应当按旅游费用总额的 25% 支付违约金。如违约金不足以赔偿旅游者的实际损失，出境社应当按实际损失对旅游者予以赔偿。

6. 与旅游者出现纠纷时，出境社应当积极采取措施防止损失扩大，否则应当就扩大的损失承担责任。

第十七条 旅游者的违约责任

1. 旅游者在出发前 30 日内（含第 30 日，下同）提出解除合同的，应当按下列标准向出境社支付业务损失费：
出发前 30 日至 15 日，按旅游费用总额 5%；
出发前 14 日至 7 日，按旅游费用总额 15%；
出发前 6 日至 4 日，按旅游费用总额 70%；
出发前 3 日至 1 日，按旅游费用总额 85%；
出发当日，按旅游费用总额 90%；

如按上述比例支付的业务损失费不足以赔偿出境社的实际损失，旅游者应当按实际损失对出境社予以赔偿，但最高额不应当超过旅游费用总额。

出境社在扣除上述业务损失费后，应当在旅游者退团通知到达日起 5 个工作日内向旅游者退还剩余旅游费用。

2. 因不听从出境社及其领队的劝告而影响团队行程，给出境社造成损失的，应当承担相应的赔偿责任。

3. 旅游者超出本合同约定的内容进行个人活动所造成的损失，由其自行承担。

4. 由于旅游者的过错，使出境社遭受损害的，应当由旅游者赔偿损失。

5. 与出境社出现纠纷时，旅游者应当积极采取措施防止损失扩大，否则应当就扩大的损失承担责任。

第十八条 其他责任

1. 因旅游者提供材料存在问题或者自身其他原因被拒签、缓签、拒绝入境和出境的，相关责任和费用由旅游者承担，出境社将未发生的费用退还旅游者。如给出境社造成损失的，旅游者还应当承担赔偿责任。

2. 由于第三方侵害等不可归责于出境社的原因导致旅游者人身、财产权益受到损害的，出境社不承担赔偿责任。但因出境社不履行协助义务致使旅游者人身、财产权益损失扩大的，应当就扩大的损失承担赔偿责任。

3. 旅游者自行安排活动期间人身、财产权益受到损害的，出境社在事前已尽到必要警示说明义务且事后已尽到必要协助义务的，出境社不承担赔偿责任。

第七章 协议条款

第十九条 旅游时间

出发时间，结束时间；共 天 夜。

第二十条 旅游费用及支付

（旅游费用以人民币为计算单位）

成人 元/人；儿童（不满12岁的） 元/人；

合计 元（其中签证/签注费用 元/人）。

旅游费用支付的方式和时间_____。

第二十一条 个人旅游保险

旅游者_____（同意或者不同意，打钩无效）委托出境社办理旅游者投保的个人旅游保险。

保险产品名称：

保 险 人：

保险金额： 元人民币

保 险 费： 元人民币

第二十二条 成团人数与不成团的约定

最低成团人数 人；低于此人数不能成团时，出境社应当在出发前日通知旅游者。

如不能成团，旅游者是否同意按下列方式解决：

1.（同意或者不同意，打钩无效）转至出境社出团；

2.（同意或者不同意，打钩无效）延期出团；

3.（同意或者不同意，打钩无效）改签其他线路出团。

第二十三条 拼团约定

旅游者（同意或者不同意，打钩无效）采用拼团方式出团。

第二十四条 黄金周特别约定

黄金周旅游高峰期间，旅游者和出境社对行前退团及取消出团的提前告知时间、相关责任约定如下：

提前告知时间	旅游者行前退团应当支付出境社的业务损失费占旅游费用总额的百分比	出境社取消出团应当支付旅游者的违约金占旅游费用总额的百分比
出发前 日至 日		
出发前 日至 日		
出发前 日至 日		
出发前 日至 日		
出发前 日至 日		

第二十五条 争议的解决方式

本合同履行过程中发生争议，由双方协商解决，亦可向合同签订地的旅游质监执法机构、消费者协会等有关部门或者机构申请调解。协商或者调解不成的，按下列第＿＿＿种方式解决：

1. 提交仲裁委员会仲裁；

2. 依法向人民法院起诉。

第二十六条 其他约定事项

未尽事宜，经旅游者和出境社双方协商一致，可以列入补充条款。

（如合同空间不够，可以附纸张贴于空白处，在连接处需双方盖章。）

旅游者代表签字（盖章）：＿＿＿＿＿＿　　出境社盖章：＿＿＿＿＿＿

证件号码：＿＿＿＿＿＿　　　　　　　　签约代表签字（盖章）：＿＿＿＿＿＿

住　　址：＿＿＿＿＿＿　　　　　　　　营业地址：＿＿＿＿＿＿

联系电话：＿＿＿＿＿＿　　　　　　　　联系电话：＿＿＿＿＿＿

传　　真：　　　　　　　　　　　　　　传　　真：

邮　　编：　　　　　　　　　　　　　　邮　　编：

电子信箱：　　　　　　　　　　　　　　电子信箱：

签约日期：＿＿＿年＿＿月＿＿日　　　　签约日期：＿＿＿年＿＿月＿＿日

签约地点：

出境社监督、投诉电话：

省市旅游质监执法机构：

投诉电话：

电子邮箱：

地　　址：

邮　　编：

附件1　出境旅游报名表

旅游线路及编号＿＿＿＿＿　旅游者出团意向时间＿＿＿＿＿＿＿

姓名		性别		民族		出生日期	
身份证号码				联系电话			
身体状况	（需注明身体情况是否适宜出游，有无突发病史，有无药物过敏史，是否身体残疾，是否为妊娠中妇女，是否为精神疾病等健康受损情形。出境社在接受旅游者报名后在合理范围内给予特别关照，所需费用由双方协商确定。）						
旅游者全部同行人名单及分房要求（所列同行人均视为旅游者要求必须同时安排出团）： 与＿＿＿同住，与＿＿＿同住，与＿＿＿同住， 与＿＿＿同住，与＿＿＿同住，与＿＿＿同住， 为单男/单女需要安排与他人同住，不占床位， 全程要求入住单间（同意补交房费差额）。							
其他补充约定：							
旅游者确认签名（盖章）：　年　　月　　日							
备　注	（年龄低于18周岁，需要提交监护人书面同意出行书）						
以下由出境社工作人员填写							
服务网点名称				出境社经办人			

附件2　自愿购物活动补充协议

具体时间	地点	购物场所名称	主要商品信息	最长停留时间（分钟）	其他说明	旅游者签名同意
年　月　日　时						签名：
年　月　日　时						签名：
年　月　日　时						签名：

出境社经办人签名：

附件3 自愿参加另行付费旅游项目补充协议

具体时间	地点	项目名称和内容	费用（元）	项目时长（分钟）	其他说明	旅游者签名同意
年 月 日 时						签名：
年 月 日 时						签名：
年 月 日 时						签名：

出境社经办人签名：

六、选择境外地接社

境外地接社的选择是出境组团计调员的核心业务之一，是保障出境旅游活动质量的关键因素。

（一）境外地接社的选择范围

根据国务院颁布的《中国公民出国旅游管理办法》中第十五条规定：组团社组织旅游者出国旅游，应当选择在目的地国家依法设立并具有良好信誉的旅行社，并与之订立书面合同后，方可委托其承担接待工作。

出境组团社必须与目的地国家/地区旅游主管部门指定的旅行社进行业务合作。在文化和旅游部官网"出境游专题"中可以检索境外地接社名单。

组团社一般会在目的地国家/地区选择2~3家接待社。合作时以一家为主，其他为辅。

（二）出境组团计调员对于境外地接社的主要选择标准

1. 符合接待组团社旅游团的实际要求

出境组团计调员要根据自身的组团量、旅游团的接待标准（如豪华团、经济团等）选择境外地接社，评估对方是否具备接待相应团队的实力和规模，从而实现在合理价格上的业务合作。

2. 沿途选择、突出优势

选择位于出境线路途经的主要城市或者主要旅游景区的接待社。一方面接待社对线路更加熟悉，采购成本较低；另一方面进行接待安排和处理突发紧急事件方便，便于接待社对食、宿、行、交通等环节的控制。

3. 境外接待社工作人员和业务量相对稳定

接待社业务量以及工作人员的相对稳定是建立长期业务合作关系的基础。出境组团计调员熟悉对方的作业资源、作业习惯，方便合作。接待社计调员一般是配备中文操作人员，便于交流配合。

4. 具备处理突发事件的能力

游客出门在外，远离家乡，遇到困难"远亲不如近邻"。境外地接社能否将组团社的利益作为自己的利益，能否积极处理问题对于团队接待至关重要。当团队在境外旅游期间遇到突发紧急事件时，接待社应高度重视，上下配合，积极为组团社协调组织，不计得失，将事故不利影响降到最低。接待社的鼎力协助常常起到事半功倍的效果。

（三）签订合作合同

出境组团计调员跟客人签订合同之后，要在合适的时间和条件下，与境外地接社签订接团合同（见示范材料 4-3），并将一份合同原件报省级文化与旅游主管部门备案。

☞ **示范材料 4-3**

出境旅游组团社与境外地接社合作合同

合同编号：_____

中国_____旅行社（以下简称甲方），系依照中华人民共和国法律设立的法人，依法享有组织中国公民出国旅游的经营权。总部设立在_____。

_____（以下简称乙方），系依照其本国法律设立的法人，具有接待中国公民来本国旅游的经营资格。总部设在_____。

甲乙双方为发展共同的事业，本着平等互利的原则，经友好协商，为组织、接待中国公民赴_____旅游事宜，明确双方的权利义务，订立本合同。

本合同和合同附件为不可分割的整体，合同正文与合同附件的条款具有同等的效力。

第一条　甲方同意将组织成行的旅游团由乙方接待，乙方同意按照甲方所提出的接待标准，安排旅游团的旅行游览活动。

第二条　甲方应在旅游团进入乙方国境之日起____天前向乙方确认，乙方应当在接到甲方确认函之日起____个工作日内予以确认。甲方应当在旅游团进入乙方国境之日起____个工作日内，以书面形式向乙方提供下列资料：

1. 接待标准；
2. 游程安排（按具体团组）；
3. 旅游者名单（含姓名、性别、出生年月、职业、国籍、证件名称、号码）；
4. 所需房间数；
5. 入境航班或车次。

第三条　旅游费以团结方式结算，甲方须将每个团的全部团费结清，用电汇方式把旅游团的全部旅行费用汇入乙方账户。旅行费以美金（币种）支付。

第四条　如甲方操作失误造成旅游团行程延误、更改、取消所产生的经济损失由甲方承担。

第五条　乙方应当按照合同和合同附件约定的接待标准和日程安排为旅游团提供服务。

除人力不可抗拒的因素外，如乙方未按约定的接待标准和日程安排向旅游团提供服务，应当为旅游团提供补偿服务或将低于服务标准的费用差额退还甲方并赔偿由此造成的经济损失。

除人力不可抗拒的因素外，如因乙方的原因变更旅行日期、交通工具、食宿标准等所增加的费用由乙方承担。

第六条　乙方应当为旅游团委派持有导游证的导游人员提供服务。乙方导游不得强迫或诱导旅游者购物。

乙方导游不得诱导旅游者前往色情场所和赌毒场所，不得强迫旅游者参加自费项目。

第七条　甲方旅游团搭乘飞机、轮船、汽车或在饭店、餐厅等各项旅游设施（区）中受到损害，如不属乙方责任，乙方应尽人道主义义务协助甲方处理；如属乙方责任，乙方应当承担损害赔偿责任。

第八条　甲方旅游者在进入乙方国境被阻时，除旅游者自身的原因外，乙方应当积极协调处理；如属乙方原因，乙方应当承担赔偿责任。

第九条　乙方未按接待标准为旅游团提供服务，造成旅游者经济损失，乙方应当承担赔偿责任；甲方有向乙方政府旅游管理机构投诉并要求赔偿的权利。

第十条　乙方如有特殊原因需调整双方已确认的旅游团报价，应当在旅游团进入乙方国境之日起七天前通知甲方。

第十一条　乙方有责任让甲方知晓乙方国家的法律和有关规定。甲方应当要求旅游者遵守乙方国家的地方法律和有关规定。

第十二条　乙方对旅游团的报价，经甲方书面认可后，作为本合同的附件。

第十三条　本合同的订立、变更、解除、履行和争议的解决均受中华人民共和国法律的管辖。

第十四条　本合同一式两份，甲乙双方各执一份，自双方签订时日生效。

甲方：　　　　　　　　　　　　乙方：
甲方代表签字：　　　　　　　　乙方代表签字：
签订地点：　　　　　　　　　　签订地点：
签订日期：　　　　　　　　　　签订日期：

七、签证

签证（VISA）是一个国家的主权机关在本国或外国公民所持的护照或其他旅行证件上的签注、盖印，以表示允许其出入本国国境或者经过国境的手续，也可以说是颁发给他们的一项签注式的证明。

签证是一个主权国家为维护本国主权、尊严、安全和利益而采取的一项措施，是一个主权国家实施出入本国国境管理的一项重要手段。一个国家的公民如果希望到其他国家旅行、定居、商贸、留学等，除必须拥有本人的有效护照或旅行证件外，另一个必备的条件就是必须获得前往国家的签证。

出境组团计调员应该熟知客人旅游目的地在我国签证领区的划分，通晓客人所属的签证领区，熟练组织签证材料，保证签证工作的顺利进行。

（一）出境组团计调组织送签材料进行签证（以日本为例）

（1）把经过审验合格的护照等个人资料整理好：护照原件（贴上标签、编上号码）、护照复印件、身份证复印件、申请表、3.5cm×4.5cm白底照片电子版、资产证明等复印件。

（2）将团队接待标准及要求表、团队行程表、团队名单表（按照规定格式）发给境外地接社，要求境外地接社计调员尽快落实团队的各项具体接待事宜。

（3）查收并核对境外地接社发回的接团确认函，确保名单和团队行程表的正确。

①邀请信（外方旅行社盖章）；

②团队名单表（中外双方旅行社盖章）；

③团队行程表。

（4）办理送签照会（该函是组团社向使馆递交的申请出境事由，送签旅行社提交给使馆的照会，需盖组团社公章）。

（5）领队材料：领队需和客人一起申请旅游签证。领队需要的材料有护照原件与复印件、领队证复印件、身份证复印件、盖有组团社公章的在职证明原件、加盖公章的营业执照副本复印件。

所有材料准备完毕后，复印存档，将材料做成电子版上传日本电子签系统（VJW）申请签证。使馆只在工作日受理签证事务。出签后，旅行社在日本使馆（日本国驻中国各领区总领事馆）网站下载团队电子签证，团队电子签证每人一份。出入境时客人持电子签证和护照过边防检查和海关。赴日本团队签证要求必须"团进团出"。

（二）申请签证技巧

1. 严格操作，灵活应对

办理签证既要严格按照使馆要求规范操作，严格程序，又不能机械地拘泥于固定模式，具体情况具体分析。

2. 准备充足资料

一般情况下，出境组团计调员要求客人提供的资料比使馆要求的资料更加充分，以便最大限度地确保签证通过。

3. 注意细节，认真仔细谨慎操作

如"送签通知书"的妙用。计调员改变口头交代的形式，将"送签通知书"以书面形式发给客人，内容包括团队送签时间、组团社名称、团队起抵时间、团队行程及出行目的简述、如何回答使馆提问等。提醒客人准备上述内容，以备在办理签证期间使馆抽查到某位客人时，客人能够如实回答，认真对待，减少客人因不熟悉签证规程造成的不必要失误，提高出签率。

▶ "计调事"分享

签证中的"细节决定成败"

[事实] 某旅行社受理一夫妇赴澳大利亚旅游，丈夫所在公司为外商独资企业，注册资本500万元，任职为企业法人、总经理，有欧洲、美国等出境记录。妻子是家庭妇女，文化程度较低。曾出境欧洲，被澳洲拒签过。计调员审验材料后，对妻子的拒签情况进行

了详细了解。得知当时拒签主要是因为妻子本身不知使馆会电话查询，某天突然接到一陌生电话，没听明白就挂了，后来才知是使馆打来查询电话。

计调员对妻子进行了简单培训：接听电话不要紧张，只要根据所提供的送签资料如实、明确肯定地进行回答，不要含混不清就可以了。

随后材料送签，计调员按照工作流程给客人提供了"送签通知书"，提醒客人签证受理的具体日期范围，要求客人在这段时间内注意接听电话。最后，签证顺利签出，客人很满意。

[启示] 案例中计调员在签证资料审核时严格把关，对资料中的细节把握到位。对于客人以前被拒签的原因进行详细了解，并对此次签证可能存在的情况进行细致周到的培训服务，克服了客人的惧怕心理，使得签证十分顺利。

4. 珍视使馆的优良记录，使签证工作进入良性循环

一些国家使领馆会对送签社进行统计。对信誉优良、客源量达标、符合考核条件的旅行社进行签证资格升级，享受如缩短签证时间、减少送签资料等优越条件。反之，信誉差、业务量少的旅行社可能面临停签的处罚。

5. 注意使领馆情况变化

定期收集目的地国家使领馆签证政策和手续的变化信息，知其然知其所以然。及时更新由计调员负责操作的各国签证申请程序及所需资料档案。

6. 掌握旅游签证的难易程度

能否取得出游目的地国家的签证，将直接关系到团队出行计划的实施。我国公民前往目的地国家的旅游签证通常由旅行社统一向该国驻华使领馆申办。

使领馆根据客人所提供的材料审核决定签证的发放。对于提供虚假材料、有拒签史特别是有目的地国拒签史等情况的申请人，使馆会根据情况作出决定。计调员和其他工作人员不能对客人承诺签证率100%。

目前，经国家批准开放的中国公民自费出国旅游目的地国家的签证申办手续不尽相同，难易程度有所区别。根据近些年的工作情况，签证由难到易顺序基本是：美国、英国、欧洲其他国家（北欧、西欧、南欧、东欧），南美国家，大洋洲，东亚，非洲国家，南亚和西亚。

7. 熟知送签资格

目前，旅行社送签资格一般是由使馆核准下发。中国政府批准的组团社并非都可以直接送签。准许送签的旅行社要将旅行社相关资料报使馆备案，得到批准后方可开办送签业务。送签专办员在使馆备案并由使馆发放送签证件（持证入馆）。

8. 掌握ADS旅游签证知识

所谓ADS（Approved Destination Status）签证，其中文解释是"被批准的旅游目的地国家"。加注ADS签证后仅限于在被批准的旅游目的地国家一地旅游，此签证在目的地国家境内不可签转，不可延期。持有这种旅游签证的旅游者必须"团进团出"。其手续与以往签证大致相同，一般提前半个月办理即可。"ADS签证"应通过ADS授权旅行社申请。申请应由旅行社在使馆登记备案的送件人直接递交（如：不能通过邮寄方式）。ADS

签证只颁发给五人以上旅游团队的成员。签证最长有效期为30天。

目前日本、澳大利亚、新西兰、欧洲部分国家团队实行ADS签证。

9. 组团社散客拼团的签证办理

根据批发商或送签社给出的收缴资料截止时间和签证资料要求，完成出境旅游客人报名并签订合同，其余的工作由送签社办理。

10. 准确决定送签国家，把握送签时间

根据旅游线路的不同准确决定送签国家（特别是由多个国家组成的旅游线路），并根据其使领馆的要求准备相应的送签资料，准确掌握签证办理所需工作日，保证签证后交通票据的购买、出境名单的办理、与地接社确认接待事项等操作有充足的预留时间，使得计调操作有计划按步骤进行。

游客的旅游目的地不同，签证所需工作日不同，使馆在周六、周日不受理签证，节假日休息。所以计调员一定要掌握好送签时间。否则，一旦签证延误，整个团队都无法按期出发，损失严重。

（三）出境组团计调员对客人的提示事项

1. 旅游签证之外的其他签证费用提示

目前旅行社开办的代办商务、探亲签证等业务，是客人根据使馆要求准备签证资料，由旅行社代送使馆签证的业务，旅行社收取相应的手续费。

2. 护照有效期提示

送签客人所持有的护照有效期在六个月以上。护照最后一页要有客人的亲笔签名。如为新换发和补发护照，要连同旧护照一并送签（亚洲多数国家除外）。

3. 签证记录查验

对前往日本、韩国、欧洲、大洋洲、美洲等地区的游客，要注意客人护照的签证记录查验，尤其是拒签查验，若存在以上现象，计调员要告知客人填写说明（拒签国、拒签时间、原因等），根据情况提醒客人未来签证的发放权取决于送签国的使领馆。

4. 规范照片提示

提醒客人照片尺寸、颜色背景等要符合送签国的具体要求。

5. 申请表填写提示

提醒客人填写签证申请表时要用签字笔，字迹整洁美观，不得涂抹。

6. 电话沟通提示

告知客人旅行社签证负责人的电话，保证工作时间的正常接听。客人提供给旅行社的电话必须是能够联系到客人本人的电话，而且客人要保持电话畅通。如遇使馆通知需要客人补充说明资料，计调员会及时通知客人补充。提醒客人注意接听使馆电话。

7. 跟签证关联的可能损失费用提示

在出境游计调员的操作中，签证是至关重要的环节，它关联很多其他的因素，如对应的车船飞机等交通票据、地接计划中的酒店等。

根据报名时间和参加团队的不同，送签前计调员对客人要及时作出相关费用的说明和规定，以免出现不必要的纠纷。例如黄金周或承办包机业务时，客人若取消行程，损失是签证费+交通费用定金+其他损失，而不仅仅是签证费用损失。

八、旅游团队出境前其他操作事项

（1）认真核对护照页和签证页的内容是否相符。

使馆有可能会贴错签证页，如出境前发现并告知使馆，使馆通知本国入境管理处，这样客人就有可能顺利入境；如在入境时发现错误，使馆对此事不予处理。

（2）出机票。

将最终名单（一般要求参团客人中文姓名、英文姓名、性别、出生年月、护照号码、护照到期日、签发地等信息）认真核对后发给航空公司，落实出票。出票后要再次认真核对客人姓名、航班号等相关内容，如出现错误要及时通知航空公司更正。如有变化，要及时通知境外接待社。

（3）与境外地接社确认。

给境外旅行社发最终日程确认书，包括酒店分房表、最终行程、实际参团客人名单、客人特殊要求等，等待地接社的确认回复（包括酒店、餐厅名称、导游姓名及电话等）。

（4）确认团费、保证金与担保函是否收齐。

（5）将团队预算表交给财务并借款。

将团队各项应收和应支费用的预算表作出并交财务。在所涉及的费用全部交齐之后，计调员应及时借出机票费、签证费、地接费等款项。

（6）制作出团通知单（见示范材料4-4）。

☞ 示范材料4-4

出 团 通 知
（通知对象：首都机场出境美国的旅游客人）

尊敬的＿＿＿女士/先生：您好！	
欢迎您参加美国一地旅游团，为了确保您的正常出行，请务必仔细阅读如下内容，当您在团队集合时，我们视为您已经详细阅读了下述内容，旅行社尽到了完全告知义务。如果您未能详细阅读此出团通知，将有可能承担一些不可知的风险和责任。	
集合时间	＿＿＿年＿＿＿月＿＿＿日＿＿＿时＿＿＿分；星期＿＿＿
集合地点	首都机场＿＿＿号航站楼＿＿＿层＿＿＿号门
境外接机牌	×××旅行社贵宾一行
机场联系人	×××先生　移动电话：××××××
领队	×××先生　国内电话：××××××；美国电话：××××××
航班信息	以实际航班信息为准
国内联络人	×××女士　移动电话：××××××
小贴士	外地客人建议您最好提前一天到北京，以防止天气等不确定因素导致无法及时到京而耽误行程！

一、机场注意事项

根据海关总署公告2010年第54号文件精神，我国游客出入境时应关注和重视以下规定：

（一）出境

（1）现金：旅客可携带的现金上限金额为人民币20 000元＋美金5000元。

（2）自用物品：对于客人随身携带的昂贵物品（如名牌包，手表等）建议向中国海关申报，以免归国入境时缴纳关税。如不申报，客人需提供国内购得并自用的证明（如境内购买物品发票）。

（3）电子产品：国内带出境的自用笔记本电脑，高级相机需向中国海关申报，以免归国时缴纳关税。

（二）入境

（1）入境时居民旅客携带在境外购买的个人自用入境物品有总价值5000元人民币限制（含5000元），海关予以免税放行。

（2）超出5000元人民币的物品须向海关申报并缴纳关税。

（3）ipad、摄像机等电子产品超过5000元或自用数量的均需申报并缴纳关税。

（4）携带的烟草不超过400支，酒不超过2瓶共1500毫升。

（三）机场集合需注意事项

带齐证件	护照、机票、身份证 并请您务必将身份证转交送团专员暂存国内保管，待返回中国时在机场再将身份证退还您
准时集合	为避免市内交通出现问题而延误时间，导致同团的其他团员情绪不安，恳请每位来宾务必准时到达集合地点。
海关申报	超过自用的长焦距相机、摄录机、手提电脑、ipad、iPhone须填表申报单，以便回程备查； 我国海关规定：每人允许携带人民币20000元和美金5000元，200支烟草和两瓶酒（如果首站航班需要转机到达目的地，请不要买液体的东西，转机时可能会重新安检，液体物品会被扣留）。
行李托运	为配合严格的托运安检，国际段航线应提前3小时，境外国内段航线应提前2小时； 前往美国、加拿大每人限1件行李，每件重量不得超过23 kg； 经济舱国际段免费托运2件行李，每件不超过23kg。 如果超重23kg~32kg，会有超重费，超过32kg~45kg之间，200美金/件。境内段航线托运第一件行李25美金，第二件行李35美金。 托运行李全程不能上锁，切记证件、机票、现金、贵重物品不能放入其中； 手提行李每人限1件，规格不得超过20厘米×40厘米×55厘米； 如需随身携带液体或胶状物品，须将物品置放在容积不超过100毫升的容器内，再将容器放在可重复密封的透明袋中（注：糖尿病所必需的液态药品，需凭医院证明方可随身携带）。
机上用餐	美国所有航空公司国内段航班上不提供免费餐，请自行购买。

二、美国入境提示

（1）填写入境卡：填写入境卡和海关申报单后方可入境，领队将提供帮助。

（2）美国海关规定：严禁携带新鲜水果、肉类和违禁品、动植物；携带超额货币10 000美元以上必须申报。

（3）入境美国程序：抵达美国机场后，您应先在外国人入口处办理入境手续，再去领取行李，最后到旅客出口处集合；美国地接举牌"×××旅行社贵宾一行"欢迎各位莅临。

（4）护照集中保管：入境后请您务必将边检所发入境卡和本人护照交给领队保管，防止旅行途中丢失或出现其他意外。

请您知晓费用支出提示：

单间差费用提示	（1）分房原则：以同性客人同住一房为分房原则；如报名时主动提出家庭成员需同住一间，或子女需占床，在不影响整团出现单人间的情况下予以安排同住，否则应以旅行社安排分房为准。 （2）单间差的支付：如需住单人间，报名时应事先提出申请，并补足单间差额费55美金/晚。
餐费自理的提示	机场候机时/中途转机时/飞行途中/追赶航班未能来得及用餐时/临时脱团不就餐时/团队标准就餐个人加菜加酒部分，均由您自理，且团餐费用无退还。
境外消费方式提示	（1）人民币、港币在美国不能使用，兑换需找美国大型银行或中国银行在美国的支行； （2）请提前在国内备好美元信用卡或兑换成美元现金； （3）应尽量多备1元、2元、5元、10元小额美元以方便使用。
临时取消旅行提示	境外旅行中途临时取消行程，因旅费已相应支付，故剩余团费无法退还。
境外酒店注意事项提示	在境外酒店不要收看或使用收费的项目，否则请CHECK OUT时自觉付款。如果房间和房间打电话，具体用法询问前台。

三、请您熟读旅行须知

1. 时差与换算

美国本土横跨四个时间区，而且实行夏令时制（每年4月—10月）。东海岸（纽约、华盛顿、大瀑布）夏季时间比中国北京时间慢12小时，冬季时间比中国北京时间慢13小时。西海岸（旧金山、洛杉矶、拉斯维加斯）夏季时间比中国北京时间慢15小时，冬季时间比中国北京时间慢16小时。夏威夷（檀香山）时间比中国北京时间慢18小时；境外旅行一切以当地时间为准，航班的抵达均指当地城市时间。

2. 气候与着装

您的全程旅行着装应以轻便舒适为原则；请您根据气温的变化准备衣物，还应注意飞机、旅游巴士、酒店、餐厅等场所的冷气较强，应备好外套。以下表格中的温度为摄氏度。

城市	旧金山	纽约、芝加哥、华盛顿	大瀑布	拉斯维加斯	洛杉矶
1月—3月	8至16	-3至9	-11至-3	1至20	9至21
4月—6月	9至18	12至20	4至20	20至35	13至24
7月—9月	12至20	20至25	14至24	30至35	18至29
10月—12月	8至20	14至-1	15至-7	28至6	26至12

3. 电话与电压

（1）使用手机：①开通了全球漫游的全球通和移动手机用户，必须使用三频手机，到达美国后，频率调到1900的频段，即可以使用。②使用手机发送短信息联系国内非常方便实用，使用方法和发送方法与手机在国内一样。

（2）使用电话卡：①在当地购买电话卡，卡上有一组很长的账号和密码，使用起来比较烦琐，但价格便宜。②美国电话卡类别众多，价格质量不一，应选择使用。③往中国打电话，拨号时按下列顺序：011（国际代码）+86（中国大陆代码）+区号+电话号码；往美国、加拿大、加勒比海地区打电话：1+区号+电话号码；紧急号码（火警、警察）拨911。

（3）美国的电压：为110V，使用插座与国内插座型号基本一样，多为两扁插或三扁插。

4. 药品与健康

（1）建议您购买旅游医疗意外保险，因为美国的医疗费用十分昂贵，且药房买药必须凭医生处方。

（2）请您带足常用药品：如感冒药、消炎药、止泻药、晕车药。

（3）如有高血压、心脏病、胃病或其他慢性病患者必须携带药品及医生处方，以备不时之需。

（4）请您特别关注和有针对性地调节由于时差、气候、地域、饮食、疲劳等因素带来的对您健康的不适。

四、温馨告知

参团旅游确实是一项众口难调的集体行为。加之美国幅员辽阔，城市景点众多分散，组团社在有限的时间及特定的费用前提下的安排，有些走马观花，来去匆匆，但也吻合了大部分第一次赴美游客的需求。然而毕竟多次飞机的换乘、舟车的跋涉、旅程的劳累、时差的干扰、小事的影响，可能会令您烦躁不安，心情不爽；我们真诚地希望得到您的理解、宽容、耐心、配合。衷心地祝愿您旅游开心愉快！

九、解决出境旅游大交通票据

出境旅游中的大交通（机、车、船票）是构成出境旅游活动的核心要素之一，也是实现出境旅游的前提条件。

目的地国家的远近决定了出境旅游总体费用的高低。飞机票、船票费用是出境旅游消费中所占比例较大的部分。目前我国出境旅游的大交通多以飞机运输为主，其次是游轮。出境游的线路不同，大交通的方式会有很大差别。

（一）出境组团计调员应该掌握的航空大交通相关知识

（1）了解国际主要航空公司的经营、管理、服务、航线分布等状况。

（2）掌握各国各大洲主要空港名称、航空公司代码、空港城市的三字代码、飞行时间的计算。

（3）掌握自己所操作地区出境产品中有哪些航空公司在执行飞行计划、机票大概价格、飞机服务质量情况、机型状况。

（4）掌握直飞航线状况、常用转机方式、航空公司之间的联运关系、航班换季时间、淡旺季的价格、航空公司给予团队申请的方式和操作规范（标准）、出票时限要求及付款方式、退票处理、行李托运等情况。

（5）掌握航空公司的线路主管信息，所建立的良好合作关系情况，定期对于航线与价格进行沟通交流。

（6）熟知在团队机票申请中会遇到的问题，处理方法和技巧等。

（7）遇到多个国家的组合线路，计调员要学会选择最佳的航线和航空公司组合，了解是否存在与签证相关的问题，是否存在风险，如何使得行程安排更加合理、价格更加适当、航班之间衔接更加顺畅。

（二）出境组团计调员对于大交通票据的业务操作

1. 预订机票

在客人的旅游意向基本确定时，出境组团计调员应向有关航空公司落实机位情况、航班时间、机票价格、机型等是否满足客人需求；在旅行社与团队客人签订合同后，出境组团计调员向航空公司传真或 E-mail 名单（包括客人的姓名、性别、出生年月、护照号码、护照有效期等内容）及采购要求（出发和返回日期及航班号等）。一般团队大交通机票是往返程一起预订。在不同季节，不同的航线要求计划订票的时间有区别。一般情况下，本着稳妥和优化航线及价格的原则，出境团队机票的预订时间：远程线路约出发前1个月至2个月预订，近程线路约提前半个月至1个月预订。

2. 查收航空公司的书面回复

查收航空公司发回的航班、人数、价格确认及出票时限要求，与对方电话联系确认机位。将机票价格计入团队预算中。

3. 通知出票

待团队出签后，计调员要检查客人是否已缴纳全额旅游费用，同时通知客人出票时间，然后通知航空公司出票，有时旅行社会派专人直接到航空公司付款取票。团队票价格与散客票价格一般差别较大，所以航空公司规定团队机票一旦出票，人数不可增减，不得退票，不得签转，不得变更航班，不得换人。相关出票规定要在客人报名后或出票前，由旅行社工作人员再次通知到每位客人。

4. 验票

计调员对照护照复印件核对机票的客人姓名及证件号码，对照行程核对航班号、航班往返日期和起飞时间，确保机票的准确无误。

➡ "计调事" 分享

机票出现差错如何处理

[事实] 某年国庆节长假期间，A 社出境组团计调员小王接到客人境外长途电话，说回程机票出错了，客人不能登机。

经了解得知：10人的旅游团由 A 社安排的港澳4日游，并购买了济南香港往返的团体机票，已经顺利游览了香港、澳门，最后一天由澳门乘船前往香港机场，欲乘当日 14:35 起飞的航班由香港返回济南。

客人顺利离开了澳门，乘轮船到达香港机场码头，按照程序，客人在办理乘机手续时才发现10人的团队机票中有1人的机票由于航空公司出票人员疏忽出错了航班（当日有两班飞机由香港飞济南，9人机票为 14:35 起飞的航班，另一人错出了 12:05 起飞的航班机票），而当时 12:05 的飞机已经起飞，14:35 起飞的航班由于是国庆期间的回程航班，电脑显示已经满员；同时因为客人所持证件只能进出澳、港各一次，故不能再坐船返回澳门再回内地，也不能入境香港，同时还因为所持机票的飞机已经起飞，没有有效联程机票，香港机场码头的工作人员不允许其进入机场，只能滞留在码头，进退两难，情况极为尴尬。

计调员了解详细情况以后，在第一时间通知了航空公司总部，告知他们这一特殊情况，并请他们协调安排客人候补14:35起飞的航班事宜，另一方面又联系航空公司派驻香港机场的工作人员，由于他们的特殊身份可自由往来于各禁区之间，A社计调请他们为客人另行购买了一张香港飞广州的有效机票并送到码头客人手中，使其顺利进入机场。

在各方面的协调努力下客人终于顺利登上了14:35香港返济南的航班，使这一场风波化险为夷，其购买的香港广州的机票后来也作了全额退票处理，没有造成任何经济损失。

[**启示**] 本案例中，在计调员的辛苦努力下，客人的行程未受到影响。但是，由于机票的差错给客人造成的精神上的影响却不是短时间可以消除的。航空公司在出票时出现差错已经是不应该，可恰恰这种错误在计调员核对机票时没有发现。一个环节失误将导致许多环节产生麻烦，所以旅游工作中要从小事做起，从细节抓起，规范操作，防患于未然，保证旅游活动的顺利进行。

十、选派领队

根据《中华人民共和国旅游法》，旅行社组织团队出境旅游，应当按照规定安排领队全程陪同。出境旅游团队在境外开展旅游活动期间，领队既是组团旅行社的代表，起着团队组织、出入境指导、境外地接社履行合同监督、突发事件应急处置等重要作用，也是文明旅游的倡导者和监督员。出境组团计调员在领队选派中发挥着重要作用，应认真做好领队选派工作。

（一）领队的选择标准

1. 良好的业务素质

①较强的语言表达能力（包括普通话和外语）；

②合理的知识结构（包含历史、地理、社会文化知识、经济知识、交通等）；

③精通旅行常识（包括生活、安全、卫生、外汇、海关、通信等各方面）。

2. 较强的工作能力

①较强的组织和协调能力。在出入国境、海关及交通中转时做好团队组织工作，在到达目的地后，与地接社导游接洽，安排好客人的入住、就餐和游览；对团队内部、团队与地接导游、团队和其他人员出现问题时，要有较强的沟通、协调能力，使整个旅游过程能友好、和谐、文明、顺利。

②较强的分析和处理问题的能力。团队在境外旅游，情况复杂多变，这就要求领队遇到问题能及时分析，果断处理。

③较强的心理承受能力和应变能力。在境外旅游可能会发生意想不到的事情，如安全事故、交通延误、证件或行李丢失、滞留不归，这时就要求领队遇事不慌、沉着冷静，有快速的应变能力，能有理、有利、有节地迅速处理问题。

（二）出境组团计调员与领队交接有关事项

根据出境团队的实际需要，出境组团计调员在分管领导同意的基础上，选出合适的领队，出发前出境计调员将护照、签证、机票、确认行程表、分房表、团队名单表、客人联系电话、目的地国出入境卡、海关报关单、对领队的要求事项以及需要告知客人的注意事项等内容详细交接给领队，并提醒领队带好证照及其他需要携带的物品。

▶ "计调事"分享

专业领队的重要性

[事实] 某些旅行社的出境组团计调员会选派不懂英语的中文领队带团赴美旅游。而A旅行社的出境组团计调员对于赴美旅游团队，一直坚持派专业的经验丰富的英语领队带团。团队旅游顺利进行时或许看不出他们之间的差别，但是一旦出现意外情况，就会显示出懂英语的领队的非常优势。

A旅行社的一个赴美旅游团，其中一位客人突然生病，坚持要求提前一天回国，并且自己支付高额的回程机票费用。正常情况下，团队旅游者必须在领队的带领下和团队一起团进团出，一起通关，客人自己一个人是无法通关的。因客人的病不是很严重，所以领队尽量劝客人和团队一起回国，但是客人坚持提前回国。领队在得到旅行社领导的同意之后，答应了客人的要求，并且陪伴客人一起到达机场。在航空公司柜台帮客人买了回程机票，用熟练的英语向移民局及海关人员说明了客人的特殊情况，审查官听取了领队详尽的解释之后，同意客人提前离境。将客人送走之后，领队又自己坐电车赶到团队所在地与导游和客人会合，团队继续按行程游览。

[启示] 遇到突发事件更能显示出专业领队的优势。出境组团计调员派遣懂外语的专业领队可以为客人提供更好的服务，如翻译服务和生活服务等。客人遇到问题需要和外国人进行沟通时，领队可以及时帮助客人，并且为客人提供适当的建议。毕竟有时候地接导游一人无法兼顾到每一个客人，特别是遇到像案例中的特殊情况，如领队不懂英语，很有可能和航空公司工作人员及移民局工作人员沟通不到位，从而耽误客人的回国行程，而地接导游因为要带着其他客人继续按行程游览，无法分身帮助客人，这时候就需要发挥领队的作用，领队的外语水平高，许多问题就迎刃而解了。

十一、召开行前说明会

计调员要安排并协助领队召开行前旅游说明会，为客人讲解注意事项，并回答客人提问，将出团通知、最终日程、住宿酒店及旅游注意事项发给每位客人。强调集合时间和地点，告知客人准时在指定地点集合。

十二、监控团队出境旅游活动过程

出境组团计调员所监控的旅游团队活动地点是在境外，与国内组团情况比较，距离较远，监控起来相对较难。

组团社应建立健全应急处理程序和制度。旅游者在旅游过程中，可能会出现一些特殊情况，如事故伤亡、行程受阻、财物丢失、被抢被盗、疾病救护等，领队应积极作出有效的处理，以维护旅游者的合法权益。必要时，向我驻当地使领馆报告，请求帮助。

出境计调员在实施监控的过程中更大程度上要依赖境外接待社的处理和领队的协调，通过保持跟领队的沟通，及时了解境外地接社落实接待计划情况和突发事件的处理情况。

十三、销签

出境旅游团队回国后，2~5个工作日之内，根据使领馆的销签要求，出境组团计调员应将销签所需资料收齐并交使馆销签。欧洲国家有时会抽查客人本人到使馆销签。

十四、费用结算

出境组团计调员的费用结算主要有以下方面：

1. 领队报账

团队旅游活动结束后，领队要将出团过程中的花费明细列出，填好报账单，请组团计调员审核账目，按照财务规定，各级领导签字后，到财务报账。

2. 与境外地接社结账

境外地接社在完成地接任务后会尽快将实际接待花费明细即团队接待收款账单传真给组团社，出境组团计调员要仔细审核地接社的每项花费，并与领队交换意见，在确认无投诉发生的情况下，本着实事求是的原则，请财务部门按时汇款给境外地接社，结清团款。

如果有投诉发生，出境组团计调员要协助旅行社查明投诉原因及责任，倘若境外地接社负有责任，则要等投诉处理结束，明确地接社的赔偿费用后再与境外地接社结账。

十五、回访并维护客户

出境组团社计调员须根据不同的客源采取不同的回访方式。对自己的客户或散客，可直接通过电话等方式回访；对销售人员的客户，一般应通过销售人员进行回访；对代理社，则通常是了解代理社对产品设计、行程安排、领队、境外地接社等的意见和建议。

十六、资料建档

团队出境旅游结束后，计调员应将有关客户的资料、与地接社往来确认函件等建档保存，以便将来进行数据分析时使用（具体情况参见本书第三章第三节的"十一""资料建档"）。

十七、完善总结

一个优秀的出境组团计调员，一定是善于总结和提升的专业技术人员。出境组团计调员可通过游客意见反馈、领队日志、客户回访记录甚至游客投诉来进行总结和分析，不断找出现有产品设计、行程安排和接待服务中存在的问题，使以后的产品、行程和服务能不断进步和完善。

> 📖 **拓展知识**

中国驻外领事馆可提供的九个方面的领事协助与保护

①可以推荐律师、翻译和医生，以帮助进行诉讼或寻求医疗帮助；
②可以在所在国发生突发重大事件时，为撤离危险地区提供咨询和必要协助；
③可以在被拘留、逮捕或服刑时，根据当事人请求进行探视；
④可以在遭遇意外时，协助当事人将事故或损伤情况通知国内亲属；
⑤协助与国内亲属联系，解决生计困难时所需费用；
⑥协助寻亲；
⑦可以根据有关法律和法规为在国外合法居留的公民颁发、换发、补发旅行证件及对旅行证件上的相关资料办理加注；
⑧可以为遗失旅行证件或者无证件的中国公民签发旅行社或回国证明；
⑨可以根据中国有关法律法规和相关国际条约，为中国公民办理有关文件的公证、认证，与所在国的规章不相抵触的情况下办理中国公民的婚姻登记手续（注：不能直接认证中国国内公共机关出具的公证书，也不能为中国国内有关机关出具的其他证书或文书办理公证）。

> 📄 **互动题目设计**

题目一：
泰国是我国出境旅游主要目的地国家，请一个小组制作一个介绍泰国自然与人文旅游资源的PPT并向大家推荐。

题目二：
根据教学内容，制作出境组团计调业务操作流程图，要求：1.逻辑正确；2.条理清晰；3.概况准确。

备注： 互动题目练习要求

将班级同学分为两组，其中一组同学做题目，一组同学打分；打分结束后，由打最高分和最低分的1至2名同学进行点评。每章有两道题目，两组同学可抽签决定第一道题目谁做，则另一组打分点评；第二道题目，由上一题打分组做，另一组转换为打分点评。

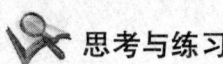

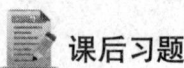 思考与练习

有一亲子旅游团（20位家长；10个孩子，孩子都在10~14岁之间），欲前往新加坡进行为期五天的旅游活动，客人只是要求住宿饭店相当于国内挂牌四星级标准，餐食为普通团队餐标准，其他行程内容由旅行社自行安排，假如你是负责新加坡的出境组团计调员，在设计制作行程报价时，应该注意哪些方面？

课后习题

请扫码答题测试。

习题

第五章 国内地接计调员操作实务

> **引言**

地接业务是旅行社业务的重要组成部分，是旅行社产品和服务的最终落实阶段，也是旅行社利润的重要来源。地接社服务质量的高低，直接影响客人对产品质量的感知，影响地接社和组团社的知名度及美誉度，进而影响旅行社的经济效益与社会效益。因此，国内地接计调员在进行地接团队业务操作时，必须遵循规范的业务流程，沟通处理好与相关合作单位的关系，以顺利完成接待任务，给客人以美好的旅游体验。

本章对国内地接旅游的现状和发展趋势进行了概述，对国内地接旅游线路产品进行了示范，阐述了国内地接计调员的业务操作流程，讲述了国内地接计调员在各个主要业务环节的工作方法和操作技巧。

> **学习目标**

1. 了解国内地接旅游发展现状和发展趋势
2. 掌握国内地接旅游线路产品的设计技巧
3. 熟练掌握国内地接计调员业务操作流程
4. 灵活处理同旅游供应商及组团社的关系
5. 熟练掌握并运用各种旅游交通相关知识

第一节 国内地接旅游概述

一、国内地接旅游界定

国内地接旅游是指地接旅行社接受国内组团旅行社等招徕组织方的委托，实施旅游接待计划，安排游客在当地进行的旅行游览活动。在互联网出现以前，地接旅行社的国内地接旅游大多都是接受组团旅行社的委托，实施组团旅行社的接待计划；少部分是接待自组客人。如今，随着旅游电子商务的快速发展，地接旅行社的国内地接旅游客人既可以是从组团旅行社接来的旅游客人，也可以是从OTA（在线旅游代理商，以下皆采用OTA）接来的旅游客人，还可以是自己利用网络平台、通过车站或码头以及其他方式招徕的旅游客人。

二、国内地接旅游现状

国内接待旅游是地接旅行社最核心的旅游业务板块。就全国旅行社行业而言，2015年度国内旅游接待 15 335.46 万人次、37 872.39 万人天；同年，旅行社国内旅游组织 13 676.20 万人次、43 596.30 万人天。2015 年，旅行社行业接待人次比组织人次多 1659.26 万，说明地接社除了从组团社获得客源外，还有另外的获客渠道；而旅行社行业接待人天比组织人天少 5723.91 万，说明组团社的部分周边游客人由组团社自己完成了接待业务，也说明部分人天数消耗在了路途中。2019 年度国内旅游接待 18 472.66 万人次、44 212.68 万人天；同年，旅行社国内旅游组织 17 666.29 万人次、52 868.42 万人天。2019 年，旅行社行业接待人次比组织人次多 806.37 万，但比 2015 年减少了 852.89 万，说明地接社对组团社的依赖有加大的趋势。从旅行社国内接待旅游业务发展的角度看，2015 年到 2019 年的 5 年间，国内旅游接待人次数增加了 3137.2 万，增长了 20.46%，平均每年增长 4.09%；国内旅游接待人天数增加了 6340.29 万，增长了 16.74%，平均每年增长 3.35%；旅行社国内旅游接待人次和人天的增长率都要低于旅行社国内组织人次和人天的增长率，这说明地接社的发展较组团社的发展更滞缓一些。

国内旅游接待人气旺的省份即是国内旅游的主要目的地。综合 2015 年至 2019 年全国旅行社国内旅游接待人次排名前十位的省份看，江苏、浙江一直位居第一、第二名，而第三到十名则在广东、福建、湖北、云南、山东、上海、安徽、海南、湖南等省市间变化，这也说明各地加大了对旅游资源开发的力度，使得旅游目的地的竞争更加激烈。

2020 年度全国旅行社国内旅游接待 7515.82 万人次、16 028.70 万人天，2021 年为 9291.13 万人次、19 993.66 万人天，2022 年为 4811.70 万人次、9402.90 万人天。受新冠疫情的影响，和组团业务一样，旅行社国内旅游接待业务也经历了规模的锐减和业务经营的巨大波动。

自 2023 年 1 月 8 日实施"乙类乙管"以来，国内旅游市场加快复苏，旅行社国内旅游接待业务也进入快速恢复期。2023 年第一季度全国旅行社国内旅游接待 2452.13 万人次、5039.88 万人天；2023 年第二季度全国旅行社国内旅游接待 4470.13 万人次、9729.96 万人天；第二季度与第一季度相比，旅行社国内旅游接待人次数增长 82.3%、人天数增长 93.06%。2023 年上半年，全国旅行社国内旅游共接待 6922.26 万人次、14769.84 万人天。浙江、江苏、云南、湖北、广东、海南、湖南、重庆、陕西、福建等地为旅行社国内旅游接待主要目的地。根据途牛旅游网发布的《2023 年度旅游消费报告》，在途牛网的客户中，国内目的地前十名分别为上海、广州、北京、三亚、丽江、成都、珠海、南京、重庆和杭州，国内跟团游十大热门产品为三亚-天堂-南山-天涯 5 日游、丽江-大理-香格里拉 6 日游、壶口-平遥-云冈 7 日游、长沙-天门山-凤凰古城 6 日游、厦门-鼓浪屿-云水谣 5 日游、青海-茶卡-祁连-门源 5 日游、黄果树-荔波-镇远 6 日游、乌鲁木齐-禾木-五彩滩 8 日游、桂林-大漓江-阳朔 4 日游和西双版纳 5 日游。

三、国内地接旅游发展趋势

综合 2023 年相关数据看，旅行社国内旅游接待业务恢复速度较快，但增速不及国内旅游组织业务。这说明旅行社国内旅游组织业务不委托地接社接待的情况在增加。另外，2023 年上半年，旅行社国内旅游服务中，单项服务高达 2.62 亿人次，这表明不经旅行社团队组织接待的散客规模非常大，新冠疫情后旅游散客化、自由行的趋势在加速发展。地接旅行社为了适应疫情后时代的生存和发展，一方面不断加大新产品的研发力度，提升旅游品质，以保持通过组团社的获客能力；另一方面则通过携程、抖音、小红书等 OTA 和新媒体，培育直接招徕游客的渠道和能力。提质培优、创新创意和智慧旅游正成为旅行社国内旅游接待业务发展的三驾马车。

根据艾瑞咨询和去哪儿旅行网联合发布的《2023 年在线旅游平台用户洞察研究报告》，在平台用户的未来旅游计划中，跨省游需求超过 75%，比 2023 年高 8 个百分点以上，省内游、周边游需求则有所下降；国内游排名前 5 的旅游目的地分别是西南、华南、华东、西北、华北，华东（-2）、华北（-1）排名有所下降，西北（+2）排名有所上升；在出游方式上，排名前 5 的分别为自由行、自驾游、半自助游、跟团游和定制游，其中，跟团游约 37%，定制游约 29%。这些平台大数据也有助于旅行社研判国内旅游接待业务的未来发展。

第二节　国内地接旅游线路产品示范

一、旅游线路产品名称

济南、曲阜、泰安、淄博、潍坊、烟台、威海、青岛品质纯玩七日游

二、旅游线路产品行程特色

（1）涵盖了"山水圣人旅游线""黄金海岸旅游线"和"千里民俗旅游线"这三条山东经典旅游线路产品之精华；

（2）可以开心畅游天下第一泉、乾隆皇帝和夏雨荷相会的大明湖、东方圣城曲阜、五岳独尊泰山、青岛的象征栈桥、爱国主义教育基地刘公岛、人间仙境蓬莱阁、天下第一村周村和中国三大木版年画之一的杨家埠；

（3）旅游日程安排中的旅游景观丰富程度在国内名列前茅。

三、旅游线路产品日程安排

D1：长沙黄花机场—济南遥墙国际机场

团队一行由长沙赴泉城济南，接机后乘车赴市区（约 1 小时车程），安排午餐。下午游览"天下第一泉"【趵突泉】（约 1 小时）；济南明珠【大明湖】（约 1.5 小时）；城市大客厅【泉城广场】（约 40 分钟）；之后在济南最繁华的步行街【泉城路】、小吃一条街【芙蓉街】和【百花洲】自由活动（2 小时）。后入住酒店。

（含中餐，晚餐自理）住：济南

D2：06:30起床，07:00用早餐，07:30出发乘车赴曲阜（车程约2.5小时）。游览祭祀孔子最大的庙宇【孔庙】（约1.5小时）；天下第一家【孔府】（约1小时）；午餐后游览世界上现存最大的家族墓地【孔林】（约1小时）。乘车赴泰安（车程约1.5小时），入住酒店。

（含早、中、晚餐）住：泰安

D3：06:30起床，07:00用早餐，07:30出发登【泰山】。抵达泰山后，由天外村乘景区环保车至中天门（车程约30分钟）；徒步登山，观赏斩云剑、云步桥、迎客松、十八盘等景点（约2小时），南天门集合后安排中餐。下午游览天街、无字碑、青帝宫、碧霞祠、玉皇顶等景点，后下山（约4小时）。乘车返回酒店。

（含早、中、晚餐）住：泰安

D4：07:00起床，07:30用早餐，08:00出发赴淄博周村（车程约1.5小时），游览【周村古商城】：千佛寺、民俗展览馆、状元府、杨家大院、大染坊、票号展览馆等景点（约2小时）。中餐后乘车赴潍坊杨家埠（车程约1.5小时），游览【杨家埠民间艺术大观园】（约1小时）。入住酒店。

（含早、中、晚餐）住：潍坊

D5：06:30起床，07:00用早餐，07:30出发车赴蓬莱（车程约3小时），游览八仙过海地【蓬莱阁景区】（约1小时）。午餐后赴威海（车程约2小时），参观中国近代第一支海军"北洋水师"的诞生地、"国家文明风景区"、"国家5A级风景区""爱国主义教育基地"【刘公岛】（约3小时）；参观永不沉没的战舰【定远舰】（约1小时），"定远"号纪念舰依据历史资料按1∶1比例进行复制建造，最大程度再现了历史原舰的风采。舰上各种武器装备齐全逼真，许多著名的历史场景也都纷纷还原再现，如身临其境。晚餐后入住酒店。

（含早、中、晚餐）住：威海

D6：06:30起床，07:00用早餐，07:30出发赴有东方瑞士之称的青岛（车程约4小时），午餐后游览"海上第一仙山"【崂山】：太清宫、八水河、龙潭瀑、远观青蛙石（约2小时）；返回市区游览【青岛海底世界】（约1.5小时）。入住酒店。

（含早、中、晚餐）住：青岛

D7：07:00起床，07:30用早餐，08:00出发，游览青岛的标志【栈桥】（约50分钟），有万国建筑博览会之称的【八大关】（约1小时），车观【东海路雕塑一条街】【五四广场】及【2008年奥运会青岛帆船赛场——浮山湾】（约1.5小时），午餐后乘车赴青岛流亭机场送团，客人乘飞机返回长沙，结束愉快行程。

（含早、中餐）

四、旅游线路产品计价报价

（一）地接社发给组团社的分项报价

（1）用车：37座空调旅游车＿＿＿元/台。
（2）住宿：三星级酒店双标间（各地市平均价格）：＿＿＿元/间/晚（含双早）。
（3）餐饮：6早12正（房费含早），共＿＿＿元/人。

（4）门票：济南：大明湖免费，趵突泉＿＿元（＿＿折）；

曲阜：三孔（孔庙、孔府、孔林）套票＿＿/＿＿+电瓶车＿＿/＿＿；

泰山：＿＿门票+＿＿往返环山车（索道不含，单程＿＿，往返＿＿）；

淄博和潍坊：周村古商城＿＿/＿＿；杨家埠＿＿/＿＿；

烟台和威海：蓬莱阁＿＿/＿＿；定远舰＿＿/＿＿；刘公岛＿＿/＿＿；青岛崂山（太清宫线）＿＿/＿＿+太清宫＿＿，海底世界：＿＿/＿＿。

备注：门票部分的价格，前面是门市价，后面是团队优惠价（单位：元/人）。

（5）综合服务费用：＿＿元/人/天。

（二）地接社报价包含内容

（1）交通：37座旅游空调车。

（2）用餐：6早12正（正餐＿＿元/人，八菜一汤，10人/桌，不含酒水）。

（3）住宿：挂牌三星级酒店标准间（含双早，自助餐）。

（4）门票：景点第一道门票（含泰山的环保车及曲阜城电瓶车；不含泰山往返索道）。

（5）导服：持证地陪导游讲解服务。

（6）赠送：每人每天一瓶矿泉水。

五、旅游线路产品注意事项

（1）如在住宿方面出现自然单男单女，地接旅行社有权安排三人间或者要求客人补齐房差（此团客人来自组团社，需要补房差时地接社与组团社结算）。

（2）以上行程在不减少景点的前提下，参观顺序可能互换。

（3）如遇不可抗力之原因造成飞机延误、景点取消等情况，旅行社只负责退还实际门票等未发生的费用，但不承担由此造成的损失及责任！

第三节 国内地接计调员业务操作流程与技巧

目前，按照客人的来源情况，国内地接计调员主要业务操作包括以下方面：

一是接待组团社或者OTA送交的客人。在此类业务操作中，地接计调员（或者称地接总计调员）一般情况下不与客人发生直接联系，而是跟组团社或者OTA洽谈交流，最后跟组团社或者OTA签订合同。在接待过程中，如果需要子地接社的服务，地接社计调员（此种情况下称地接总计调员）要慎重选择子地接社，保证旅游服务质量。

二是接待自组（利用网络平台招徕、通过车站和码头招徕或者通过公司销售招徕）客人。在此类业务操作中，地接计调员可以直接与客人沟通交流，签订合同。在接待过程中，必要时可以选择子地接社做地方接待。

☞ **示范材料 5-1**

子地接社的选择说明

北京市组团社组织团队客人进行昆明、大理、丽江、西双版纳四飞九日游,北京组团社选择昆明的旅行社作为地接社,昆明地接社(可称为昆明地接总社)有两种安排方式:一是昆明地接计调员(可称为云南省内地接总计调员)选派昆明地陪导游员,带领客人完成整个旅游行程;另一种是昆明地接总计调员安排昆明地陪导游员负责昆明段的旅游活动,大理、丽江和西双版纳的行程可由昆明地接总社选择大理、丽江和西双版纳的地接社,由他们选派地方地陪导游员,分别完成客人在大理、丽江和西双版纳的旅游活动。按照第二种接待方式,可以称大理、丽江和西双版纳的地接社为省内子地接社。而昆明地接社负责全程接待质量的督促和监控。此时北京组团社一般是和昆明地接总社直接联系,而不直接和大理、丽江和西双版纳这样的子地接社联系。

一、处理好与组团社和 OTA 的关系

不管是何种性质的地接社,都要把组团社和 OTA 的利益放在首要位置。俗话说:巧妇难为无米之炊。虽然地接社会有一定数量的自组客人,但是组团社和 OTA(尤其是组团社)却是地接社客源的最主要来源。

随着旅行社竞争的加剧,组团社争取客源更加不容易,因此,地接社计调员要正确对待组团社和 OTA 的每一位客人,要确保其服务质量,从而取得组团社和 OTA 的高度信任,形成优质长期的合作伙伴。

二、至关重要的前期沟通交流

与组团社(或者 OTA)之间的沟通交流是地接计调员准备阶段的重要工作。目前,地接计调员与组团社(或者 OTA)之间的沟通交流主要是通过电话、传真、QQ、微信、微博等方式进行。地接社计调员跟自组客人之间的沟通交流主要是通过电话、面谈、网络或者通过销售人员进行。

通过沟通交流,地接计调员就游客的抵离时间、人数、团队性质、民族类别、行程安排要求、景点取舍情况、用餐标准、住房标准、车型车况等情况有了详尽的了解,对于含糊不清的事情要及时沟通清楚。

地接计调员要牢记"好记性不如烂笔头",与组团社(或者 OTA)或者自组客人沟通时切记认真记录各种要求,然后周密计划、充分准备,仔细考虑到接待中的每个细节,这是顺利接团的基础。

☞ **示范材料 5-2**

地接计调员与组团计调员就旅游团出行前期的电话沟通交流

组团计调员:您好!请问您是济南市××旅行社地接部吗?

地接计调员:是的,我是地接部小李,请问您是?

组团计调员：我是广州××旅行社组团部计调员小张，我社10月11日有一团队要到山东游览，请安排一下行程并且做出分项报价好吗？

地接计调员：好的，请告诉团队的大体情况及客人的要求。

组团计调员：人数16＋1，日期：10月11日至10月14日，往返四天，主要游览景区为趵突泉、泰山、三孔等。

地接计调员：请问是散客拼团还是单位独立成团？

组团计调员：单位独立成团。

地接计调员：请问住宿和用餐是什么标准？

组团计调员：住宿要求四星级酒店，位置要好，要求在市中心繁华地段，适合自由逛街购物。餐标每人每天100元，早餐含在房费中，为自助餐。

地接计调员：好的，正餐每人每次50元，围桌餐，八人一桌，十菜一汤。请问山东当地用21座丰田考斯特，可以吗？

组团计调员：此团安排标准较高，21座丰田考斯特是可以的。

地接计调员：请问是济南进出吗？10月11日大约几点接团？

组团计调员：是的，济南进出。10月11日客人约13:00左右到达济南，午餐不需要安排，到达后直接游览。

地接计调员：好的，我们安排接站。14号返程的机票是我们代订，对吗？

组团计调员：是的，麻烦代订14号济南至广州的机票，16张。

地接计调员：怎么是16张？加上全陪不是17张吗？

组团计调员：有一领导要到青岛去开会，不随团回广州了。

地接计调员：好的，没问题。

组团计调员：好的，谢谢！

地接计调员：客人还有其他特殊的要求吗？

组团计调员：没有了，谢谢！

地接计调员：好，请稍等一会，我把行程及报价传真给您。请问怎么联系您？

组团计调员：我的办公电话：××××；手机号：××××；传真号：××××。

地接计调员：好的，记住了，我会尽快做好的。我的办公电话：××××；手机号：××××，如果有问题再随时给我打电话沟通。

组团计调员：好，谢谢！

三、选择子地接社

当出现组团社（或者OTA）委托的地接社再次选择区域内其他地接社的情况，此时组团社委托的地接社称地接总社，而地接总社再次选择的地接社称为子地接社。

一般旅游客人的接待，地接总社就可以完成，但是，以下特殊情况，需要选择子地接社派地方导游员参与接待：

（1）地接总社的地陪导游员对于旅游过程中某段行程的景区不能讲解。

（2）客人的旅游活动跨度很大，关联几个省市。

（3）客人的旅游活动十分具体，渗透到乡镇或者农村。

（4）从地方保护的角度出发，地区本身有规定，区域旅游必须选派当地的导游员讲解。

四、制订严密的接待计划

（一）接待计划的内涵

接待计划是地接旅行社落实各项旅游服务的文字依据，属于旅行社业务方面的纲领性文件范畴，是体现旅行社专业化、标准化程度的文本。当地接社与组团社、OTA 或者自组客人就旅游的情况进行沟通交流后，要尽快制订接待计划，主要内容包括团队（散客）有关资料和游客行程安排。

团队（散客）有关资料主要包括组团社或者 OTA 名称、旅游团名称、代号、领队、全陪导游员姓名及电话（如果有全陪）、收费标准或团队（散客）类别等级，各住宿地宾馆名称，团队成员（散客）的特殊要求及结算方式等。

游客行程安排主要包括全程游览线路，抵离时间、地点，车次或航班，旅游点之间使用的交通工具种类及各地主要游览项目等。

接待计划要求行文规范，阐述明确，避免缺项漏项，这是地接操作的第一步，是决定能否进一步合作的前提。目前，旅行社行业没有普遍使用的格式文本，大多数接待计划是旅行社依据公司的惯例，从实际操作需要出发制订和不断完善的。合作方从接待计划上可以分析接待社的实力、规模、计调工作人员经验和综合素质，从而作出是否合作的决定。

（二）细心设计行程

设计旅游行程是地接计调员重要的工作之一，行程安排质量高低，直接影响着游客对旅游活动的印象和体验。设计安排行程时主要注意以下几个方面：

1. 要有合理的游览节奏，景点取舍得当

地接计调员设计安排行程时，要充分考虑客人的实际情况，行程安排要有合理的游览节奏，主要游览项目时间要充足，行程的安排要张弛有度。在可能的情况下，一种活动量大的游览项目之后，要安排另一种较为轻松的游览项目或提供一段休息时间，一方面可以使旅游者体力、精力得到恢复，提高游兴，避免因过度劳累而患病等问题；另一方面可以让旅游者有回味提升和总结的时间（比如老年人居多的旅游团，应注意不要安排过多的旅游景点，节奏要放慢，必要时配备队医；年轻人多的旅游团则可以相对多安排一些旅游景点，每个景点停留的时间可不必太长）。

2. 充分考虑旅游团自身的特殊要求

当旅游团有特殊要求时，地接计调员要根据团队的需要，重点安排体现团队出游特点的项目。例如接待宗教朝圣的游客，去寺庙或教堂的活动安排要偏重，还要根据地域特点设计安排景点和饮食住宿；又如，广州人冬天游览北方，无论级别高低，一定要注意住宿饭店的空调等硬件设施要好些。

3. 适当为旅游者空出一些自由活动的时间

安排行程时为客人留出下午或晚上时间作为自由活动时间，可以让客人更深入了解当地居民的生活习俗。注意不要安排旅游者到治安条件不好、复杂混乱的地方自由活动。地接计调员还要提醒导游员，在所有的自由活动中，都要提醒游客注意人身和财产的安全，

这种提醒要重复进行，达到每位游客都牢记在心。

4. 要与组团社（或者OTA）计调员充分沟通

沟通是提高接待质量和游客满意度不可忽视的环节。地接计调员除了按照"规定动作"将行程做出外，还要及时充分与组团方交流意见，将行程安排中有关组团方可能模糊的问题进行详细解释；就行程中需要跟客人事先约定好的内容对组团社（或者OTA）计调员进行强调，得到客人认可。

5. 注意细节

地接计调员设计安排行程的过程中要注意成本的细节变化，推陈出新时要考虑合作方的成本接受能力。在旅游行程的时间安排方面，要注意公共节假日和周末的交通、人流情况，合理安排餐饮、住宿、游览等事项，要尽量错开旅游高峰时期，避免车房等费用的增加，以便使得行程安排合理恰当，提高游客的满意度。

➡ "计调事"分享

地接计调员与组团计调员欠缺细节沟通导致客人不满

[事实] 桂林、阳朔、银子岩双飞四日游

D1：乘机济南—桂林，前往素有"山水甲天下"的桂林。游桂林城徽—象鼻山（约1小时）：您可领略"水底有明月，水上明月浮；水流月不去，月去水还流"的佳景。游览靖江王府，感受明代藩王府的非凡气势，参观南天一柱—独秀峰（约1.5小时）。后游榕、杉湖新景区（日月双塔、玻璃桥、湖心岛）（约1小时）。

（含中晚餐）住桂林

D2：早餐后乘车至码头（车程约1小时），乘船游览百里画廊——漓江风光（安排非空调渔家游船游漓江精华航线：冠岩美景、杨堤飞瀑、九马画山、黄布倒影、兴坪佳境，游览时间大约2小时），下船后赴阳朔，逛具有西方色彩的中国洋人街——阳朔西街（约1小时），体会古风和现代气息融合得极为和谐的古镇。晚间欣赏由张艺谋导演的全世界第一部新概念超大型山水实景演出——"印象刘三姐"（约1.5小时）。

（含早中晚餐）住阳朔

D3：早餐后，游览被誉为"世界溶洞奇观"——银子岩风景旅游度假区（约2小时）；欣赏钟乳石三绝：音乐石屏、广寒深宫、雪山飞瀑；三宝：佛祖论经、独柱擎天、珍珠伞，体味以雄奇幽美独领风骚的韵味。下午参观桂林市容。

（含早中晚餐）住桂林

D4：早餐后，赴大圩游览有"天然氧吧"之称——古东森林瀑布群（约2.5小时），是中国唯一的地下涌泉形成的多级生态瀑布群，且是唯一可以与漓江水亲密嬉戏的景区。后游览集"海、陆、空"于一体的冠岩景区（约2小时）。晚餐后乘机桂林—济南。

（含早中晚餐）

在以上行程中，请注意第二天即"D2"的行程安排。表面看来行程安排景点内容合理充实，时间分配得当，但实际上存在问题。

漓江游有两条航线：一条是漓江精华航线（杨堤—兴坪，约2小时），发船时间：7:00；另一条是漓江常规航线（磨盘山—阳朔，约4小时），发船时间：8:40，9:20，10:00。行程中计调员安排的是第一种线路，即早上7:00开船。所以当天客人要5:00起床，5:30早餐，6:00出发到达码头，7:00开船，9:00即走完上午的全部行程。因为起床太早而且第二天剩余的行程安排在下午时间非常充裕，随即客人要求导游员先安排回酒店休息。而当晚所住酒店并非前一晚的酒店，当晚是住阳朔。当团队赶到酒店时，房间尚未打扫出来，客人等了足有两个小时才——安排了入住。造成游客的严重不满意。

[启示] 地接计调员在安排行程时，忽略了"开船时间"和"酒店开房时间"的细节，造成行程极为不合理。客人抱怨休息不好，对行程安排有很大意见。"硬伤"往往给客人造成难以弥补的遗留问题。

如果旅行社合作双方在客人出行前有充分的沟通，地接计调员对于不知情的组团计调员就类似"必要的景点开放时间和有关游船的发船时间"等细节问题作出特别说明，组团社再跟客人作出解释，就不会发生游客严重不满意的事情。案例中，地接计调员明知发船时间较早而作此安排是非常不专业和不负责任的。

虽然旅游活动结束后，组团旅行社为每位客人送上了小礼品，但是这种"硬伤"给客人造成的不满意，哪里是一件小礼品可以弥补的。最终的结果，组团社还有旅行社都失去了客户。

五、掌握各旅游供应要素相关知识，有效控制成本

（一）地接计调员与旅游住宿

旅游住宿是指为旅游者提供住宿、餐饮以及多种综合服务的行业，是组成旅游业的基础行业。在旅游六大基础要素"食、住、行、游、购、娱"中，旅游住宿是一个十分重要的环节，与旅行社、旅游交通并称为旅游业的三大支柱。

在我国，旅游住宿业主要指星级饭店、商务酒店、涉外饭店、旅馆、招待所、野营帐篷、民宿等各种档次、类型的经营接待旅客并为旅客提供住宿饮食的场所。

饭店的选择对于地接社来说十分重要。通常情况下，旅行社领导亲自或者委派地接计调员对饭店进行考察。一家地接社通常会考察多个层次的多家饭店，在某个档次中选出几家符合条件的能够合作的饭店，双方签订长期合作协议（见示范材料5-3）。当旅行社有接待业务需要询价和预留房间时，地接计调员只要通过电话沟通交流（见示范材料5-4）就可以了。

☞ 示范材料 5-3

旅行社与旅游饭店订房合作协议

（合同号：××）

甲方：××饭店　　　　　　　　（以下简称甲方）
乙方：××旅行社　　　　　　　（以下简称乙方）

甲乙双方本着友好合作、互惠互利的原则，经协商就乙方向甲方代订酒店客房销售业务事宜达成以下协议：

一、双方责任

甲方同意向乙方提供酒店房间特惠价格如下（单位：__元/间·天；币种：人民币）：

客房类型	普通标准间	豪华标准间	行政标准间
门市价格	580+15%	680+15%	880+15%
散　客	330	360	430
团　队	180	200	340

备注：陪同房半价，散客加床100元，如预订其他房间，按同等比例给予折扣。

对于上述价格作出以下说明：

1. 以上价格均包含中西式自助早餐，门市价加收15%为服务费。散客、团队免收服务费。

2. 散客不分淡旺季，为全年统一价。

3. 乙方每次订房一次性达到5间以上（含5间）则视为团队订房，5间以下则视为散客订房。团队陪同房每团最多不可超过2间，散客陪同房为客人房间执行价格的七折、用房数量每团仅限1间。另团队每达到16名客人时，可免一客人床位或一陪同房间。

4. 为便于甲方统计，并协助乙方向客人宣传，乙方应固定各类房间的售价，并应在以上表格中注明。

5. 若甲方的门市价格下调或推出特惠价时，将及时书面通知乙方，同时签约价格将根据下调比例作相应的调整，以便使乙方客人的现付价格始终低于甲方现行门市价格。

6. 甲乙双方应对协议中所提及的优惠价格保守秘密，乙方的一切公开宣传均不得涉及此价格，乙方也不可将此价格泄露给第三方。

二、操作方式

1. 乙方必须以传真形式向甲方预订房间（团队一般提前十天左右，散客应提前两天左右），传真中应注明客人姓名、抵离日期、陪同人数、用餐安排、客房类型、数量、房价及付款方式等事项，以便甲方及时确认并予以安排，甲方将于两小时内给予确认。

2. 乙方订房如有变更或取消预订时，应在客人入住前以传真通知甲方（散客提前24小时，团队应提前48小时）。

3. 散客结算可采用现付、转账两种方式。现付时客人以和乙方的协议价格与甲方结算，现付价格与甲乙双方协议价格之间的差额部分扣除10%的相关税金后为乙方的订房佣金，每月 5 号之前由双方财务进行核对，核对无误后，乙方将佣金留作甲方冲账。

4. 团队结算采取现付、转账两种方式。每月末甲方财务将乙方消费账单送至乙方，核对无误后，乙方在 10 日内给予结清，每延误一天，乙方应向甲方交纳 5% 的滞纳金。

三、以上协议价格随市场变化经双方同意后可随时进行调整

未尽事宜，双方友好协商解决。双方就本合同产生争议时，应先本着平等互利的原则，友好协商解决，协商无效时，任何一方可根据《中华人民共和国民法典》的规定，向争议所在地人民法院提起诉讼。

四、本协议经双方签字、盖章后生效，一式两份，甲乙双方各执一份，具有同等法律效力

五、本协议有效期为：2023 年 1 月 1 日至 2023 年 12 月 31 日

甲方：	乙方：
地址：	地址：
邮编：	邮编：
电话：	电话：
传真：	传真：
网址：	网址：
联系人：	联系人：
签署日期：	签署日期：

示范材料 5-4

地接计调员跟饭店销售人员关于旅游住宿询价及预留的电话沟通

地接计调员：请问是曲阜××饭店吗？

饭店销售员：是的，我可以为您效劳吗？

地接计调员：我是济南××旅行社的计调员小王，10 月 11 日，我社有 16+1 旅游团将入住贵饭店，请问还有房间吗？

饭店销售员：请告诉我您的团队需要什么样的房间类型？

地接计调员：需要套房一间，大床房一间，普通双标间 7 间。

饭店销售员：请稍等！让我落实一下……还可以……

地接计调员：好的，请问，是我们的协议价格吗？

饭店销售员：是的，我们是长期签约单位，虽然是旺季，但是价格保持不变。

地接计调员：谢谢！此团有导游 2 人（一位全陪为男士，一位地陪为女士），司机 1 人（男），安排两间普通双标间，请问怎么收费？

饭店销售员：老规矩，司陪房价格是客人普通双标间价格的一半。

地接计调员：好的，非常感谢，请给我预留一下，等团队确定，我们会马上跟您传真确认。请记一下我的电话：××××，如果房态情况有变化，请及时通知我。

饭店销售员：没有问题，合作愉快！

1. 我国饭店等级划分

根据《中华人民共和国评定旅游涉外饭店星级的规定》，旅游饭店星级评定实行五星制度。凡是在我国境内，从事接待外国人、华侨、港澳台同胞以及国内公民，正式开业一年以上的国有、集体、中外合资、中外合作以及外商独资的饭店（或者宾馆、度假村等）都可以申请评定星级。

饭店评定等级的依据主要是饭店的建筑、装潢、设备、设施条件；饭店的设备设施的维修保养状况；饭店的管理水平；饭店的服务质量；饭店的服务项目。通过星级评定，不仅可以提高饭店的硬件、软件水平，也可以使星级饭店向规范化服务发展。

2. 国内地接计调员应该掌握的旅游住宿饭店相关知识

（1）掌握旅游饭店的地理位置。
（2）掌握旅游饭店的联系方式。
（3）掌握旅游饭店的房间类型。
（4）掌握旅游饭店的星级标准。
（5）掌握旅游饭店的设施设备状况。
（6）掌握旅游饭店的服务水平和管理水平。
（7）掌握旅游饭店的淡旺季价格差异。
（8）掌握旅游饭店跟其他旅游要素（比如景区、交通站等）的匹配状况。
（9）掌握旅游饭店区别于其他饭店的特色。
（10）掌握旅游饭店提供旅游团队餐的情况。
（11）掌握旅游饭店所适合的客人的类型。

（二）地接计调员与旅游餐饮

民以食为天。在构成旅游的六大基础要素食、住、行、游、购、娱中，食是旅游者最基本的需求之一。

地接社接待客人的用餐场所是经过严格考察的。一般是旅行社领导带领分管部门人员亲自考察，有时也委派计调部门领导或者地接计调员外出考察餐厅的位置环境、装修档次、卫生条件、接待规模、菜品质量、菜肴特色、服务规范、相关旅游团队的配套服务等。在一个城市或者地区，对于某种档次的餐饮标准，地接社通常选择几家用餐单位。

当组团社或者OTA或者自组客人对地接社有分项报价要求时，地接计调员跟所选定的餐饮单位通过电话咨询餐饮构成类型，询要某种用餐标准下的具体菜单。

1. 旅游行程的长短对于旅游餐饮消费的影响

根据客人旅游行程的长短不同，旅游餐饮通常有以下三种情况：

（1）一日游餐饮。一日游客人对餐饮的要求不高，如果需要旅行社安排餐饮，地接计调员在保证卫生条件的基础上，通常选择经济实惠的餐厅。一日游客人餐饮的消费水平较低。许多时候，一日游客人会提出自己带餐。

（2）二日、三日游餐饮。这类客人的旅游行程一般为二日或者三日。比一日游餐饮要求稍高，地接计调员一般选择旅游定点餐厅或者服务质量较好的餐厅用餐。

（3）远程旅游餐饮。远程旅游的旅游时间一般在三天以上。地接计调员根据客人要求层次安排旅游餐饮。远程旅游客人在旅游餐饮的安排上，一般比上面两种的档次要高些，有时甚至把品尝旅游地的风味美食、土特产品作为旅游餐饮的重要组成部分或者是旅游欣赏的一部分。地接计调员要根据客人的餐饮需求精心安排。

2. 国内地接计调员应掌握的旅游餐饮相关知识

（1）掌握旅游用餐场所的地理分布状况。地接计调员安排旅游餐饮是否合理，直接决定客人用餐是否顺利。所以地接计调员应掌握旅游用餐场所的地理位置，具体掌握以下知识：

①用餐环境是否幽雅，有没有其他因素干扰。地接计调员选择旅游用餐场所时必须考虑其可进入性。有时旅游用餐场所菜品虽然有特色，但是地理位置比较偏僻，旅游车进入停车位置非常困难，或者说旅游车根本就不能进入旅游用餐场所，游客下车后需走一段路才能进入旅游用餐场所，将导致游客的极大不满，甚至带来投诉。

②用餐场所与旅游景区相对地理位置。从方便景区游览的角度考虑，许多时候需要选择与景区距离较近、出入方便而又符合客人要求的旅游用餐场所。

（2）掌握旅游用餐场所的管理与服务水平。地接计调员要掌握旅游用餐场所的管理与服务水平，从而为客人用餐提供较好的服务，保证服务质量。

（3）熟悉掌握旅游用餐场所的饭菜质量。地接计调员要熟悉各个用餐场所的饭菜质量：比如用餐场所是否符合卫生要求、是否克扣客人餐饮标准、是否重视客人的用餐要求、是否经济实惠等。以保证客人餐饮质量，防止意外事件的发生。

（4）掌握地方餐饮特色。中华民族饮食文化博大精深、源远流长，地域辽阔的祖国大地上分布着差异极大的饮食风俗，形成了风格不同的地方菜系，从最初的四大菜系到影响深远的八大菜系（鲁菜、川菜、粤菜、淮扬菜、湘菜、闽菜、浙菜、徽菜），烹调技术和菜肴特色各具风格。而我国的各个少数民族在长期的历史发展过程中，也形成了各自的饮食特色。

旅游者外出旅游过程中，都有品尝和学习当地特色餐饮的欲望。地接计调员只有掌握当地旅游餐饮特点特色，才能根据客人的用餐标准，合理安排特色餐饮，配合地陪导游人员或者餐厅服务人员的菜品讲解，使客人在物质和精神上都得到满足，从而感觉不虚此行。

（5）掌握旅游餐饮淡旺季差异。旅游餐饮的价格和菜品存在淡旺季的差异，地接计调员只有掌握了旅游餐饮的淡旺季差异，才能根据不同季节的餐饮特色，为客人安排符合要求的用餐，同时可以监督用餐场所的餐饮质量。

（6）掌握客人的民族民俗。我国有 56 个民族，不同民族有不同的饮食习惯，地接计调员掌握客人的民族民俗、饮食习惯，才能更好地满足客人用餐的需求，从而提高整体服务质量。

▶ "计调事" 分享

用餐地理位置考虑不周，引起客人不满

[事实] 某旅游团队在苏州古城区进行旅游活动，当天的行程安排非常紧张，上午是狮子林和虎丘公园，午餐后进行水巷游，之后赶赴无锡。上午行程结束已经是中午

12:30，午餐却安排在了苏州新城，而下午的旅游活动还是在老城区进行，客人对午餐的地点选择非常不满，旅游车开了40分钟左右才到达餐厅，用餐共花40分钟，旅游车从新城赶回老城又用了40分钟左右，一顿简单的午餐，给行程本来就紧张的客人造成了时间上的浪费，导致客人大发脾气。

[启示]地接计调员在安排旅游用餐（尤其是午餐）的时间地点时，应根据客人旅游日程中游览景区景点时间长短和景区（点）与用餐场所的相对距离而定，以上案例中造成客人不满意的根本原因是计调员本身对于景区和餐厅之间相隔距离没有空间概念，造成行程本来就紧张的客人在时间上的极大浪费。可见，身为计调员，应该掌握更全面的计调知识，才能胜任自己的工作，让客人满意。

示范材料5-5

地接计调员与旅游餐厅人员关于旅游餐饮预订的电话沟通

地接计调员：请问是曲阜的××餐厅吗？

餐饮销售员：是的，请问有什么吩咐？

地接计调员：我是济南××旅行社的计调员小王，我社在10月12日中午，有16+3旅游团在贵餐厅用午餐，餐饮标准是50元/人，您那里可以预订吗？

餐饮销售员：没问题，请问有什么特殊要求吗？

地接计调员：16位客人全是四川成都客人，没有特殊要求，希望贵餐厅提供的午餐体现曲阜孔府菜的特色。

餐饮销售员：好的，请放心吧，我们一定让客人品尝到正宗的孔府菜。

地接计调员：麻烦您提醒厨师，要做足餐标，让客人觉得餐饮物有所值。

餐饮销售员：好的，没有问题。合作愉快！

（三）地接计调员与旅游交通

旅游交通是指为旅游者由客源地到目的地的往返，以及在旅游目的地各处活动而提供的交通设施和服务的总和。

旅游交通是旅游业发展的先决条件之一，是旅游者实现旅游活动的前提和保障，是区域旅游线路开发的基础和命脉，是旅游业收入的重要来源。旅游交通是交通线路、工具、设施以及服务的总和。其中，旅游交通线路是旅游交通的基础性组成部分，是用以支撑交通工具以及保障交通通畅性、安全性等的设施；交通工具则是用于人类代步或运输的装置，旅游交通工具一种重要的旅游要素，是旅游产品的重要组成部分。旅游交通服务质量的高低也直接影响着旅游者对旅游产品的评价。

1. 旅游交通独有的特性

（1）层次性：旅游交通从其运送游客的空间尺度及人们的旅游过程来看，层次分明，主要可分为三个层次：

①大交通：通常也称为外部交通，指从旅游客源地到旅游目的地所依托的旅游中心城市（或者乡镇）之间的交通方式和等级，其空间尺度跨国或者跨省。主要交通方式为航

空、铁路、国际游轮和高速公路。

②区间交通：主要指旅游中心城市到旅游景区景点之间的交通方式和等级。主要方式为铁路、公路和水路交通。

③景区内部交通：主要是指特种交通方式，如索道、景区内电瓶车、游船、畜力（骑马或骑骆驼等）、滑竿等。

（2）游览性：游览性是旅游交通区别于其他交通的最明显标志，无论是交通线路的设计还是在交通设施的安排上都能表现出来。

①从交通线路设计看，交通工具将途经景点串联在一起；

②从交通设施看，豪华齐全卫生洁净的交通设施本身方便客人沿途观光，给客人以美的享受；

③特殊旅游交通工具本身就是旅游资源。例如古老的马车、羊车、牛车、竹筏、滑竿等。真正体现出"旅和游"不分家，旅即游，游即旅，两者密切结合在一起。

（3）舒适性：旅游交通工具一流的设施和优质的服务，给游客以舒适的感受。减轻旅途的疲劳，使得游客以更充沛的精力投入旅游。

（4）季节性：旅游交通的季节性是由旅游的季节性决定的。在旅游高峰时期，旅游交通工具呈现出十分紧张的状态。而在旅游淡季，旅游交通工具明显"过剩"。

2. 地接计调员应掌握的旅游交通相关知识

从地接计调员的角度看旅游交通，则旅游交通有两种含义。一种是旅游线路策划阶段的旅游交通线路，没有交通线路连接的目的地是无法通达的，因此，在策划旅游线路时，必须考虑是否有相应的交通线路。一种是旅游产品设计和团队操作阶段的旅游交通工具，因为，采购不到具体的交通工具，旅游团队就无法在食、住、游、购、娱等旅游要素之间实现移动。总之，地接计调员业务操作与旅游交通联系紧密，特别是在旅游旺季，旅游交通往往是旅游产品制作和实施时的关键性制约要素，只有得交通者才能接团队。当然，随着旅游交通的快速发展，交通在地接计调员线路策划、产品设计和团队操作等业务中的制约作用在不断降低。如在交通非常发达的我国中东部地区，在线路策划时就基本上不用考虑交通线路，因为这些地方能报出名字的景区、餐厅、酒店都可以找到一条甚至多条交通线路。但是，在地广人稀的大西北，地接计调员在策划旅游线路时就考虑交通线路，而不能随心所欲地编排旅游线路。同样，在交通运力充足的地区，只要不是旅游旺季，旅游交通工具也不用太早采购，以减少提前采购的预付款时间和未能成团造成的经营风险。但是，在运力供给不足的地区、线路或季节，就必须考虑提前采购交通工具，以确保旅游产品的实施和旅游合同的履约，避免丧失市场机遇和违约造成的经济损失。地接计调员为了做好旅游交通业务操作，应尽量掌握旅游交通相关知识。

（1）掌握各类交通方式的优势和劣势。

①公路旅游交通：优势是方便，灵活，节约时间，可实现大交通和区间交通一体化服务等；劣势是运量小，速度相对慢，长时间乘坐舒适性降低，受气候影响大，风险性相对较高，有大气污染和噪声污染等。

②航空旅游交通：优势是航线直，两地之间线路最短，可以跨越地面上的各种自然障碍，具有快捷、舒适、安全等特点；劣势是相对其他交通方式，飞机票比较贵，航班数量

较少,机场地理位置较偏,去机场及候机耗费的时间较多,晚点发生率较高,只能解决两地长距离交通问题,受恶劣天气条件的影响较大等。

③铁路旅游交通:优势是客运量大,安全舒适,准时,高铁动车班次较多、速度快,非高铁动车价格实惠,受季节气候等自然条件的制约性小等;劣势是高铁动车价格较高、不灵活,非高铁动车速度较慢、班次较少,实名制导致提前控票困难,部分高铁站距离城市较远,只能解决两地大交通问题。

④水路旅游交通:优势是运力大,一般客运船舶经济实惠,大型邮轮游船通常情况下舒适、安全,观景效果较好等;劣势是速度慢,受季节、气候和水情影响大,准时和灵活不足,大型邮轮游船价格较高,小型游船渡轮安全风险较其他交通工具更高。

⑤特种旅游交通:包括索道、轿子、牦牛、骆驼等交通工具,多用于景区内,具有浓郁的地方特色。其优势是便于游客通过一些难行的路段,有些还带有娱乐、参与、观赏性质,本身就是一种旅游项目,在风景区内的交通中占有一定地位,可以招徕游客,提高旅游价值。劣势是有些特种旅游交通的开发如索道、缆车等会破坏旅游环境资源,客人乘坐特种交通工具时,会使得游程缩短,沿途景点丢失。

(2)掌握各种旅游交通工具费用计算方法。交通费用是旅游花费中重要的支出。作为地接计调员,熟练掌握各类交通时刻表的查询方法,掌握各种交通方式的价格情况,尤其是旅游汽车的价格。计调员一定要学会使用地图,熟练运用计算器快速准确计算交通费用的成本价格。

(3)掌握旅游汽车相关知识。目前,在本地区或者本省内的旅游活动,特别是城市与景区景点之间的旅游活动,基本是以旅游汽车作为主要交通工具。随着旅游汽车业的大发展,伴随豪华舒适安全性能高的汽车类型的面世,越来越多的游客愿意选择汽车进行省内长距离以及相邻省份长距离的旅游活动。所以地接计调员应该掌握关于旅游汽车的如下知识:

①旅游车分类知识:不同的旅游团队或者散客对于旅游汽车的类型要求有差异,计调员应该熟悉当地各个旅游汽车公司的分布状况及旅游汽车(包括轿车)的类型和性能,更好地满足旅游者的要求。

②旅游车队合法性:计调员预订旅游车时,要严格审核旅游车队的合法性,对于旅游汽车的手续、保险等项目要认真把关,这是保障旅游安全的基础。

③旅游汽车的安全设备状况:地接计调员要能够判别旅游汽车的安全门、前后灯、方向灯、刹车灯、尾灯、雨刷、脚刹、转向系统、灭火器、轮胎及备胎等设备是否一切正常。

④司机师傅情况:地接计调员要掌握司机师傅对于旅游行程中的路况、休息区分布、目的地的停车形势等是否了解,要掌握司机师傅的技术熟练程度、个人修养状况、有无酗酒吸烟习惯、开车时是否接打手机、是否有长时间按气喇叭的习惯、服务态度如何等情况。

(4)掌握旅游交通工具安排的原则。随着社会经济的发展,人们收入水平的提高,旅游者外出旅游时,对于旅游交通的要求也随之提高。由最初的"能够到达"发展到后来的"快速到达",直到现在的安全、快捷、舒适、经济。在游客提出的旅游交通费用标准基础上，计调员应选择最安全、快捷、舒适、经济的交通方式，同时在可能的情况下，尽力使得旅游交通方式多样，以丰富线路内容，调节游客的情绪，增加旅游体验和旅游情趣。

（5）掌握航空公司相关知识常识。随着航空业的迅速发展，航空公司越来越多，地接计调员应熟悉各家航空公司的航线特点优势和组成状况，掌握主要的飞行路线，掌握国家航空运输中的基本规定，机票代理的销售及管理规定，国际国内机票常识，及时了解各航空公司票价折扣优惠状况，将大大提高操作质量、服务档次和工作效率。

（6）掌握旅游景区内特种交通工具的配备情况。

（7）掌握飞机场、车站、码头与饭店、餐厅、购物店、景区景点、娱乐场所等直接的距离分布和大约行车时间。

（8）掌握跟交通部门沟通的技能技巧。不管是散客、小型旅游团队还是大型旅游团队，地接计调员在协调交通工具和交通票据时都需要跟相关部门人员进行沟通，从而了解相关价格并且进行预留，因此，沟通的技能和技巧显得尤其重要，这是地接计调员顺利完成工作的基础（相关电话沟通见示范材料5-6）。

示范材料 5-6

地接计调员与旅游汽车公司调度员关于预订旅游车的电话沟通

地接计调员：请问是××旅游汽车公司吗？

车队调度员：是的，请问有什么可以为您效劳的？

地接计调员：我是××旅行社计调员小张，有一西安的旅游团于今年8月9日到达昆明，在云南游览6天，14日从昆明离开，想租一辆31客座的旅游车。

车队调度员：好的。请问哪个档次的车？国产的还是进口的？

地接计调员：国产的郑州宇通就可以，要两年之内的用车，而且车内配套设施齐全。司机服务到位。

车队调度员：没有问题，宇通车都比较新，车内配备麦克、电视、行李架等。

地接计调员：好的，谢谢！总计多少钱？

车队调度员：现在是旅游旺季，但是贵旅行社跟我们公司是长期合作单位，全含4800元。

地接计调员：好的，在昆明飞机场送走团队后，地陪导游员付款，好吗？

车队调度员：好的，谢谢。

地接计调员：请先预留吧，等团队确定了，我尽早跟您传真确认。

车队调度员：好的，谢谢！合作愉快！

（四）地接计调员与旅游景区（点）

旅游景区泛指具有一定自然或人文景观，可供旅游者游览并满足某种旅游经历的空间环境，是旅游活动的核心内容和主要目的地，也是旅游业最基础、最核心的组成部分。

地接计调员通常与当地旅游景区签订合作协议（见示范材料5-7），以享受团队优惠折扣待遇。如遇接待大型旅游团队，地接计调员要提早跟景区沟通（见示范材料5-8），以保证团队到达时有足够的门票。

示范材料 5-7

某风景名胜区对旅行社优惠协议书

甲方：某风景名胜区管理处（以下简称甲方）

乙方：某旅行社　　　　　（以下简称乙方）

为推动旅游事业的发展，加强双方友好合作，本着平等互利的原则，经甲乙双方协商，签订协议如下：

一、双方权利与义务

1. 甲方应为乙方提供良好的旅游环境和优惠政策。

2. 甲方应按协议价格向乙方出售门票。

3. 乙方必须是国家旅游行业和当地文化与旅游主管部门正式批准认可，并缴纳了本年度质量保证金的旅游公司和旅行社，方可签订本协议，享受甲方给予的优惠政策。

4. 乙方导游员带队旅游，应持有国家文化与旅游部或省级文化与旅游行政管理部门颁发的证书，乙方导游员出示导游证，可享受免费。

5. 乙方应做好销售甲方门票的宣传促销工作，并根据游客的反映，将信息及时反馈甲方。

6. 乙方如违反本协议所定条款，甲方有权终止协议，并有权向乙方索赔由此造成的损失。

二、具体优惠措施

1. 乙方带团来甲方游览，甲方将按门票价格的六五折给予乙方优惠。

2. 乙方所带学生团队（20人以上），凭学生证享受优惠，小学生按"1票5人"，中学生按"1票3人"，大学生按"1票2人"优惠。

3. 乙方带团可从甲方正门（步行）、东门（车行）进入，来团时请携带协议书复印件（双方盖章有效），购票时应由带团导游认真填写"旅行社入园回执单"。乙方本年度独立发团累计超过3000人（以"入园回执单"为依据），甲方视其为重要合作伙伴，年底将按实购票款的15%给予返还；超过2000人，将按实购票款的10%给予返还；超过500人，将按实购票款的5%给予返还。

4. 乙方旅游车辆入园免费，来团20人以上，提前预约可享受免费导游服务（春节、五一、十一黄金周、学生团队除外）。

三、本协议期限及其他

1. 本协议自_____年_____月_____日至_____年_____月_____日。

2. 本协议一式二份，自双方签字之日起生效，甲乙双方各执一份，具备同等法律效力。

3. 未尽事宜由双方协商解决。

甲方：　　　　　　　　　　　　　　乙方：

地址：　　　　　　　　　　　　　　地址：

邮编：　　　　　　　　　　　　　邮编：
电话：　　　　　　　　　　　　　电话：
传真：　　　　　　　　　　　　　传真：
网址：　　　　　　　　　　　　　网址：
联系人：　　　　　　　　　　　　联系人：
签署日期：　　　　　　　　　　　签署日期：

☞ 示范材料5-8

地接计调员与旅游景区就大型团队游客所需景区门票事宜的电话沟通

地接计调员：您好，请问是××景区销售部吗？
景区销售员：是的，请问您是哪里？
地接计调员：我是××旅行社的计调员小李，6天以后有一360人的大型团队来西安旅游，其中要去贵景区参观游览。
景区销售员：非常欢迎，具体日期能确定吗？我们要提前做好准备。
地接计调员：如果计划不变，就是5月20日上午9点左右到达贵景区。请准备好门票，做好其他接待事宜。
景区销售员：好的，请放心，保证没有问题。
地接计调员：谢谢您，如果有变化，我会提早告诉您。
景区销售员：谢谢！合作愉快！生意兴隆！
地接计调员：谢谢！

1. 旅游景区的构成要素

（1）旅游景区吸引物：其是景区内标志性的观赏物，是景区旅游产品中最突出、最具特色的景观部分，也是景区的核心。其是旅游景区招徕游客的招牌，也是景区旅游产品的特色显示。

（2）旅游景区活动项目：是指结合旅游景区特色举办的常规性或应时性供旅游者或欣赏或参与的大中小型群众性盛事和游乐项目，内容十分丰富，有民间习俗表演、文艺或体育表演及比赛等，它们不仅是景区旅游产品的一部分，而且还可以作为旅游促销的内容，使旅游者感受到趣味性，使旅游服务的主题更加鲜明、更有吸引力。

（3）旅游景区管理与服务：旅游景区的管理包含两个层面，一是对员工的管理；二是对景区的管理。景区管理水平和旅游服务的质量直接影响到旅游景区的形象和声誉，是构成景区吸引力的重要组成部分。

（4）旅游景区的可进入性：是旅游景区的通达性，基本目标是能够保证旅游者"进得来、散得开、出得去"，可进入性直接影响客人对于旅游景区的满意度。

2. 地接计调员应掌握的旅游景区（点）相关知识

地接计调员应熟练掌握旅游景区（点）的相关知识，回答游客及组团社（或OTA）关于景区和景点内容的提问，以提高旅游线路产品的设计水准和销售成功率。在旅游行程设计的过程中，计调员除参照景区当年度报价表外，还要及时跟旅游景区的有关部门电话沟通，清楚目前的团队优惠价格情况，方便核算报价。地接计调员应该掌握的景区景点知识主要包括：

（1）掌握旅游景区的门票全价、对旅行社的折扣价格、特殊人群的门票优惠价格。

（2）掌握景区淡季和旺季的门票价格差别和时间规定。

（3）掌握旅游景区的内部线路走向图，大型或高山景区还应了解景区内部交通工具，熟悉不同交通方式游览景区所需时间。

（4）掌握景区游览的注意事项。

（5）掌握新景区和老景区的开发状况。

（6）掌握景区内服务和管理的整体水平。

（7）掌握景区（景点）的地理分布、成因、特色，能概括介绍景区景点特色。

（8）掌握景区内旅游购物店（点）的分布及购物特色。

（9）如果是特殊的大型团队或者对接待游客的数量有限制的景区，在跟客人签订合同后，地接计调员要再次确认景区门票情况，以免出现空票现象。

（10）掌握景区内小景点的二次收费情况。

（11）掌握景区内设施设备的配套情况和使用情况。

"计调事"分享

门票不够谁之过

[事实]某年11月份，某旅行社接待了260人的会议团队。客人都是来自全国各地的各个单位的领导，对服务要求较高。对旅游将涉及的各个方面，旅行社作了周密的安排，但是当团队到Z景区时，六辆大车停在景区门口等候，却买不上门票。景区给出的原因是门票不够，客人等待45分钟后才进景区，意见非常大。

为了消除客人在售票处等候的不愉快，游客在Z景区附近的大酒店用午餐的时候，旅行社跟Z景区领导一起向客人道歉，以景区道歉为主。景区负责人说：负责门票的服务员在当天早晨骑摩托车上班的路上被撞了，而门票又锁在她的橱子里，所以出现让客人等候的现象。基本取得了客人的谅解。

[启示]此次事故从表面上看，应该是Z景区的责任（而且Z景区也有合适的理由配合旅行社就出现的问题向游客进行了解释），但是追究起来，主要责任应是联系门票的地接计调员做事情不认真造成的。Z景区有几个售票处，车队是从游客相对较少的后山进入景区，但计调员联系的却是游客量极大的前山售票处，所以才会出现这种问题，造成客人的不满意。当然，作为世界遗产的Z景区，不管在哪个售票处，都不应该出现空票现象，此事的发生也给Z景区敲响了警钟。

当然，随着我国景区的智慧化建设，电子门票的广泛使用，本案例所说的情况已经很少发生。但是，像敦煌莫高窟、拉萨布达拉宫等严格限制入场流量的景区，计调人员还是需要在旺季事先预订好旅游者的门票，否则到了售票处就会出现"没票"的窘境。

（五）地接计调员与旅游购物

旅游购物是旅游者通过旅游活动购买的以物质形态存在的各种实物商品的经济和文化的行为总和，但不包括商业性或者投资性购买行为。旅游购物对丰富旅游线路的内容，提高旅游目的地形象，增加当地旅游收入，扩大社会效益都有十分重要的作用。

旅游购物消费在旅游者支出中有很大的弹性，它受旅游者支付能力、旅游商品特色、旅游商品丰富程度、旅游服务尤其是导游员服务水平的影响较大。

地接计调员应充分了解社会客人对旅游购物的反应，根据游客的实际购物要求，适度合理安排购物店。

1. 我国旅游购物简述

我国旅游购物发展可以分为三个阶段。第一个阶段，主要是 20 世纪 70 年代末到 90 年代初的入境旅游购物阶段，表现为入境旅游者购买古玩、字画和具有中国特色的纺织品；第二个阶段，主要是 20 世纪 90 年代初到 21 世纪初的国内旅游购物，表现为国内旅游者在旅游目的地购买当地土特产和旅游纪念品；第三个阶段，主要是 21 世纪初到新冠疫情前的出境旅游购物阶段，表现为出境旅游者喜欢在国外购买化妆品、婴儿用品和奢侈品等。

我国的国内旅游购物，兴起于 20 世纪 90 年代初的广东旅游团，所购买的物品主要是有当地特色的食品、用品和工艺品，既用于自我消费，也用于馈赠亲朋好友。但是，随着国内旅游日益普及，从少数人奢侈消费到大众消费，从一年甚至几年一次的精心准备到说走就走的随性旅游，旅游者的购物行为日趋理性化。

2. 地接计调员应该掌握的旅游购物相关知识

（1）掌握旅游购物店是否是正规购物店。

（2）掌握旅游购物店中商品的类型及销售价格。

（3）掌握旅游购物店内管理水平和服务水平。

（4）掌握旅游购物店的售后服务标准。

（5）掌握解决游客对旅游购物投诉的方法技巧。

（6）掌握旅游购物店的商品特色，能够概括介绍旅游购物商品。

（7）掌握"旅游购物应该是根据客人的要求进行安排"的原则。

（8）在客人要求安排购物店的前提下，掌握"在一条旅游线路产品中，旅游购物店的安排要本着不重复、不单调、不紧张、不疲惫"的原则。

（六）地接计调员与旅游娱乐

旅游娱乐是指以娱乐、消遣、放松为目的，以获得精神愉悦和身心平衡为感受的多种旅游活动方式的总称。

1. 与大众化群众性文化娱乐活动相比，旅游娱乐具有以下特征

（1）更强调具有民族特色和地方特色，使旅游者耳目一新。

（2）强调欢乐、热闹、幽默，为大多数人喜闻乐见。

（3）强调参与性。

（4）时间不宜过长。

（5）强调旅游娱乐活动具有针对性。

（6）旅游娱乐活动项目常变常新。

（7）强调高雅文化与民俗文化的结合，在满足大多数人需求的同时，反映出时代特征。

（8）强调寓教于乐，使游人在观赏、休憩、娱乐的同时，了解旅游目的地的历史文化、风土人情和科技知识，受到社会文明的熏陶。

2. 地接计调员应掌握的旅游娱乐相关知识

（1）掌握当地旅游娱乐的内容、分类及特色；根据客人要求，介绍或者安排具体旅游娱乐活动，以便客人在开心快乐中享受健康的、文明的、积极向上的娱乐活动。

（2）掌握进行旅游娱乐的基本技巧。

（3）掌握进行旅游娱乐时的注意事项。

（4）掌握旅游娱乐的销售价格和内部价格。

（5）掌握旅游娱乐活动进行的时间要求。

六、做出准确报价

地接计调员制作报价是一项重要而烦琐的工作，精确科学的报价需要计调员特别的细心和耐心。

如果组团社、OTA或者自组客人没有特殊要求，只要提供总报价就可以；如果组团社、OTA或者自组客人有分项报价要求，地接计调员要根据旅游活动项目及分项成本价格，做出合理的分项报价。

地接团队（散客）的成本价格一般包括房费、餐费、当地交通费（一般情况下主要是旅游车费）、门票费、导游服务费、（往）返程交通费、其他费用等方面。各个接待部门或者单位上报给地接计调员的一般是分项的成本价格，在此基础上，计调员根据团队的消费档次和实际情况，在每个分项成本价格基础上，加上合理的利润，就是要报给组团社、OTA或者自组客人的分项报价。将分项报价相加，就是对外的总报价。

在房费、餐费、当地交通费、门票费、导游服务费、（往）返程交通费、其他费用中，导游服务费和其他费用的可变性较大。

导游服务费通常包含两个方面，一方面是指旅行社付给导游员的出团补助费用（各个旅行社的出团补助标准不尽相同，一般为每天150~300元。如果导游员表现非常出色，许多旅行社将会增加导游员的补助金额作为奖励）；另一方面是导游工作费（一般经济型的团队，由于游客旅游过程中各项消费标准比较低，在旅游过程中所涉及的旅游餐饮、旅游住宿、旅游景区景点等方面的费用对于出团导游员一般是免费的，地接计调员核算成本时无须考虑此费用，只是核算导游员可能产生的交通（飞机、火车、轮船等）费用就可以了；但消费水平较高的旅游团队，导游员出团过程中，自身的住宿一般都是收费的，费用大约是客人住宿费用的一半左右，地接计调员在核算导游员工作费用时，要仔细分项，不能因忽视哪项而引起不必要的麻烦，应充分考虑住宿、交通方面的费用支出。

其他费用是指旅行社根据客人要求所做出的行程报价中不包含，客人在旅游活动中又可能涉及的费用。地接计调员应在行程报价中注明，以起到友情提示的作用。例如索道费、电瓶车费用、小门票、游船船票、漂流费用、骑马费用、潜水费用等。

地接计调员制作报价时,应该多做比较,降低风险、节约成本。在保证团队(散客)旅游质量的前提下,实现企业利润最大化。地接计调员报价过程中很重要的步骤是反复核算,确保报价的准确合理。

示范材料 5-9

济南地接社制订的关于成都××旅行社
0511 团队的旅游行程计划说明书及分项报价

团号	0511	人数	16+1
地陪姓名	××	地陪电话	××××
司机姓名	××	司机电话	××××
到济时间、航班	05/11;××航班	离济南时间、航班	05/14;××航班
接团标志	举接站牌:四川成都贵宾一行16人		
行程日期	05/11—05/14		
地接计调姓名	××	地接计调电话	××××

××经理:

您好!感谢您对我公司的信任与支持!现将贵社0511团16+1人济南、泰山、曲阜四日游行程及报价传真给您,请查收,若有不详,请来电!

济南、泰山、曲阜四日游

一、行程

05月11日:济南遥墙机场接机××航班,接团后直接游览五龙潭公园(约1小时),中餐后游览天下第一泉——趵突泉(约1.5小时)、泉城大客厅——泉城广场(约1小时),后自由活动。

(含中、晚餐)住济南

05月12日:早餐后由济南乘车赴孔子的诞生地曲阜(行车时间约2小时),游览三孔(约5.5小时):"天下第一庙"——孔庙、"天下第一家"——孔府,中餐后游览世界上延时最久、规模最大的私人家族墓地——孔林。后乘车赴泰安(行车时间约1小时)。

(含早、中、晚餐)住泰安

05月13日:早餐后游览泰山(约6小时):天外村换乘景区小交通车至中天门,徒步登山,途经快活三里、云步桥、五大夫松、十八盘至南天门,游览天街、日观峰、探海石、碧霞祠、泰山极顶玉皇顶。后徒步下山至中天门,乘小交通车下山至天外村。乘车返济南(行车时间约1.5小时)。

(含早、中、晚餐)住济南

05月14日:上午游览"泉城明珠"——大明湖(约2.5小时),中餐后济南遥墙国际机场送客人，乘××航班返成都。

（含早、中餐）

二、分项报价

1. 门票：行程所列景点首道门票____元/人×16人=____元

   不含：泰山索道单程____元/人、往返____元/人

2. 住宿：挂牌四星级酒店

   套房____元/间/天（含自助早餐）×1间×3天=____元

   大床房____元/间/天（含自助早餐）×1间×3天=____元

   标准间____元/间/天（含自助双早）×7间×3天=____元

3. 车型：21座丰田考斯特____元/辆（全含）

4. 用餐：3早7正：____元/人/正×7正×16人=____元

5. 导服：专业导游服务 ____元/天×4天=____元

6. 机票：济南—成都××航班

   ____元/张（含机场建设费、燃油税）×16张=____元

费用共计：____元（大写：____万____仟____佰____拾____整）

请在团队抵达济南前，将80%团款汇至我社，团队结束前将余款付清。

我公司账号：××××　　　　　开户行：××××

如有不妥，敬请来电！多谢！

济南地接社计调部：××

____年5月6日

➡ "计调事"分享

这次赔大了

[事实]小李是A城市某旅行社的地接计调员，上周给上海某组团旅行社30人的旅游团做了自备车的接待计划，后来因为客人时间有限，接待计划作了改动，不仅行程作了适当调整，大交通工具也由自备车改成飞机往返。上海组团社要求小李重新报价，由于疏忽，小李在第二次报价时只增加了返程机票款，忘记了因为大交通的改变需要地接社增加旅游车的费用。

附：第一次分项报价

1. 交通：自备车；

2. 住宿：挂牌三星酒店标准间，小计：____元/人/天×6天=____元/人；

3. 用餐：6早12正（酒店含自助早餐，正餐十人一桌，十菜一汤，餐标____元/人，不含酒水），小计：____元/人；

4. 门票：行程所列景点第一大门票，小计：____元/人；

5. 导服：持证地接导游服务，小计：____元/人；

6. 赠送每人每天2瓶矿泉水。

总报价：____元/人

附：大交通改变后的第二次分项报价

1. 交通：返程机票暂按3折，小计：____元/人；
   机场往返接送，小计：____元/人；
2. 住宿：挂牌三星酒店标准间，小计：____元/人/天 ×5天 = ____元/人；
3. 用餐：4早9正（酒店含自助早餐，正餐十人一桌，十菜一汤，餐标____元/人，不含酒水），小计：____元/人；
4. 门票：行程中所列景点第一大门票，小计：____元/人；
5. 导服：持证地接导游服务，小计：____元/人；
6. 赠送每人每天2瓶矿泉水。

总报价：____元/人

A城市某旅行社各项安排都考虑得很周到，旅游团队的接待非常成功。但是，在第二次的报价中，地接计调员漏掉了地接所用旅游车的费用____元。不但使得地接旅行社没有利润，就是小李自己，也要承担赔偿损失的责任。

［启示］地接计调员的工作千头万绪，纷繁复杂，尤其是对于团队的分项报价，更需要耐心、细致、考虑周全，不可马虎大意，要把每项内容的各种价格认真地写下来，反复计算演算，多次检查，用心比较。否则，不管漏掉哪一项报价，都将给旅行社和个人带来非常大的经济损失，不可小视。

七、分项书面确认

国内地接计调员在设计行程和核算价格时，需要跟饭店、餐馆、车队、票务等旅游供应商进行沟通和相关预留，这种预留是没有合同限制的，基本以口头式为主，不具备法律效力。在节假日和旅游旺季，旅游供应商出于赢利考虑，对旅行社"预留"却没有实际预订的各种项目经常会出现没有"留住"的被动局面。所以，地接计调员在客人旅游事宜确定后，对核算成本时"预留"的各种项目，要在第一时间内跟各旅游供应商进行实际预订，并加盖公章传真确认（见示范材料5-10）。

☞ **示范材料5-10-1**

旅行社订房通知单

To	××酒店××经理	FAX		Tel	
From	×× 旅行社	FAX		Tel	
住宿人数		客人房间	房型	普通双标间（含自助双早）：____间	
			价格	____元/标间	
		司陪房间		普通双标间（免费房）：____间	
入住时间	____月____日	入住天数		____天	

续表

住宿总费用	__元		
付费方式	导游现付 / 汇款 / 签单		
导游姓名		导游电话	

感谢支持、合作愉快！
请盖章回传

××旅行社（盖章）
____年__月__日

示范材料 5-10-2

订餐通知单
模式一：××旅行社团队餐预订通知单

旅行社名称	____旅行社	电话		传真	
餐厅名称	____酒店	电话		传真	
用餐时间	____年__月__日				
团队人数	___人	客源地			
用餐次数	___次	餐　标		___元/人	
特殊要求					
总计餐费	___元				
付款方式	导游现付 / 汇款 / 签单				
导游姓名		导游电话			

感谢支持、合作愉快！
请盖章回传

××旅行社（盖章）
____年__月__日

模式二：订餐确认单

TO:（盖公章）____大酒店　　　FROM:（盖公章）____旅行社
TEL:　　　　　　　　　　　　TEL:
FAX:　　　　　　　　　　　　FAX:

现有我社____人于____月____日前往贵处用中餐，餐标为____元/人（含主食），请多多关照，谢谢！请盖章回传确认。

导游：
电话：
附菜单：

                _____旅行社
                _____年__月__日

☞ 示范材料 5-10-3

汽车客运订座协议

TO：___车队___经理：

  您好！我公司现代理旅游者就汽车客运订座：<u>33+2</u>，<u>2</u>年内用车<u>1</u>辆，车牌号为____××____，车型__××__，师傅____××____，电话____××____，行程：×××××，于××年××月××日××点××分×××单位院内准时接客人，于××年××月××日返回××市后，将客人送至×××单位院内，费用××元（全含，包括路桥费、油费、停车费等）。敬请确保车辆行驶安全，司机驾驶经验丰富，熟悉沿途及旅游行程中的路况，待人礼貌，服务热情，保证车内卫生以及话筒、空调、电视的质量。如无疑义，请盖章回传确认。谢谢合作！

备注：

1. 保证所提供的车辆、司乘人员必须符合国家行业合同约定的规定要求，车况良好。
2. 如行程有变更、取消，应在出发前二天通知对方，造成对方损失的，双方协商解决。
3. 所订车辆在旅行社看车后一经确认，车队或车主不能随意调换，否则造成的损失由车队或车主全部承担。
4. 如行程中车辆出现问题，车主应及时采取补救措施，造成损失，车主负全部责任。
5. 行车中司机不要接听电话，以保证行驶安全。
6. 司机食宿标准等同导游员。

电　话：××××
传　真：××××

                ××旅行社
                ××年××月××日

附简单行程：……

八、其他事宜的安排预订

  地接社接待的旅游客人中，某些团队或者散客的旅游活动可能有会议、参观、交流等安排，计调员应根据实际接待计划，明确工作要点，合理分配时间。如对于教育考察旅游、宗教旅游、烹饪旅游等专业旅游客人，除做好一般的旅游活动安排之外，要尽早和有关部门取得联系，安排好专业活动的时间、地点、用车及其他事宜；由于工作需要，地接计调员需要选择子地接社时，应及时跟子地接社就合作事宜进行传真确认。

九、及时做好变更调整

地接计调员要保持跟组团社、OTA 和自组客人的联系与沟通。在客人出游之前，如遇人数、时间、景区景点或者交通工具等方面的变动，要在第一时间内核算出可能已经产生的费用，及时通知组团方或者自组客人，作出变更确认；在旅游活动进行中，某些旅游团队或者散客也会出现人数、交通工具、游览景区景点、用餐地点等方面的变化，导游员要及时跟地接计调员联系，进行合理变更调整，同时做好相关退补费用的核算，尽力满足游客的需求。

➡ "计调事"分享

出团前客人突然退团

[事实] 某组团社组织的厦门、武夷山、福州双飞五日游旅游团，共有32+1人组成，组团社跟客人单位及地接社签订旅游合同之后，团队中有三位领导因突然接到外出开会的通知，不得不取消随团旅游事宜。组团社计调员核实情况后，立即通知厦门的地接社，此时，离地接社接团还有两天的时间了，地接社计调员已经跟所有的接待部门或者单位就32+1人旅游团的接待事宜签过协议，并传真确认过。

作为组团社和地接社，对于三位领导不能随团旅游的事宜所作出的变更如下：

组团社：一方面，对于改变出现之前组团计调员已经出的32+1张（含全陪导游员一名）往返飞机票，因有3位客人不能成行，本着尽量减少各个方面损失的原则，按照航空公司的有关规定退票，并对客人做好相关费用的解释工作。另一方面，及时跟地接社协调有关变更事宜。

地接社：地接计调员根据组团社的要求，取消了三位客人的所有相关预订，将改变后的29+1旅游团的全部预订重新进行传真确认。

问题解决快速，得到了客人单位的好评。

[启示] 游客签订合同之后，并不意味着旅游活动一成不变。时常会出现一些突发的事件，组团社和地接社的计调员要随时准备解决类似的问题，尽量降低损失，满足客人的需要。计调员不仅要耐心细致，更要有主人翁的责任感，为客人排忧解难。问题解决的水平高低也是客人对旅行社评价的重要标准之一。

十、选派合适的地陪导游员

在旅游活动进行中，一般情况下，客人不会直接跟旅行社的领导、计调员和其他人员正面交流，只会与地陪导游员"面对面"直接沟通，其服务质量的高低将直接影响到旅行社的信誉和声誉。保证优质的导游服务是争取客源的关键因素，所以旅行社要重视地陪导游员的选派。

目前，地接社中地陪导游员的选派工作一般由地接计调员负责。计调员应该全面熟知导游员的性格、爱好、综合能力、身体状况等情况，能够根据旅游者的性别、年龄、职业、特殊要求等，为客人精心配备合适的地陪导游员。对特别重要的团队，除选派优秀导游员外，旅行社相关领导将直接参与接待，甚至总经理可以直接担任特别重要团队的导游员。

地陪导游员选定后，地接计调员要通知导游员到旅行社领取团队接待计划、电子行程单、协议单、签单表、质量监督表、全陪书等资料。之后，地陪导游员进行接团前的物质准备、知识准备和情感准备。

示范材料 5-11

地陪导游员出团前到地接计调员处领取的主要文字材料

一、电子行程单

电子行程单是旅行社享受到优惠协议价格的证明材料。

团号：SDR×0221			团队品质：休闲团		保险：团款含意外险			
组团社				领队/全陪				
人数		客房数		客源地				
抵达		地点		航班/车次				
离开		地点		航班/车次				
地接社		导游		汽车公司	汽车牌照		驾驶员	
日期	地点	前往地	游览行程	交通	早餐	午餐	晚餐	住宿	购物	自费项目
×月×日										
×月×日										

二、协议单

协议单即旅行社跟相关旅游供应商之间签订的关于团队优惠价格的协议。

三、签单表

即旅行社在费用结算方面与相关旅游供应商之间约定，在团队结束后，累计一段时间统一结算的一种合作方式。

××酒店团队餐签单联示范

旅行社名称	××旅行社	日　期	___年__月__日__餐
团队人数	___人	客源地	
用餐次数	___次	餐　标	___元
金　额	___元	导游员签字	

四、团队质量监督表

地陪导游员送团前，应让客人及全陪如实填写质量监督表，报账时要将质量监督表上交旅行社，以留案保存。这也是地接计调员考察导游员工作的一个凭证。

××旅行社旅游服务质量监督表

编号：

尊敬的游客朋友：

非常感谢您参加××旅行社组织的旅游活动，为了维护旅游者和旅游经营者的合法权益，加强对旅游服务质量的监督检查，特麻烦您配合填写此表！非常感谢您的辛勤劳动。

旅行社名称	××旅行社	团号	___团	领队	
发团时间		人数	___人	导游员	
游览线路				天数	___天
服务质量情况					
项目	非常满意	满意		基本满意	不满意
用餐安排					
住宿安排					
购物娱乐安排					
线路景点安排					
交通工具安排					
导游服务					
意见及建议					
备注	1.旅行社将此表发予游客，旅游结束后，地陪收回表格上交旅行社。 2.游客对服务质量情况在对应栏目中打"√"。 3.旅游质量监督管理部门将据此对照检查。				

以下资料请您详细填写，以便我们与您联系：

您的姓名： 单位： 联系电话：

通信地址： 手机号：

五、××旅行社致全陪书

地陪导游员在接团时，需将全陪书交给全陪导游员，以方便全陪配合工作。

××旅行社致全陪书

尊敬的全陪：

您好！一路辛苦了！欢迎您及您的贵宾团友来××城市（或者地区）观光旅游，为了共同将此团的各项工作做好，我们需要您的配合。请您注意以下事项并予以协助。谢谢！

一、在与地陪刚见面时，请立即核对行程、人数并告知此团应特别注意的事项（如确认机票、有何禁忌等），接待计划（如行程、景点、接待标准）若有出入，请及时与本社联系，请记住此团的地陪：××　联系电话：××××。

二、在团队操作过程中，如有用餐、住房等方面的问题（如餐份不足、克扣餐标，房间设施出问题等），请本着快速解决问题的原则，立即与地陪、餐厅和酒店交涉，并立即与本社联系。

三、如地陪、车辆、司机（如导游员讲解、服务质量）不能令游客满意时，请立即与旅行社联系。

最后，请如实填写《团队质量监督表》，以便我们能在今后的工作中进一步提高服务质量，并再次感谢您的大力支持，预祝旅途愉快！

　　　　　　　　　　　　　　××旅行社　　　电话：××××
　　　　　　　　　　　　　　联系人：××　　　手机：××××
　　　　　　　　　　　　　　　　　　　　　　＿＿＿年＿月＿日

十一、出团监控

导游员独自带团在外，流动作业，计调部门和接待部门很难对接待质量加以有效控制，而问题与事件的发生也往往存在于接待阶段。旅行社应重视加强这一阶段的监督控制。地接计调员对团队真正意义上的质量监控是地陪导游员接到客人之后。监控的主要内容包括以下几个方面：

（一）请示汇报制度的遵守情况

旅行社对于导游员的管理中，都有请示汇报制度。旅行社既给导游员一定的权力，保证工作及时完成，又要有一定的限制，以免由于个人能力有限而造成处理不当。

地陪导游员尤其是对业务不熟悉的新导游，在遇到计划变更和发生事故等情况时，要及时向旅行社（一般是地接计调员）请示汇报，使问题得到及时正确的解决。

（二）接待计划的落实情况

为了改进接待服务质量，保证团队旅游活动的顺利进行，地接计调员或者旅行社管理人员要抽查监督接待计划的落实情况。主要做法有：

（1）亲自突击检查。

（2）向旅游供应商了解。

（3）特聘人员进行服务质量暗访。

（三）处理突发事件

由于种种原因，在接团过程中常会出现一些责任性或非责任性突发事件，旅行社一方面要制定标准化服务规定，避免事故发生；另一方面，事故发生后地接计调员或者旅行社领导要帮助导游员处理这些问题，争取把地接问题全部解决在地接段，而不是带回组团方。涉及计划变更的，地接计调员应及时通知有关部门更改或取消计划；并及时通知下一站接待社，以维护旅游者利益，尽可能减少损失。

地接计调员在配合导游员对于突发事件的处理过程中，应该做到以下方面：

（1）要尽可能多地从各方面收集信息，并根据这些信息作出正确判断，及时向主管领导汇报，得到指示后代表旅行社给导游员下发正确的指令。

（2）对于在现场的导游员提出的正确意见要充分尊重，并在物质及精神上给予支持。

（3）必要时要代表旅行社，协同有关部门，及时赴现场解决问题、慰问客人。

（4）把最大可能地减少客人和旅行社的损失放在解决问题的首位。

（5）会同有关部门做好善后工作，及时要求导游员写出报告。

（6）对客人需要出具的合理证明，地陪导游员应及时向有关部门报告，并提供必要帮助。

（7）对导致出现问题的原因要调查核实清楚，并对相关当事人或单位的处理提出意见。

➡ "计调事"分享

0511 团队突然改变行程的应对

[**事实**] 客人要临时变更行程、更换酒店、对车不满意要换车等，地接计调员要本着与组团社及时沟通协调，最大限度地降低损失，令客人满意的原则来处理。计调员应24小时开机，以方便随时联系。

原行程概括为：

05月11日：济南接机（成都—济南），入住宾馆。　　　　　　　　　　住济南

05月12日：济南—曲阜，游览三孔——孔府、孔庙、孔林，赴泰安。　　住泰安

05月13日：游览泰山，赴济南。　　　　　　　　　　　　　　　　　　住济南

05月14日：上午游览济南：大明湖、趵突泉，下午送机（济南—成都）。

客人在旅游开始后提出，12日曲阜三孔游览结束后，直接住济南，取消泰山的游览，13日赴青岛，增加青岛两天的行程，15日从青岛返程。地陪导游员在第一时间内将团队提出的要求告知地接计调员。

地接计调员的处理方案：

（1）在第一时间内，地接计调员与组团社联系，沟通协调新行程的安排及新增费用。最重要的是如果返程票已出，如何处理等。让组团社与客人沟通。

（2）迅速与济南的酒店联系，落实12号能否入住，费用多少。同时取消泰安的住宿。与车队联系，落实地接用车的出租情况，看增加行程后，地接用车是否能继续使用，要增加多少费用。与航空公司联系，落实青岛—成都是否有机票，票价多少。在征得组团社与客人的同意后，出青岛—成都机票，同时取消济南—成都机票。如果济南—成都机票已出，退票损失由客人承担。

（3）地接计调员将新的行程安排及新增费用告知组团社，由组团社告知客人，在征得组团社与客人都同意的情况下，地接计调员就新行程的安排要及时通知地陪导游员，并让客人写一份"自愿变更行程并对费用认可"的证明。地陪导游员报账时要将此证明交地接计调员，地接计调员要将此证明传真组团社。以方便将来的费用结算。

[**启示**] 组团社跟客人签订旅游合同后，客人方面也会因为自己的需求而使行程发生变化，作为旅行社的工作人员，地接社计调员要跟组团社沟通，对团队出现的"改变"情

况应该给予充分的理解，并且尽力满足游客的需求。此团队是在旅游活动开始后，中途提出的整个团队行程改变，涉及旅行社、景区、交通、住宿、用餐等多个方面的变化，经过地接计调员沟通协调，做出符合团队需要的新行程，组团社与领队及客人商量，得到客人的同意后执行。团队客人非常满意，称赞旅行社的工作到位，把客人利益放在第一位。其实，这种复杂的突发事件处理得如此到位，最辛苦的幕后功臣应该是地接计调员。

十二、地接计调员的后续工作

旅游活动结束后，地接计调员应做好以下工作：

（一）审核账单

客人的旅游活动结束后，地接导游员应及时（无特殊情况3天内）到旅行社报账，账单按实际发生费用贴票。报账时须持团队接待计划单、电子行程单、账单、签单表、质监卡、出团总结，先送交派团的计调员审核，再由分管领导审核签字，最后由总经理签字，方可到财务部门报账。地接计调员审核时要注意：

（1）地陪导游员所需上交的出团材料是否齐全。计调员通过审核质监卡，判断客人对导游员的服务是否满意，若出现导游服务质量问题，根据情节轻重，应给予教育批评、扣发补助、停团学习等处分，必要时上报旅行社。

（2）导游员所列费用是否为团队行程时间内应该发生的。

（3）导游员报账所用发票是否与团队接待计划中的酒店、餐厅、景点相对应，严禁导游员私自变更行程。

☞ 示范材料 5-12

××地接旅行社旅游团队收支核算单

导游员：××　　　　__年__月__日　　　　NO._____

组团社名称	××旅行社			团号	__团
抵离时间	__月__日抵达，__月__日返回			人数	__人
开票金额		开票时间		发票号码	
收款记录	转账：__元　现金：__元　其中导游员代收：__元				
应补（退）团款	__万__仟__佰__拾__元整　　¥：				
成本费用	项目	金额	签单明细		
	门票	__元			
	车费	__元/团			
	房费	__元			
	导服费	__元/团			
	返程票款	__元			

续表

杂费	__元		
合计	__元	大写：__万__仟__佰__拾__元整	
已付	__元	余款　__元	大写：__万__仟__佰__拾__元整

主管：××　　　　　　　　计调员：××　　　　　　××旅行社（盖章）

（二）核算利润

核算利润是计调员的基本技能。地接计调员核算出的团队利润在一定程度上是其研究与改进最初报价、提高报价精确度的凭据。地接计调员在为旅游团队制定行程并报价时，会核算出单人的利润，这个数字与人数的乘积就是此团队的总利润。如果地接计调员最初报价时核算出来的利润数与实际的利润数比较接近，说明当初的报价比较准确；如果两者相差很大，地接计调员要仔细分析，找出当初报价时的问题所在，为以后的团队报价积累工作经验。

（三）督促导游员收尾事宜的办理

计调员要督促地陪导游员做好收尾相关工作，导游员的收尾工作主要体现在以下方面：

1. 物品归还

导游员接待旅游者之前从旅行社借走的物品，如麦克、接站牌、导游旗等都是旅行社的资产，可以重复利用，在报账时应一同归还旅行社。

2. 资料上交

地陪导游员在游客旅游活动结束后，要将团队质量反馈表、出团总结等相关资料整理上交旅行社，以备建档和处理客户关系时用。

3. 完成客人委托事宜

如果有客人委托事宜，地陪导游员要及时汇报给地接计调员，同时要尽力尽快完成委托，满足客人需求。

（四）做好回访、催款与寄发票工作

1. 回访

（1）游客返回客源地后，地接计调员应主动及时回访组团方或者自组客人，诚恳征询客人对旅游活动的安排是否满意，有何建议等。

（2）表达期盼双方再次合作的愿望。

2. 结账

（1）地接计调员与组团方计调员或者自组团领队就团队实际发生的具体费用进行核对，并将团队结算单传真给组团方或者自组团领队，双方结账。

（2）若组团方或者自组团尚未付清团款，应催款。催收团款是地接计调员的重要工作之一。如果团款没有回收，那么团队利润仅仅是虚拟的，旅行社存在赔掉所有经营成本的风险。地接计调员只有在协助旅行社收到团款后，团队的财务核算工作才算结束。

（3）账目结算清楚后，将发票寄给组团方或者自组团负责人。

示范材料 5-13

国内地接计调员与组团社计调员关于剩余团款的电话沟通

地接计调员：您好！我是××旅行社地接计调员小周，贵社0510号团的旅游活动前天就结束了，前天晚上已经送团，请问安全返回成都了吗？

组团计调员：已经安全返回了。谢谢关心！

地接计调员：客人对在湖南的游览还满意吗？

组团计调员：我也刚回访过客人，很满意，谢谢！

地接计调员：不客气！希望以后能多多合作！

组团计调员：好的，没问题。

地接计调员：我马上将这次团队的核算单传真给你，请核对一下，如果没有问题，请尽快将余款汇到我社对公账户上。

组团计调员：好的。如果账单没有问题，明天上午财务给您汇款。

地接计调员：非常感谢！

（五）处理好旅游者的表扬与投诉

表扬是旅游者对接待人员尤其是导游员工作的肯定，是旅行社对优秀接待人员及其事迹进行表彰，在工作人员中树立榜样，促进人员素质提高的依据。

投诉则是旅游者对旅游产品供给表示不满的行为。一般情况下，在时间序列上，旅游投诉的处理属于旅行社一系列服务工作的收尾工作，这也意味着投诉处理将是对旅行社所有服务中的缺陷进行"弥补"的最后机会。不论旅游投诉的过错是不是在旅行社，旅行社都应该妥善地处理旅游者的投诉，尽可能地消除旅游者的不满情绪，化解误会，达成谅解。同时，旅行社应采取积极的补救措施，尽可能地弥补由于旅行社员工的失误所导致的旅游者的损失，挽回旅行社的信誉。

当然，正确处理投诉，也可以教育工作人员，对犯有严重错误的导游员，旅行社还要作出必要的处罚。

旅行社尤其是计调员必须重视游客的表扬与投诉，要把游客对于导游员的评价跟导游员收入、晋升、去留密切结合起来，使之成为优胜劣汰的淘金棒。

及时处理客人的表扬和投诉，有利于旅行社员工在工作中扬长避短，不断完善旅行社接待工作的管理和服务质量。

（六）写出团队总结

团队（散客）旅游活动结束后，地接计调员会要求地陪导游员写出出团日志和出团总结。计调员也应根据团队（散客）情况写出团队总结，找出不足，总结经验教训，以改进工作。

（七）做好文件归档工作

地接计调员必须将接待计划等接待资料作为原始资料归档收存，同时要保存组团社、

OTA 或者自组客人的资料（组团社、OTA 或者客人单位名称、电话、联系人、地址等），以便于回访和维护客户之用。

1. 回访并维护客户（见第三章第三节"十"）
2. 资料建档（见第三章第三节"十一"）
3. 完善总结（见第三章第三节"十二"）

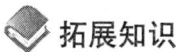 拓展知识

拓展知识1　地接计调员的岗位要求

地接计调工作是地接社工作的枢纽，通常被称为地接社的心脏。一个优秀的地接计调员，可以使一线导游员免去许多后顾之忧，全身心地为旅游者服务，不受或者少受突发事件的干扰。除了计调员应该普遍具备的职业素养外，作为地接计调员，旅行社对其还有如下的岗位要求：

一、具备过硬的思想品质

二、熟练掌握岗位业务

三、有一流的组织协调能力

四、具备较强的独立超负荷工作能力

五、及时收集处理相关信息

六、建立完善的工作档案

七、维护旅游者的合法权益

八、接团服务标准化、程序化、个性化

九、能够严格选派合适的导游员

十、工作细心有条理，善于精打细算

拓展知识2　线路设计的创新原则运用[①]

旅行社的产品主要体现为旅游线路，由相关的旅游服务供应商如景区、度假地、住宿、餐饮、交通、娱乐、购物等部门以及旅行社自身品牌与服务两大部分组成。而旅游服务供应商提供的服务是整条旅游线路的框架与基础，且对任何一家旅行社而言，其服务具有明显的共性。要做到线路设计的创新，一方面要做到从共性中萌生个性，即旅行社与相应的旅游服务供应商多方位合作，共同创造有特色的服务项目；另一方面，旅行社必须在自身的品牌与服务上多下功夫，为旅游线路的设计锦上添花。好的线路设计，是运用科学头脑，追求尽量完美的组合，满足不同细分市场的需求。旅行社线路设计创新要在充分考虑游客需求的基础上，采取以下方式为旅游者量身定做产品。

第一，确定一个明确的主题。主题的确定既可以体现强烈的时代感，如烹饪王国游、夕阳红鹊桥会等；也可以体现目标市场的需求，如"世纪婚典""半边天"之旅。

第二，时间与空间的设计要独具匠心。针对不同的细分市场设计不同的主题或不同类

[①] 根据刘晓燕（厦门华天涉外学院管理系）之"旅行社旅游线路设计初探"编写。

型的产品，在时间与空间上的选择要充分地考虑目标市场的需要与要求。如深圳国旅针对深圳大龄青年的"旅游＋交友"旅游产品的设计在时间安排上是周末假期大利用，周五下班后出发，周一还能准时上班，不影响工作。在地点设计上，精心挑选了阳朔、三亚这些浪漫的、距离适中的地方。周全细致地考虑每一个环节是新产品设计达到理想效果的保证。

第三，设计丰富多彩的活动项目与活动内容。如厦门凤凰花假期推出的韩国浪漫之旅，针对热恋中的男女青年分篇章地设计与安排每天的活动内容。

互动题目设计

> **题目一：**
> 三亚是我国国内旅游主要目的地，请一个小组制作一个介绍三亚自然与人文旅游资源的 PPT 并向大家推荐。
>
> **题目二：**
> 根据教学内容，制作国内地接计调业务操作流程图。
> 要求：1. 逻辑正确；2. 条理清晰；3. 概况准确。
>
> **备注：** 互动题目练习要求
> 将班级同学分为两组，其中一组同学做题目，一组同学打分；打分结束后，由打最高分和最低分的 1 至 2 名同学进行点评。每章有两道题目，两组同学可抽签决定第一道题目谁做，则另一组打分点评；第二道题目，由上一题打分组做，另一组转换为打分点评。

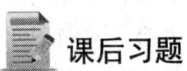

思考与练习

有一贵阳 35+1 旅游团于十天后来北京进行为期六天的旅游，住宿为挂牌四星级双标间，用餐为 60 元 / 人 / 正餐，全程无购物。假如你是北京某旅行社的国内地接计调员，由你进行行程设计及分项报价，请问你在设计行程和报价之前，还有哪些事宜需要跟贵阳组团社计调员进行沟通？

课后习题

请扫码答题测试。

习题

第六章　入境地接计调员操作实务

引言

　　入境旅游是指境外旅游者以来华进行游览观光、休闲度假等为目的的活动的总称。从世界范围来看，一个国家或者地区入境旅游者的人数和外汇收入是衡量该国家或者地区旅游业发展水平的主要指标。因此，做好入境旅游接待意义重大。

　　改革开放之初，入境旅游是我国旅游业从接待事业向经济产业转型的重要抓手。20世纪80年代及以前设立的旅行社，大多都是从入境旅游业务开始起步的。四十多年来，我国入境旅游者人数和外汇收入先后经历了快速增长期和平稳增长期，除个别年份外，基本保持上升态势，随着世界经济的不断发展，我国入境旅游业将有更好的发展前景。

　　入境旅游属于涉外事务，周恩来总理曾说过，"外事无小事"。所以，在具体入境旅游接待工作中，入境地接计调员一定要秉持"旅游无小事，事事是大事，事事须重视"的原则，为境外旅游者提供高质量的服务，让在期盼中高兴而来的境外客人有一个舒适、快乐、圆满的旅程。

　　本章对入境地接旅游的现状和发展趋势进行了概述，对入境地接旅游线路产品进行示范，阐述了入境地接计调员的业务操作流程，讲述了入境地接计调员业务操作的方法和技巧。

学习目标

1. 能够熟练掌握入境地接计调员的操作流程
2. 能够精确设计入境地接旅游线路产品
3. 能够熟练为境外旅行社报价
4. 掌握境外客人在住宿、饮食、交通、购物等方面与国内客人的不同要求
5. 能够跟旅游供应商之间进行较好地沟通交流

第一节 入境地接旅游概述

一、入境地接旅游界定

旅行社入境地接旅游是指旅行社实施入境旅游接待计划，安排境外旅游者在我国大陆地区（亦称境内）进行的旅行游览活动。旅行社入境地接旅游一般可以分为外联入境旅游和接待入境旅游两类，其中，外联入境旅游指国内旅行社接受境外组团旅行社委托或直接到境外招徕旅游者而实施的境外旅游者在我国境内的团队旅游，这样的入境旅游团队称作入境外联团，这样组织的境外旅游者数量称为入境旅游外联人次，这样组织的境外旅游者在我国境内旅游的总天数之和称为入境旅游外联人天；接待入境旅游指国内旅行社接受国内外联旅行社的委托而实施的境外旅游者在当地的团队旅游，这样的入境旅游团队称作入境接待团，这样组织的境外旅游者数量称为入境旅游接待人次，这样组织的境外旅游者在我国境内旅游的总天数之和称为入境旅游接待人天。由于一个境外旅游团队在国内入境旅游统计中分外联和接待两类，特别是不同地区旅行社的入境旅游接待团队可能是同一个旅游团队，因此存在重复统计的问题，之所以要进行这样的统计，主要是考察旅行社的入境地接能力。而国家公布的入境旅游者人数则是通过边境安检系统根据入境者所持签证类型和来华目的统计的，不存在重复统计的问题。境外旅游者通常又根据所持证件是护照还是通行证而分为外国旅游者和香港同胞、澳门同胞和台湾同胞。

二、入境地接旅游现状

入境地接旅游是改革开放后我国旅行社早期的主营业务，在20世纪90年代中期以前，经营入境旅游的旅行社通常都是当地的大型旅行社。21世纪以来，旅行社的入境旅游业务逐渐减少，经营入境地接旅游业务的旅行社也有所减少。就全国旅行社行业而言2015年度全国旅行社入境旅游外联1416.34万人次、6023.29万人天，入境旅游接待1978.83万人次、6534.37万人天。2019年度全国旅行社入境旅游外联1227.29万人次、4780.87万人天，接待1829.62万人次、5911.27万人天，2019年度旅行社入境旅游外联人次排名前十位的客源地国家或地区由高到低依次为我国香港地区、台湾地区、澳门地区以及韩国、日本、美国、马来西亚、泰国、新加坡、俄罗斯。

新冠疫情对入境旅游也产生了巨大的影响。2020年度全国旅行社入境旅游外联41.31万人次、156.05万人天，接待66.15万人次、216.00万人天。2021年度全国旅行社入境旅游外联1.17万人次、4.47万人天，接待2.20万人次、6.50万人天。2022年度全国旅行社入境旅游外联1.04万人次、2.65万人天，接待0.65万人次、3.57万人天；入境旅游单项服务31.57万人次。

2023年，随着国家对新冠病毒感染防控措施的调整，旅行社入境旅游业务也开始恢复。2023年第一季度全国旅行社入境旅游外联1.92万人次、6.92万人天，接待5.20万人次、16.99万人天，入境旅游单项服务40.32万人次；2023年第二季度全国旅行社入境旅游外联 17.70 万人次、65.32 万人天，接待 42.58 万人次、148.13 万人天，入境旅游单项服务则增加到 75.81 万人次；2023 年第二季度与第一季度相比，全国旅行社入境旅游外联人次数增长 821.86%、人天数增长 843.93%，接待人次数增长 718.85%、人天数增长 771.87%，入境旅游单项服务增长 88.02%，在基数极低的同时也取得了非常快速的增长。根据国家统计局发布的《中华人民共和国 2023 年国民经济和社会发展统计公报》，2023 年我国入境游客为 8203 万人次，其中外国人 1378 万人次，香港、澳门和台湾同胞 6824 万人次；入境游客总花费为 530 亿美元。

三、入境地接旅游发展趋势

在新冠疫情出现前，从旅行社入境旅游外联和接待客源情况看，主要客源国家和地区基本保持稳定，但也存在一定的变化因素，主要是受双边关系的影响，个别国家入境旅游人数波动较大，经营风险也随之增大。从入境游客旅游方式看，随着旅游电子商务特别是境内外 OTA 对我国入境旅游产品网上营销的不断加强，入境商务旅行、观光旅游等通过网络自由行的比重将进一步增大，旅行社无论是入境外联还是入境接待在整个入境旅游中所占的比重都将逐渐下降。

我国与一带一路沿线国家和地区的经济、贸易、文化、旅游等交往将更加密切，对旅行社来讲，也获得了发展入境旅游的契机，旅行社应当根据一带一路沿线国家发展的现实需求，有针对性地开发定制产品，在服务国家一带一路倡议的同时，也为旅行社扩大入境地接旅游带来机遇。

在国家调整新冠病毒感染防控措施后，旅行社入境旅游业务进入快速恢复期。但也应该看到，虽然旅行社入境组织、接待及单项服务增长幅度巨大，可相关业务的规模仍非常小，要使入境旅游业务恢复到新冠疫情前的水平尚任重道远。携程等大型 OTA 也应该在发展国内旅游和出境旅游的同时，大力拓展入境旅游业务。目前，携程国际版 Trip 已上线"中国旅游指南"，包含酒店预订、旅行建议、交通出行、支付方式、热门目的地等多个板块，让外国友人可以像中国人一样一键买门票、订酒店，感受中国旅游、消费的方便快捷。

为进一步促进国外人员来华旅游观光、经商、探亲访友等，服务高质量发展和高水平对外开放，我国政府决定试行扩大单方面免签国家范围，对法国、德国、意大利、荷兰、西班牙、马来西亚 6 个国家持普通护照人员于 2023 年 12 月 1 日至 2024 年 11 月 30 日期间试行单方面免签政策。从国家移民管理局获悉，2023 年 12 月 1 日中国对上述六国持普通护照人员实施免签入境政策首日，相关国家人员共有 2029 人次通过免签入境中国，较前一日六国入境人员增长 12.54%。2024 年 3 月 8 日，中方决定扩大免签国家范围，对瑞士、爱尔兰、匈牙利、奥地利、比利时、卢森堡 6 个国家持普通护照人员于 2024 年 3 月 14 日至 11 月 30 日期间试行免签政策。此外，我国还对奥地利、比利时、捷克、丹麦等 40 个欧洲国家，美国、加拿大、巴西等 6 个美洲国家，韩国、日本、新加坡等 6 个亚洲国家，澳大利亚、新西兰等 2 个大洋洲国家，共 54 国实施 72/144 小时过境免签政策。这些政策都有助于入境旅游尽快恢复到新冠疫情前的水平。

第二节　入境地接旅游线路产品示范

一、旅游线路产品名称

China Tour 13 days
BEIJING—XI'AN—JINAN—TAISHAN—QUFU—SHANGHAI-SUZHOU

二、旅游线路产品行程特色

Highlights

Visit Beijing (Tian'anmen Square, Forbidden City, Hutong area of Beijing, Summer Palace, Badaling Great Wall & Ming Tombs), Xi'an (Terracotta Warriors, Clay warrior workshop, Big Wild Goose Pagoda, Ancient City Wall), Qufu (the Mansion, Temple and Cemetery of Confucius), Jinan (Baotu Spring Park), Tai'an (Mt. Taishan and Buyang village), Shanghai (The Bund, Yuyuan Garden, Jade Emperor's Temple and skyline of Pudong) and Suzhou (gardens, Grand Canal, waterways and silk factory).

三、旅游线路产品日程安排

Itinerary

Day 1 Beijing (overnight in Beijing)

Guests will Arrive at Beijing, where they will be met by a tour guide and transfer to hotel.

Day 2 Beijing (three meals, overnight in Beijing)

Today, we will spend the day touring Beijing, the nation's capital, visiting Tian'anmen Square, a patriotic vision of grandeur, and the Forbidden City, where the former Chinese emperors' lived and worked, including the palaces, stunning temples, courtyards and reception halls. In the afternoon, we will enjoy a guided tour to Hutongs and a richshaw ride. Lunch will be specially arranged by a local family. Guests will enjoy a welcome dinner in a local restaurant. In the evening, there is the Chinese Acrobat Show or Beijing Opera.

Day 3 Beijing (three meals, overnight in Beijing)

Early in the morning, we'll go to Badaling to walk a section of the famous Great Wall. Built in the Ming Dynasty, the 6-meter-wide pathway on the highest contours of a steep range of hills makes a formidable defence. Then we will tour the Ming Tombs after lunch.

Day 4 Beijing (three meals)

This morning we will visit Summer Palace, the largest and most well-preserved royal park in China, which also has long been recognized as "The Museum of Royal Gardens". Then view the 2008 Olympic stadiums from a distance, commonly referred to as the "Birds Nest" and "Water Cube". In the afternoon we visit the Temple of Heaven. Later we will go to visit the silk alley markets as our leisure time. At night, we will take an overnight soft sleeper train to Xi'an.

Day 5 Xi'an (three meals, overnight in Xi'an)

Arrival at Xi'an and hotel check in for breakfast and refreshment. Later we will tour the Terracotta Warrior Archaeological Site. Emperor Qin Shihuang's Terracotta Warriors, the 7,000 life-sized clay soldiers stand ready for battle, are reputed to be the greatest discovery of the 20th century. Afterwards, we will go to the workshop where the replica warriors are crafted and then enjoy the Tang Dynasty show in the evening .

Day 6 Xi'an (three meals)

Today we will visit the lofty Big Wild Goose Pagoda, which is a complex of temples, pagodas and Expansive Gardens constructed during the 7th century to offer refuge and store house for Chinese Buddhists to translate Buddhist sutras taken from India. Later we will visit the City wall of Xi'an, a 9-mile-long wall encircling the old city, we may also enjoy a leisurely bike ride. Later, we will take the overnight soft sleeper train to Jinan.

Day 7 Ji'nan (three meals, overnight in Jinan)

Morning arrival in Jinan. Met by local guide. We will visit Baotu Spring, Black Tiger Spring and Daming Lake. Jinan, the capital of Shandong province, enjoys a good reputation of "the City of Springs" . There are many springs in the city, of which 72 are famous, and Baotu Spring is the most famous one.

Day 8 Mount Tai (three meals, overnight in Qufu)

Transfer to Tai'an city after breakfast. Guided tour to Mount Tai, No.1 of the five sacred mountains in China. Then we will visit Buyang village, a typical agricultural village with community center, kindergarten and local farmers' home. Guests can experience the real rural life of China. In the afternoon, we will transfer to Qufu.

Day 9 Qufu (three meals, overnight in Qufu)

Morning Lecture on Confucius life and Philosophy. the lecture will last 2.5 hours and professors will answer clients' questions afterwards. In the afternoon, we will take a guided visit to Confucius Temple and Confucius Mansion. Enjoy Xingtanshengmeng (杏坛圣梦) show after dinner.

Day 10 Qufu (three meals)

In the morning, we will visit Qufu Normal University and communicate with the students. In the afternoon, we visit Confucius Cemetery. Go back to Jinan afterwards to take a soft sleeper train to Shanghai at night.

Day 11 Shanghai (three meals, overnight in Shanghai)

Morning arrival in Shanghai, transfer to hotel and check in. Today we spend the day touring in Shanghai city, visiting Yuyuan Garden, Jade Buddha Temple, Pudong skyline and the Bund, followed by a sightseeing cruise on the Huangpu River.

Day 12 Suzhou (three meals, overnight in Shanghai)

After breakfast, transfer to Suzhou, the Oriental Venice. Ancient Suzhou is interwoven by a series of canals and pretty waterways. We will take a cruise tour on the Grand Canal, then visit the Humble Administrator's Garden and a silk workshop. Later back to Shanghai.

Day 13 Shanghai (breakfast only)

Our tour ends after breakfast and onward departure transfer to the airport. Back to US.

四、旅游线路产品计价报价

Quote

×××× US$ per person, SS (single supplement): ×××× US$

Inclusive

(1) Accommodations in twin/double share room at 4-star hotels listed

(2) Private transfers

(3) Qualified English speaking guides

(4) Sightseeing and entrance admission fees as shown

(5) Meals as shown

(6) Soft sleeper trains (4-berth cabin): Beijing/Xi'an/Jinan/Shanghai

Exclusive

(1) International air tickets

(2) Gratuities to guides, drivers, porters. etc

(3) Personal expenditure

五、旅游线路产品注意事项

Additional Notes

Mandatory service fees: Minimum $10/day/person should be paid in cash to tour guide and the bus driver as a service fee. Any child/infant reserving a seat will have to pay the service fees as well.

Personal room fees: such as laundry or valet services, telephone calls or alcoholic beverages/mini bar items, unless they are otherwise specified.

Visa

Visas are required by some visitors to China. It is essential that a tourist visa is procured prior to travel. We will provide you with an invoice/itinerary indicating that you are travelling to China on a pre-arranged holiday. The visa is valid for entry within 3 months, so you cannot apply any earlier. Please ensure your passport is valid for at least 6 months from your planned date of return from China。

Health & Water

You should seek medical advice before travelling to China from your local health practitioner and ensure that you receive all of the appropriate vaccinations.

As tap water is not safe to drink in China, please drink bottled mineral water which is readily available from hotels, shops and restaurants. Make sure bottled water is sealed.

Currency

The currency of China is the Chinese Yuan (RMB). Pound Sterling, US Dollars, Euro and other major currencies can be exchanged in China. Exchange facilities are available at various bureau de changes and banks.

Time & Voltage

China is 8 hours ahead of GMT. The country operates on one time zone, so clocks are set according to Beijing time.

Voltage is 220v, 50Hz, AC. To cover all bases, please pack a travel adaptor!

OTHERS

Sunglasses, hat, sunscreen, swim costume, basic torch/ flash light & umbrella for sun or rain; Comfortable walking shoes for climbing the Great Wall.

DEET based mosquito repellent & antihistamine cream.

PLEASE NOTE: most internal airlines have a 20kg baggage limit.

第三节 入境地接计调员业务操作流程与技巧

根据入境旅游客人旅游目的地的不同，可将入境地接计调业务操作分为两种情况：一是入境旅游客人前往的区域在地接社的直接操作范围内，地接计调员可以直接安排食、住、行、游、购、娱等要素，同时可以灵活掌握接待计划的落实情况。第二种情况是入境旅游客人的旅游时间相对较长，旅游地域通常要跨越多个省份，甚至于周边国家。受诸多因素制约，入境地接计调员对于整个游览过程往往不能够全部直接操作安排，需要与一个或者多个其他地域的旅行社互相合作共同完成接待安排。在此情况下，负责总体安排的入境地接计调员就成为总计调员，而其他一个或者多个做协助工作的入境地接计调员可以称为子计调员，子计调员要在总计调员的统一调控下共同完成入境旅游接待任务。

一、对境外组团社进行前期协助

（一）开发设计入境旅游线路产品

由于距离遥远，成长教育环境相差较大，绝大多数境外旅行社对我国旅游目的地的了解相对较少，对旅游线路产品的开发设计需要我国的入境地接旅行社给予帮助，从某种程度上讲，入境地接社计调员的工作质量将直接影响到境外旅行社的组团情况。当接到境外旅行社的旅游线路设计要求时，入境地接计调员应该本着以下原则进行工作：

1. 旅游景区景点的选择要贴合境外客人心理预期

境外客人的心理预期通常是指客人本人对旅游目的地旅游价值的估量。

境外客人在选择旅游目的地时，一般对于旅游目的地的历史文化、风俗民情以及闻名中外的景区（点）有较高的心理预期，并期望通过亲身前往加深了解和体验。所以，计调员要更多地了解客源国的情况，在设计行程时结合当地的主流审美观、价值观等情况来安排游览内容。同时，对于旅游行程中景区景点的安排不要过于密集，让客人充分游览、品味和感受的时间与空间，尽可能实现或者超过客人入境前的心理预期。

2. 行程制作要从为境外旅行社提供方便的角度出发

入境地接计调员设计制作行程的目的是为境外旅行社的销售提供便利，境外组团旅行社将以此行程为主要内容进行宣传并招徕客人。因此，计调员在制作行程时要考虑周到，仔细认真推敲每个环节的可行性，要重点突出，特色鲜明，让日程具有较强的吸引力，同时应该将行程的卖点向境外旅行社作重点详细介绍。

3. 对行程内景区（点）作一定描述

相对于国内游客，境外客人对于旅游目的地的信息掌握不足，对旅游目的地的景点了解不够，因此入境地接计调员在行程安排上，除了表述客人感兴趣的景区（点）的名称外，还要对景区（点）进行比较详细的介绍性描述，为境外旅行社和客人提供更多方便。

（二）为境外旅行社报价

入境地接计调员在做出旅游行程以后，一定要将旅游行程进行报价，之后，境外旅行社才能作为旅游产品对外销售。

一般的报价内容包括：国内大交通（火车、飞机等）费用、房费、餐费、旅游车费、门票费、当地导游费以及综费。另外，在产品报价中一定要列明包含的项目和不包含的项目。比如国际惯例的小费一般不包括在报价中。

入境团队的报价除大交通费用外，极少采用分项明细报价的形式，一般核算出单人地接价格即可。以下几项需要在报价中明确标注：

1. Single Supplement

Single Supplement 是指单间差，就是客人单独包住一个房间需另外交纳的房费差额。由于客人的特别要求、团员人数或者性别搭配不成比例等原因，有少数客人可能会单独包住一间房间。此项费用作为境外旅行社的支出项目，需要在报价中单独列出。

许多境外团队客人在我国国内的旅游住宿是单人单房的形式，此类情况下不存在单间差的问题。

2. 15∶1 FOC

FOC 是英文 Free Of Charge 的缩写，15∶1 FOC 就是 16 免 1 的意思。

国际旅游业内的财务结算有每满 16 个客人就减免一个收费的惯例。如航空公司在对旅行社销售时，对满 16 个客人的团队有优惠 1 个客人机票的促销方式，旅行社的地接费用同样采用这种计算方式。入境地接计调员在报价单上一定要将这项惯例作明显的标注，以方便境外旅行社对旅游产品的销售。

不同的旅行社对"16 免 1"中被免费客人的成本核算方式不同，有的是列明会实际产生的费用，有的旅行社要求将这项成本计入报价中，也有的在自己利润中内部消化。

3. 列出报价中包含项目

由于入境团队报价单上没有对价格的分项描述，因此入境地接计调员需要单独在页尾将报价所包含的项目一一罗列清楚。

这些项目包括：旅游酒店的星级标准、旅游正餐（包括风味餐）的次数和标准、旅游交通的标准、游览景点的门票说明、导游服务语言种类及标准，等等。大交通的费用以及票面种类，如内陆段机票、火车票或船票等，一般单独列出，不包含在单人价格内。

4. 优惠项目

为增强竞争力，细化对客人提供的服务，地接社经常会提供众多优惠项目，入境地接计调员要作为一项促销手段单独在报价中列出。如客人夏季饮用水多，购买不方便，地接社会免费为客人提供矿泉水；热带地区客人前往寒冷地区旅游时，缺少生活经验，旅行社免费为客人提供棉帽手套口罩等；旅行社免费提供当地风味餐等。

（三）入境地接计调员帮助境外旅行社促销

针对境外旅行社远离国内旅游目的地的情况，为了双方的共同利益，入境地接计调员要通过各种方式直接或者间接地协助境外旅行社向客人销售旅游产品。计调员帮助境外旅行社促销的方式一般有两种：一种是受境外旅行社的邀请，计调员可以到境外组团社所在地，直接帮助境外组团社促销产品；另一种是境外旅行社在促销中遇到疑难问题，可以直接打电话给国内地接计调员，计调员可以通过电话跟境外旅行社或者客人交谈，回答客人提出的产品问题。

（四）入境地接计调员协助境外旅行社的其他工作

入境旅游客人中有少部分游客，来我国的主要目的是进行公务活动，在公务活动之余进行旅游活动。入境地接计调员一定要在重视客人公务活动的同时，充分考虑其他时间的旅游内容安排，力求达到公务活动和休闲娱乐、放松心情的良好配合。公务旅游行程的设计一定要合理到位。这样才能更好地扩大客源市场，取得更好的经济效益和社会效益。

二、供应商采购业务操作

境外旅行社的旅游线路产品销售工作进行到一定程度后，在团队出发前的一段时间，境外组团社将给我国地接社的计调员发送团队操作的预报。入境地接计调员在接到预报后要尽快落实各项工作，并进行分项预订。

（一）旅游餐预订

在旅游餐的预订方面，入境地接计调员应该注意以下几点：

1. 计调订餐

跟国内旅游客人餐饮预订有所不同，对于境外客人，入境地接计调员要亲自选择用餐地点，进行团队餐的预订，导游员必须带领团队在旅行社安排的餐厅内用餐。遇到必须更换餐厅的特殊情况，导游员需要告知计调，以便计调掌握团队用餐情况。

2. 关注境外客人饮食习惯

境外客人的饮食习惯普遍清淡，要求菜品不能油腻，口味也不能过重；部分境外客人对以动物内脏为主料制作的菜品不习惯、不适应；狗肉菜品对于宠物保护观念强烈的客人同样不适应；很多入境客人因为宗教信仰等原因还拒食牛肉、羊肉菜品。对于以上特殊情况，计调员一定要提前与餐厅协调好，保证满足客人各种合理的用餐要求。

近年来也有要求提供素食的客人，他们的菜品需要餐厅单独提供，不要放包括葱、姜、蒜在内的任何佐料，只是用植物油炒青菜即可，即便是鸡蛋在他们眼里也属荤菜类而不能接受。

随着中国影响力在世界上的扩大，很多外国人已经学会使用筷子，但不是每个人都会。为了给客人提供周到的服务，计调员在预订餐厅时需要提醒餐厅预备一定数量的餐刀、餐叉等西式餐具。绝大多数的外国客人习惯按份来用餐，他们认为使用自己筷子、勺子从公共菜品中取食的习惯不卫生，容易传染疾病。随着中餐就餐文明程度的提高，越来越多的国内餐厅普及了公筷、公勺，高档的餐厅甚至会安排专人提供分餐服务。计调员在预订餐厅时可以根据客人需求，要求餐厅提供分餐服务。

当然，对于有特殊要求的境外客人，境外旅行社一般会提前以醒目的方式给国内地接社以提醒，如：需要安排西餐、特色餐或穆斯林餐等，入境地接计调员对此类要求一定要在尊重的基础上进行细致而特别的安排。

3. 一日三餐的安排原则

境外客人的早餐一般安排在酒店吃，以中西餐结合的自助餐为宜。

正餐要吃出特色，吃出品位。所谓特色，就是多安排一些有中国特色的餐厅和菜品，比如山东的鲁菜、四川的川菜、湖南的湘菜、广州的粤菜等不一而足。很多的游客在来中国前，对中国的特色菜早就有了一定要尝尝的心理，所以，在安排用餐时一定要有当地的特色并与中国文化巧妙结合，才可能让客人满意。比如在山东曲阜，一定要安排孔府宴，孔府宴不仅仅是菜，更是一种文化，为好多外国游客所喜欢，一顿饭吃完，不仅吃饱了肚子，还增长了见识，提高了品位，增加了对中国文化的了解。

4. 考虑用餐环境

入境地接计调员对境外客人的用餐环境要给以高度重视。除了保证菜品干净、可口、足量等最基本的条件外，还要保证餐厅用餐环境良好，尽量安排境外客人在包房、无烟、安静、方便进出、使用西式洗手间方便区域用餐。

（二）住房预订

境外客人非常注重"住宿"环节，多数境外客人把住宿当作实现旅游目标的重要保障，晚上在饭店休息得好才能保证第二天的旅程顺利。一般来说境外客人住宿饭店比较豪华高档，大都是四星级或者五星级的饭店。

入境地接计调员在预订住房时应该特别注意以下几点：

1. 熟悉酒店情况

熟悉酒店情况，如酒店的星级、位置、价格、新旧程度、有无涉外资质、是否能满足团队客人要求等。入境地接计调员尤其要了解所预订的酒店是否具备涉外资质，因为根据相关政策法规，非涉外酒店外宾不能入住。

2. 预订时间要早

星级饭店的住房预订大多由专业的电脑程序来处理，可以准确地接受几个月之后，甚至于十几个月后的房间预订。入境地接计调员尽可能早地将团队的用房预订通知饭店，房间预订得越早，计调员对旅游团队房间安排的主动性越大，团队的接待工作就越有保证。

3. 预订要有据可查

入境地接计调员与饭店销售部的业务往来应尽量选用传真等书面方式进行，要养成及时归档用房确认的好习惯。当使用电子通信方式时，使用专业图文扫描仪处理的图片建议优先使用，而且一定在电脑中保存好相关的消息历史记录，以备后查。

4. 超预订房间

入境地接计调员收到的团队操作预报，一般是境外旅行社根据经验对团队销售的判断结果，所预报的人数一般不会有很大的变动，但是会有小范围的调整。入境地接计调员在预订饭店时，除了要保障客人的必需用房数量外，可以根据个人经验多预订 3 间左右的房间，一般的饭店都允许团队抵达时临时取消超预订的房间。

5. 及时作最后确认

境外旅游团队临近成行日期时，境外旅行社会发来最后的确认名单，这份确认名单将关联到国际机票的出票情况，一般来讲名单会十分准确。地接计调员可以将此名单及时传送给所预订的饭店；一方面可以将团队准确的用房数告诉饭店，另一方面，很多境外领队有要求饭店提前分房的工作习惯，饭店得到名单后才可以将房间分配好，团队抵达后客人就能够直接入住房间，行李员也可以依照名单与房号将客人行李及时送达。

6. 要注意客人的特别要求

由于生活习惯的不同，一部分境外客人对入住的房间会有一些特殊的要求：比如入住无烟楼层、无烟房间、房间通风良好、卫生间特别干净等；也有亲朋好友多人参加一个团队时，要求房间要安排连通房。当然有特殊要求的客人在团队出发前会把自己的特别要求告诉境外旅行社。入境地接计调员在接到这些要求时，一定要通知饭店认真落实，以便提前确认能否达到客人的要求，并及时答复境外组团社。

➔ "计调事"分享

团队无法顺利入住饭店，计调员如何处理

[事实] 济南旅行社 A 接待了来山东和河南赏花的 31 人马来西亚旅游团队。A 旅行社的总计调员小王主要安排了团队在山东境内的活动，河南开封、洛阳、登封和郑州的活动交给了子计调员郑州 B 旅行社的刘小姐。在小王仔细周到的安排下，山东段地陪导游员小李带领团队客人欣赏了山东境内盛开的桃花、梨花、迎春花、樱花、海棠花和牡丹后，十分高兴地从菏泽进入开封，开始了在河南的旅程。

在河南段的第一站开封，此时作为总导游员的小李（地接总计调员派出的导游员小李，为入境团队在山东段行程的地陪导游员，客人在河南段旅游时，小李要跟团，成为整个旅游团中国境内旅游的全程陪同，我们称她为总导游员）打电话给总计调小王，反馈郑州 B 旅行社在开封安排的旅游餐和酒店在同等标准下跟山东段有较大差距，客人在私下有所评论。小王在电话中要求小李努力做好对客人服务，买些水果送到客人房间作弥补，并在以后的旅程中密切注意餐饮和酒店质量，随后又联系了子计调员刘小姐，通报了团队的情况。刘小姐解释说开封地方小，酒店的层次整体不高，客人当晚在开封又品尝了地方风味——包子宴，口味可能不太习惯；登封和郑州的接待条件将会有很大的改善，她会要求河南段地陪小张在第二天给客人作出合理的解释并严格把关。次日小王主动打电话给小李，得知河南的情况确实像刘小姐讲的，当天的团队接待条件就改善了很多。

团队在河南第三天的日程比较紧张，当天从洛阳赶回郑州已经接近 20：00，客人在欢送晚宴上吃得十分尽兴，22：30 才抵达酒店。河南地陪小张在酒店前台领取团队房间时被告知没有该团队的预订，并且当晚入住的旅游团队特别多，剩余的标准间无法满足这么多人。小李 15 分钟后了解到事情真相，23：00 打电话将 B 旅行社的重大接待过失报告给了

总计调小王。小王在第一时间报告了A旅行社接待部经理，得到指令后立即致电刘小姐，要求已经抵达现场的刘小姐高度重视这个接待过失所造成后果的严重性，想尽一切办法尽早安排客人入住，并在次日中午团队出境前尽可能地化解客人的不满情绪。在刘小姐和B旅行社副总经理以及酒店销售部经理的现场协调下，团队客人全部免费升级到了豪华房间，最后一位客人在凌晨1点入住了房间。

次日一早，B旅行社副总经理亲自做该团队的地陪导游员，向客人作了道歉并代表旅行社向团队的每一位客人赠送了鲜花，宣布将在上午免费增加游览黄河景区作为弥补，请求客人原谅接待过失。子计调员刘小姐出示了酒店销售员回传的团队用房确认传真，厘清了此次接待过失是由于酒店销售员忘记给总台下发该团的用房书而引发。

总计调员小王给马来西亚组团社打去了国际长途电话，简单地介绍了事情的发生过程、原因、处理经过和弥补措施，并对引起的接待过失表示道歉。

事情发生后，B旅行社虽然做了大量的工作来化解客人的不满情绪，刘小姐也幸好保存好了酒店的确认传真，及时地划分清楚事故的责任方，但是客人并没有忘记这次接待过失给旅程带来的诸多不便，返回马来西亚后即向境外旅行社投诉。

境外旅行社随即跟A旅行社商谈客人投诉的处理方法，最后双方达成协议，A旅行社按照每个客人退回100元的损失费用跟境外旅行社结账，而客人的不满主要是由于国内段的郑州B旅行社工作失误造成的，因此，B旅行社主动承担了退给客人的总计3100元的损失费用。

［启示］旅游团队的接待最忌讳在日程接近结束之时发生问题，一是因为客人对这一阶段发生的问题记忆很深，十有八九会将不满情绪带回境外旅行社；二是接待社也很难在客人出境之前的短暂时间内圆满处理好发生的问题。

在本案例中，团队在山东段的游览中很顺利，客人也十分尽兴，为团队营造了一个很好的开始。但在临近客人出境的前一晚却发生了如此重大接待失误。这个失误虽然主要是由于酒店销售员工作的疏忽引起的，但是子计调员刘小姐和导游员也有过失。假如刘小姐没有忘记将团队名单在客人入境后传真给酒店，和酒店进行最后的确认，这个事故完全可以避免；又假如两位导游员能够预料到旅游旺季酒店工作量大用房紧张，地陪小张在用餐时提前与酒店落实用房，酒店也会有足够的时间在客人抵达前将房间安排好。

虽然济南A旅行社没有造成经济上的损失，但是，其跟境外旅行社的合作关系却受到了很大的影响。此案例说明，旅游工作人员尤其是计调员和导游员，在任何时候都不能抱着侥幸的心理工作，应该有超前的服务意识，认真对待每一项细微的工作，尽量避免过失的发生。

（三）交通工具预订

1. 境内大交通的预订

境外出具的国际段或者国际+国内联程票的价格要比国内出具票价优惠很多，境外旅行社可以自行完成查询并定制大交通票据。但是，我国国内段的铁路、水运等大交通工具的安排几乎全部由我国的入境地接社计调员提供信息、预订并购买。购买火车票和船票时，最好是连号票，这样方便客人集中，客人和客人之间可以互相照顾。

入境地接计调员在预订国内大交通票据时，一定要注意交通票的时间跟旅游行程协调一致。

2. 旅游汽车的预订

除了大交通之外，境外客人在国内某一地域的实际旅游交通工具以旅游汽车为主，计调员要提早进行旅游汽车的预订。

近年来，我国境内使用的旅游汽车更新换代步伐很快，但是，这些旅游车的硬件状况、舒适程度等与境外普通交通工具相比尚有较大差距。境外的旅行社与客人对此情况都比较了解。

入境地接计调员一定要认识到国内与境外在交通工具质量方面存在的差距，预订车辆时要注意安排车况新、乘坐相对舒适、行李箱行李架齐全、影音娱乐器材齐备的豪华旅游大巴。境外团队所用的旅游车不能一人一车座，建议要预留1/3以上的空位，比如20人的旅游团队要安排37座左右的旅游车。

入境地接计调员一定在正规旅游汽车公司租车，并和汽车公司签订用车协议，且要求司机和车辆手续、保险齐全！

（四）跟景区（点）及时沟通

1. 准备景区（点）所需资料

旅行社与景区（点）会签订合作合同，按照合同规定，景区（点）给旅行社提供优惠门票。不同的景区（点）在不同的时间段，要求旅行社提供的材料不尽相同。入境地接计调员在团队入境前要及时与景区（点）联系，按照其合同约定准备进入景区（点）所需要的资料和文件。

2. 熟悉景区（点）的客人量

随着人们的资源保护和可持续开发利用等意识逐年提高，部分景区（点）已经对外界公布"每天限量接待"的规定，计调员对于此类景区（点）的最大日容量要熟悉。在公共节假日和旅游旺季，特别是操作大型的包机、专列、邮轮等团队时，入境地接计调员一定要提前和景区协调好，保证境外客人在景区（点）的可进入性。

（五）安排旅游购物的注意事项

自《中华人民共和国旅游法》实施以来，媒体的解读和公众的眼睛关注最多的就是"禁止强迫游客购物"。入境游客虽然是外国人或者港澳台湾同胞，但是他们在中国境内的旅游活动适用于《中华人民共和国旅游法》，而且海外媒体业和公众对这部法规的关注程度丝毫不亚于境内。因此入境地接计调员在安排境外游客旅游购物时，应特别注意：

（1）客人的购物活动不能"强迫"，计调员不能将购物安排作为必需项目写在日程里。

（2）入境地接计调员可以将购物点的情况向境外旅行社和游客说明。法规中"不强迫购物"的要求不等于"不能安排购物"。旅游购物是客人异地消费的一项内容，同时也是增加旅游目的地GDP收入的一项来源，国家出台这项法规的目的绝对不是限制游客的购买行为，而是为了更好地保护游客的消费行为。计调员可以向境外客人提供当地特产及购物点的相关情况，供客人自主选择。

（3）禁止导游员安排计划外购物。入境地接计调员在给导游员交代任务时，应特别强调对于境外客人购物的相关要求，明确告知导游员不能随意安排购物。如果境外客人自行提出增加购物点的要求，导游员应在第一时间请示旅行社，之后根据旅行社的批示为客人安排。

（4）珠宝类商品的购物要谨慎。据统计，境外游客对于珠宝类购物出现的纠纷是比较多的，入境地接计调员在日程中要向客人作出特别注明。

（六）关于旅游娱乐的安排

与旅游业发达的国家和地区相比，我国的旅游娱乐受多种因素制约开发水平相对滞后，尤其是我国北方的旅游城市，旅游娱乐是个硬伤。但近些年来，我国旅游娱乐业有了较大的进步，发展比较迅速。如山东省济南市的"粉墨剧场"、曲阜市的"杏坛圣梦"、泰安市的"封禅大典"；云南的"印象丽江"；湖南的"魅力湘西"等文化演出，就是境外客人特别喜欢的娱乐活动。

旅行社计调员有义务有责任及时向境外组团旅行社介绍这些娱乐活动，便于境外客人提前了解情况。在实际旅游活动过程中，旅游娱乐活动通常是由导游员现场推介，客人本着自愿的原则进行选择，旅行社不作为报价项目和预订内容。

三、接待准备业务操作

（一）接待境外团队的导游员选派

入境地接计调员要根据境外旅游团队的实际需求和旅游行程所跨越的地域范围，合理选派导游员，主要分两种情况：

1. 选派地陪导游员

如果入境旅游团队的旅游行程是入境地接社可以直接操作的，此时地接计调员可以选派一名地陪导游员为境外团队提供服务。在此情况下，从接团开始，到送团结束的整个旅游过程，皆由此地陪导游员负责完成。

2. 选派全陪导游员和地陪导游员

如果入境旅游团队的旅游时间相对较长，行程相对复杂，跨越几个城市或者省份，由一个国内旅行社难以完成全部的接待任务，此时，与境外直接联系的国内接待社就成为总接待社，计调员为总计调员，总计调员一方面要安排所在旅行社导游员（此导游员可以称为总导游员）完成其所在地区的地方旅游接待服务（总导游员在此区域是地陪导游员的角色）；另一方面，总导游员要熟悉整个团队接待的详细情况，自始至终参与旅游团队在境内各地的各项活动，配合各地地陪导游员的工作，同时代表总接待社监督团队在各地的接待质量，负责旅游团队在不同区域间的顺利交接，处理发生在旅游过程中的各种事件（此时间段内，总导游员的角色是全陪导游员），责任重大、任务艰巨。

境外旅游团队尤其是跨越地域范围较广阔的境外团队，其导游员的选派是一项十分重要的工作。计调员一定要优选能够长期出差执行接待任务、有较强的独立工作能力、有长时间的从业资历、有丰富的工作经验、有较强的工作责任心、有良好的组织协调能力、有较高的导游技巧、有广博的知识面、善于调节气氛、能够控制大局的导游员来担当重任。

（二）发放资料物品

入境地接计调员要将旅游接待计划书、各个相关合同复印件、各种出团表格、各类出团所需物品一一发放给导游员，以尽早做好接团前的物质准备。

地陪导游员出团前到入境地接计调员处领取的文字材料主要有电子行程单、景区介绍信（即协议单）和签单表等。

（三）布置书写团队日志

计调员要特别交代导游员做好团队日志，为入境团队留下宝贵的旅游活动资料。

目前，很多旅行社的计调员和导游员都忽视团队日志的作用。有些旅行社虽然对团队日志有要求，但实际不重视，只是将团队日志视为一个敷衍了事的程序和一本流水账，其实这是对团队日志作用的一种曲解。团队日志作为导游员陪同团队的第一手资料，对旅行社工作的监督和提高有很重要的作用，因此计调员要高度重视团队日志的重要性，要求选派的导游员养成良好的实事求是地书写团队日志的习惯。

四、团队调度业务操作

（一）首次拜访

对于境外旅游团队来说，计调员拜访客人和领队的工作虽然不是旅行社规定的必需要求，但首次拜访却有重要的意义。一方面计调员可以作为旅行社的代表，与境外旅行社的领队见面认识，对领队表示尊重；另一方面计调员可以见到客人，直接征求客人对旅游安排的意见和建议，建立感性认识，如果有必要，可以根据领队和客人提出的合理要求对行程进行适当修缮，更好地为客人提供有针对性的服务，提升旅行社的服务层次。

对入境团队首次拜访的时间与地点没有固定要求，计调员可以选择在机场、首次用餐餐厅、客人入住的酒店、景区的入门口等场所，由导游员向领队和客人介绍计调员的身份，并讲明来访目的。入境客人与领队对旅行社提供的这种服务一定会十分欣赏。

（二）对大交通工具的再落实

入境团队的大交通一般牵涉国际航空机票，所以地接计调员对此一定要有充分的认识，在境外团队进行旅游活动期间，计调员应及时掌握交通工具的变化情况，并针对变化作出及时的调整。

1. 国际段机票

入境旅游团队的往返国际机票由境外旅行社出具，虽然办理国际机票的再确认等手续是领队的职责，但是领队毕竟是境外人员，入境地接计调员应该设身处地为领队和客人多做协助工作，团队是否能够按照预期的返程航班准时返回，与国内旅行社的接待工作息息相关。

随着信息技术的发展，传统的纸质客票被电子客票取代，客人不用携带机票就可以顺利登机，但是电子客票在方便客人的同时，也缺少传统客票对于客人的信息提醒功能，时常有客人弄错返程的航班时间。因此，计调员应该协助领队及时核对国际段机票信息并提醒团队的返航航班详细情况，对于境外团队来说，这项工作非常重要。

2. 国内段机票

计调员在操作有国内段机票的入境旅游团队时，其中一项很重要的工作就是协调上下站接待旅行社，通知他们准确的航班信息，不能出现上站送出客人下站没人接待客人的情况。如果一个城市有两个以上的机场或者航站楼，计调员要与领队、导游员作出特别提醒。

计调员受境外旅行社的委托代订国内段机票时，要核实清楚旅行社和客人的要求，当客人的机票有时间、航班班次和舱位等级不同要求时，一定要特别注意，在出票前仔细核对确认。

3. 对铁路水运客票的再落实

包含有境内铁路、水运安排的入境团队，计调员协调上下站接待社的衔接也十分重要，一定要仔细落实，坚决杜绝在衔接过程中可能发生的任何问题。

如果境外客人乘坐的火车或者轮船检票时间短，建议客人提前将大件行李托运，必须随车船的行李提前联系好车站行李包房或者小红帽代为有偿搬运；如果旅游团从某地出发，在另一段的旅游活动结束后，还要再次返回某地，计调员可以提醒客人将用不到的行李在住宿饭店免费寄存。

（三）主动与领队沟通

境外领队作为境外旅行社的代表，在为客人提供满意服务这一工作中起到无法替代的重要作用，在团队旅游活动进行过程中计调员要主动与领队进行沟通，一方面可以直接了解客人提出的要求并会同导游员与领队提出解决办法，方便领队的工作；另一方面通过领队的反馈，了解导游员的工作情况，对导游员的工作进行质量监督。

（四）处理团队进行期间的突发事件

境外团队在旅游过程中，可能遇到纷繁复杂的各种情况。任何出现的问题和事件都可能给游客带来麻烦和困难，这些问题处理不好，不仅会影响客人的游兴，甚至会给旅行社的声誉带来不良影响。导游员在带团的过程中要时刻警惕，采取各种措施预防问题和事件的发生。对于已经发生的问题和事件，入境地接计调员要及时提醒导游员会同境外领队进行处理，必要时计调员和旅行社领导要亲自前往进行处理，尽量杜绝或者减少突发事件对于旅游活动的影响，最大限度地保证客人旅游活动的顺利进行。

（五）最后回访

境外旅游团队在我国国内的旅游活动结束后，作为入境地接计调员，一般在团队离境前应该对领队进行短暂的回访，一方面可以征求领队对接待工作的意见和建议；另一方面可以表达友谊和惜别之情，诚邀下次再来。回访的方式多种多样，如果有见面的机会，地接计调员可以选择在酒店、机场、餐厅等场所见面；如果没有机会见面，电话回访也是一种很好的方式。

五、团队行后收尾业务操作

（一）客人意见书的回收与处理

客人是计调员所安排的所有旅游活动的全程直接参与者和体验者，他们的意见和建议对计调工作的改进十分重要。

出团前计调员交给导游员的意见书一般主要包含客人对旅游过程中的食、住、行、游等要素的意见与建议。对于每项指标的考核一般设计有"优秀、良好、一般、较差"等级让客人选择，但是每一项旅游要素的评价都留有余地，给希望表达更多意见的客人提供方便。

计调员可以通过客人提出的意见对导游员的工作进行了解，意见书对于计调员总体衡量导游员工作具有十分重要的意义。

计调员要求导游员回收并上缴至少70%的客人意见表。对客人普遍反馈的问题，计调员应该引起足够的重视，必要时要亲自调查，找到引起问题发生的原因给予妥当处理，并选择适当的方式给客人一个合理的答复。

示范材料6-1

意见书

尊敬的宾客：

您好！欢迎您来旅游观光，并感谢您选择了我们的服务。为了保障您的合法权益和提高我们的服务质量，请您据实填写此份征求意见书。谢谢您的支持与合作，并祝您身体健康，万事如意！

团号：　　　　　　导游：　　　　　　司机：

1. 您对导游服务的评价
   □十分满意　　□满意　　□一般　　□不满意
   说明：_____

2. 您对司机服务及车况的评价
   □十分满意　　□满意　　□一般　　□不满意
   说明：_____

3. 您对餐食的评价
   □十分满意　　□满意　　□一般　　□不满意
   说明：_____

4. 您对住宿酒店的评价
   □十分满意　　□满意　　□一般　　□不满意
   说明：_____

5. 您的其他意见
   _____
   _____
   _____

签字：

日期：

QUESTIONNAIRE

Dear Guests：

Welcome touring China with SSTS, and sincerely wish you a pleasant trip. For assuring your legitimate rights and interests, and improving our service as well, please leave us your valuable comments and spend you time to finish this questionnaire.

Group: _____ Tour Guide: _____ Driver: _____

1. The work of tour guide to be justly evaluated

☐ Excellence ☐ Good ☐ Fair ☐ Not Satisfied

2. The work of driver bus conditions to be justly evaluated

☐ Excellence ☐ Good ☐ Fair ☐ Not Satisfied

3. The quality of restaurants and meals to be justly evaluated

☐ Excellence ☐ Good ☐ Fair ☐ Not Satisfied

4. The quality of hotels to be justly evaluated

☐ Excellence ☐ Good ☐ Fair ☐ Not Satisfied

5. Other comments:

_____

_____

Signature:

Date:

(二) 回收并审阅团队日志

团队日志是境外旅游团队档案的一个重要组成部分，计调员应该要求导游员及时认真填写并上交，在仔细研究后做归档处理。

(三) 回访海外旅行社

境外旅游团队在结束旅游活动返回客源地后，境外组团社将及时回访客人。入境地接计调员应该选择合适的时机，与境外旅行社联系，了解境外客人对接待旅行社的意见和建议，并对反馈的问题及时处理。对于在中国境内发生过问题的旅游团队，计调员跟境外旅行社的主动沟通显得更加重要，地接计调员应及时询问客人对善后处理工作的意见并采取相关措施，保障将各种损失降低到最小范围。

(四) 审核账目

团队的成本核算中，导游员所控制的团队费用支出是灵活性较大的一项。这项支出控制得好，团队营利就高；这项支出控制得不好，团队的营利核算就没有科学性。而团队总体支出的主要控制人员是计调员。

因此，入境地接计调员要催促导游员及时报账，对导游员上交的支出凭据应该进行仔细严格的审核，坚决杜绝不合理的支出发生，保证团队的营利，使得导游员形成良好的报账习惯，进而保证旅行社的利益。

(五) 回收团队设备

境外旅游团队的接待工作结束后，导游员应将出团前借出的各种导游活动相关设备及时上交给旅行社，这是保证旅行社导游工作顺利进行的物资储备。

(六) 团队利润的核算及团款的回收

导游员报账结束后，入境地接计调员应该根据相关资料核算团队利润，及时监督回收相关团款。

☞ **示范材料 6-2**

团队财务核算单

团号	××	人数		借款	
行程		陪同		余款	
现金					

		现金			
门票	景点	金额		景点	金额
		元/张 乘以 张数=			元/张 乘以 张数=
		元/张 乘以 张数=			元/张 乘以 张数=
		元/张 乘以 张数=			元/张 乘以 张数=
	现金小计				
	现金			转账	
房费	宾馆名	金额		宾馆名	金额
	现金小计			转账小计	
餐费					
	现金小计			转账小计	
车费					
	现金小计			转账小计	
备注					
	现金小计			转账小计	
	现金合计			转账合计	

审核人：

（七）资料归档

团队结束后，计调员应该尽快地将团队的相关资料归类存档。这些资料包括：组团社的询价函、行程安排、报价底稿、团队确认书、客人名单、团队日志、导游团队报告、客人意见书、导游员报账单和团队利润核算单等。这些文件的归档一方面可以健全旅行社的档案资料；另一方面也对计调业务工作有一个圆满的交代。

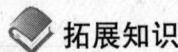

拓展知识

促进我国入境旅游市场更好发展的策略

一、加大宣传力度

为了促进我国入境旅游业更好发展，必须加大宣传力度，以开发更广阔的旅游市场。首先，从入境旅游的大国入手，因其具有更多的客源、资金实力较强，对我国旅游业乃至经济的发展有着积极影响。其次，积极开发具有潜力的新兴市场，采取多种手段对其加大宣传力度，为需要的人提供最新的、最好的信息，使我国旅游业更具吸引力。

二、有针对性地进行营销

通过对我国入境旅游市场的综合性分析，旅游部门应该针对各自不同的优势而采取不同的营销手段，将入境旅游市场细分，充分发挥各自不同的优势，带动地区经济的快速发展。首先，针对儿童和青少年这一入境旅游群体，提供游乐设施和开发珍稀动植物资源，使他们感受我国的魅力。其次，针对青年和中年群体，充分利用我国的山水资源，开发徒步、越野、漂流等旅游资源。最后，针对老年人群体，开发观光休闲旅游资源。

三、积极调整消费结构

我国入境旅游消费结构向着非基本旅游消费结构转变是时代发展的必然趋势，因而文化与旅游部门必须积极调整旅游消费结构。现阶段，我国非基本旅游消费虽然有着逐年上升的趋势，但是与发达国家相比稍显劣势，所以促进非基本旅游消费健康发展十分重要。为此，注重打造具有民族或地方特色的旅游产品十分重要，给入境旅游者带去别样的精神享受。

四、加大政策支持力度

首先，政府必须加强入境旅游发达地区的优势，并对欠发达地区给予借鉴。通过有效的资金扶持以发展入境旅游欠发达地区的旅游业。其次，规范入境旅游市场，维护市场秩序，进行专项整治，提高文化与旅游部门人员的素质，树立我国良好的旅游业形象。最后，提高入境旅游的服务水平，使更多入境旅游者满意而归。

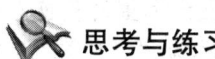 **互动题目设计**

> 题目一：
> 西安是我国入境旅游主要目的地，请一个小组制作一个介绍西安自然与人文旅游资源的 PPT 并向大家推荐。
>
> 题目二：
> 根据教学内容，制作入境地接计调业务操作流程图。
> 要求：1.逻辑正确；2.条理清晰；3.概况准确。
> 备注：互动题目练习要求
> 将班级同学分为两组，其中一组同学做题目，一组同学打分；打分结束后，由打最高分和最低分的 1 至 2 名同学进行点评。每章有两道题目，两组同学可抽签决定第一道题目谁做，则另一组打分点评；第二道题目，由上一题打分组做，另一组转换为打分点评。

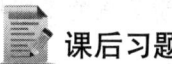 **思考与练习**

有一美国旅行社组织的 20 人旅游团来中国进行北京、西安、杭州、桂林、广州十五日游，客人从北京入境，假如你是北京某地接社的计调员，在为境外组团社制作行程和报价时应该注意哪些事项？操作此团队与操作国内地接团队的主要不同体现在哪些方面？

课后习题

请扫码答题测试。

习题

第七章 自由行计调员操作实务

> **引言**

背包旅游是世界旅游业自由行发展的初期形式，起源于美国。在20世纪二三十年代，美国等旅游业发达的西方国家的青年人，崇尚自由不羁的生活方式，不满足于旅行社刻板机械的行程安排，他们在事先制订好详细的旅游计划后，毅然背起巨大沉重的背包，靠一本导游手册、一张地图开始了无拘无束的云游生活，这类旅游者被称为"背包族"，英语里称为"backpacker travel""back-packer tourism"。

大约在21世纪初，我国旅游市场中"自由行"开始兴盛，随着人们生活水平的不断提高、旅游经验的日渐丰富，游客的消费也更加理性和个性化。此外，签证政策逐步放宽、网络业高度发达、交通出行日益便利、订票订房订餐订娱乐等项目预订更加快捷，使越来越多的游客通过各种方式实现自由行或半自助游。自由行、自助游队伍的不断扩大，直接催热了自由行产品。未来，自由行在我国将有更为广阔的发展空间。

本章提出了自由行的定义，对自由行进行了分类，阐述了自由行的特征及我国应对自由行发展的策略措施，对自由行旅游线路产品进行了示范，讲述了自由行计调员业务操作流程、操作方法和技巧。

> **学习目标**

1. 能够为旅行社制定应对自由行大发展的措施
2. 能够熟练开发自由行旅游产品
3. 能够为自由行客人提供优质服务

第一节　自由行概述

一、自由行的概念

自由行是一种随心所欲、自由自在、轻松快乐、无所羁绊、很少或者完全不受他人安排约束的旅游形式，是旅游发展的一种象征。

自由行客人自主性强，大部分或者全部的旅游过程由自己控制。

二、自由行分类

根据客人对旅行社的依赖程度，自由行分为三种类型：

（一）常规自由行

常规自由行是客人自愿购买旅行社主动开发的自由行产品进行消费的旅游形式。常规自由行对旅行社的依赖程度最高，是我国自由行旅游市场上出现较早且至今比较普遍的旅游形式。

常规自由行产品是旅行社根据客源市场需求、整合旅游资源开发设计而成的，选择常规自由行旅游产品的客人，在旅游过程中必须服从旅行社对于产品的安排和有关规定。

旅行社对于常规自由行客人提供的服务产品通常是如下形式：

"折扣机票＋酒店"服务或者"折扣机票＋酒店＋签证"服务

这类自由行产品针对以休闲和度假为主要旅游目的的自由行客人。对于国内旅游客人，旅行社提供折扣机票和预订折扣房间的服务；对于出国旅游客人，旅行社不仅提供折扣机票和预订折扣房间的服务，还为游客代办签证。

在旅行社计调员的实际操作中，对于此种产品有时还提供延伸服务，即增加旅游目的地机场与住宿酒店之间的往返接送。

客人购买此类自由行产品之后，应在规定的机票时间内，在固定的住宿酒店限制下进行旅游活动，但旅游过程中的用餐、游览、购物、娱乐等项目全部是游客自由掌握。

（二）私人定制自由行

私人定制自由行是旅行社根据自由行客人的意愿和需求组织开发自由行产品后，客人购买并进行消费的旅游形式。

与常规自由行相比，私人定制自由行虽然也需要旅行社提供服务，但是旅行社服务的内容却是由客人主动提出，旅行社给予客人更加专业更加合理的旅游内容安排并帮助实施。比如代订机票、代订饭店、代订旅游车、代请导游服务、代办签证、代办保险等，旅行社只是针对客人提出的要求进行服务，收取相应的服务费。

（三）完全自由行

完全自由行是指客人外出旅游时，完全由自己安排旅游活动的所有事宜，并且零星现付各种旅游费用的旅游形式。客人跟旅行社之间不产生任何旅游费用关系。

完全自由行客人在出行前，要有充裕的时间进行旅游活动策划及物质和精神准备，必须具备较强的异地适应能力和灵活应变能力，才能使旅途中的生活更加活泼生动，享受自由而富有特色的旅游。一般来说，完全自由行客人的旅游花费较高。

就我国目前情况看，完全自由行游客在旅游过程中，因为需要自己与众多的旅游供应商进行交易，并且许多时候需要自己来应对旅行过程中的风险和种种意外，此类旅游者要获得一次满意的旅游经历相对比较辛苦，所以，完全自由行游客主要以近郊和短距离旅游为主。但从长远看，长距离的完全自由行也是市场发展的方向之一。

本书所讲述的内容是计调员对于常规自由行客人和私人定制自由行客人的业务操作。

三、自由行特征

（一）旅游选择自主性强

旅游选择自主性强是自由行旅游最大的特色，也是最吸引人的地方。自由行旅游者可根据自己的意愿，自主选择旅游目的地和旅游项目，策划出不同的旅游日程，充分享受旅游中的轻松与乐趣。

（二）旅游花费自由度大

常规的全包价旅游团客人的最大方便之处是：交了一笔旅游费用后，不需要为旅游过程中涉及的食、宿、行、游、购、娱等各个方面操心太多，只要随着导游或者领队进行旅游活动即可，当然，旅游消费标准要按照合同中的规定执行，自由度甚小。

自由行旅游者的旅游费用可以大部分或者全部自我操控，可以把主要旅游费花在自己最想花的地方。一般情况下，要实现自己的出游愿望，得到满意的旅游体验，自由行旅游花费比其参与同等质量的全包价团队的花费要高出很多。

（三）旅游过程随意性强

与不能随意改变的团队旅游接待计划相比，自由行旅游者的整体旅游计划跨度较大，可变性强，体现出鲜明的个性化和较强的随意性。

自由行客人从"有了旅游想法"，到"进行旅游活动策划"，再到"制订具体的旅游计划"，通常需要较长的时间。此类旅游者要衡量自己的时间与财力，考虑自己的兴趣爱好和最想去的城市或者地区，请教有旅游经验的朋友同事等。当自由行旅游者真正确定具体旅游目的地后，便开始查询资讯，安排具体而详细的旅游行程。

自由行客人的旅游活动开始后，很难完全按照预先设计的行程进行旅游活动，旅游者经常会根据自己的体验感受以及新产生的灵感与愿望而重新制定下一步的旅途生活和游览活动，因此，每天的旅游活动随机性强、可变性较大。

（四）客人随机应变能力强

由于自由行客人的旅游活动内容一般是根据自己的喜好安排的，相对于"保姆"式的团队游，自由行需要在语言、签证、交通、住宿、购票等方面"自力更生"，旅游过程中遇到突发事件，大多数或者全部都需要自由行旅游者亲自处理克服，这就要求客人具备较强的灵活应变能力，方能够保证旅游活动的顺利进行。

（五）受众的人群在不断地扩大

以前大多是年轻的群体偏爱自由行，自己做攻略，订机票酒店，而现在越来越多的中老年人也开始参与其中，他们更偏向于在旅行社预订"机+酒"这样的套餐，还有类似接机、租车、签证等附加服务。目前，进行自由行的社会公民数量迅速增加。

新冠疫情暴发后，团队旅游的人群具有复杂性、聚集性、易感染性和较强的传播性，使得越来越多的人开始青睐和选择自由行。在疫情防控常态化形势下，自由行可望加速发展，赢得更大的市场份额。

四、我国应对自由行发展的策略措施[①]

（一）旅行社必须尽快调整岗位人员构成及产品类型

随着自由行的快速发展，旅行社业务操作将更具针对性，更加个性化，部门及人员构成将发生一系列变化。在旅行社的人员构成中，计调员的需求数量将不断增加，计调员岗位分工将更加细化，计调员的业务知识将更加专业化。

在旅游产品方面，旅游消费者需求个性化趋势愈加明显，自由行将越来越深入，客人要求也会越来越多，旅行社管理人员特别是计调员应进行周到而全面的旅游目标市场的细分，针对不同目标市场推出富有特色和弹性的自由行产品组合，提供富有人情味和突出个性的旅游服务，全面提高自由行服务质量。

（二）快速完善发展网络业

超过90%的自由行客人会通过网络选择出游目的地。自由行客人对于网络旅游信息的依赖程度可想而知。

传统的旅行社网站主要侧重景点介绍、旅游线路及产品推广、酒店及票务预订等内容，对于自由行旅游者需要的内容涉及较少，因此，传统旅行社的网站在内容和构架上需要进行较大调整。依托长期以来形成的旅游构成要素成本优势，旅行社应开辟专门的自由行网站，及时准确提供自由行产品相关信息以及类似道路状况、气象情况、旅游交通图等综合信息，使得网络旅游信息更加方便、实用，实现网上预订业务及其他旅游电子商务业务的突破性进展；除旅游企业外，社会上诸多网络公司尽早尽快创建以便捷性、优惠性、个性化为特征的旅游电子商务平台是适应时代发展的必然选择。

（三）完善政府公共服务功能

要保障自由行顺利健康地发展，政府公共服务的重要性日益突出：应在借鉴国外成功旅游管理经验的基础上，建设自由行旅游服务体系；要加快相关服务设施如餐饮、住宿、厕所、停车场的新建与改造建设，形成功能完善、档次齐全、安全卫生的吃、住、行、游环境；进一步改善金融、通信、救援、维修等服务设施，提高服务质量，满足游客多样化与多层次的需求；在重要交通干道上设置旅游交通指示标牌，在景区内建立健全无人导游系统，加强景区内标牌、路牌管理，提高自由行客人对于景区景点和旅游服务设施具体区域的可进入性；尽快提高整个社会大众的公共服务意识和整体素质，让自由行旅游者所到之处，真正感受到放松、愉快的旅游公共环境，这是自由行旅游者获得满意旅游经历的公共基础保障。

（四）从业人员遵循职业道德规范

自由行客人的旅游目的不尽统一，但一般来说，当今我国自由行客人的消费水平普遍较高，外出旅游时通常选择经济实力强、信誉度高的旅游服务机构。所有自由行从业人员都应该从客人的实际需要出发，为客人提供全面周到诚信的个性化服务，遵循相关的道德准则。

（五）加强自由行客人的旅游安全管理

由于自由行的客人一般人数较少，对于旅游目的地的了解相对缺乏，他们应对突发事

[①] 王煜琴."自由行"新说. 中国旅游报, 2010-03-05（视野版）.

件时经常显得束手无策，特别是某些旅游地远离城区、地点偏僻、路况复杂，会给紧急救助带来极大的不便。

为了保证自由行旅游健康发展，必须建立并完善自由行旅游风险管理机制。第一，各有关部门要及时发布关于天气、地质灾害等方面的警示信息，并向旅游者推荐一些比较安全的旅游线路，作为自由行旅游者出游决策的参考。第二，在各个旅游城市或城镇中心的耀眼位置建设游客信息咨询中心。一方面为游客提供景区介绍、问询等服务，免费赠送景点地图、手册等。另一方面旅行社或者游客信息咨询中心应担负起对出游前的自由行旅游者进行安全教育，提高他们的安全防范意识和应对突发事件的处理能力。第三，落实景区景点的安全措施，定期检查景区的环境与设施安全。第四，创新并完善关于自由行旅游者的保险体系，使自由行旅游者有更多的出游保险险种的选择，将自由行游客的潜在损失降到最小，从而使自由行客人出游更加放心、顺畅，无后顾之忧。

（六）营造舒适和谐的旅游大环境

从横向看，各省市文化与旅游分管领导，要下大力气协调好文化与旅游部门跟工商、公安、物价、交通、安监、保险、医疗等部门的关系，避免出现因行业不同而带来的"扯皮"现象，齐心协力进行联合共管，各部门要增强现代旅游服务意识，尤其是在旅游旺季，要加大执法力度，保障旅游企业经营更加规范，让自由行旅游者充分感受到和谐的管理大环境，这也是现代旅游服务质量提高的重要表现。

从纵向看，各级文化与旅游主管部门应尽职尽责，敬业乐业，真抓实干，全力整治文化与旅游市场的各种不规范操作和不文明行为，为自由行游客提供更加安全、舒适、健康的旅游业内环境保障。

第二节　自由行旅游产品示范

一、自由行旅游产品名称

马尔代夫美佳航空公司（5M）4晚6天自由行

二、自由行旅游产品行程特色

（1）旅游目的地吉哈德岛（Kihaad）在当地迪维希语中的意思是年轻的椰子岛，岛屿长600米，岛屿四周环绕着总长1200米的白沙滩，一望无际的潟湖齐腰深的蓝绿色海水，清澈见底，是一个美丽且宁静祥和的人间天堂。

（2）岛屿最显著的特点莫过于丰富而茂密并且种类繁多的绿色植被，与岛屿的别墅浑然天成，构成了一个和谐美好的自然环境。该岛酒店可提供118间宽敞的私人别墅，简单而自然的装修风格让您宾至如归。整个岛屿保存了完美的自然风光。

（3）客人从马累首都国际机场抵达Kihaad，乘坐"水飞"，用时仅35分钟，特色、方便、快捷。

三、自由行旅游产品日程安排

日期	马尔代夫美佳航空公司（5M）4 晚 6 天自由行参考行程			
	城市／行程／景点	用餐	交通	酒店
D1	北京—马累—酒店 （04:25）（北京时间）当日于北京首都国际机场 2 号航站楼 2 层国际出发厅，x 航班柜台自行办理登机手续和行李托运手续，将行李直接托运到马累国际机场，领取登机牌及行李收据后乘机飞往美丽的度假天堂马尔代夫。（12:05 马代时间）抵达后有专人举"Kihaad"的牌子接机，出示 PASSPORT 核对名单后，乘海上交通工具前往住宿岛屿。抵达酒店后，自行前往酒店大堂办理入住手续，出示入住凭证，领取房间钥匙，入住、休息。（酒店一般在下午 2 点办理入住，如果客人到达时没到入住时间，客人需要把行李先寄存在酒店前台，等到入住时间，再办理入住）；马尔代夫由 1192 个珊瑚岛组成。每个小岛不但海边优美、水清沙细，珊瑚礁更是彩色缤纷，加上各种的珊瑚鱼，令人陶醉于大自然当中。	早：x 午：x 晚：酒店晚餐	飞机／水飞	Kihaad
D2	马尔代夫度假岛屿 早餐后全天自由活动，三餐于酒店内。 马尔代夫的岛屿芳草碧绿，椰林片片，从远处观望，像是漂浮在海上的小森林。此处不但海滩优美，而且水清沙细，是热爱游泳和潜水活动人士的乐园。	早：酒店早餐 午：酒店午餐 晚：酒店晚餐	无	Kihaad
D3	马尔代夫度假岛屿 早餐后全天自由活动，三餐于酒店内。 岛上各种设施齐全，可随意尽情地享受阳光、大海、沙滩。	早：酒店早餐 午：酒店午餐 晚：酒店晚餐	无	Kihaad
D4	马尔代夫度假岛屿 早餐后全天自由活动，自由享受岛上各种设施、三餐于酒店内。	早：酒店早餐 午：酒店午餐 晚：酒店晚餐	无	Kihaad
D5	酒店—机场—北京 早餐后自由活动，（12:00）（马代时间）办理退房手续（备注：酒店中午 12:00 前退房，退房后可将行李存放在酒店大堂，并可继续在岛上用餐及游玩），将行李寄存在大堂，房间钥匙退还前台，办理结账手续（美金或国际信用卡均可使用）；于指定时间乘海上交通工具（水飞）前往机场，到达机场后，于 x 航班柜台自行办理登机手续，将行李直接托运回北京，领取登机牌，保管好行李收据，随后办理离境手续。 （17:25）（马代时间）搭乘航班返北京（夜宿飞机上）。	早：酒店早餐 午：酒店午餐 晚：飞机上	水飞／飞机上	飞机上
D6	北京 （04:55）（北京时间）抵达北京，结束愉快的马尔代夫之旅！		飞机	无

四、自由行旅游产品计价报价

（一）报价

____元

（二）费用包含

（1）北京起止往返国际机票（经济舱），机票税金。

（2）马尔代夫 5 星岛屿 Kihaad 酒店住宿［4 晚礁湖至尊沙滩别墅（Lagoon Prestige

Beach Villa）2人一屋］。

（3）报价中注明的用餐（如用餐时间在飞机上以飞机餐为准，不另行退费。马尔代夫三餐酒店内自助，如不在酒店内用餐餐费不予退还）。

（4）签证费。

（5）酒店至机场往返接送（内飞）。

（6）旅行社责任险、境外旅游意外险。

（三）费用不含

（1）护照费。

（2）境外服务生小费（境外现付服务生）。

（3）度假村内自费活动。

（4）境内地面服务费：如机场接送等。

（5）行李物品保管费及托运行李超重费。

（6）各种洗衣、电话、饮料等个人消费；航空公司临时涨税所涉及燃油附加税。

（7）因交通延阻、战争、政变、罢工、天气、飞机机器故障、航班取消或更改时间等不可抗力原因所引致的额外消费。

（8）费用不包括旅游者因违约、自身过错、自由活动期间内的行为或自身疾病引起的人身和财产损失。

（9）一切个人消费及未提及费用。

五、自由行旅游产品注意事项

（一）特别说明

（1）一般酒店入住时间为下午14:00，退房时间为中午12:00以前；超时需要加收费用，超时费用请在酒店自行缴纳。

（2）机位及酒店一经确认，取消需扣除总团费100%。

（3）签证：因私护照需至少6个月以上有效期，两页以上的空白签证页；如因证件或签证问题影响出入境，旅行社不承担相应一切责任。

（4）本产品接送服务由马尔代夫的酒店提供。当您需要离店时，请提前一天与酒店前台确认送机时间，均以酒店最终确认时间为准（酒店并会根据当天天气情况和实际接送客人情况做出调整）。如您要求酒店根据您的时间另行安排接送服务，需额外支付接送费用，请自行与酒店协商。

（5）到达后，如发现酒店或房型与预订不符，请立即联系我们解决问题，否则视客人同意该安排，旅行社不负任何责任。

（二）温馨提示

（1）首都马累比北京慢3个小时，英语为通用语言。

（2）使用货币为美金及卢非亚（1美金兑换约12.75卢非亚），用美金和信用卡消费非常方便。

（3）马尔代夫全年平均气温在26~32℃，温差不大。

（4）客房电压/插座型号：220伏特，英式插头（三孔方型）。

（5）大多数酒店的房间内是一张大床，如需2张单人床，请提前说明。

（6）一日三餐在岛屿酒店内用餐，均为自助餐。

（7）自备物品：防晒护肤品、洗漱用品、游泳衣、拖鞋、常用药品、休闲服装、防蚊液等。

（8）马尔代夫线路为自助游，无导游无领队，岛外自费活动均可在酒店前台预订，可根据自己的身体情况及喜好选择。

（9）严禁私自在岛上钓鱼、采摘或践踏珊瑚、拾捡贝壳类，违者罚款可达美金5000元。

（10）严禁在酒店房间内煮食，违者罚款可达美金5000元。

（三）安全提示

（1）请主动向酒店人员了解防波堤的位置，由于防波堤的外围水域较深，海底生物繁多，即使您的水性很好，需在此区域活动，也务必请专业人员陪同前往。

（2）酒后或身体不适时，请不要下水游泳，以免发生危险。

（3）各种水上活动及酒店推荐的岛外游项目，参加前请谨慎评估其安全性及自身的身体状况，而后根据自己的喜好选择参加。

（4）入水活动前请事先了解周围水域的地形情况、安全标识以及救生人员的设置地点，以备不时之需。

（5）游泳、漂流、潜水等水上运动均存在危险。凡进行此类运动时请务必穿着救生衣。参与前请根据自身条件，并充分参考当地海事部门及其他专业机构相关公告及建议后量力而行。安全措施不足及身状况不宜的情况下不要参加带有危险性的活动。

第三节　常规自由行计调员业务操作流程与技巧

一、进行市场调研，策划设计常规自由行旅游产品

当今，在自由行迅速发展的形势下，旅行社要与时俱进，广泛进行客源市场的调研。自由行市场调研主要包括自由行市场需求调查、自由行消费者购买动机和行为调查、旅游供应市场调查、竞争对手状况调查、自由行产品状况调查、自由行产品价格调查、自由行产品销售渠道调查等。根据调研结果，对自由行产品进行合理定位，然后策划设计适销对路的自由行产品，投放市场，满足游客的不同需求。

二、指导常规自由行客人签订合同

旅行社通过多种媒体，对自由行产品进行广泛宣传，客人获得了产品信息，经过对多家旅行社多种自由行产品的考察、比较、斟酌，最后作出购买决定，通过网络预订或者直接到旅行社签订购买合同。

合同签订之前，自由行计调员应该明确告知游客所购买的服务项目内容，特别说明关于产品消费时的注意事项。

三、质量监控

自由行客人在旅游过程中通常没有专门的导游员服务,游客在消费常规自由行产品过程中,如果出现问题,自由行计调员要尽心尽力尽快帮助处理。计调员对于问题处理的正确程度和速度,将直接影响客人对旅行社的评价,所以,自由行计调员一定要具备较高的综合素质,灵活机动地解决各种应急问题,提高客人的满意度,从而提高旅行社的社会信誉度。

当游客需要旅行社帮助的事情不在旅行社服务范围之内时,计调员也要毫不犹豫地为游客提供适度服务,确保在游客遭遇问题时能够及时采取补救措施。

四、回访并维护客户

常规自由行客人的旅游活动结束,计调员要选择合适的时间回访客人,征求客人对于旅行社提供的机票、酒店等服务项目的意见和建议,以改进自己的工作,同时表示出对客人的尊重;常规自由行计调员还要做好客户的日常维护工作,提高客户的忠诚度。

五、建档与总结完善

计调员要为每个客人建立旅游档案,除了以后业务上备查之外,更是为了与客人保持长久联系做好准备;计调员要对每次自由行旅游活动进行回顾和总结,以便在以后的工作中扬长避短,更上一层楼。

第四节 私人定制自由行计调员业务操作流程与技巧

一、处理好与供应商和地接社的合作关系

私人定制自由行的客人要求旅行社为其提供的服务项目具有非常大的不确定性,所以私人定制自由行计调员要有大量的信息储备,不仅要对当地或相邻地区的各旅游要素了如指掌,与各个旅游供应商保持紧密联系,还要与异地地接社保持良好的合作关系,以便争取到最优惠的价格,一方面可以降低客人的出游费用,争取更多客源,另一方面可以为旅行社创造更多利润。

二、根据客户需求策划设计旅游行程

私人定制自由行客人跟旅行社计调员说明自己的要求后,计调员要在最短的时间内跟相关旅游供应商联系,落实相关采购事宜,草拟旅游行程;之后就草拟的行程跟游客进行沟通交流,征询游客的意见和建议,进一步完善旅游行程,直到客户满意为止。

三、指导私人定制自由行客人签订合同

私人定制自由行客人根据自己的需求提出服务项目,使得计调员的工作具有很大的可变性和灵活性。自由行计调员要周到考虑,认真安排,尽最大努力为客人争取到最优惠价格,要将服务项目价格告知客人,在征得客人同意后,进行预订,然后计调员指导客人进

行合同签订，并叮嘱客人出游注意事项。

四、质量监控

如果旅行社所提供的某项服务出现问题，计调员与协作单位要及时协调处理，达到客人满意。之后，计调员应该就出现的问题进行总结，吸取教训，写出处理报告并存档。

当然，在游客旅游过程中，如果不是旅行社工作范围内的事情，当游客需要旅行社帮助时，计调员也要毫不犹豫地为游客提供服务，确保在游客遭遇问题时能够及时采取补救措施。

➡ "计调事"分享

询价及预留房间的电话咨询要仔细

[事实] 某省会城市A组团社的六位私人定制自由行客人来山东游览，客人私人定制内容为旅游目的地住宿、导游服务及当地旅游车，客人的行程为六天，客人行程安排中在蒙阴住宿一晚，住房安排级别为三星级。为了更好地服务于客人，A组团社将游客私人定制的内容委托给青岛E地接旅行社，E社的私人定制计调员在选择蒙阴的宾馆时非常认真，查找了所有三星级别的饭店，最后在蒙阴最好的三星级饭店预订了3间双标间。客人到达饭店后，发现他们的房间豪华程度是不一样的，住在一期工程房间的两位客人很有意见，认为他们的房间面积小，设施陈旧，并要求导游员调房到另外4位客人所住宿的楼层。但是，旅游旺季，房间都已经住满，不可能有调房的机会了。导游员给地接计调员打电话，计调员详细了解原因后并经A组团社计调员授权，亲自跟两位客人沟通并仔细解释原因，直到客人理解。没有引起投诉。

[启示] E地接旅行社私人定制自由行计调员安排房间时十分仔细，根据客人对住宿的要求，对当地饭店的星级作了比较，安排了符合团队标准的三星级饭店。但是客人为什么会出现不满呢？计调员虽然安排的是符合团队要求的三星级饭店，可这个饭店中的房间有两种类型，一种是一期工程的早期房间，客房的面积相对小些，设施设备相对陈旧些；另一种是二期工程房间，是饭店最新的房间，客房面积相对大些，设施设备比较新，显得豪华些。一期工程房间比二期工程房间在房费上每晚每间少20元。计调员预订房间时，没有询问饭店的房间类型是否有差别，而同一标准的房间确实不足了，所以宾馆就安排了两种房间，费用按照低标准收取。如果计调员预订房间时对饭店的情况有更详细的了解，然后向A组团社计调员解释明白，让游客有心理准备，相信游客对旅游住宿不但不会产生意见，还会对旅行社的认真工作给予赞扬。

由此看出，私人定制自由行计调员在工作时也要考虑周密，把握每个细小环节，牢记"细节决定成败"的工作原则，力求把事情做到最好。

五、回访并维护客户

私人定制自由行客人的旅游活动结束，计调员要选择合适的时间回访客人，征求客人对于旅行社提供服务的意见和建议，以改进自己的工作。通过跟客人的沟通，计调员还可以了解客人对出游的感受和体会，了解客人对于将来出行的打算等，回访同时也是对客人的关心和尊重。此外，计调员还要做好日常对于自由行客户的维护工作。

六、建档和总结完善

计调员要给客人建立档案，除了以后业务上备查之外，更是为了与客人保持长期联系做好准备。计调员要对每次私人定制自由行旅游活动进行回顾和总结，以便在以后的工作中扬长避短，更上一层楼。

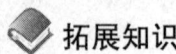 拓展知识

出境游安全提示[①]

1. 市中心的"不安全区"少涉足

据悉，国外很多城市市中心的犯罪率要比其他地区高，在市中心比在其他地区更容易被盗。尤其是晚上，更容易碰见由于醉酒和吸毒而发生的暴力危险。所以应尽量减少单独行动，少去人多嘈杂的娱乐场所。特别是晚上，待得越久，成为受害者的可能性就越大。女性游客要注意饮品是否被添加"药"，一般离开过自己视线的饮品最好不要继续喝。

2. 夜间出门结伴而行

大多数犯罪都是乘机行事的，如果和别人在一起，就会安全一点，和你在一起的人越多，你成为伺机犯罪受害者的可能性就越低。年轻女性游客夜间不要独自行走，应随身带手机，如果感觉有人跟踪，立即报警。发现有车跟踪，应记住车牌号码并报告警察，告诉警察自己的名字和所处位置。不要独自走僻静的小巷或人少的街区。

3. 被威胁应第一时间报警

在国外，如果觉得自己是受害者或被威胁，最好第一时间报警。遇有紧急事故时，立刻与领队、同行团友或我国驻外使领馆联络。

4. 随身携带酒店标示和必需电话

置身异国他乡，建议将所住酒店的电话、地址记在一张小卡片上并随身携带，方便在走失、迷路时候出示，对于老人家和语言不够好的游客更要携带，大多酒店在前台都放有这样的卡片。一些电话号码也需常备，比如中国大使馆电话和当地报警电话。

互动题目设计

题目一：
成都是我国国内自由行游客喜欢的主要目的地，请一个小组制作一个介绍成都自然与人文旅游资源的PPT并向大家推荐。

题目二：
根据教学内容，制作私人定制旅游计调业务操作流程图。

---

① 资料来源：http://travel.hebnews.cn/2010-08/13/content_428115.htm.

> 要求：1.逻辑正确；2.条理清晰；3.概况准确。
> 备注：互动题目练习要求
> 　　将班级同学分为两组，其中一组同学做题目，一组同学打分；打分结束后，由打最高分和最低分的 1 至 2 名同学进行点评。每章有两道题目，两组同学可抽签决定第一道题目谁做，则另一组打分点评；第二道题目，由上一题打分组做，另一组转换为打分点评。

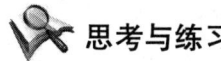 **思考与练习**

1. 常规自由行和私人定制自由行的本质区别是什么？
2. 旅行社应该如何面对自由行的快速发展的趋势？

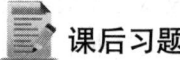 **课后习题**

请扫码答题测试。

习题

第八章 计调业务数字化管理操作实务

引言

数字是人类最简洁明了、易沟通理解的共同交流语言。数字化管理顺应了数字经济时代发展的要求,而数字经济是从农业社会进化到工业社会再到信息社会的产物。产业数字化和数字产业化作为数字经济的两大引擎,掀起了一场产业革命。旅游产业数字化在时代的裹挟下正在经历一场重大转型。旅游消费需求发生了深刻的变革,旅游产业数字化基础设施不断完善,政府出台一系列支持智慧旅游发展的政策,文旅企业的数字化转型升级水到渠成。旅行社顺应时代的发展和旅游消费需求,用数字化技术改造原来的经营管理模式,使之更精准、更开放、更易沟通与分享,更加激发每个岗位的活力,增强员工责任感、进取心,提高工作效率。计调是旅行社的核心工作岗位,充分利用数字化技术,可以更好地助力计调安排和规划行程、提高供应商管理效率、进行预算和成本控制、做好文件档案管理等工作。

学习目标

1. 了解数字化经济的概念,理解旅游产业数字化变革的内容
2. 理解旅行社消费环境的变化和旅行社进行数字化转型的意义
3. 掌握计调业务数字化的主要内容和流程
4. 能够在数字化管理系统上进行计调业务的操作
5. 掌握计调数字化业务操作的技巧

第一节 计调业务数字化管理概述

一、旅游产业数字化变革

(一) 数字经济的概念

数字经济是指以数字技术为基础,通过数字化和网络化的方式进行经济活动和交流的经济形态,主要包括互联网、大数据、人工智能、物联网、区块链等方面。

在农业社会和工业社会中,物质和能源是主要资源,所从事的是大规模的物质生产。

而在信息社会中，数字成为比物质和能源更为重要的资源，以开发和利用数字资源为目的的信息经济活动迅速扩大，逐渐取代工业生产活动而成为国民经济活动的主要内容。数字经济通过产业数字化和数字产业化两个相互联系和彼此促进的途径不断发展起来，掀起了一场产业革命。数字技术以其极强的渗透性以及由此而来的十分广泛的应用性，与数字资源的开发和利用结合，全面扩展和加强人类的信息功能，特别是管理和决策功能，深刻地改变着人类的生产、生活、工作、学习和思维方式。

（二）旅游产业数字化变革

中国旅游产业数字化变革的不断深入，不仅提升了旅游行业的服务质量、改善了旅游环境，还对全球旅游业发展起到了引领作用。随着数字化技术的迅速普及和消费者需求的不断变化，数字化变革已成为旅游业发展的重要趋势。

1. 数字化技术快速普及

随着互联网的快速发展和移动互联网的普及，数字化技术在旅游行业中的应用也得到了迅速推广。智能手机、笔记本电脑、平板电脑等设备的广泛应用，为旅游者提供了更为便捷的旅游操作渠道。

2. 旅游消费需求不断变化

我国旅游业经过多年发展，消费者对旅游的消费需求发生了重大变化，不再仅仅局限于传统的旅游线路和景点游览式的旅游方式，而是更加追求个性化、多样化和定制化的旅游体验。智能化、数字化的旅游资源成为旅游体验的重要组成部分。

3. 政策的支持

中国共产党第二十次全国代表大会上的报告指出：加快建设数字强国……构建优质高效的服务业新体系，推动现代服务业同先进制造业、现代农业深度融合……加快发展数字经济，促进数字经济和实体经济深度融合，打造具有国际竞争力的数字产业集群。

国务院发布的《"十四五"旅游业发展规划》中指出：加快推进以数字化、网络化、智能化为特征的智慧旅游，深化"互联网+旅游"，扩大新技术场景应用。

一系列国家政策的出台，推动了中国旅游产业数字化变革不断深入。

4. 旅游数字化基础设施不断完善

伴随信息化、数字化在各行各业快速推进，5G、云计算、大数据、物联网及人工智能等高新技术"跨界"赋能文旅行业，有力推动了数字底座建设步伐，满足了文旅行业对数据精细化和管控手段精准化的需求。

5. 文旅企业数字化转型

2023年两会的政府工作报告提出，加快传统产业和中小企业数字化转型，着力提升高端化、智能化、绿色化水平，"大力发展数字经济"。数字化转型是文旅企业创新发展的重要方向，数字化转型有助于提升文旅企业运营效率，创新商业模式，增强发展动能，是文旅产业高质量发展的重要引擎。

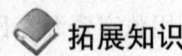拓展知识

文旅企业该如何实现转型升级

引言

文化和旅游产业转型升级的重要目标，是实现高质量发展。过去几年，对全国文化和旅游领域从业者而言机遇与挑战并存。

文化和旅游部、国家统计局数据显示，2023年前三季度全国居民人均消费支出19 530元，同比增长8.8%；人均可支配收入29 398元，同比增长5.9%。这在一定程度说明以文化和旅游为代表的服务消费正成为国民经济企稳的重要支撑。

文旅产业的发展与市场需求密切相关。根据调研发现，一方面，文旅市场需求巨大；另一方面，文旅市场投资需要长期性。这与国外相比，国内的文旅供应量和服务品质远远达不到市场需求，究其原因是缺少长期经营的理念而造成的投资不足和投资短期化，并且都是基于短期建设的低质量意识限制阻碍了文旅行业的进一步发展。此外，文旅行业房租的短期化与物业产权长期性问题也限制了文旅行业的进一步规模化发展，这都是亟待解决的痛点问题。

一段时间以来，不少旅游大省纷纷出台相关举措，广泛应用数字技术，因地制宜推动文旅产业提质增效。有机融合数字技术，成为当前和今后一段时期推动文旅产业高质量发展的重要方向。对于文旅企业而言，面对规模化发展的浪潮，文旅企业要保护好特色化并与特色化结合，需要注重深入挖掘文化资源、保持原真性、创新结合方式、培养专业人才以及建立良好的社区关系等方面的工作。只有这样，才能够实现文旅企业的可持续发展，并为消费者提供更加丰富、有深度的文化旅游体验。

一、"以文塑旅、以旅彰文"促进高质量发展

面对规模化发展的浪潮，在文旅经济难以形成规模的背景下，通过"以文塑旅、以旅彰文"来促进文旅经济的高质量发展。

"以文塑旅、以旅彰文"是文化和旅游相互融合、相互促进的发展思路。具体来说，就是通过文化来塑造旅游的内涵和特色，提升旅游的文化品质和吸引力；同时，通过旅游来彰显和传播文化的价值和魅力，扩大文化的影响力和市场份额。

"以文塑旅"强调文化在旅游发展中的核心作用。每个地方都有自己独特的历史、民俗、艺术等文化资源，这些资源可以成为旅游的吸引物，为游客提供独特的旅游体验。通过深入挖掘和整合文化资源，打造独具特色的旅游品牌和旅游产品，形成具有市场竞争力的文旅产业。

"以旅彰文"则强调旅游在文化传播和发展中的促进作用。旅游是一种文化交流和传播的方式，可以让人们亲身体验和了解不同的文化，从而增强文化自信心和认同感。同时，旅游也可以为文化的传承和发展提供经济支持和创新动力，推动文化的创新发展。

"以文塑旅、以旅彰文"是一种共赢的发展思路。文化和旅游是相辅相成的，文化可以为旅游提供特色和内涵，旅游可以为文化提供传播和发展的机会。通过文化和旅游的融合发展，可以促进产业升级、优化经济结构、提高地方知名度和美誉度，推动经济社会全面发展。

在实际操作中,"以文塑旅、以旅彰文"需要政府、企业和社会各界的共同努力。政府需要出台相关政策和措施,为文化和旅游的融合发展提供支持和保障;企业需要积极探索和创新,开发具有文化特色的旅游产品和服务;社会各界也需要加强文化旅游的宣传和推广,提高人们的认知度和参与度。通过这些努力,可以实现文化和旅游的深度融合,推动文旅经济的高质量发展。

二、加快推进数字化与文旅的融合

同时,需加快推进数字化与文旅的融合是当前文旅经济发展的重要趋势。当前,文旅行业要实现高质量发展,就要深入贯彻新发展理念,加速推进产业数字化转型,在立足当前发展成果的基础上,着力解决数字化发展过程中尚存的问题,实现数字技术与文旅行业全面、有效、有机融合。

当前,文化产业和旅游业数字化转型步伐不断加快,大数据、元宇宙、人工智能等新技术应用成为常态化技术手段。行业从业者纷纷开展云展览、网络直播、云演播等服务,推动线上线下融合创新发展,激活文旅新业态。数据显示,2023年前三季度,国内旅游总人次36.74亿,同比增长75.5%。数字化方式随时随地的特性,有助于提升文化与旅游产品品质,创新产品供给,加强供需对接,激发消费潜力,从而不断满足人民群众多样化、品质化的文旅需求。

一系列政策加速了数字技术融入文旅产业的进程。《"十四五"文化和旅游发展规划》指出,加快推进以数字化、网络化、智能化为特征的智慧旅游发展。文化和旅游部等10部门此前印发的《关于深化"互联网+旅游"推动旅游业高质量发展的意见》提出,深入推进旅游领域数字化、网络化、智能化转型升级。

加快推进数字化与文旅的融合是当前文旅经济发展的重要趋势。政府、企业和社会各界应共同努力,加强数字化基础设施建设、深入挖掘文化资源、提升游客体验、创新商业模式、加强人才培养和引进以及建立合作机制等方面的工作,推动数字化与文旅的深度融合,实现文旅经济的高质量发展。

此外,还可以打造现代化环海文旅经济带,发展海洋邮轮经济。促进海洋旅行与陆上文旅相结合,是推动旅游业发展的重要举措。

打造现代化环海文旅经济带需要从多个方面入手,包括优化旅游线路设计、加强基础设施建设、提高服务水平、加大宣传推广力度、加强区域合作以及推进数字化建设等。

三、实现转型升级,参与市场化竞争

通过调研了解发现,文旅企业转型升级可以通过以下几个方面来实现:

第一,创新发展模式。文旅企业需要积极探索新的发展模式,以适应市场需求的变化。例如,可以通过与其他产业的融合,形成新的产业链和消费场景;或者通过提供个性化的服务和增值服务,增加游客的黏性和满意度。

第二,提升服务质量。服务质量是文旅企业的核心竞争力。文旅企业需要不断提高服务水平,提升游客的满意度和忠诚度。例如,加强员工培训,提高服务态度和服务技能;同时,注重提供个性化的服务,满足不同游客的需求。

第三,拓展市场份额。文旅企业需要积极拓展市场份额,提高市场占有率。例如,开展线上业务,扩大市场覆盖面;或者通过与其他企业合作,共同开发市场。同时,也需要注重品牌建设，提高品牌知名度和美誉度。

第四，推进数字化转型。数字化技术可以为文旅产业带来诸多优势，如提高管理效率、优化游客体验、创新商业模式等。文旅企业需要积极拥抱数字化技术，推进数字化转型。例如，利用大数据分析技术，深入挖掘市场需求和消费者行为；或者利用虚拟现实、增强现实等技术，为游客提供沉浸式的文旅体验。

第五，加强政策支持。政府可以出台相关政策和措施，为文旅企业的发展提供支持和保障。例如，提供税收优惠、资金扶持等政策红利；同时，加强对文旅企业的规范管理，确保市场的公平竞争和可持续发展。

第六，注重人才培养。文旅企业的发展需要高素质的人才支持。企业可以通过多种方式吸引和培养优秀人才，例如，建立完善的激励机制和晋升渠道；同时，加强内部培训和外部交流，提高员工的综合素质和专业技能。

第七，关注可持续发展。文旅企业需要注重可持续发展，保护生态环境和文化资源。例如，推广绿色旅游、低碳旅游等理念；同时，加强与当地社区的合作，促进当地经济发展和文化传承。

结论与建言

文旅企业转型升级需要从多个方面入手，包括创新发展模式、提升服务质量、拓展市场份额、推进数字化转型、加强政策支持、注重人才培养和关注可持续发展等。通过这些措施的落实，可以推动文旅产业的转型升级和市场发展。同时，为了促进文旅产业的健康发展，需要解决房租短期化等问题，以及文旅企业要保护好特色化，并与特色化结合实现文旅企业的可持续发展，并为消费者提供更加丰富、有深度的文化旅游体验，实现文旅企业的高质量发展。

（资料来源：蔡越坤．文旅企业该如何实现转型升级．经济观察报，2024-03-20. https://baijiahao.baidu.com/s?id=1794029833054179100&wfr=spider&for=pc，有删减）

二、旅行社的数字化转型

（一）旅游市场需求和消费模式的变化

数字化时代对旅游消费产生了深远的影响，带来了以下几个方面的变化：

1. 信息获取和选择更加便捷

在传统的消费场景中，由于旅游消费的异地性，旅游消费者对异地他乡的旅游资源一无所知或知之甚少，旅游产品的信息掌握在产品的设计者那里，消费者无法了解产品的资源状况，买卖双方存在巨大的信息差。旅行社占据信息的制高点，通过广告等营销方式塑造消费者的认知，影响消费者的购买决策。消费者是产品信息的接受者，只能通过有限的货比三家来弥补信息差。

数字化时代通过互联网和移动应用程序，消费者可以轻松获取到丰富的旅游信息，包括目的地介绍、景点推荐、酒店评价等。消费者可以通过在线搜索和比较，选择最适合自己的旅游产品和服务，弥补了传统消费场景中的信息差。

2. 个性化定制需求增加

传统消费时代，进行定制化旅游产品所花费的精力、时间和经济成本都是巨大的。不仅如此，即使旅游消费者需要进行定制化的产品，由于了解的信息太少，他们往往也不清楚自己的需求。因此，量身打造的定制消费只是少数人的特权。

数字化时代，旅游消费者不再满足单一商品带来的需求满足，多样化、差异化的需求成为趋势。他们希望能够根据自己的兴趣、偏好和时间安排，定制独特的旅游线路和活动。旅行社通过互联网和数字化工具，提高了定制旅游产品的效率和供应商的管理效率，小团规模定制旅游的要求和成本大大降低了，以往昂贵的私人定制旅游产品变得更加亲民。

3. 消费体验的互动性增强

传统的消费场景下，旅游消费者的旅游体验很难传递给其他的消费者，他们对旅游产品的评价只能影响周边的消费者。

数字化时代，社交媒体成为消费者分享旅游经历和评价的重要平台。消费者通过社交媒体分享自己的旅游照片、心得和评价，对其他消费者的旅游决策产生影响。旅游消费者在进行产品购买之前，往往会通过在线旅游平台和应用软件了解产品和服务的信息，包括价格、品质、评价等，通过搜索引擎、社交媒体和在线评论等渠道，了解其他消费者的意见和经验，从而做出更明智的消费决策。

4. 消费的时空边界被打破

传统的消费场景中，旅游产品的选购、咨询和支付需要到线下门店进行，受到时间和空间的限制。

数字化时代，旅游消费者可以通过在线预订平台和移动支付完成旅游产品和服务的购买。这种方式方便快捷，消费者可以随时随地进行预订和支付，去除了传统旅行社的空间属性，商业竞争从对空间的竞争转移到对时间的竞争。游客可以全天24小时、在任何地方完成产品预订，门店的位置不再是引流的关键因素，抓住消费者的注意力成为竞争的焦点。

5. 创新旅游体验

旅游产品具有无形性特点，在传统的消费场景中，旅游消费者在购买旅游产品前无法通过感官感知旅游产品，只能依据旅行社的广告和描述在头脑中进行想象。待到实际消费过程中才产生旅游体验，如果与想象的或与旅行社描述的货不对板，也无法退换。

数字化时代，虚拟现实技术为旅游消费者提供了更加沉浸式和丰富的旅游体验，使消费者在未出发前就能身临其境地体验旅游景点和活动。增强现实技术通过将虚拟信息叠加到真实世界中，为旅游消费者带来全新的旅游体验，提高了旅游的趣味性和吸引力。旅行社通过收集和分析消费者的旅游数据，可以更好地了解消费者的需求和偏好，从而提供更个性化、高品质的旅游产品和服务。

数字化时代改变了旅游消费的方式和体验，消费者可以更加便捷地获取信息、选择产品、预订和支付。个性化定制、社交媒体影响、虚拟现实技术和数据分析等因素也成为旅游消费的重要影响因素。旅行社需要积极应对数字化时代的变化，提供个性化、高品质的旅游产品和服务，以满足消费者的需求和期望。

（二）旅行社数字化转型

为应对旅游市场需求和消费模式的变化，旅行社应调整经营战略和策略，进行数字转型升级。为此，旅行社行业已经和正在进行以下方面的布局：

1. 预订与支付的便捷化

旅行社建立自己的在线预订平台，提供用户友好的界面和功能，使用户能够方便地浏览和选择旅游产品；提供多种支付方式，包括信用卡、支付宝、微信支付等。可以满足不同客户的支付习惯和需求，提高支付的便捷性和灵活性；确保预订处理的速度和效率，尽快向客户发送确认信息。让客户及时得知预订结果，提高用户满意度和信任度；在预订和支付过程中，旅行社可以提供一键支付和自动填写功能，减少用户的操作步骤和输入时间。如保存用户的支付信息和个人信息，让用户可以一键支付和自动填写预订表格；旅行社应确保支付环境的安全性，采取必要的安全措施，如数据加密、防止网络攻击等。保护用户的支付信息和个人隐私，增强用户对支付安全的信任感；为客户提供即时客服支持，解答客户在预订和支付过程中的问题。客服人员应具备专业的知识和良好的沟通能力，及时解决用户的疑问和困惑。

2. 运营和管理的数据化

旅行社需要建立数据收集系统，收集包括用户信息、预订记录、消费行为等相关数据。同时，还可以通过合作伙伴、社交媒体等渠道获取更多的数据。对于收集到的数据，旅行社可以借助数据分析工具和技术进行数据分析和挖掘，以获取有价值的洞察。基于数据分析的结果，一方面，旅行社可以提供个性化的旅游推荐和定制服务。通过了解用户的兴趣、偏好和历史行为，旅行社可以为用户量身定制旅游线路和活动，提供更加符合用户期望的旅游体验；另一方面，旅行社可以根据数据分析的结果，制定数据驱动的营销策略。通过精准的用户定位和个性化的营销活动，旅行社可以提高市场营销的效果，吸引更多的用户和提升品牌形象；再者，旅行社应建立数据驱动的决策机制，将数据分析的结果纳入决策过程。通过数据驱动的决策，旅行社可以更加科学和准确地制定战略和运营计划，提高决策的准确性和效果。

数据化运营和管理是一个持续的过程，旅行社需要不断优化和改进数据收集、分析和利用的方法和技术。同时，也需要关注新兴技术的发展，积极进行技术创新，以适应市场的变化和竞争的加剧。

3. 加强在线和新媒体营销

旅行社应组建专业的新媒体营销团队，负责制定和执行社交媒体推广策略。团队成员需要具备良好的社交媒体运营和营销技能，能够根据目标用户的特点和偏好，选择合适的社交媒体平台建立品牌形象和推广内容，如微信、微博、Facebook、Instagram等。能够创造有趣、有价值的内容，吸引用户的关注和参与。可以发布旅游攻略、目的地介绍、旅行故事、用户体验分享等内容，以提供有用的信息和娱乐价值，吸引用户的关注和互动，回复用户的评论和提问，提供个性化的服务和建议。开展用户调查、投票、抽奖等互动活动，增加用户的参与度和忠诚度。旅行社还可以与相关的合作伙伴进行联合营销，共同推广旅游产品和服务。与航空公司、酒店、旅游景点等合作，互相宣传和推广，扩大品牌曝光度和市场份额。通过数据分析，了解社交媒体推广的效果和用户反馈，优化推广策略和内容,选择合适的广告形式和投放渠道,进行定向广告投放,提高广告的精准度和效果。

旅行社通过加强在线营销和社交媒体推广,提高品牌知名度、用户参与度和市场竞争力。同时,不断关注社交媒体的发展和变化,积极进行技术创新和内容创作,以适应用户需求和市场变化。

4. 提升旅游体验

利用虚拟现实技术和增强现实技术,旅行社可以为用户提供身临其境的虚拟旅游体验。通过 VR 设备,用户可以在家中或旅行社门店的体验区域中,感受到真实的旅游景点、文化遗址等。可以激发用户的兴趣,增加他们对旅游目的地的好奇心和期待感;旅行社还可以开发虚拟导游和讲解系统,让客户头戴 VR 设备跟随虚拟导游进行旅游导览,了解景点的历史、文化和故事。这种虚拟导游和讲解系统可以提供更加生动和互动的旅游体验,让用户更好地了解和欣赏旅游目的地,开展虚拟展览和体验活动。用户可以参观虚拟的博物馆、艺术展览等,体验不同的文化和艺术形式。从而打破时间和空间的限制,让用户随时随地都能参与到文化和艺术的世界中。可以通过 VR 设备,用户可以体验酒店客房、旅游设施等,了解实际的住宿和体验感受。帮助用户做出更好的选择,提高用户的满意度和预订转化率。

通过应用虚拟现实和增强现实技术,旅行社可以提升用户的旅游体验和推广效果,吸引更多的用户和提升品牌形象。旅行社需要关注技术的发展和用户需求的变化,不断创新和优化虚拟现实和增强现实技术应用,以适应市场的不断变化。

5. 提供个性化定制服务

旅行社可以通过问卷调查、面谈或大数据分析等方式,了解客户的偏好、兴趣、预算和时间限制等信息。这有助于旅行社更好地理解客户的需求,为其提供个性化的旅行方案。针对每一个旅游团配备专业的旅行顾问团队。顾问团队需具备丰富的旅行经验和目的地知识,他们与客户进行深入的沟通,根据客户的需求和偏好,为其提供个性化旅行建议和推荐,为其量身定制旅行行程,包括选择合适的目的地、交通方式、酒店住宿、景点游览、餐饮安排等,以满足客户的个性化需求。在设计旅游活动中,为客户提供特色的活动和体验,如私人导游、特殊场馆参观、当地文化体验等。根据客户的兴趣和偏好进行定制,使旅行更加独特和难忘。旅游活动开始后,旅行社通过在线聊天、电话、电子邮件等方式,与客户保持实时沟通和支持。及时解答客户的问题、提供帮助,并根据客户的反馈进行调整和改进。旅游活动结束后,旅行社对客户进行回访,了解客户的满意度和反馈。同时,旅行社可以通过定期发送旅行资讯、优惠活动等方式,与客户保持联系,建立长期的合作关系。

旅行社提供个性化定制服务,满足客户的独特需求,提供独一无二的旅行体验。不仅可以增加客户的满意度和忠诚度,也有助于旅行社在市场中树立良好的口碑,增加竞争优势。

6. 数字化人才培养和技术创新

具有数字化技能和创新能力的人才是旅行社进行数字化转型的关键。旅行社可以招聘具有数字化技术和创新思维的人才。招聘过程中,注重候选人的技术背景、项目经验和创新能力。为员工提供培训计划,帮助员工提升数字化技能和了解最新的科技趋势。鼓励员工参加外部的培训和学习活动，如行业研讨会、技术培训课程等，让员工了解最新的技术趋势和行业动态，提升数字化技能和创新能力。在企业文化上，旅行社应提倡开放、包容的创新文化，鼓励员工参与创新项目和团队合作。设立奖励机制，激励员工积极参与创新活动。与科技公司、创新企业建立合作关系，共同开展技术创新项目。通过与技术伙伴的合作，旅行社可以获得专业的技术支持和创新资源，推动数字化转型和技术创新。

三、计调业务数字化管理

计调业务数字化管理是指利用数字技术和信息系统来进行旅行计划和行程安排的管理工作。计调数字化管理的内容和优势如下：

1. 行程规划和安排更高效

计调利用数字化工具进行行程规划和安排可以提高效率和准确性，提供更高效和个性化的服务。使用旅行规划平台，如专业的旅行信息管理系统（ERP 系统等）或在线旅行规划工具，计调可以来整合和管理客户的行程信息；这些平台可以帮助旅行社记录客户的偏好、预算、时间限制等要求，并根据这些信息生成个性化的行程方案。通过大数据和人工智能技术，分析客户的历史行程、偏好和反馈，计调可以推荐符合客户兴趣的目的地、活动和餐厅等，提供更贴合客户需求的行程规划和安排。将供应商和资源商等合作伙伴纳入旅行信息管理系统中，实现实时共享相关数据，计调可以快速查询和比较不同供应商的价格、可用性和政策，并为客户预订最合适的航班、酒店和租车服务等。利用即时通信工具，如微信、ERP 系统等社交媒体平台，与客户在线聊天，及时解答客户的问题、提供帮助，并根据客户的需求进行调整和改进行程安排。计调可以利用在 ERP 系统等平台上建立实时评价和反馈系统，收集客户对行程的评价和反馈，了解客户的满意度和需求，及时调整和改进行程规划和安排，提供更好的服务体验。

通过数字化工具，计调可以提高行程规划和安排的效率和准确性，同时提供更加个性化和满足客户需求的服务，这将增强客户的满意度和忠诚度，提升旅行社的竞争力和市场地位。

2. 提高供应商管理效率

利用数字技术帮助计调更好地管理供应商，提高合作效率和质量。通过使用数字化平台，计调可以集中管理供应商的信息，包括联系信息、合作协议、产品和服务信息等，方便查找和更新供应商信息，并确保及时与供应商进行沟通和合作。在数字化平台上，计调与供应商进行在线交流、报价和采购，提高采购效率，减少人工操作和错误，并实现供应商和旅行社之间的实时数据交换。利用数据分析工具，计调可以对供应商的绩效进行评估和分析。通过收集和分析供应商的数据，如预订准确率、服务质量、客户满意度等指标，更好地了解供应商的表现，并作出相应的决策和调整。通过数字化平台，计调一方面可以与供应商共享信息、协调合作和解决问题，提高沟通效率，减少误解和纠纷，并促进供应商和旅行社之间的合作和共同发展。另一方面还可以对供应商的服务进行实时监控和反馈。通过监控供应商的服务质量、服务传递情况等指标，可以及时发现问题并与供应商进行沟通和解决。通过评价记录的交易数据，建立供应商绩效评估体系，定期对供应商进行评估和排名。通过评估供应商的绩效，识别出表现优秀的供应商，并与其加强合作，同时也可以发现存在问题的供应商,采取相应的措施。

3. 预算和成本控制

计调可以利用数字化工具和方法进行预算和成本控制。数字化管理平台让计调随时查询旅游团的支出、收入情况和财务报表。通过设定预算目标、设定预算限制、自动化支出审批流程等,计调在数字化平台记录和管理费用信息,及时更新费用数据,并与预算进行对比和分析,及时采取调整措施。利用数据分析工具和实时报告功能,计调实时监控和分析预算和成本情况,及时发现问题,并采取相应的措施进行调整和控制。在数字化平台上,计调可以更好地管理供应商和费用,通过与供应商进行在线交流、报价和采购,并通过系统记录和管理费用信息,提高采购效率和成本控制能力。

通过利用数字化工具和方法进行预算和成本控制,旅行社可以提高财务管理效率和准确性,降低成本,提高盈利能力。有助于旅行社实现可持续发展,提供更具竞争力的产品和服务。

4. 文档和文件管理

数字化管理工具可以提高文件的组织性、可访问性和安全性,帮助计调人员提高文档和文件管理效率。旅行社采用云存储服务将文件存储在云端,实现文件的在线访问和共享,同时减少对本地存储设备的依赖。在数字化平台上,计调对文件进行分类、标记、版本控制等管理操作,方便查找、共享和更新文件。使用扫描仪或手机应用程序将纸质文件转换为电子文件,然后将这些电子文件存储在云端或文档管理系统中,方便管理和访问。对于敏感文件,旅行社可以设置权限,限制文件的访问和编辑权限;同时,可以设置共享链接或邀请特定人员进行文件共享,确保文件的安全性和隐私性。定期进行文件备份,确保文件的安全性和可恢复性。使用云备份服务或本地备份设备,将文件备份到不同的地点,以防数据丢失或损坏。

5. 实时协作和沟通

数字化管理工具可以促进计调人员之间以及计调与其他合作部门之间的实时协作和沟通。通过使用数字化系统软件、即时通信工具等,方便快速地共享信息、讨论问题、协调工作,提高工作效率和团队合作能力。使用协作工具,计调可以实现多人协同编辑和评论文件,方便团队成员之间的合作和反馈,提高工作效率。

6. 数据分析和报告生成

计调人员可以利用数据分析工具对旅行数据进行深入分析,从而获取有价值的洞察和趋势。利用数据分析工具和报表生成软件,对旅行数据进行分析和统计,生成报告和图表,为决策提供依据和参考。利用数据可视化技术,计调人员可以将复杂的数据转化为直观易懂的图表和图形,帮助团队成员更好地理解和利用数据。

通过数字化管理,计调人员可以提高工作效率、降低错误率、提升服务质量,并更好地应对旅行行业的挑战和变化。同时,数字化管理也可以提供更好的数据支持和决策依据,帮助旅行社进行业务优化和创新。

第二节 计调业务数字化平台操作流程

计调岗位是一个既需要从整体上进行统筹规划又需要在细节上谨慎操作的既繁杂又细心的工作岗位，计调员借助旅行社管理信息系统（ERP系统）可以高效地完成以下工作任务：行程设计、产品管理、产品报价、制订收客计划、供应商管理、旅游团调度管理、对账审核、导游管理等。以下以散客组团为例，讲述旅行社计调在ERP平台上的主要操作内容。

一、产品管理操作

计调在ERP平台上的产品管理操作包括产品分类、添加标签、产品特色提炼、行程信息管理、上架下架管理、制作宣传海报、销售渠道管理和促销管理等内容。

（一）新产品上传平台

旅行社设计新的旅游产品并将新产品上传数字平台，操作步骤为计调—组团自营操作—散客—散客产品管理—新增产品。打开新增产品的页面，在新增产品页面，按照ERP系统设定的流程一步步填写相应信息，即可以将新产品上传到数字化平台上来。

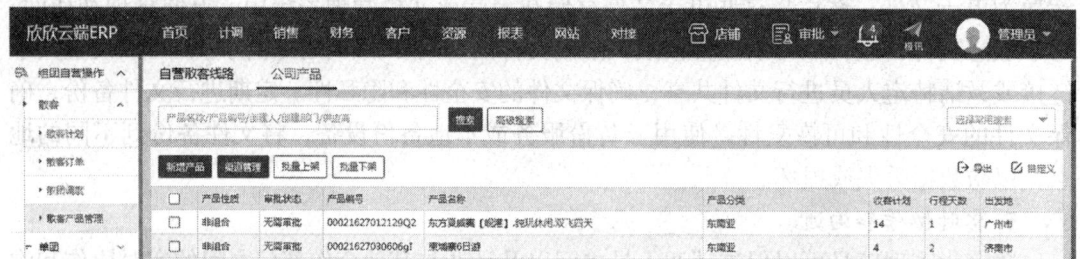

1. 基本信息填写

填写产品的基本信息，包括产品分类、产品编号、产品名称、副标题、产品标签、出发地、目的地、产品亮点、产品图片、产品介绍和交通说明等信息。

【产品分类】在设置中已经设置好了产品的类别,在这里只要点击下拉链选择即可,系统默认三个界定词来界定产品类别。可以选择不限,系统将默认是全国。如果旅行社觉得有必要采用其他的分类方式,可以点击"没有分类、点击新增"按钮,系统会转往产品分类设置页面,在此页面增加新的分类方法和界定词即可。

【产品编号】是旅行社为了便于管理、汇总和统计而设计的,由数字和字母组成。

【产品名称】对于旅行社来讲,一个好的产品名称能激发旅游消费者的好奇心和旅行欲望。产品命名时要简短易记,便于用户记忆和口口相传;名称应具有一定的吸引力,能够反映出旅游目的地或旅游产品的独特卖点和特色。考虑目标客户群体的偏好和兴趣,能够唤起潜在消费者的情感联结,具有创新性和独特性,从而使产品在市场竞争中脱颖而出,激发潜在消费者的兴趣。

【副标题】对产品名称进一步解释或补充,说明本产品的亮点或其他旅游信息。

【全局标签】在设置中已经设置了全局标签,点击下拉链,选择需要的全局标签即可,如果没有合适的全局标签,点击"没有标签,点击新增"按钮,返回设置页面增加设置。系统默认可以添加5个全局标签。

【品类标签】与全局标签的添加完全一样,添加品类标签是为了区分旅游产品,便于旅行社进行统计管理和用户选择购买,如产品品类标签设定为"研学""亲子"。

【出发地】可以发团的客源地,系统最多可以添加13个。

【目的地】该产品旅游活动到达的旅游目的地,系统最多可以添加13个。

【产品亮点】旅行社在推出新产品或者产品竞争白热化的时候,一个鲜明的亮点往往能够让产品快速打开局面,在消费者心中占据一席之地。旅游产品的亮点包含两大因素:差异化和优势。有效的亮点能够有效地区隔竞争,竞争对手做不到或做不好的,也可以是竞争对手还没有宣传出来的,如果旅行社能够率先提出来,这样就很容易获取游客信赖;旅行社提出的亮点必须是旅行社可以做到的,能够发挥旅行社优势的内容,而不是为了吸引旅游消费者华而不实,甚至虚假宣传。并且这个亮点必须能让旅游消费者感到眼前一亮,迎合目标客户旅游消费需求。

【产品图片】为旅游产品添加的图片。由于旅游产品无形性的特点,看不见摸不着,产品图片就显得尤为重要。旅游者在查询旅游产品时,无法亲眼看到实物,只能通过相关的文字描述、图片信息判断旅游产品是否值得购买。所以旅行社需要耗费大量精力在产品展示上,通过清晰、精准的照片和走心的文献信息来说服消费者。

ERP系统提供从本地电脑上传图片(点击"上传图片")和图库选择图片(点击"从图库选择"),采用哪种方式,可以从设置页面进行设置。行程中缺少产品图片,就会减少游客的主观感受体验,降低产品的吸引力。

【产品介绍】对旅游产品进行总体的介绍,可以从吃、住、行、游、购、娱六大要素向游客展示本次旅游活动的内容。本例中缺乏产品介绍,如果后面的行程介绍比较详细,产品介绍可以作为选填的项目。但如果产品行程介绍不能全面地展示产品的价值,还应增加产品介绍。

2. 交通信息填写

在交通说明这一项里,选择去程交通和返程交通的情况,如果选择飞机选项,填写参考航班情况。

交通说明

去程交通： ◉无 ○飞机 ○汽车 ○动车 ○火车 ○高铁 ○轮船

返程交通： ◉无 ○飞机 ○汽车 ○动车 ○火车 ○高铁 ○轮船

参考航班： 参考航班

0/1000

3. 行程信息填写

行程信息填写ERP系统提供了三种方式：标准行程、自定义行程和模板导入。其中模板导入需要先下载模板，按照模板的要求填写完整后，点击"导入标准行程"即可。如果选择标准行程方式，需按照行程日期的先后顺序一一填写下面的内容。

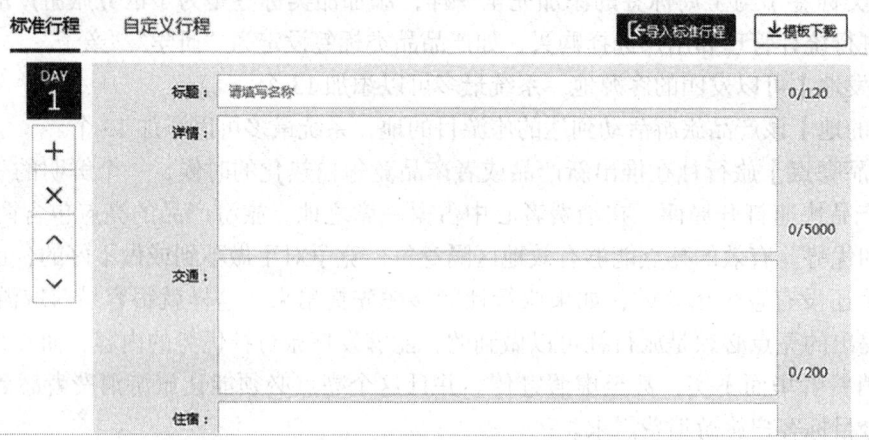

【标题】填写当日旅游活动的标题。每日活动的标题要与主标题相呼应，把主标题烘托出来，营造某些场景，让游客留下深刻印象。如一个济泰区四日游的旅游产品，主题是"我自立、我自强——中华成人之旅"。第一天的行程标题是"家事一日"，第二天的行程标题是"国学一日"，第三天的行程标题是"攀登一日"，第四天的行程标题是"奉献一日"。四天的行程内容层层递进，烘托了主题。

【详情】填写每日的旅游活动内容，按照当日活动的先后顺序进行组织。

【交通】填写当日的交通信息。

【住宿】填写当日的住宿信息。

【用餐】对当日的早中晚餐进行勾选，在必要的情况下填写备注。

【景点】填写当日游览参观的景点信息。

【购物点】填写当日购物点的信息。

【自费项】填写当日参加的自费项目信息及收费情况。

【产品图片】上传当日活动的图片。

【到达城市】搜索并选择当日旅游活动目的地,选择是否过境和是否过夜。如果到达的旅游目的地不止一个,可以点击"新增"按钮。

需要增加一天行程,点击行程"+"号,就会增加一天行程。如果减少一天行程,点击"×",如将本日行程上移,点击"∧",下移则点击"∨"。

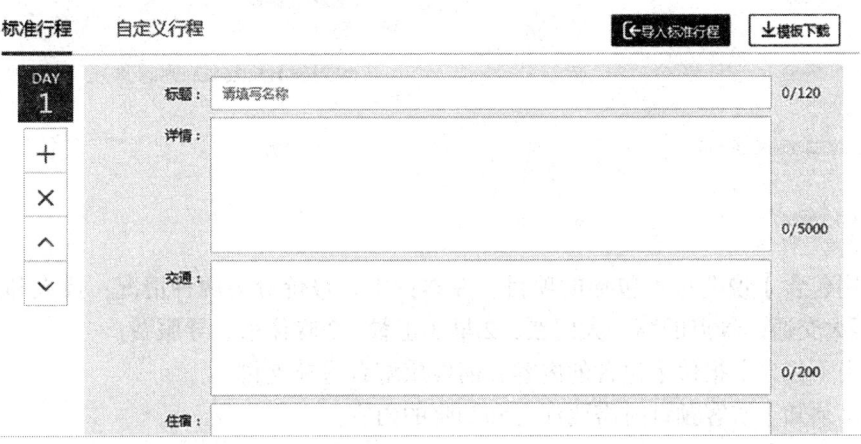

4. 购物与自费项目的填写

为了丰富旅游行程的内容,降低产品的直观价格,旅行社会安排一些购物和自费项目。ERP 系统提供填写购物与自费项目的标题、停留时间、参考价格(价格说明)和购物信息的详情。但应强调自费参加,不强制消费。

5. 其他说明

【费用包含】说明报价包括的项目。在本例中，报价分为两种情况：成人和儿童。价格包含了大交通、景点的第一大门票、2早3正餐、2晚住宿、导服费。

【费用不包含】报价不包含的内容，需要旅游者另外支付。

【预订须知】游客预订时需要注意和知晓的内容。

【温馨提示】对于旅游过程中可能发生的情况提示游客需要关注的内容。

【退改规则】讲明游客退改行程需要承担的责任及费用、退改的方式等。游客由于各种原因不能按照合同约定参加旅游活动，属于合同违约行为。游客需要在旅游活动开始前通知旅行社解除合同。但旅行社已经为办理本次旅游支出的必要费用由游客承担，且按照合同约定的标准支付违约金。

【签证信息】有关出境旅游目的地国家签证的有关规定。

【报名材料】游客参加旅游活动需要提交的材料，如国际护照、出入境证、身份证等。

【保险信息】游客为本次旅游活动购买的保险信息。

【其他信息】除上述内容外未尽的事项。

其他说明的内容每个旅游产品的差别不大，可以直接导入模板以提高效率。编辑的内容如果可以应用于其他旅游产品，则可以保存模板。

6. 服务标准

服务标准是指提供产品的规格，按照食、住、行、游、购、娱六大要素将可以标准化的指标填入 ERP 系统。如住宿标准是挂牌四星级酒店，用餐标准为每人每天 100 元餐标等。

7. 其他

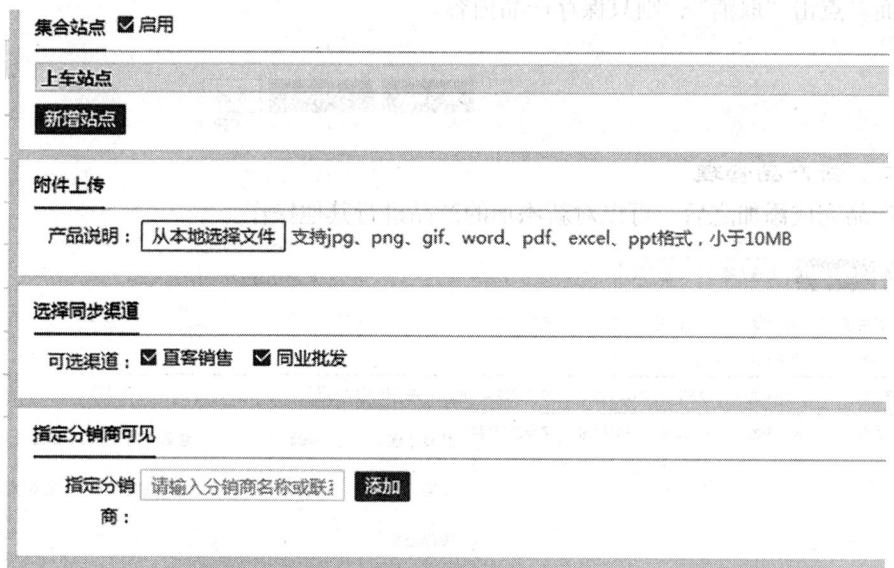

【集合站点】系统支持在线路中添加该线路涉及的集合站点名称，以便报名时选择集合点。

【附件上传】系统支持上传原版本的行程文件及产品海报，销售端可以直接下载。

【选择同步渠道】选择销售渠道方式，可选渠道包括直客销售与同行销售。

【指定分销商可见】选择产品销售的分销商。旅行社对分销商的政策不同，某些产品只针对某些分销商，或者某些活动只针对某些分销商有效。如双十一产品促销只针对北京市场，就可以指定北京分销商可见。

如果是编辑好的文案，也可以选择自定义行程。但自定义行程如果没有编辑好，文本则比较乱，不如标准的行程设计。

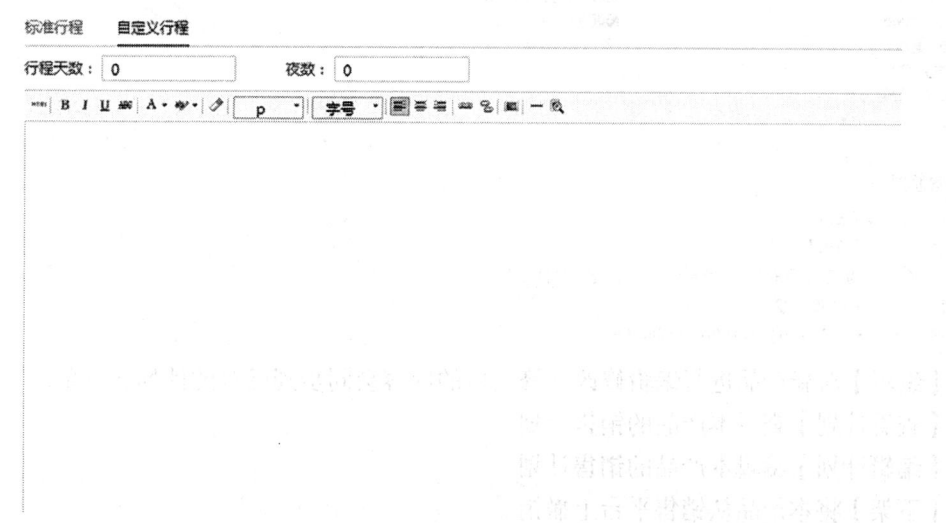

行程编辑过程中和编辑结束，点击"存为草稿"，则将当前编辑的内容保存。编辑完

成后，点击"完成并保存"，系统会询问"是否要新增计划"，点击"确定"则进入发布计划页面。点击"取消"，则只保存产品内容。

（二）新产品管理

新产品完成添加之后，可以对新添加的产品进行其他操作。

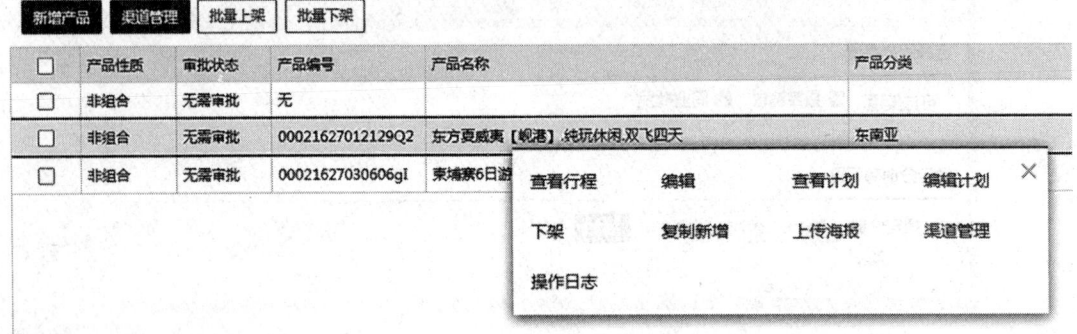

【查看行程】点击可以查看新产品的行程内容。

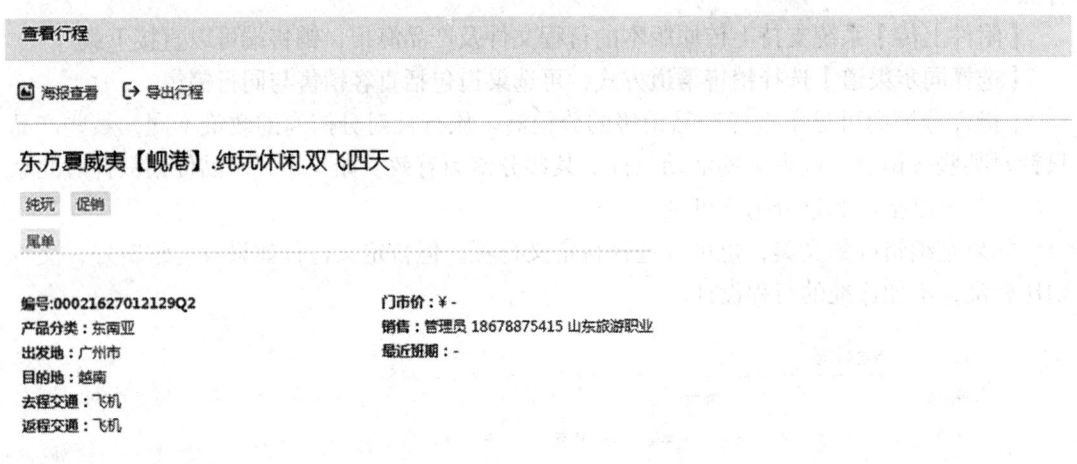

【编辑】对新产品进行编辑修改，修改后的内容会同步到已有的计划和订单。

【查看计划】查看本产品的销售计划。

【编辑计划】编辑本产品的销售计划。

【下架】将本产品从销售平台上撤销。

【复制新增】将该产品进行复制，在此基础上进行修改，新增一个新的旅游产品。

【操作日志】点击查看对本产品进行操作的内容、操作人和操作时间。

【渠道管理】ERP 系统提供两类销售渠道，直接销售渠道（直客销售）和间接销售渠道（同行批发），计调根据产品销售需求进行勾选。

【上传海报】上传本产品的宣传海报。

二、组团计划信息管理

新增产品完成之后，接下来是确定旅游团出团计划，以便进行收客。有三种方法进行组团计划的编辑，第一种方法是上文提到的新增产品编辑完成点击保存，系统会提示"是否要新增计划"，点击"确定"则进入发布信息页面，点击"取消"则只保存产品；第二种方法是在"散客产品管理"列表中点击要编辑的旅游产品，选择"编辑计划"，系统进入组团编辑页面；第三种方法在"散客计划"列表中点击新增计划，在弹出的页面中选择需要编辑出团计划的旅游产品，系统进入出团计划编辑页面。

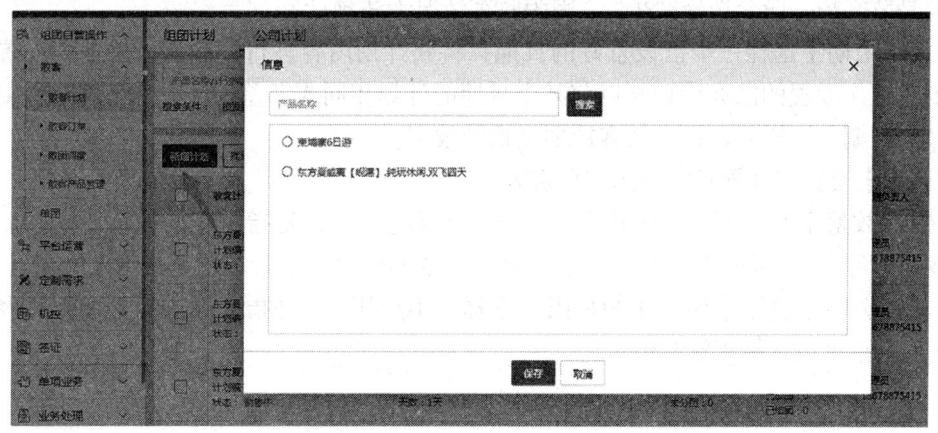

（一）日期选择

在日历表上选择计划旅游团成团的日期。

（二）基本信息

基础信息

铁发：⊙ 否　○ 是

复制团期：选择团期 ▼

团控：管理员

库存：○ 不限库存　⊙ 固定库存

库存数量：20

车辆选座：⊙ 不启用　○ 启用

【铁发】铁发是指是否一定会发团，如果选择"是"，在日期的右上角会有一个"铁"字。但是散客团一般会选择"否"，因为收客情况无法预计。

【复制团期】选择一个已设置好的日期，将其计划内容进行复制。如果前期设置过散客计划，这次设置的散客计划与以前某个日期的计划相同或者差别不大，可以选择复制以前的某个日期，这样可以提高散客计划编辑的效率。

【团控】设置该计划对应的团控负责人。

【库存数量】设置该计划的库存，选择"不限库存"，是指收客的数量不受限制。选择"固定库存"，则需要填写固定库存的数量，表示收客的数量不能超过这个数量。

【车辆选座】设置车辆选座的权限。选择"不启用"，是指无法进行选座；选择"启用"，则是指可以选择车辆座位。

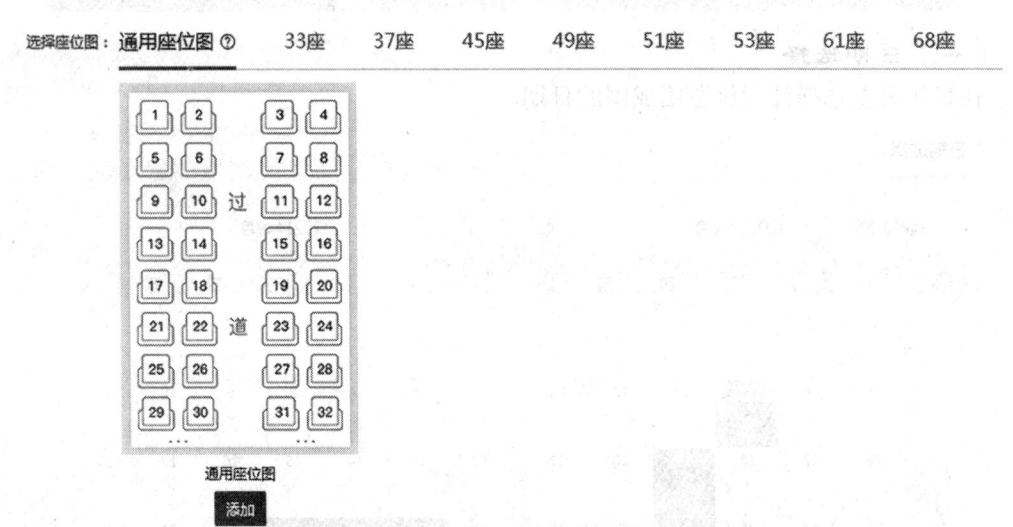

（三）下单规则设置

制定下单规则。

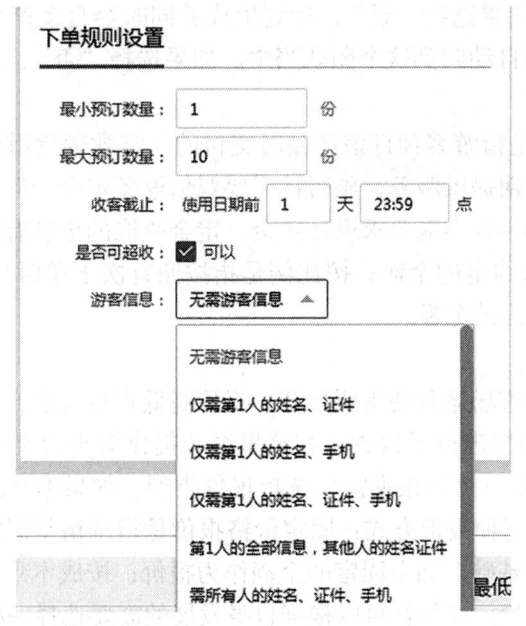

【最小预订数量】设置最小预订数量，如最少10人成团，则最小预订数量就是10。

【最大预订数量】最大预订数量是指下一个订单，该订单最多预订多少数量。如果设为50，这个订单最多订50个，不能超过50个。

【收客截止】设置收客截止时间，超过这个时间，则无法收客。

【是否可超收】勾选"可以"，则是指收客数量可以超出最大预订量。

【游客信息】设置报名下单时是否需要填写游客信息。如选择"仅需第1人的姓名、证件"，游客如果是一个家庭报名参团，只需要登记一个人的姓名和证件即可。

（四）订单处理规则

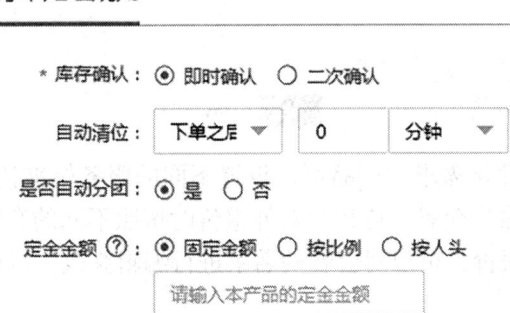

【库存确认】是指订单下来之后是否还需要员工确认库存是否足够可以接单，有两个选项：若选择"即时确认"，表示无须员工确认库存；若选择"二次确认"，要求员工在下单后的设定时间内再次确认，没有再次确认的订单会被自动清位。

【自动清位】如果在"库存确认"时，选择了"二次确认"选项，需要设置再次确认的最终期限，如果订单是占位订单，在最终期限内没有进行二次确认，订单没有从占位状态转化为已售订单，则会被自动清位。

【是否自动分团】如果选择"是",计划生成的同时会自动产生一个空团。后面在该计划中的所有订单都会自动归到这个团队当中。如果选择"否",该计划下所有订单都需要进行手工分团操作。

【定金金额】定金是指游客预订该产品时交付的一定数额货币作为担保。如果旅行社不能按照合同约定的时期提供服务,旅行社需要双倍返还定金。但如果游客没有在约定时期完成约定的事项,游客就不能要求返还定金。定金收取的金额有三种计算方式:固定金额是指每订单固定收取约定的金额;按比例是指按照首次下单时订单总额的百分比收取;按人头是指每人收取固定的金额。

(五)报价

报价管理是旅行社市场运营的重要环节,报价高低直接决定产品需求状况。在前面的设置中,已经对报价类型进行了设置,在这里系统提供对报价类型重新进行编辑。进行"编辑报价类型"时,旅行社可根据需要选择报价类型,如果本产品不适合老人,就不勾选"老人"。系统提供三种报价方式:固定价格报价是指价格是固定的,一口价;按成本加价是指在产品成本的基础上加上固定的金额作为报价;按成本乘系数是指按照成本多少乘以固定的系数作为报价。旅行社可以根据自身发展的需要选择一种报价方式。

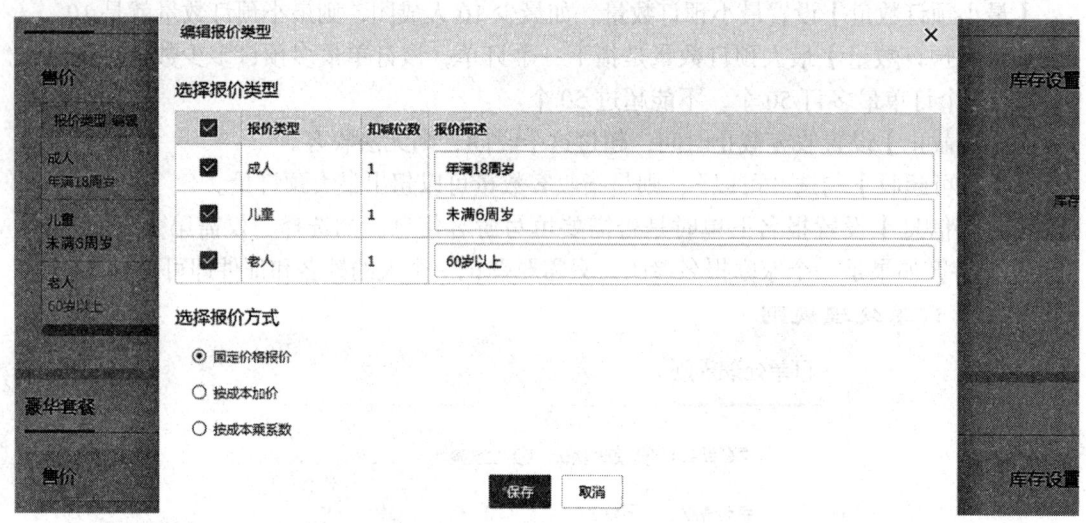

为了满足消费者个性化需求,产品可以设置不同的服务标准让游客选择。如套餐A、套餐B或者标准套餐、豪华套餐。旅行社对外报价时按照不同的套餐类型进行报价,系统提供了不同套餐类型的报价,可以对套餐的名字进行编辑修改,可以新增套餐类型,也可以删除套餐类型。

【预估成本/最低售价】此处预估成本只是标识作用，不会产生真正的成本。
【库存设置】设定每种套餐库存数量。

(六) 其他费用

如果计划有团费外的其他费用让游客选择下单，可以新增项目。

三、旅游团订单管理

完成产品计划后，就可以收客、报名下单。点击散客订单选项，可以查看某产品的收客情况。

（一）报名下单

点击报名下单，系统打开报名下单的页面。选择游客报名下单的团期和套餐，点击确定。

（二）填写订单信息

1. 客户类型

系统默认客户分为两类，一类是同行客户，一类是直客。同行客户是指通过客源地旅行社渠道收上的游客。直客是指旅行社通过销售产品直接获得的游客。

2. 收客信息

填写本订单的销售人员、报名时间、收客渠道、开源地等信息。这些信息最终汇总成大数据，帮助旅行社了解消费者。同时，计算销售员或其他销售人员的销售业绩，以便计算佣金和进行销售管理。

第八章 | 计调业务数字化管理操作实务

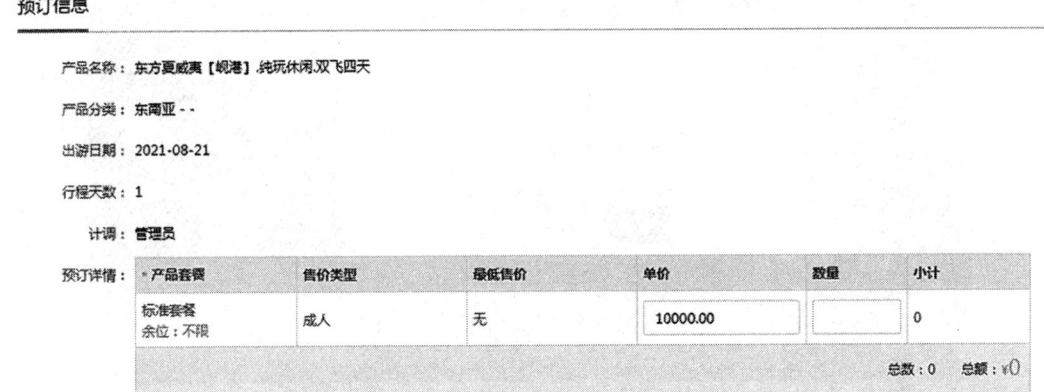

3. 预订信息

有关预订的本产品的信息，包括产品名称、出发日期、行程天数、团控计调和预订套餐的详细情况。如果本订单有特殊情况，需要修改定价价格，可以在这里直接修改客单价。

4. 备注信息

如果有特别说明的情况，填写在订单备注里。内部备注是指仅内部账号可以看见的备注信息，比如：这个客户是VIP贵宾，请务必仔细接待；分销商备注是指备注的信息分销商账号可以看到，比如：此客户为优质客户，提成佣金增加10%；供应商备注是指备注信息供应商账号可以看到，如果客户是回族，务必提供清真餐食。

5. 游客名单

填写有关游客的信息。游客名单按照计划要求是否必填,名单支持使用模板导入,也可使用文本识别进行录入或手动输入。

如果选择模板导入,点击"导入名单",系统提供下载名单模板,按照模板的要求填入游客信息后,进行保存。然后返回"导入名单",点击"从本地选择文件",把刚才保存的文件上传即可。

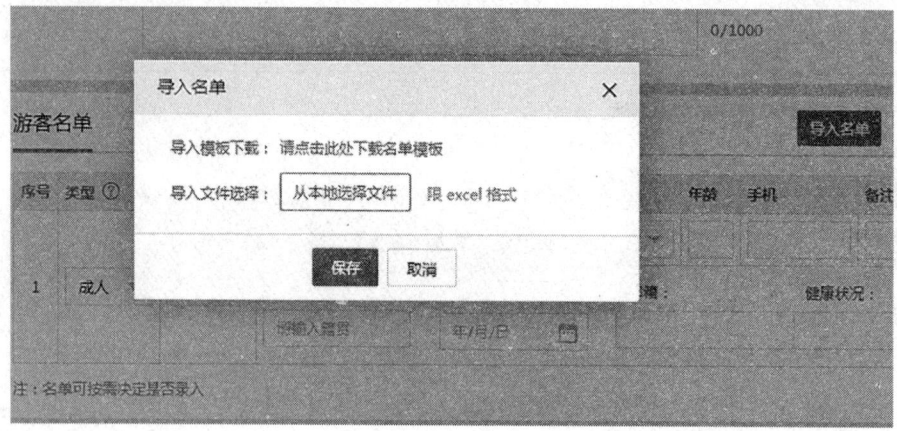

如果选择文本识别,点击"文本识别",输入名单内容。一个客人一行,每行的不同信息用空格隔开。目前,系统可以通过身份证号自动识别性别、生日,也可以识别大多数国家的护照,如果不能识别的身份证号和护照号码,系统会自动选择类型为其他,这时需要手动去选择类型。

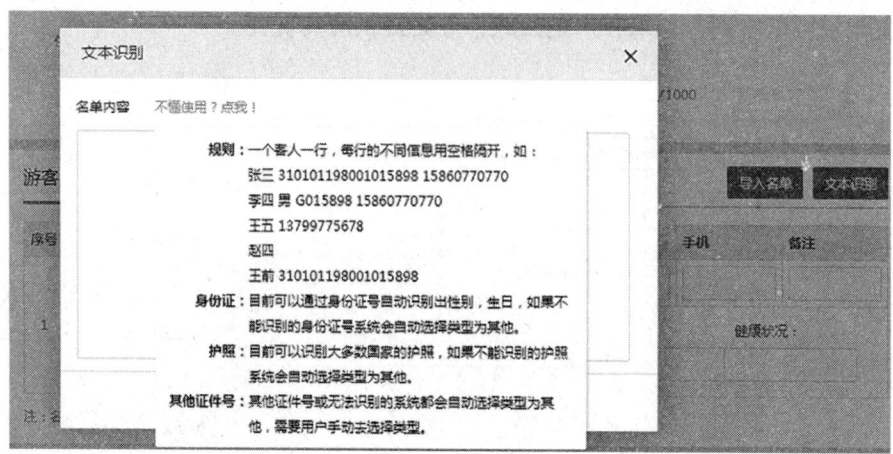

（三）其他操作

点击"散客订单"，可以看到所有组团自营散客订单，也可以点击某一个订单，点击"查看订单"查看本订单详情。

在查看订单详情页面中，对本订单进行其他操作。

【收款】可以对本订单发起收款。

【订单操作】对本订单进行操作，包括转地接、订单转团、取消订单、锁定订单，被锁定的订单应收应付不能修改，但可以继续发起收款申请。

【修改订单信息】对本订单信息进行修改，包括修改对方单号、修改销售员、修改客户信息、修改客源地、修改收客渠道、修改集合站点、增加预订数量、修改订单备注。

【新增成本】本订单新增的其他成本，包括其他成本、批量新增成本。

【新增合同】对本订单发起合同。

【投保】对本清单发起投保。

【订单档案】关于本订单的档案，包括发送给负责人的团队确认件、结算单和发给游客的出团通知书、收据。

【申请开票】向财务发出开具发票的申请。

【附件管理】上传和删除相关的附件。

【操作日志】对每项操作的记录。

四、旅游团调度管理

点击"散团调度"菜单,在完成的订单上点击"申报成团"。

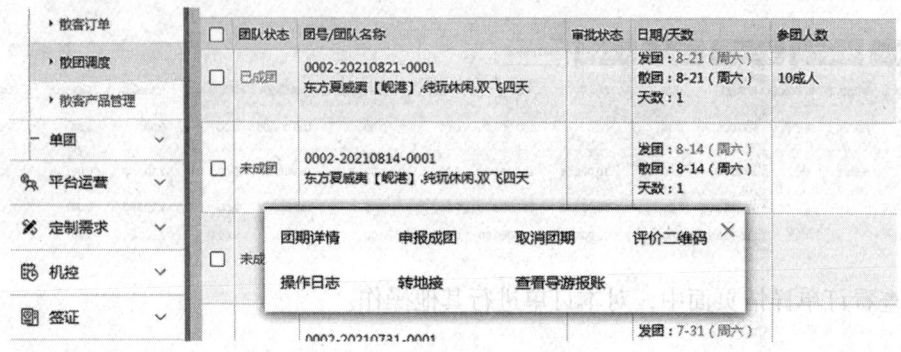

在已成团的订单上点击"团期详情",对该团队进行操作。

【修改团队信息】可以修改团号、团控、接团时间、送团时间、接团地点、送团地点、接团安排、送团安排、团队备注。

【新增成本】添加新增加的成本。

【新增其他收入】添加新增的收入。

【行程详情】点击查看行程详情。

【团队档案】有关本团的档案文件:发给经销商的团队确认件和结算单;发送给游客的出团通知书;发送给导游的导游派团单;内部存档的团队账单和导游报账单。

【转地接】将该团信息转发给负责接待的旅行社。

【派导游】如果该团有全陪或领队,点击填写选派的导游或领队的信息。

【操作日志】查看操作的痕迹。

【12301对接】对该团申请报审。点击进入补充填写相关的信息,然后"发起报审"。

【更新订单毛利】由于新增成本和新增收入的影响,点击更新订单毛利。

【投保】对旅游团的游客进行投保旅游意外险。

第三节 计调业务数字化管理的流程与技巧

一、计调业务数字化管理的流程

计调员进行数字化管理首先需要合适的数字化管理系统。将计调业务流程进行数字化上传系统，并在系统上汇集成大数据。通过数字化分析工具进行有效分析，将分析结果应用到具体的业务中，可以提高计调员决策的准确性，进而提高旅行社的经济效益。

1. 系统选择和实施

选择合适的数字化管理系统是计调业务数字化管理的基础之一，它直接影响到旅行社的运营效率和服务质量。系统实施包括购买、定制或开发、部署等步骤，需要确保系统能够满足旅行社的业务需求，并能够顺利地与团队成员进行交互。系统实施过程中可能会遇到各种挑战，如技术难题、人员培训等，需要有明确的解决方案来应对这些挑战。

2. 数据收集和整理

数据收集是计调业务数字化管理的重要内容，通过收集和整理与业务相关的数据，可以为后续的自动化流程设计和决策提供支持。数据收集可以包括手动输入、数据导入或与其他系统的数据集成，与计调相关的数据包括行程信息、供应商信息、预算数据等，整理方法可以根据需求进行分类、筛选和分析，以便更好地应用于业务流程中。在数据收集和整理过程中，需要确保数据的准确性和完整性，可以通过验证、校对和备份等措施来避免数据错误和丢失。

3. 自动化流程设计

自动化流程设计是计调业务数字化管理的重要内容，它能够提高工作效率和准确性，确保业务流程的顺畅运行。根据计调业务的流程和需求，设计自动化的流程和规则，可以实现行程规划和供应商选择的自动化，减少人工干预，提高决策的准确性和效率。自动化流程设计还可以应用于预算控制和报价合同管理，通过系统自动计算和生成报价，提高报价的准确性和及时性。

4. 针对系统的培训和应用

对计调团队进行系统功能和操作流程的培训，确保团队成员能够熟练使用数字化管理系统。通过模拟实际业务场景，让团队成员在系统中进行行程规划、供应商管理等操作，提高系统的实际应用能力。对团队成员在使用系统过程中的表现进行评估，收集用户和团队成员的反馈意见，以便进行后续的系统优化和改进。

5. 数据分析和决策支持

通过收集和分析计调业务数据，可以了解市场趋势、客户需求和业务绩效，从而为决策提供有力的支持。数据分析还可以帮助企业深入了解客户偏好和需求，从而优化企业的产品和服务，提高业务竞争力。通过监控和分析计调业务的运营情况，可以及时发现问题并采取相应的优化措施，提高运营效率和质量。

6. 运营监控和优化

运营监控是计调业务数字化管理中不可或缺的环节，通过实时监测行程执行情况、供应商绩效和成本控制等关键指标，可以及时发现问题并采取相应措施。基于运营监控的结果，制定相应的优化策略，包括改进行程规划、提升供应商管理效率和降低成本等，确保运营效率和质量的提升。定期收集用户和团队成员的反馈意见，了解系统的使用体验和改进需求，根据反馈意见进行系统的改进和优化，以提升用户满意度和系统的适应性。

7. 反馈和改进

通过各种渠道，如问卷调查、在线评价等，定期收集和整理用户的反馈信息，了解他们对旅游产品的感受和建议。利用收集到的数据进行分析，了解市场趋势、客户需求和业务绩效，为旅行社的决策提供依据，优化产品和服务。建立持续改进机制，定期评估系统效果，不断优化流程，以适应旅行社业务的变化和发展。

以上流程是一个基本的框架，实际的计调数字化管理流程可能会因旅行社的规模、业务模式和需求的不同而有所区别。旅行社可以根据自身情况进行调整和优化，以实现更高效的计调业务数字化管理。

二、计调业务信息管理技巧

（一）提炼旅游活动主题

旅游主题的提炼对于旅游产品的成功非常重要，一个吸引人的主题能够吸引目标客户的关注，增加产品的吸引力和竞争力。旅游主题的提炼可以突出产品的独特特色和卖点，使其与其他竞争对手区分开来。一个独特的主题能够给客户留下深刻的印象，提高产品的辨识度和品牌价值。旅游主题可以为客户提供个性化的旅行体验，不同的主题可以满足不同客户的兴趣和需求，使他们能够找到符合自己喜好的旅游产品，增加客户的满意度和忠诚度。旅行社通过提供与众不同的旅行体验和独特的主题，可以在市场中脱颖而出，吸引更多客户的关注，激发客户的购买意愿，从而增加销售量和盈利能力。

旅行社在提炼主题时，应考虑旅游目的地的特色、目标市场的需求、旅游产品的定位以及竞争对手情况。同时，注重主题的创新性和独特性，以吸引游客并提供独特的旅游体验。

1. 目标市场分析

目标市场分析是确定旅游主题的一个关键步骤。包括了解目标市场的年龄、性别、收入水平、教育背景和旅游偏好，了解目标市场对旅游产品有哪些具体要求和期望，以及他们选择旅游产品的方式、旅游频率、旅游预算等行为特征。计调员要通过旅游网站和利用大数据技术获得尽可能多的市场信息，为提炼主题提供依据。

2. 分析目的地资源特征

要善于分析旅游目的地资源特征，考虑旅游目的地的特点和优势，包括自然景观、文化遗产、历史背景、活动和娱乐设施等。了解目的地的独特性和吸引力，以便将其作为确定产品主题的基础。

3. 进行产品定位

通过研究竞争对手的产品特点、市场策略以及优势和弱点，可以了解市场上已有的旅游主题，为产品定位提供参考。根据目标市场的需求和期望，计调员确定旅游产品在价格、品质和服务等方面的定位，以便满足不同客户群体的需求。寻找旅游产品的独特性和吸引力，将其作为产品主题的基础，并与竞争对手形成差异化，以吸引目标客户的关注和参与。

4. 建立故事叙述和情感连接

通过讲述旅行故事，可以引发目标客户的情感共鸣，增强他们对旅游产品的兴趣和参与度。强调旅行体验和情感价值，将旅游产品与目标客户的情感需求联系起来，建立起情感连接，提炼出能够触动客户情感的产品主题。在市场推广中，计调员通过精心设计的故事叙述和情感连接，提炼出能够触动客户情感的产品主题，使其成为品牌传播的核心内容。

5. 设计体验活动

根据产品主题，规划独特的旅行路线和活动，并将产品主题贯穿于整个旅行过程中，以提供独特的旅行体验。精心设计的导游讲解，将产品主题融入旅行过程中，增强游客对主题的理解和认同。结合目的地资源和产品主题，设计新颖有趣的活动内容，提升游客的参与度和满意度。

6. 市场推广

通过宣传材料、网站内容、社交媒体等渠道，传递产品主题的核心价值和吸引力，吸引目标客户的关注和参与。将产品主题融入品牌传播和市场推广活动中，以提升品牌形象和知名度，吸引更多潜在客户。利用社交媒体平台进行精准定位和推广，与客户建立互动和情感连接，增加产品的曝光度和销售机会。

通过以上步骤，旅行社计调员可以提炼出与目标市场需求和目的地特点相匹配的旅游产品主题，为产品的设计、推广和运营提供指导和依据。同时，旅行社要定期收集客户反馈和市场数据，了解产品主题的效果和市场反应；根据反馈意见和市场情况，进行产品主题的改进和优化，以提升产品的竞争力和市场表现。

➢ "计调事"分享

地中海旅游活动主题是怎样"炼成的"？

[事实] 旅行社要开发地中海塞浦路斯、埃及、迪拜等地的旅游产品，一时难以找到突破口。首先要寻找本产品和其他竞争产品之间有什么差异，这是定位的关键。旅游产品本身是有差异的，需要去发现、提炼和放大。旅行社的"地中海项目组"经过反复研究，发现本线路的差异化优势在于地中海游轮项目，而且是欧洲人游地中海经常选择的项目。地中海游轮项目本身是欧洲人（尤其是英国人）首选的休闲度假产品。作为中国的游客，很可能与50%的英国人和20%的德国人一起游。

但怎么进行创意思考呢？希腊是众神的国度，埃及是四大文明古国之一，充满了神秘，塞浦路斯可能有点陌生，但只要是说它是维纳斯诞生的地方，也是欧洲人的度假天堂，是极尽浪漫、狂野逍遥的地方，也是很有卖点。如果一提到地中海，游客会想到什么？可能会想到欧洲的国家，如英国、法国、意大利等，可能会想到关于海的神话，可能还会想到……但究竟用什么样的产品名称更吸引人，而且又贴切到位呢？这个名称要有时尚的感觉，因为这是高端人群享受的旅游产品，要高档有品位，一看就有大品牌的感觉。思考很多，如"文明盛宴地中海""活色生香地中海""我在地中海等你"等，最后还是选定了"地中海的味道"。

"地中海项目组"创意会上精彩纷呈，一位创意主力写了诗：《地中海的味道》，其正文如下：有一种味道，是可以触摸的。在蓝色的海风里，你可以亲吻维纳斯，这是爱的味道。有一种味道，是可以倾听的。在时光的隧道里，你可以呼唤雅典娜，这是神的味道。有一种味道，是可以观赏的。在古老的尼罗河畔，你深情注视埃及艳后，这是谜的味道。其实，这所有的味道，就是你朝思暮想的感觉，在你的心里，它已经足足等了一万年。这就是地中海的味道。

去欧洲的客人分成几类人，第一类是男性（单行），大多是以公务为主或公私结合，也有特立独行的；第二类是女性（单行），公务为主，但收入较高，家庭比较富裕；第三类是情侣，这类是文化品位格调较高，思想西化，追求爱琴海浪漫的情侣们。

针对男性团的名称是："征服·亚历山大的遗憾"地中海 GOLF 商旅冲动。产品突出高尔夫，引发想象确实是亚历山大征服了希腊、埃及、地中海，但他绝没有征服过地中海高尔夫的球场，所以说是亚历山大的遗憾，另外产品名称也不是普通的××几天团，而是以"GOLF 商旅冲动"为后缀，显得另类时尚新鲜感。

针对女性团的名称是："洗礼·维纳斯的羡慕"地中海 SPA 心旅冲动。这产品突出 SPA 概念，让女性去浮想联翩，去体验希腊古罗马柱下的地中海 SPA 的味道，接受这般神圣的洗礼。如果维纳斯在的话，她也会羡慕不已，后缀是"SPA 心旅冲动"，也是直击人心，撩人心动。

针对情侣的名称是："合欢·爱神的寂寞"地中海 LOVE 情旅冲动。有情人参加了"地中海的味道"两性团，完全沉浸在爱琴海无比的浪漫里合欢，连爱神也只能知趣地走开，闲来寂寞，后缀是"LOVE 情旅冲动"也是彰显"情与爱"的主题。

三个名称，一脉相承，成为"地中海的味道"系列产品。针对性别来分团也是地中海特殊的味道，有的人去这些地方喜欢私密行动，也会玩得更尽兴，放得更开，两个人去的话，也是柔情蜜意，浪漫到极致。旅行体验的乐趣很大程度是看和谁一块去玩。

[启示] 旅游活动主题的设计需要考虑消费者的需求、竞争者的竞品情况和旅游目的地的资源状况，精确进行产品定位，建立故事叙事和情感连接，助力游客提升旅游体验。

（二）提炼产品特色

确定旅游主题之后，接下来是提炼产品特色。产品特色要在旅游主题的统领下，突出旅游主题，它是对旅游主题的深化和具体化。提炼旅游产品特色时，可以考虑以下几个方面：

1. 旅游资源的特色

考虑旅游目的地（自然景观、文化遗产、历史背景、美食、活动等要素）的独特性和吸引力，挖掘目的地的特色，将其作为产品的特色之一。

2. 个性化的旅行体验

个性化的旅行体验能够满足客户对独特和个性化的需求，通过行程安排、活动内容、导游讲解等方式，提供与众不同的旅行感受和回忆。分析成功的个性化旅行体验案例，探讨如何结合特定主题、活动或节日，从为客户提供独特的体验和参与互动角度提炼产品特色。

3. 服务和品质保障

注重服务和品质的提升，从行程规划、导游服务、餐饮安排、住宿设施等多个方面，确保产品的服务和品质达到或超出客户的期望值，为客户提供优质的旅行体验。

4. 创新和个性化定制

运用创新理念和个性化定制，提供独特的旅游产品。考虑如何结合新颖的元素、特殊的主题、定制化的行程等，满足客户对个性化和独特体验的需求。

5. 社会责任和可持续发展

社会责任是旅游产品不可或缺的一部分，通过环保措施、文化保护等方式，为客户提供具有社会意义和可持续性的旅游体验。将社会责任和可持续发展融入旅游产品特色中，通过环保活动、社区参与等方式，为客户提供具有社会意义和可持续性的旅游产品，同时提升品牌形象和社会影响力。

6. 故事叙述和情感连接

通过讲述旅行故事，可以激发客户的情感共鸣，增强他们对产品的兴趣和认同感。强调产品的情感价值和意义，与游客建立深层次的情感联系，提升产品的吸引力和忠诚度。通过故事叙述和情感连接，创造出独特的旅游体验，满足游客对个性化和独特体验的需求，从而促进销售增长。

通过从以上方面提炼产品特色，旅行社可以打造与众不同的旅游产品，吸引目标客户的关注和选择。同时，企业应不断关注市场变化和客户需求的变化，及时调整和优化产品特色，以保持竞争力和市场领先性。

（三）上传图片

计调在设计行程和宣传海报时，需注重对图片的使用。图片可以增加阅读乐趣，强化阅读者的记忆力，补充文字描写的不足，增强传播能力，激发旅游者的情感。在使用图片时，计调需要注意以下几个方面：

1. 图片质量

重视图片的清晰度、色彩和构图，以保证企业的信息传递和视觉效果达到最佳状态。首先，高质量的图片应清晰可见，这样客户才能够清楚地看到旅行产品或目的地的细节。清晰的图片能够传递出真实而准确的信息，让客户对产品有更深入的了解，从而增加他们的购买意愿。其次，选择色彩鲜艳的图片可以吸引用户的注意力，增强他们对旅行产品或目的地的兴趣。色彩的运用在传达情感和引起共鸣方面起着关键作用。通过使用鲜明的色彩，可以营造出积极的氛围，让客户感受到旅行的乐趣和激情。最后，合理的构图设计可以使图片更具吸引力和美感，帮助用户更好地理解和欣赏旅行产品或目的地的特点。一个精心设计的构图可以使各个元素相互呼应，形成统一和谐的画面。这样的图片能够激发客户的情感共鸣，让他们更容易被吸引并愿意去探索和体验。总之，确保图片清晰、色彩鲜艳、构图合理对于传达旅游产品或目的地的信息至关重要。通过这些元素的合理运用，企业能够吸引客户的注意力，增强他们对旅行产品的兴趣，并帮助他们更好地理解和欣赏旅行的体验。

2. 内容相关性

图片的选择和使用需要精心设计和策划，要确保所使用的图片与主题、旅行产品或目的地紧密相关，能够准确地传达出想要表达的信息。通过图片准确展示产品的特色和优势，能够让客户对产品有直观的了解和认识。如果企业销售的是户外探险类的旅行产品，那么可以选择展示山川壮丽的图片；如果销售的是美食之旅，那么可以展示当地特色美食的图片。这样，客户就能立即了解我们的旅行产品是什么，以及它能带给他们什么。旅行的魅力不仅在于目的地的美景，更在于游客能够亲身体验这些美景。使用高质量的图片来展示目的地的美景，就可以让游客在没有出发之前就能感受到旅行的魅力和吸引力。这样的图片不仅能够帮助客户更好地规划他们的旅行，也能够激发他们的旅游欲望。一个好的旅游活动不仅要有有趣的内容，更要有合适的氛围和场景。通过图片准确再现活动的氛围和场景，就能够激发客户的兴趣，增加他们对活动的期待。这样的图片可以是过去成功活动的照片，也可以是预计未来活动的场景设计图。无论是哪种形式，都能够有效地吸引客户，提高他们对企业的信任度。

3. 多样性和代表性

多样性的图片，能够全面呈现一个地方的自然风光、人文特色以及独特魅力。而代表性的图片则能够突出该产品的核心特点，使游客能够更深入地了解和感受该地的独一无二之处。通过选择不同类型、风格的图片来呈现旅行产品的丰富性和独特性，以吸引不同类型的客户，让他们感受到旅行的乐趣和惊喜。还需要选取目的地最具代表性的景点图片，展示其美景和特色。让客户对目的地的特色和魅力有更深刻的感受，从而激发他们的探索欲望，增加他们对旅行的兴趣和期待。

4. 版权合规性

确保所选图片具有合法版权，避免使用未经授权的图片。在当今信息高度传播的时代，图片作为一种重要的视觉元素，被广泛应用在各种场合。然而，使用未经授权的图片可能会侵犯他人的版权权益，导致企业法律纠纷和负面声誉，要确保所选图片具有合法版权可以避免这些风险。在选择图片时，企业可以选择使用版权免费的图片库或购买合法的图片授权，以确保所选图片具有合法版权。企业可以寻找一些提供免费版权图片的网站或平台，这些平台通常会有一些摄影师或设计师上传他们的作品并授权给公众免费使用。也可以选择购买商业授权，这样可以确保图片不会引发侵权问题。企业需要避免使用具有误导性或冒犯性的图片，以免损害企业的形象和信誉。

计调需要根据客户的反馈和评估结果，不断优化和更新所选择的图片。选择更具吸引力和有效性的图片，提升用户体验和转化率。

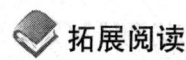 拓展阅读

网络图片的版权确权保护

网络图片根据创作来源划分,包括原创图和加工图;根据视觉效果划分,包括动态图和静态图;根据图片内容划分,包括动漫图和影视图;等等。根据《著作权法》有关规定,作品需具备独创性、可复制性与合法性才能拥有独立的著作权。一般而言,网络图片只要不包含违法内容,经复制传播能够为他人理解和感知,就具备可复制性与合法性。因此,网络图片的可版权性关键在于,其内容是否达到法律所要求的独创性程度。

我国1992年加入的《伯尔尼公约》列举了有关图片版权的保护对象,包括艺术图、摄影图、设计图、示意图和地图等。传统图片的数字化表现形式,必然受到该公约和我国《著作权法》的保护。除此之外,以内容为标准可以将当前网络流行的图片划分为三类:一是网络动漫原创型图片。该类图片完全属于作者独立创作,并达到较高创造性水平,同时能够复制并合法传播,因而构成著作权法意义上的"作品",具有完整的版权。二是网络视频截图型图片。例如剧照,是将影视剧、网络视频中的画面有选择性地截取,按照一定的方法进行编排、组合或串联,若其选择或编排过程本身能够达到相当的独创性程度,则构成新的汇编作品。但汇编作品须经原权利人授权并支付一定费用。三是网络素材加工型图片。这类图片经原权利人同意,对原有图片进行动漫化处理或加入文字和符号,使得加工图片形成新的独特表达,并与基础图片构成明显差异,则构成著作权法上的演绎作品,演绎作品版权只基于演绎加工过后的图片,要原著作权人支付费用,并不能阻止其他人对该演绎作品继续加工。

由于网络图片制作、汇编和加工技术的发展和普及,普通民众对网络图片的创作更为容易。但当前网络图片版权确权方法,却只有通过附加版权声明或数字水印等方式实现。然而,指望依赖使用者的自觉或通过轻易可被抹去的水印标识,根本不足以实现版权确权保护。再加上 P2P(Peer to Peer)、云存储(Cloud storage)等互联网技术的发展与运用,版权人根本无法掌控其作品的复制和传播进程。为了克服对传统确权方法对版权保护的不足,欧美国家已经开始探索运用区块链技术对数字版权确权保护。例如德国利用区块链技术使版权确认保护 IP 化,利用区块链为作者创建所有权登记,并跟踪作品的传播和使用。虽然依赖技术支撑可以实现全方位的版权确权保护,但由于版权交易保护缺位和侵权救济困难等原因,仅仅进行版权确权可能对权利人而言,实际意义并不大。所以,构建配套完善的版权保护机制才是根本出路。

(资料来源:http://www.cac.gov.cn/2019-05/15/c_1124495637.htm. 学习时报,2019-05-15)

(四)制订出团计划

在旅游行程安排完成之后,为了保障旅游活动的顺利进行、旅游者获得更好的旅游体验以及提高销售业绩,计调需要在充分关注以下要素的基础上,精心安排出团计划。

1. 目标市场需求

了解目标市场的需求和偏好是选择出团计划的重要依据。旅游者完成一次旅游活动,

需要付出时间、精力和经济成本，还要考虑同行人的出游情况。通过市场调研和分析，了解目标市场的旅行偏好、热门目的地、旅行时间等信息，以便根据市场需求来选择出团计划。

2. 旅游资源的特点

选择具有吸引力和独特性的目的地是吸引客户的关键。考虑目的地的自然景观、文化遗产、历史背景、活动和娱乐设施等因素，什么时间最能呈现旅游资源最迷人的风景以及什么时候适合开展旅游活动，能为旅游者提供丰富多样的旅行体验。

3. 季节和天气

旅游是一项季节性很强的活动，计调需考虑旅游目的地的季节和天气条件，以便选择适宜的旅行时间，确保出团计划与目的地的季节特点相匹配，为旅游者提供最佳的旅行体验。

4. 交通和住宿

交通和住宿是开展旅游活动的基本保障，但一般不是旅游活动的目标。对于旅游者而言，希望交通便利顺畅，进得来出得去，住宿设施满足需求，在这两个方面不需要花费很大的精力和时间。

5. 成本和利润

通过分析运输、住宿、餐饮、导游等费用，结合市场需求和竞争情况，制定合理的价格策略。根据成本和市场需求，预测出团计划的预期利润，并根据实际情况进行调整，确保盈利能力。在保证旅游体验的前提下，通过调整出团计划，合理控制成本，提高出团计划的效益，实现销售业绩的提升。

计调需要根据客户的反馈和评估结果，不断优化和更新出团计划。通过分析客户的需求和满意度，调整行程安排、活动内容等，提升出团计划的吸引力和竞争力。

（五）制作宣传海报

旅游宣传海报作为一种独特的视觉传媒形式，不仅能够吸引旅游者的注意力，更能唤起旅游者对远方的向往与探索。通过精心设计的元素和信息传达，能够吸引到那些有旅行意向的人群，引发他们的旅行欲望。海报应该具备视觉吸引力和情感共鸣，让目标客户在看到海报的瞬间就被吸引住，并愿意进一步了解目的地。此外，制作旅游宣传海报还提升旅行社的品牌识别度。通过使用旅行社的标志、品牌色彩和字体等元素，能够让目标客户快速识别并记住该品牌。当目标客户在选择旅行产品时，本旅行社就能够成为他们的首选之一。

制作旅游宣传海报的重要关注点：

1. 明确目标

制作旅游宣传海报的目的是将旅游产品的特色和吸引力有效地传达给目标客户。在开始制作海报之前，计调员要明确宣传海报的目标和信息传达重点，确定要传达的核心信息。如展示美丽的风景、丰富的文化和独特的体验，还是突出目的地的独特之处和活动亮点等。

2. 设计风格

海报的设计风格要彰显旅游主题和适应目标市场的审美需求。传统风格以经典元素、优雅字体和平衡布局为主，适合传达正式的信息。现代风格注重简约、鲜明的色彩和大胆的排版，能迅速吸引观众的目光。而艺术风格则更注重创意和独特性，能够给人留下深刻的印象。企业需要深入理解不同客户群体的年龄、兴趣以及具体需求，以此来选择最能吸引他们眼球、最能引发共鸣的设计语言。这样不仅能够提升海报的吸引力，同时也能增强品牌形象与消费者之间的一致性，让游客对产品有更直观、更具感染力的理解，激发他们的探索欲望和旅行热情。

3. 标题和口号

设计标题口号是旅行社宣传的重要手段，一个好的标题口号能够吸引顾客的注意力，激发他们的旅行欲望。标题口号要简短、易记，能够直接传达旅行产品的核心信息。避免使用过于复杂的句子或生僻词汇，以免影响顾客的理解；标题口号要具有创意，能够突出旅行产品的特色和亮点。可以尝试使用比喻、夸张、对仗等修辞手法，增强标题口号的吸引力；标题口号要能够触动顾客的情感，激发他们的旅行欲望。可以强调旅行的乐趣、美好回忆、放松身心等情感诉求点；标题口号要突出旅行产品的优势，例如价格、服务、行程安排等。可以明确指出产品的优点；标题口号要能传达目的地的特色和吸引力。可以使用目的地的名称、景点、文化等元素，增强标题口号的吸引力；标题口号要适应不同客户群体的需求和兴趣。可以根据不同的目标市场，设计针对不同年龄、兴趣、需求的标题口号。

4. 信息布局

优秀的信息布局能够保证海报上信息的清晰可读，帮助游客快速获取关键的信息。在今天这个快节奏的社会中，人们的注意力被各种信息源不断分散，因此如何让信息在短时间内被接收和理解显得尤为重要，合理的信息布局就是解决这一问题的关键。信息布局并不仅仅是将文字和图像随意地摆放在海报上，而是通过精心设计和安排，使得重要的信息能够在第一时间被游客注意到。企业可以通过对字体大小和颜色的巧妙使用来强调主要信息。大字体和醒目的颜色无疑能够吸引人们的眼球，使信息更容易被看到。而将重要的信息放在海报显眼的位置也是增强其吸引力的有效手段。在追求海报美观的同时，不能忽视信息的清晰度和易读性。一个好的信息布局既要吸引人的眼球，也要能有效地传达信息。

5. 添加联系方式

在宣传海报上添加旅行社的联系方式不仅方便客户获取更多信息或进行预订，更是一种有效的自我推广方式，能够增强旅行社与潜在客户的沟通和联系。企业需要考虑到联系方式的多样性，可以添加电话号码、网站链接、社交媒体账号等多种联系方式，以满足不同客户的需求。对于那些更喜欢通过电话直接联系的客户，可以留下一个容易记忆的电话号码；对于那些习惯于在线查找信息的客户，可以提供网站链接；而对于那些活跃在社交媒体上的潜在客户，可以标注我们的社交媒体账号。多样化的方式可以吸引和接触到更多的客户。添加时需要关注联系方式的布局和设计。应该将联系方式放置在显眼的位置，比如海报的中心或底部，以便于客户快速找到。可以使用适当的字体大小和颜色来突出重点，使其更容易被注意到。此外，还需要注意整体的设计美观和协调性，避免因为联系方式的设计过于突出或与海报的其他元素不相协调而影响了海报的整体效果。

6. 品牌一致性

旅行社的宣传海报是其品牌形象的重要载体，它承载着旅行社的信誉、服务和价值观，在设计海报时要实现品牌一致性。品牌一致性能增强品牌识别度，提升客户对旅行社的信任感。当旅行社的标志、品牌色彩或字体出现在宣传海报上时，客户可以立即将其与旅行社的品牌关联起来，从而加深对品牌的理解和认知。在竞争激烈的市场环境中，品牌一致性能够帮助旅行社脱颖而出，吸引目标客户的注意，从而提升销售业绩。为了确保宣传海报与旅行社的品牌形象一致，需要充分利用旅行社的标志、品牌色彩和字体。通过统一的视觉元素，可以使消费者在众多信息中得到引导并快速理解旅行社的品牌理念。

7. 海报尺寸和格式

海报尺寸和格式是设计过程中的关键要素之一。在制作海报时，需要根据宣传渠道和目标客户来选择合适的海报尺寸和推荐像素尺寸。不同的渠道和客户对海报的尺寸要求不同，应该根据实际情况进行选择，确保海报上的信息能够清晰可见。在进行海报设计时，需要考虑海报在不同媒体平台上的使用需求，并选择合适的格式，如 JPG、PNG 等。这样可以保持图像的质量，使观众能够更好地获取信息。另外，在不同的展示设备和屏幕大小上，海报的展示效果可能会有所不同。为了确保信息完整呈现，需要进行适配性优化，以适应不同的展示环境。

8. 测试和优化

海报的测试方法需要借助目标客户和同行评审等手段，对已经设计完成的旅游宣传海报实际效果进行评估，从而确保其在视觉效果以及信息传递上的准确度和有效性。在海报发布后及时收集客户的反馈意见。这些反馈不仅包括正面评价，也包括可能存在的问题或者改进的地方。通过分析这些反馈意见，可以了解到海报的优点所在，同时也可以找到其存在的不足和需要改进的地方。根据上述测试结果和反馈意见，对海报进行必要的优化和调整。优化调整可能涉及海报的布局、颜色、图片选择等多个细节，目标是提升海报的吸引力以及信息传达效果，从而更好地完成目标——有效吸引目标用户并传达正确的信息。

制作旅游宣传海报需要综合考虑设计、信息传达和品牌形象等因素。通过精心设计和合适的信息呈现，旅行社可以制作出吸引人的宣传海报，提高旅游产品的曝光度和市场吸引力。

互动题目设计

第一题：在 ERP 系统上完成以下操作任务：

1. 设计一条针对大学生旅游的线路。
2. 为该线路制订收团计划。
3. 你是其中一名报名参团的游客，你要求住一个单间，并愿意支付单房差 100 元，完成订单的操作。
4. 假如某日的旅游团成团，游客有 20 人，完成资源调度安排的操作。

第二题：设计产品宣传海报

为上述线路设计一个宣传海报，并上传 ERP 系统。海报上包括标题、产品特色等相关内容。

 思考与练习

1. 思考一下旅行社进行数字化转型升级的紧迫性和意义。
2. 思考如何使用网络上的照片等相关资源而不会造成对他人的侵权。

 课后习题

请扫码答题测试。

习题

第九章 计调员对突发事件和投诉的处理

> **引言**
>
> 在旅行社工作中,计调员尽心尽力安排旅游接待事宜,导游员全心全意为客人提供服务。但由于旅行社产品本身所具有的独特性,在客人旅游过程中,经常会发生一些意想不到的事件,甚至产生客人投诉。计调员除了配合导游员处理突发事件外,还要头脑冷静、机智果断地面对并解决游客投诉。突发事件及投诉处理是否及时到位,是衡量旅行社计调员工作能力的一个重要指标。
>
> 本章主要讲述了旅行社计调员对于突发事件的预防及处理,分析了旅游投诉产生的原因,客人投诉所反映的主要问题,总结了计调员处理投诉的基本步骤。

> **学习目标**
>
> 1. 能够较好地处理突发事件
> 2. 能够有效地处理客人投诉

第一节 计调员对于突发事件的处理

一、旅行社突发事件的概念

旅行社突发事件是指在旅行社组织旅游活动过程中,在旅行社应提供服务的范围内,突然发生的对客人、旅行社工作人员及其他相关人员的人身和财产安全可能造成或者已经造成严重危害,需要旅行社采取应急处置措施予以应对的各种事件。

二、计调员在旅行社突发事件中的角色定位

计调员在旅行社突发事件中担当重要角色,是面对旅行社各种突发事件的中坚力量。主要体现在以下四个方面:

(一)预防

在日常工作中,旅行社计调员应广泛收集并获取可能导致突发事件发生的各种信息资料,并对其真实性作出正确分析与判断,评估所获得的信息资料将产生的影响程度,在上

级领导的支持下，在遵循法律法规及我国的其他相关规定的基础上，结合旅行社业务的实际情况，制定出相应的突发事件预防措施和处理突发事件的应急预案，并根据实际需要和形势变化，及时修订相关内容。把对突发事件的预防真正落到实处，尽量减少突发事件发生的可能性，做到防患于未然。

（二）明确职责

在处理突发事件过程中，计调员应尊重领导，服从上级安排，熟知突发事件处理的组织指挥体系，明确自己的工作职责；负责执行决策，推进和落实各项应急处置工作。

（三）不断提高处理突发事件的能力

目前，旅行社行业突发事件处理的管理架构和制度体系正处于建设并不断完善的过程中，计调员应加强处理突发事件方面的业务学习，定期接受相关培训和指导，掌握新的行之有效的处理规定、处理办法和专业处置建议，逐步形成完善的"工作法"。

（四）协调关系，提高处事效率

一般情况下，突发事件的处理牵涉诸多部门和单位。计调员应与直接关系人（如游客、合作旅行社等）和其他合作单位（如餐馆、饭店、景区、交通部门或者上级主管单位、相关政府部门等）进行有效沟通、整体协调、做好突发事件处理中的各种公关工作，以保证突发事件处理的速度和质量。

总之，计调员应本着"预防为主，预防和应急处置相结合"的原则面对突发事件，并将其贯穿在业务操作的全过程。

三、计调员所处理的突发事件类型及处理方法

对于确定将要发生的突发事件，计调员要根据其性质、特点、影响程度，在请示上级领导之后，对未成行团队旅游内容作出相应调整，如绕行、推迟或改期；委派导游员对客人进行详细说明和解释；对因此发生的费用改变向客人作出合理说明。这样可以及时制止突发事件的发生，防患于未然。

对已经造成影响的突发事件，计调员应根据造成危害和影响程度的不同，在突发事件处理体系中发挥极其重要的作用。既要协助一线导游员处理工作，又要及时向分管领导汇报，必要时要亲自或者陪同旅行社领导一同前往突发事件发生地进行处理。

（一）因不可抗力所致的突发事件的处理

《中华人民共和国民法典》第一百八十条：不可抗力是指不能预见、不能避免且不能克服的客观情况。

《中华人民共和国民法典》第五百九十条规定："当事人一方因不可抗力不能履行合同的，根据不可抗力的影响，部分或全部免除责任，但法律另有规定的除外。"

不可抗力一般有两种情况：一是自然原因不可抗力，如洪水、暴风、地震、干旱等人类无法控制的大自然力量；二是社会原因不可抗力，如战争、罢工、政府禁令等。

在旅游活动过程中，由于天气变化所致的交通工具晚点对于旅行社来说属于不可抗力所致的突发事件，一般有以下几种类型：

1. 飞机不能正点起飞

飞机运行受天气影响十分明显，对于旅行社来说，因天气原因飞机不能正点起飞属于

不可抗力所致的突发事件。

如果导游员、旅游团队或者散客到达机场之后方得知飞机晚点的消息，计调员应该叮嘱导游员控制好自己的情绪，不要随便发表对机场不满的言论，尽快与机场方面取得联系，将晚点情况核实清楚，然后以飞机晚点属于不可抗力为核心理由向客人解释。

如果飞机起飞时间不能确定，导游员要照顾好客人，等待准确的起飞消息。

如果有准确的等候时间，且需要等候的时间较长，导游员应及时向旅行社计调员汇报，适度安排客人到合适的场所休息，或者安排客人就近参观。

如果到了吃饭时间，应该请示计调员为客人安排用餐事宜。

如果飞机起飞时间推迟到第二天，导游员在与机场有关人员确定核实后，一方面向计调员汇报此情况；另一方面按照机场的要求安顿好客人的用餐和住宿，照顾好客人的行李；一般情况下，机场所安排的接待游客的标准不能低于旅行社接待计划的规定标准。旅行社的计调员要及时将晚点事宜通知下一站的接待旅行社。

2. 车船晚点

在旅游交通工具中，由于火车受天气的影响很小，火车晚点的事故较少出现；而旅游船受天气的影响较大，天气变化时会出现晚点情况；对于旅游汽车来说，属于不可抗力的晚点一般有两个方面的原因，一是交通堵塞严重，耽误了行车时间；二是天气变化，影响了行车速度。

以上晚点情况发生后，导游员会将晚点的具体情况尽早汇报给旅行社的计调员，计调员应对晚点情况尽快作出处理。如果晚点时间较长，计调员要尽早通知有关餐厅、饭店和提供旅游接待车辆的有关部门，尽量降低损失。虽然这种晚点情况不是旅行社的责任，但是导游员接到游客后，一定要热情接待，安抚游客，解释晚点的原因，让游客从不满的情绪中走出来，高兴快乐地进行旅游活动。

（二）人为原因造成的突发事件的处理

由于旅行社计调员操作不当、旅游供应商本身原因或者客人自身原因造成的突发事件，需要计调员参与处理的主要有以下几种情况：

1. 空接

空接是指导游员按照旅行社计调员给予的接待计划要求，在规定的机场、码头或者车站没有按时接到应接的旅游团队或者散客。

空接事件一旦发生，导游员一定及时告诉计调员，计调员在认真了解情况后，尽快作出处理空接事件的意见。如果游客推迟的时间不长，导游可以留在迎接游客的地点继续等候，迎接客人的到来；如果证明旅游团的确不能按照原计划旅游，推迟时间较长，计调员一方面要在第一时间内通知所有可能产生费用的合作单位，将损失减少到最低限度，另一方面要对空接的导游员做好安排，并且要重新安排接待游客事宜。

2. 漏接

漏接是指旅游团队或者散客到达旅游目的地的机场、码头或者车站后，没有导游员迎接。

漏接事故出现后，计调员或者旅行社领导应尽快安排导游员前往工作，并委托导游员向客人赔礼道歉，不管是哪个方面的原因造成的漏接，不管客人对导游员如何发火、埋怨，都是正常表现。导游员应尽量通过自己的出色表现，挽回造成的损失，如果不能达到客人满意，旅行社计调经理或者更高层领导应亲自面见客人，赔礼道歉，必要时还要给客人适当的物质赔偿。

3. 错接

错接是指计调员所委派的导游员在机场（或者车站、码头）接到了本来不属于自己迎接的旅游团队或者散客。一般情况下，错接事故不易发生。但是一旦发生错接事故，将会给工作带来非常大的麻烦。

错接事故发生后，导游员不能惊慌失态，应该立即请示旅行社分管计调员，计调员要尽快安排导游员以最合理的原因向客人解释，并要求导游员按照客人的旅游计划提供尽善尽美的服务。同时，计调员应该立即查找导游员应该迎接的团队（或者散客）的去向，并尽早安排好客人的旅游事宜。之后，计调员要立即搞清楚错接的客人是否属于同一个旅行社，如果是同一个旅行社的客人，导游员可以继续接待客人，为客人提供服务；如果不是同属于一个旅行社，要设法尽快与应该接待旅游客人的旅行社取得联系，尽早将游客交给所属接待社的导游员。交接时，计调员要叮嘱导游员向客人道歉，并在以后的工作中，接下来上团的导游员应设法用实际工作回报客人，以便取得客人的谅解，把损失降低到最低限度。

4. 游客走失

客人走失事故的责任一般都在于走失者本人。

发生游客走失事故后，地陪导游员应该与全陪和领队商量找寻方法并立即寻找。经过努力后仍然找不到客人时，应马上与游览地的派出所和有关行政管理部门联系，恳求帮助。同时要向旅行社的计调员汇报，如果仍旧找不到走失客人，地接计调员和领导应出面协调解决，必要时向当地交通部门、派出所、公安机关报案，提供走失客人可以辨认的特征，请求以上部门帮助寻找。

找到客人后，如果是导游员的责任造成的游客走失，导游员应该向游客赔礼道歉；如果是客人自身原因造成走失事故，计调员应提醒导游员不要指责和埋怨客人，应对客人进行安慰，讲清利害关系，提醒客人在以后的旅游活动中注意。

计调员还要提醒导游员，写出游客走失的事故报告，在团队旅游活动结束后，导游员要将此报告上交给计调员。

5. 游客丢失交通票据

在游客旅游过程中，由于客人保管不慎或者马虎大意而丢失交通票据，将给客人自己的旅游造成很大的麻烦和损失，同时也会增加旅行社工作的难度。丢失交通票据的事故发生后，导游员首先要保持冷静，安抚客人情绪，不能埋怨甚至批评客人。帮助客人回忆细节并仔细寻找，如果确实找不到，导游员应向旅行社计调员汇报，计调员亲自向客人说明处理丢失交通票据问题的程序。

如果在出行前发现丢失了飞机票，游客必须以书面形式向航空公司申请挂失，并且提供有关的证明材料。如果在出行前丢失了火车票、轮船票，应按照铁路交通部门或者航运部门的规定另行购票。如果游客的交通票据在游览途中丢失，应该按照有关部门的规定补票。因为客人自身原因丢失交通票据而补票的游客，产生的费用由客人自己承担。

如果因丢失交通票据，游客改乘下一个航班、车次、船次出发，继续参加旅游的，计调员应该把下一站的旅游计划和行程安排向游客作详细介绍，特别要交代清楚下一站的住宿饭店和地陪导游员的联系方式。同时要把计调员的联系方式告诉游客，如果游客在途中发生情况时便于与计调员联系。

（三）其他突发事件的处理

游客在旅游过程中的突发事件类型多样，除了以上列出的常见类型外，游客丢失证件、食物中毒、丢失行李、患病、伤亡等突发事件可能随时发生，当问题的解决不是一人所能为时，地陪导游员、全陪导游员及领队会全力处理，导游员应及时向旅行社汇报，计调员和旅行社领导会全力指导并配合前方导游员的工作，直到将事故处理结束。

如果事故不能在很短时间内处理完毕，为了不耽误团队其他客人继续旅游，导游员应带团继续进行游览活动。计调员和旅行社领导要亲临事发现场，与团队有关人员一起工作，按照国家有关规定处理事故，力求处理及时、合法、合理、善始善终，达到游客及家属满意。同时，亲临现场的计调员或者其他工作人员要把有关证明材料、收据、发票等文字材料收集整理好，实事求是地写出事故处理的详细报告，上交旅行社存档备查。

四、计调员日常工作中对于突发事件的预防措施

计调员日常工作中的操作不当有可能是造成旅游团队（散客）发生意外事件的"定时炸弹"，因此，计调员应当注意积累相关经验常识、积极准备，预防突发事件的发生。

（1）前期设计行程和报价时，要以确保"安全第一"和"行程顺利"为原则。

（2）选择接待能力强、信誉良好、操作规范的地接旅行社进行合作。

（3）对地接团费合理性进行摸底，避免因恶性竞争造成的地接压缩采购成本导致的安全隐患。

（4）在旅游旺季，计调员要提前了解酒店和交通运力的运转负荷及价格变化情况，避免出现已报价线路突然涨价和不能满足原定采购需求，造成团队成本猛涨而不得不取消团队的情况；避免因旺季酒店、旅游巴士等供不应求，选择管理不规范、有安全隐患的服务设施的情况。

（5）针对特殊天气，计调员应根据季节和目的地地域特点，在旅游客人出发前，了解出发地和目的地天气情况，预知特殊天气可能对行程造成的影响。

（6）计调员对于特殊线路的首发团更要谨慎操作，充分了解目的地接待能力及提供安全服务条件情况等，必要时旅行社派人先行考察后方可安排团队出行。

（7）诸如旅游专列、包机、邮轮、大型会议等大规模团队，人数多，几百甚至上千人，有时行程中还有特定的必须准时参加的会议或展览等，对交通运力、接待能力和组织协调能力提出更多更高的要求。计调员要组成专门小组，策划实施接待中的各个具体事项，同时必须对接待中可能出现的各种问题做出应急处理预案。

（8）监督导游员不得擅自增加自费游览项目和购物店等。

（9）建议游客购买旅游意外保险和出境旅游救援险等。

第二节 计调员对于旅游者投诉的处理

一、旅游者投诉的界定

旅游者投诉是指旅游者为维护自身和他人的旅游合法权益，对损害其合法权益的旅游经营者和有关服务单位，以书面或口头形式向旅行社或者文化与旅游行政管理部门提出意见，请求处理的行为。

二、旅游投诉产生的原因

（一）客人个体差异大

旅游客人来自五湖四海，个体差异较大。因客人在性格脾气、兴趣爱好、民族风俗、宗教信仰等方面存在诸多不同，对事情的认知千差万别，对旅游活动组织者的评价会因人而异。

在旅游活动过程中，游客对导游员及旅行社普遍有一种求全的心理，希望整个旅游活动各个方面都能够安排得尽善尽美。一旦有不尽如人意之处，就可能产生不满的情绪，从而产生投诉。

（二）旅游业迅猛发展

旅游纠纷、旅游投诉总是与旅游人数成正比关系。随着我国旅游业的蓬勃发展，旅游人数逐年增多，因此我国各种旅游投诉也相应地增多。

（三）旅行社自身原因

由于旅行社本身工作质量问题导致客人投诉也是比较普遍的现象。主要表现为以下两种情况：

1."硬伤"，即旅游活动开始之前计调员的操作不当

这种操作不当主要体现在计调员与接待人员（主要是导游员）沟通不足、对于交通工具的监控不力、对于住宿酒店了解不到位、对于用餐餐厅了解不全面、对于行程的安排松紧不当、低于成本的操作等方面，这种"硬伤"使旅行社随时都在面临投诉风险。

2."软伤"

主要是指在旅游活动进行中导游员服务不到位，出现问题时，由于计调员工作经验的欠缺和服务上的不规范，使得问题处理欠妥当。

基于以上原因，旅游投诉在所难免。做好旅游投诉的处理工作显得十分重要。

作为旅行社的计调员，由于工作的关系，随时随地要面对突如其来的诸多质疑和投诉事件。游客对旅行社的投诉中，许多投诉是由计调员亲自处理的。当然，如果是非常重大的投诉，计调员无法妥善处理，要上报旅行社，由旅行社行政部门出面处理。

三、游客进行旅游投诉所反映的主要问题

（一）境内游客进行旅游投诉所反映的主要问题

（1）旅行社不按承诺安排行程，表现为擅自压缩计划内景区（点）的游览时间，擅自

增加自费项目等。

（2）由于客人消费水平低、司机导游利益分配不均、导游讲解内容失调等因素导致导游、司机服务态度差。

（3）旅行社未按照承诺标准安排导游服务。

（4）旅游交通工具类别不符合合同标准。

（5）旅行社未按承诺时间和标准接送客人。

（6）旅游活动行车线路安排不合理。

（7）旅行社对于不同旅游者收费不合理。

（8）旅行社安排的住宿等级不符合承诺标准。

（9）旅游住宿饭店的服务质量较差，饭店内标识、注意事项欠缺或不明。

（10）旅游住宿饭店设施设备标准不符合旅行社的承诺标准。

（11）旅游住宿饭店的环境条件较差。

（12）旅游饭店不兑现承诺的违约问题。

（13）旅行社克扣客人的餐饮标准。

（14）旅行社安排的餐饮品种不符合合同要求。

（15）旅游大巴超年限运营，保险、手续不全，设备陈旧，存在安全隐患。

（16）行程中旅游景区（点）工作人员（包括保安人员）态度欠佳，引发摩擦，导致游客不快。

（17）景区（点）内存在"野导"，纠缠游客，造成麻烦。

（18）景区（点）内标识欠缺或不明。

（19）景区内厕所条件较差。

（20）对游客购买的大件商品，导游员不能协助办理托运手续。

（21）组团社和地接社衔接不当。

（22）旅游娱乐活动中导游员没有提醒注意事项。

（23）导游员推荐的娱乐活动价格太高。

（24）导游员本身仪容仪表不够规范。

（二）出境游客人进行旅游投诉所反映的主要问题

（1）境外导游员与客人之间往往缺乏情感交流，对客人的服务更多地体现在金钱方面，较少站在客人意愿方面提供增值服务，客人与其在国内旅游时享受的旅游服务比较产生心理落差引起投诉。

（2）有些国家没有华语导游员的准入资格和证件考核。

（3）境外导游员没有按照行程走团；压缩计划景点的游览时间。

（4）旅行社出境相关手续办理不完善或存在缺陷造成无法出境。

（5）由于客人对境外服务设施的不了解或了解较少，实际情况远离了客人的期望值。

（6）老年人因为境外长途旅游身体不适而突发意外。

（7）使馆拒签。

（8）因客人原因，出发前取消行程，客人对旅行社收取的相关签证、机票损失费用不满。

（9）游客在境外游玩途中遭遇抢劫或酒店被盗事件，人身财产安全受到危害。

（10）计调员在送签过程中遗失客人证件。

（11）计调员在操作中提供信息不准确或不完整，导致接错机场或城市的事件发生。

四、计调员直接处理游客投诉时的基本步骤

（一）倾听

对待客人的投诉，作为受诉者都要保持镇定、冷静，计调员首先应是游客的忠实听众，不但应十分耐心地倾听客人的陈述，而且要想办法尽量使客人申诉的内容具体些。不应也不能中途轻易打断客人的抱怨和牢骚，更不要反对客人的意见，批评客人的不足，客人的怨气如同气球里的空气，当他把牢骚发完了，就没有怨气了。让客人通过发泄心中的不满使情绪慢慢平静下来，为我们的辩释提供前提条件；也可采取冷处理的方法把客人反映的问题先记录在案或建议客人另外约个时间，等客人的情绪缓冲后再谈，使谈话气氛缓和些。

（二）热情友好

客人通过投诉表现其对旅行社产品或者服务不满意，如果在处理过程中态度不友好，会加重他们的不满意，造成关系的进一步恶化。若态度诚恳，礼貌热情，会降低客人的抵触情绪，缓和僵持的局面，有利于投诉的处理。俗话说"怒者不打笑脸人"。

（三）善于抓住投诉的核心内容

应努力使客人申诉得客观、求实、具体，要抓住客人申诉的核心，并可用提出一些问题来澄清事实，并看看自己的理解是否和客人的申诉相一致。

（四）快速分析和评价客人的申诉

对客人的申诉要进行认真思考和分析，对客人提供的书面、影像资料要反复研究，快速判断客人所申诉的服务缺陷是否真的存在。双方有无责任，谁负主要责任等。应采取积极的态度，确定最佳方案，公平、公正、合情、合理、合法地处理纠纷和投诉。如果还需考虑，就应该把为什么还不能做出最终决定的理由告诉客人，恳请客人理解和谅解。

（五）准确向客人表述处理结果

要考虑好用什么方式、方法把最终的决定告知客人是非常重要的。正确的告知方式、方法，往往能使客人确信旅行社做出的决定是正确的。

（六）事后检查

如果在成功地解决问题之后再对曾经失望的客人给予适当的关注（或电话回访），往往能收到事半功倍的效果，让客人心里产生暖洋洋的满足感，会给旅行社带来良好的口碑。

（七）建立档案

做好投诉案件档案的立卷、整理及归档等工作，对于积累经验、改进工作和提高旅行社的服务质量都是很有好处的。

拓展知识

游客投诉的内在心理机制[①]

游客提起投诉主要有三种心理：

一是求尊重心理。游客外出游玩，享受的是服务，最重要就是要求尊重。如果旅游服务人员服务意识弱，游客得不到尊重，就会伤害游客的自尊心，旅游活动成了受委屈的"受气"活动，就会对旅游不满而投诉。

二是求平衡心理。游客在旅游过程中遇到的不称心事，如游客认为旅游服务人员的服务使其不满意或不能按其要求，旅游服务人员甚至对其置之不理等，造成游客心里不痛快。为了解决这种心理负担，投诉就会成为其不痛快心情的表达渠道。用口头或者书面的形式把自己的不快表达出来。

三是求补偿心理。游客在旅游行程中发现得到的旅游服务没有达到心理的期望值，如食宿标准、交通条件等，而旅游服务人员的解释又不能令其满意，因为实际的旅游服务与游客的心理期望值（或当初的游客约定）产生"差距"，游客就会一起投诉，要求补偿"差距"。

互动题目设计

> 题目一：
> 根据教学内容，制作计调处理突发事件的操作流程图。
> 要求：1.逻辑正确；2.条理清晰；3.概况准确。
>
> 题目二：
> 根据教学内容，制作计调处理投诉的操作流程图。
> 要求：1.逻辑正确；2.条理清晰；3.概况准确。
>
> 备注：互动题目练习要求
> 将班级同学分为两组，其中一组同学做题目，一组同学打分；打分结束后，由打最高分和最低分的1至2名同学进行点评。每章有两道题目，两组同学可抽签决定第一道题目谁做，则另一组打分点评；第二道题目，由上一题打分组做，另一组转换为打分点评。

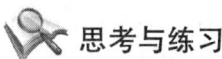

请举例说明旅行社上级主管部门处理旅游投诉的一般程序。

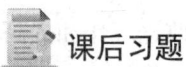

请扫码答题测试。

习题

---

① 潘宏，等.谈旅游投诉及旅行社服务对策.经济研究导刊，2010（30）.

案例篇

第十章 计调员工作综合案例解析示范

引言

计调岗位属于旅行社的核心岗位，牵一发而动全身。计调工作时常面对旅游过程中的各种问题。俗话说"不打不相识"，旅行社计调员对于旅游活动中出现问题处理得完美，可能会成为旅行社与客户增进关系的催化剂，从而更好地提升旅行社美誉度。

本章就旅行社计调员在实际工作中遇到的综合性典型案例进行解析，让学习者全面了解并掌握计调员灵活应变处理问题的技巧与方法，为实现教学跟实际工作的无缝对接奠定基础。

学习目标

1. 了解熟悉旅行社计调岗位所面对的综合性问题现状及特征
2. 能够解决旅游过程中遇到的多种问题

第一节 如何面对突如其来的暴雪影响

一、案情

李某是济南某旅行社的一名出境计调员，操作23+1人的旅游团队赴日本进行为期五日的旅游。2月8日在领队张先生的带领下，旅游团队由济南飞往大阪，接下来几天的行程一直非常顺利，客人也很满意。按正常行程计划2月11日团队住东京，2月12日早晨由东京飞大阪后转机回济南。可是到2月11日下午东京开始下暴雪，发现这一天气问题后，领队张先生预测第二天的航班可能会受到影响，于是及时与组团社计调员李某联系，并说明情况。计调员李某立即与日本地接社计调员和相关交通部门联系，从航空公司获悉2月12日东京飞大阪的航班即使不取消也会延误。一旦东京飞大阪延误，大阪回济南的航班也很可能赶不上，而且两个航班不是同一个航空公司，一旦误机，损失将非常严重，客人一定不满。李某尽心尽力、积极主动与地接社沟通，争取到地接社的大力支持与帮助，并于2月11日晚上由领队张先生带领团队乘坐21:00的航班飞赴大阪。地接社计调员克服了种种困难，协助取消了东京用房，为团队安排了大阪住宿酒店。2月12日上午九点团队乘坐大阪飞济南的航班顺利返程，客人均表示非常满意。此团队的应急处理过程没有产生任何损失与额外费用。

二、案例解析

此案情属于旅游行程进行中的突发事件。如果因暴雪滞留东京，致使大阪飞济南的航班耽误，系不可抗力所致，根据《中华人民共和国民法典》的相关规定，旅行社不承担违约责任。但该旅行社计调员李某和领队张先生本着客户利益第一的原则，遇到突发事件，随机应变，联系各相关服务单位，及时尽心采取应急处理措施，使团队顺利返程，而且没有产生任何额外费用，获得了客人的高度赞赏，为旅行社赢得了良好的口碑。

第二节 旅游大巴车坏在了高速公路上导致误船

一、案情

某城市 A 旅行社组织团队去青岛黄岛三日游，交通工具是自带旅游车，当行驶到离黄岛还有约一小时路程时，旅游车突然坏了，司机师傅跟导游说半小时就能修好，考虑到旅游旺季换车的不容易，导游向客人作出解释。可是用了四十分钟，旅游汽车仍旧没有修好。导游员向组团计调员汇报，计调员马上通知了某城市 B 旅游汽车出租公司，B 公司即刻从黄岛调车，但调来的车是长途汽车站跑长途专线的大巴，将客人放到胶南市区客人用中餐的地方就离开了，这时已经是 13:30。在客人用中餐的这段时间内，A 旅行社计调员协同 B 公司，一直联系青岛、黄岛那边的相应车队，再度调车。按行程计划，中餐后的景点是乘船进黄岛的灵山岛，可是当再度将车调到胶南的餐厅时已是 14:50，从餐厅到码头还需要半小时的路程。下午进灵山岛的唯一散装船是两点半，客人不能按照行程计划上船了。因为旅游车出现故障造成了误船，客人要求按照原行程到岛内住渔家，25 人只好花 3000 元包船进了岛，比正常散装船票 25 元/人，多花了 2375 元。客人到某城市后立即向当地旅游质量监督管理部门提起了投诉。

经过旅游质量监督管理部门大力协调，客人同意和旅行社协商解决此事。最后解决结果是：除超出的 2375 元由旅行社承担外，旅行社还要赔偿客人 1000 元作为补偿。原因是：因为坏车，炎热夏天的中午，客人在高速上晒了四十多分钟，而且缩短了游览时间。

当然，客人投诉处理之后，旅行社计调员与旅游出租汽车公司协商，旅行社赔偿款中的 3/4 由旅游出租汽车公司赔偿。可是此次事件造成的客人对旅行社的不信任是很难弥补回来的。

二、案例解析

交通工具是旅游活动顺利进行的关键因素。可是此次旅游活动在没有到达目的地的情况下，旅游车出现故障，并且四十多分钟未能修好，导致换车。调来的车是跑长途专线的，马上还要出长途业务。由此可知，B 旅游汽车公司与黄岛的车队没有沟通好，如果事先知悉这一情况，再及时安排另一辆车去酒店接客人，就不会耽误太多的时间，也就不会误船了。

案例中之所以出现客人投诉，主要原因是旅行社计调员租用B车队的旅游车没有好好检修，没有定期保养，才发生了以上情况。所以计调员在租用旅游车时，要选择与自己旅行社签订长期合作协议的有实力、信誉高、车况及司机服务好的车队，一旦出现意外情况，车队也有能力在第一时间派去救援车（重新换车），尽力将损失降到最低程度。

第三节　旅游团队住宿酒店标识不全，注意事项未作提醒

一、案情

某单位30多人独立成团，由A旅行社组织，进行"B城市三日游"。该团队按合同标准要求入住了B城市一家三星级宾馆。宾馆干净卫生，设施设备较新，客人很满意。但在第三天早晨起床后，306房间的客人两位年轻女孩找到导游说：她们房间被偷了，其中一位女孩价值4000多元的相机和钱包不见了，钱包里面有现金大约700多元，另还有证件等。导游立即通知了酒店相关负责人和组团旅行社计调，并报了警。通过酒店监控录像看，在凌晨四点半确实有一位可疑人员进入过306房间，而且这位可疑人员是酒店的住客，不过在早晨五点多钟就已经退房离开了。警方很快介入，经检查306房间房门锁及窗户都没有被撬或开过的痕迹。后经两位年轻女孩回忆，昨晚临睡之前又出去了一趟，回来时只是把门轻轻掩过来了，没有反锁，致使小偷轻而易举地进入房间偷走了东西。

单位客人提出旅行社赔偿此女孩照相机、现金及精神损失共计6000元。理由是：所安排的酒店安全及保卫措施不当；酒店内没有"贵重物品存放前台""请锁好门窗"等安全标识或注意事项的提醒。A旅行社计调员与客人签订旅游合同时，提供给客人的一份"B城市旅游注意事项"中，未涉及客人的人身、财产安全等内容。而且旅行社导游在讲解过程中，对以上旅游安全注意事项也未作提醒。

此事解决的最终结果是：旅行社赔付客人3000元作为补偿，将此团导游服务费300元退给了客人，并赔礼道歉。A旅行社不但没有赢利，且亏损严重，最重要的是失去了长期合作的客户，给旅行社声誉造成了不良的社会影响。事后计调员通过与酒店协商，部分赔偿费用由他们承担。

二、案例解析

案例中虽然酒店的安全提示及保卫工作做得不当，导游人员没有尽安全注意事项提醒义务，客人也存在未锁好门的直接责任；但是从计调工作角度看，旅行社计调员在与客人签订合同时，没有就旅游中的注意事项（尤其是人身、财产安全方面）作出提醒，是非常大的失误。计调员应该以"××游注意事项""××游友情提示"的形式将注意事项附到合同中，作为合同内容的组成部分，提示内容要周到全面。计调员在给酒店发团队确认时，应注明：保证客人安全、环境卫生等方面的内容。

第四节　谨防旅行社业出现"三鹿奶粉"事件

一、案情

A 出境组团社安排 H 公司的 6 位客人于 10 月 26 日—11 月 3 日赴欧洲进行商务旅游活动，客人在行程安排中要求在 27 日德国汉诺威展览会上参展并与外商洽谈签约之后，再进行德国、荷兰、法国的游览，全程共 9 日。

客人将商务签证做好后，随即要求旅行社计调员按照行程出机票和确认接待。机票要求全程公务舱，住宿要求为全程市内四星级酒店。

出境计调员已经多年为该客户提供服务，了解客人对品质的要求。选择了两家机票代理公司进行机票的查询和预订报价，以期取得较合理的航程和价格。最终在得到客人的航线和价格认可后将计划发给有 5 年良好合作史的一家经验丰富、报价及时、信誉较好的 Z 票务代理公司，对方声称全程机票价格 56 000 元/人，而他们凭借地区第一的出票量和良好的航空公司内部关系特批拿到 45 000 元/人的出票价格，与同级票价的差别只是不能累计里程和积分，不能退票。经过与客户沟通，同意上述条件，可以出票。Z 票务代理公司将电子客票通过邮件发给旅行社，出票舱位显示 I 舱机票。A 社计调员凭经验知公务舱一般是 C 舱、D 舱，"I"舱没有出现过，经与 Z 票务代理公司的人员核实，"I"舱是公务舱的一种，又问了北京的规模较大的"票代"也是同样说法。核对名单和航程无误，又登录了中国航信的网站查询票号和名字，舱位都一一核对没错。客人持电子行程单按预订日期启程。

10 月 26 日中午，计调员接到客人电话，声称在办理登机手续时被告知电脑中该航班没有他们 6 位客人的名字，要求尽快核实。A 社计调员马上与 Z 公司票务人员取得联系，要求尽快落实并尽快保证客人登机，不要耽搁次日的重要商务谈判。Z "票代"答复马上联系落实。但是这时距离飞机关闸还有不到一个小时，情况十分紧急，A 社计调员无法预知是发生了怎样的衔接不当和失误，只是焦急地盼着 Z "票代"能马上解燃眉之急，先让客人登上飞机再说。这时客人愤怒地打来电话，说该航空公司办理登机柜台的工作人员告知客人所持机票为零票价的积分奖励兑换机票，正是先前所质疑的"I"舱。这就是说客人近 30 万元的机票款换来的全部是里程积分奖励票，是个零票价，"无法退票，无法积分"原来是这个票的暗指。由于近十年的良好合作关系，客人遏制住愤怒要求尽快保证登机，否则几百万美元的合作就会泡汤。A 社计调员顿感当头一棒，迅速将情况汇报总经理。一边是合作多年、配合默契的"票代"公司，一边是机场执机人员，谁会说谎？自己先前再三要求 Z "票代"千万不要出任何差错，对方也是百般承诺的！这时，Z "票代"打来电话告知已重新另出其中 4 人的头等舱，另外两人的票不知什么原因出不来，这时离关闸还不到 10 分钟，将上述情况告知客人后，4 位 H 公司邀请的重要客人紧急登机，另外两人在柜台人员协助下在就近柜台跑步买票（单程 36 000 元 × 2 人 = 72 000 元），跑步登机，并苦苦哀求机场相关负责人员晚关闸 20 分钟，才确保了客人在如此惊魂状态下登上飞机。

抵达德国的当天，客人告知拒绝使用返程机票，在国外机场再也丢不起这个人了。客人自己另行购买机票回国。

回国之后，客人将出境组团社投诉到了市旅游局质监所，质监所领导跟旅行社沟通，要求旅行社与Z"票代"先协商解决这起数额较大、案情较重的投诉事件。

最后结果：客人自己出票花费为（36 000元×2=72 000元）和客人原购往返票费用的一半为（45 000元×6÷2=130 000元），共计花费202 000元。旅行社赔偿客人32 000元，其余170 000元和Z"票代"26号所出四张头等舱由Z"票代"负责赔偿。

二、案例解析

（1）旅游供应商所提供产品的品质直接影响到旅行社产品的质量和信誉。旅行社与供应商之间是共生共存、互惠互利的伙伴关系，作为供应商应当本着诚信经营、规范操作的原则与旅行社进行合作。

（2）旅行社是否要为供应商的过失或错误负责？这一直是旅游投诉中经常遇到的问题。旅行社作为中间商无法避免地要为供应环节中出现的问题买单。案例中A旅行社操作人员本着良好的意愿，按照规范的操作方法，也无法逃避在采购中遇到存在欺诈的"质价不一"的商品，面临的是客人的投诉、巨额的赔偿和社会的不良影响。所以在工作中，出境计调员应注意以下几个方面：

①在采购过程中一定要严格、谨慎选择合作供应商，旅游过程中的"住"和"行"更是首当其冲。供应商应该具有经营资质，管理、经营模式和规范操作方面有良好的口碑，建立较好的社会信誉，这是合作的前提和基础。

②旅行社计调员在选择供应商提供的产品时，应有辨别的方法。要从客观和经验结合的角度加以分析和判断，要善于使用网络等先进设备和工具，必要时可直接去现场考察，要善于听取并总结领队导游员和客人的意见，要不断从业内捕捉相关有效信息。甚至特殊情况下经过超过两种以上其他渠道进行价格、品质、价值等方面的比较和把关。不要抱有取巧和侥幸心理。

③不要一味追求低价，要始终坚持在一定条件下优质优价的原则。

④在合作过程中一定要签订规范的协议或合同，要完整描述产品和服务及费用结算方式。

（3）此案例也为旅游相关从业人员敲响警钟，要加强与业务相关领域的知识学习。从容把关，准确应对。不能只当"二传手"。航空公司和Z票务代理公司违反操作规程，隐瞒实情，隐瞒客票使用限制（积分奖励机票不得转让或出售他人，需在当次航班有空位的情况下才能登机），钻法律的漏洞，损害消费者权益。旅行社从中要承担多大的名誉代价和经济损失！旅行社要避免这样专业的蒙骗是需要有关行政部门和相关法律法规支持的。

（4）行业竞争加剧，业态就会发生畸形操作，就会有人钻法律空子，钻行业的漏洞。为了赢得A旅行社这个业务大单，Z"票代"用这种有瑕疵的带有公关背景的非正常操作的低于市场价格的票，抱着侥幸心理在走钢丝。事后竟然声称这么多年第一次出现事故。其最终也将为此付出惨重的代价。

总之，在旅行社与供应商合作的过程中，计调员采购时要规范科学，选择合格的供应商，选择合适的产品，严格把关，认真细心，考虑周全，要货比三家，争取采购上乘产品；旅游供应商要诚信为上，对旅行社和客人负责，保证所提供产品的质量，形成良好的合作体系，共同为客人提供高质量的产品和优质的服务。

第五节 "食物中毒"的完美处理

一、案情

某天早上6点，某旅行社的计调员A接到导游员B的电话，旅行社接待的40人台湾团队自昨晚入住青岛某酒店不久，有客人出现轻度食物中毒的反应。当晚11时起陆续有客人中毒症状加重，导游员立即组织酒店派出的人员与车辆将食物中毒的客人送到青岛某医院。截至凌晨5:30已经有8名客人在医院留诊，其中一人病情严重，已经出现脱水和间歇性抽搐等恶性症状。目前导游员B已经在医院为客人工作一晚，酒店也已经安排8名服务人员在病床前为每位客人护理。

计调员A听到导游员B的情况汇报后，当场表扬B所采取的应急措施，并对B当晚的辛苦工作表示慰问。A在得知B的身体状况还能够继续照料客人后，要求B详细记录客人的症状及治疗细节，协同医生和酒店服务员仔细护理好生病客人，对还在酒店休息的客人的动态也要会同酒店及时掌握，一旦有新发病客人及时送医诊疗。

随后A立即向旅行社外联部经理汇报，经理要求计调员A通知导游：照料好全团客人、查明原因并向政府主管部门报告。A将旅行社意见转达给导游B，并叮嘱B与领队分工合作，医院就医的客人由领队照料，其余客人由B按照预定的团队旅程安排继续游览。A还询问了事发前团队的用餐情况，初步估计发生问题的餐厅应该是前一天中午X酒店或者晚上Y酒店。

上班后计调员A将团队在X酒店和Y酒店用餐的菜单要回，并打电话和书面将团队情况及相关资料报告给省疾病预防控制中心值班室，省疾控中心随后向青岛市卫生局和青岛市南区卫生局下发调查函，客人在当日上午配合卫生部门采集了相关证据。

计调员完成上述工作后，将相关情况和采取的措施向境外组团社作了详细的汇报。组团社随后与客人取得联系，得知病情已经控制、病人也得到良好的治疗后，对计调员A和旅行社的工作表示肯定，要求将政府的调查结果及时向他们报告。

在当天的工作中，计调员A将团队突发的情况作为最紧要的工作来处理，与领队和酒店协调照顾好了生病的8名客人，也额外叮嘱导游员B更加精心地安排其余的32名客人的游览。计调员在得知8名生病客人当日下午全部出院后，协调酒店免费为客人送去了小米稀饭和面条。次日早团队在青岛流亭机场乘飞机经香港转回台湾。

在随后几天的时间里，计调员A一直与组团社和客人保持联系，并将青岛市卫生局调查得出的"客人系菜品出现交叉细菌感染引发食物中毒"的报告转给他们，对团队接待过程中出现的问题给他们带来的不便表示诚恳道歉。客人随后在台湾获得了保险公司的赔偿，并专门写回表扬信感谢导游员B和酒店对他们细心而周到的照顾；境外组团社也因为计调员 A 在处理突发事件中的突出表现原谅了团队接待过程中出现的失误，要求在以后的团队安排过程中回避 X 酒店和 Y 酒店两家餐厅。两个旅行社间的合作关系一直保持到现在。

二、案例解析

在旅游过程中，旅游团队不发生任何问题是理想化的。以上台湾团队出现食物中毒情况，计调员在接到导游员的电话后，首先安慰鼓励导游员，同时立即请示上级领导，并且及时协调卫生防疫部门、医院、饭店、导游员以及境外组团社等各个方面的关系，使问题得以及时解决。计调员在幕后尽心尽力地辛勤工作，不仅得到台湾组团社的表扬，为旅行社赢得了荣誉，而且留住了境外组团社，稳定了与合作伙伴的关系。

第六节 面对"新冠疫情"，旅行社计调员诠释了何为"宾客至上"

一、案情

2020 年 1 月 20 日，某旅行社计调员心中充满希望、累并快乐着安排好了所有的春节黄金周期间的团队、散客出行资料；突然，接了几位客人的电话，客人因为"疫情信息"要求退团。对于旅行社计调员来讲，此时此刻，这样的电话内容简直就如晴天霹雳；因为签订合同的所有的团队和散客都是春节黄金周期间出行的，这个时段，大交通、住宿、当地用车等都属于十分紧缺的资源，为了团队的顺利出行，提前一个月甚至更早的时间已经给各个环节的供应商交了预订金，部分环节甚至已经交付了全款。

面对突如其来的"打击"，旅行社计调员稳住精神，认真核实了客人提供信息的真实性。在万分难过的情况下，本着"宾客至上、以人为本"的原则，为了客人的安全，为了维护客人的利益，计调员开始跟线路批发商、航空公司、火车站、住宿酒店、车队等一一联系，取消旅游计划，为客人退款……

电话打了一个又一个……因取消旅游计划带来的损失费用沟通了一次又一次……取消旅游计划的公司函件发了一批又一批……计调员就一个想法：争取把客人的损失降到最低，争取退回的团款尽快到客人手里！

春节黄金周，同行都懂得，为了旅游团顺利走好行程，旅行社的计调员在各个环节都需要事无巨细地进行周密的安排。如今，因为突如其来的"新冠疫情"，计调员又从头到尾地在每个环节取消了一遍！取消比预订的困难要多得多，而春节黄金周的团队、散客数量之多，计调员的工作量之大，可想而知。

最让计调员头疼的不是重复性的劳动，不是因客人取消旅游计划致使旅行社没有了利润，而是客人对退团损失的不理解、不接受，甚至上门吵闹……

春节黄金周，为了保证团队的旅游质量，旅行社在跟旅游供应商进行采购确认的同时，已经预付了高比例的定金，有个别紧俏的旅游要素在采购时就已经付了全款。比如：火车票、飞机票已经全款出票，住宿酒店已交预付款或者全款，为出境客人旅游目的地的地接社汇团款等。可曾想过，这样的情况下，一旦取消旅游计划，尤其是已经临近春节放假的出团日期取消计划，损失是极大。

此次退款事件处理中，火车票的票面金额相对低一些，退票损失较少，客人一般能理解接受；在住宿宾馆方面，通过计调员与酒店销售员的耐心沟通和解释，更是凭借多年的合作关系，住宿宾馆免除了客人的取消损失。让计调员最为头疼的是飞机票！一方面，机票本身相对于火车票来讲价格更高，而且在春节黄金周期间，航空公司给旅行社的团队机票折扣优惠力度较小，使得机票本身成本很高；另一方面：大多数航线因为是团队优惠折扣机票，航空公司规定不允许客人改签、签转、退票，这是航空公司对旅行社团队机票的限定条件。在这两种情况下退票，机票损失相当大，甚至有些航线全部损失，只能退回来寥寥无几的机场建设费。在春节黄金周旅游路线的团费中，机票金额占据了50%~80%，甚至有些特殊线路机票金额占据了客人费用的全部。客人认为还没有享受旅游团的服务和行程的美好，就要接受这么大金额的损失，所以接受不了！面对这种情况，计调员要对照当初跟客人签订的旅游合同，对照合同中关于临时取消行程的约定，对照航空公司对团队优惠折扣票的限制，一一耐心给客人解释，争取客人的理解。同时，跟航空公司线路经理积极沟通，争取降低损失并且让对方尽快处理退款。

自2020年1月23日起，随着新冠疫情的进一步加重，各地景区纷纷发出关闭的公告；国家文旅部门发文，停止一切境外、境内旅游活动；中国民用航空局发文，自2020年1月24日起，免收民航机票退票费。大疫当前，有些航空公司积极响应国家政策，及时出台了无损退改政策，旅行社计调员也第一时间与各个航空公司线路负责人联系，提交了所有剩余的出境、国内团队、散客名单，积极为客人办理烦琐的退票手续。但是在2020年1月24日中国民用航空局发文之前退票的客人便觉得很冤屈，甚至不理解。面对这部分客人，计调员只能耐心解释，争取客人的理解。但境外的几家航空公司，不执行中国民用航空局的政策要求，迟迟不给客人退机票款，这也让旅行社计调员增加了不少解释的难度和工作量。但耐心优质的服务感动客人，计调员付出艰辛劳动争取的结果都得到了客人的赞美。

二、案例解析

对旅行社来说，每年的黄金周是一个最忙的时段，也是一个产生效益的时段。可是，2020年忙碌的春节黄金周遇上了突发性"新冠疫情灾难"，要说心情还能好起来，那确实很为难，但旅行社计调员能够控制自己的悲伤情绪，积极应对突发公共卫生事件，为客人提供着暖心的退订退费服务；这里，可以这样描述"退费"：由于"疫情"，旅行社计调员在同一个团队或者散客身上花费了比往年黄金周时多于三倍的时间和精力，这都是在旅行社没有任何利润、计调员没有任何收入的情况下完成的。

我们应该大声地说：2020年春节黄金周，旅行社辛苦了！计调员辛苦了，你们忍住难过的"泪水"，忍受着某些客人的不理解，忍受着某些供应商的不配合，倾情安慰客人，各种协调各种解释前后持续了大约两个月甚至更长时间，为客人提供最温馨的服务，诠释了"诚信经营、信誉第一"的服务理念，旅行社的计调员们，你们构建起了"疫情下旅游行业最靓丽的风景线"。

参考文献

[1] 熊晓敏.旅行社OP计调手册.北京：中国旅游出版社，2007.

[2] 王煜琴.旅行社计调业务.北京：旅游教育出版社，2018.

[3] 郑焱.中国近代第一家旅行社——中国旅行社述论.史学月刊，1996（4）.

[4] 王煜琴.旅行社需要什么样的计调.中国旅游报，2011-03-21.

[5] 国家旅游局人事劳动教育司.旅行社经营管理.北京：旅游教育出版社，1999.

[6] 菲利普·科特勒，洪瑞云，梁绍明，陈振忠.营销管理（亚洲版.第三版）.梅清豪，译.北京：中国人民大学出版社，2005.

[7] 王煜琴."自由行"新说.中国旅游报，2010-03-05.

[8] 王煜琴.基于旅行社计调职业能力培养的项目教学创新研究.中国成人教育，2011(19).

[9] 厉新建."十四五"旅游业发展值得关注的十个趋势.人民文旅，2021-01-19.

[10] 赵大大君.假如再做一次旅游产品，我会怎么做？人人都是产品经理，2020-10-20.

[11] 深圳聚力创想信息科技有限公司.旅游：跟团游新产品规划——产品战略.人人都是产品经理，2020-12-20.

[12] 深圳聚力创想信息科技有限公司.2019中国旅游产品品质化发展专题分析.人人都是产品经理，2020-01-06.

[13] 李晓军.旅游线路创新七法.中国旅游报，2006-03-23.

[14] 深圳聚力创想信息科技有限公司.旅游：跟团游产品规划（三）卖点，峰值体验打造.人人都是产品经理，2020-01-05.

[15] 边喜英.基于优质旅游需求下的旅游企业人力资源测评研究——以旅行社计调人员为例.旅游论坛.2019.12.

[16] 文化和旅游部.关于2019年度全国旅行社统计调查情况的公报［EB/OL］.（2020-08-24）［2024-10-08］.https://zwgk.mct.gov.cn/zfxxgkml/tjxx/202012/t20201204_906493.html.

[17] 文化和旅游部.关于2020年度全国旅行社统计调查情况的公报［EB/OL］.（2021-04-16）［2024-10-08］.https://zwgk.mct.gov.cn/zfxxgkml/tjxx/202104/t20210416_923778.html.

[18] 文化和旅游部.关于2023年第二季度全国旅行社统计调查情况的公报［EB/OL］.（2023-08-31）［2024-10-08］.https://zwgk.mct.gov.cn/zfxxgkml/tjxx/202308/t20230831_946975.html.

[19] 艾瑞咨询.2023年在线旅游平台用户洞察研究报告［EB/OL］.（2024-01-04）［2024-10-08］.https://report.iresearch.cn/report/202401/4286.shtml.